스트레스 해소와 심신 안정을 위한 자기-도움 심리 기법 워크북

스트레스 해소와 심신 안정을 위한 자기-도움 심리 기법 워크북

Martha Davis · Elizabeth Robbins Eshelman · Matthew McKay 지음 | 손정락 옮김

제7판

간단하고, 간결하며, 단계적인 목표로 숙달

마음챙김 | 자기-자비 | 호흡법 | 신체 스캔 | 점진적 이완 | 명상 | 수용 | 탈융합
자기-최면 | 시각화 | 운동 | 영양 | 분노관리 | 시간관리 | 주장성 | 직무-스트레스 관리
비합리적 생각 논박하기 | 걱정 및 불안 완화 | 두려움 및 회피 직면하기 | 빠른 이완

圖書出版 하나醫學社

THE RELAXATION & STRESS REDUCTION WORKBOOK 7E

New Harbinger Publications, Inc.
5674 Shattuck Avenue, Oakland, CA 94609
www.newharbinger.com

이 책에 쏟아진 찬사

"**『스트레스 해소와 심신 안정을 위한 자기-도움 심리 기법 워크북(7판)』**은 고전적이면서도 현대적이다. 이 책은 시간적인 검증을 거쳐왔을 뿐만 아니라, 새로운 연구와 증거-기반 최적 실무를 포함시킴으로써 변화하는 시대에 발맞추어 가고 있다."

- Patrick Fanning,
『The Daily Relaxer』, 『Mind and Emotions』 공동저자

"제7판이 출간된 후에도, 이 워크북은 내가 가장 좋아하는 스트레스 관리 자료원 중 하나가 되고 있다. 나는 여전히 1980년에 출판된 원본을 참조한다. 나는 광범위한 참고문헌과 강력한 이론적 틀에서부터 실용적이고 활용하기 쉬우며 가르치기 쉬운 자기계발 기법까지 이 새로운 판에 대한 모든 것을 사랑한다. 스트레스 관리에 관심이 있는 사람이라면 누구에게나 꼭 필요한 사항."

- Richard Blonna, EdD, 뉴저지 윌리엄 패터슨 대학교 명예교수
『Stress Less, Live More』, 『Coping with Stress in a Changing World』 공동저자

"**『스트레스 해소와 심신 안정을 위한 자기-도움 심리 기법 워크북(7판)』**은 하나의 고전이다. 그 발자취의 기록은 그 자체로 말해주고 있는데, 이 7판이 나오고 백만 부 이상이 팔렸다는 것이다. 이 책은 스트레스와 불안에 맞서 보다 나은 삶을 살기 위한 포괄적인 전략과 실제적인 실무를 제공함으로써 스트레스 완화를 위한 '찾아가는' 워크북이다."

- Bob Stahl, PhD,
『A Mindfulness-Based Stress Reduction Workbook』,
『Living With Your Heart Wide Open』, 『Calming the Rush of Panic』,
『A Mindfulness-Based Stress Reduction Workbook for Anxiety』, 『MBSR Every Day』 공동저자

"**『스트레스 해소와 심신 안정을 위한 자기-도움 심리 기법 워크북(7판)』**은 스트레스를 관리하고 더 행복하고, 더 느긋한 삶을 영위할 수 있도록 수백만 명의 사람들에게 도움을 준 고전이다. 이 최신판에는 다음과 같은 업데이트가 포함되어 있는데, 최신 연구 기반 접근 방식을 통합하고, 자기-자비와 같은 새로운 기술을 배우고, 회피를 극복하고, 부정적인 생각을 탈융합시키도록 새로운 도구와 실습을 제공하고 있다. 당신이 어려운 삶의 전환, 만성적인 업무, 건강 또는 관계 스트레스 혹은 당신을 지치게 하는 교통과 서류 작업 같은 매일의 번거로움에 대처하고 있든지 간에, 이 책은 당신이 건강하고 긍정적인 방법으로 대처할 수 있게 해준다."

- **Melanie Greenberg, PhD,** 임상심리학자
『The Stress-Proof Brain』 저자

"이 훌륭한 워크북은 개인들이 스트레스를 줄이도록 도울 뿐만 아니라 치료자들의 강력한 도구로 기여할 것이다. 실습은 아름답게 배치되어 있다. 정보는 쉽게 따라갈 수 있으면서도, 누군가의 삶에 변화를 가져올 깊이 있는 재료들로 되어 있다. 데이비스, 에셀만, 그리고 맥케이는 귀중한 자료원을 제공하고 있다. 스트레스를 줄이고 심신 안정을 증진하고자 하는 누구에게나 이 책을 믿을 수 없을 정도로 자신 있게 추천하고 있다고 느낀다."

- **Jonathan Barkin, PsyD,** 샌프란시스코 베이 지역 인지치료 센터 파트너,
캘리포니아 대학교 버클리 임상 조교수
『The Relaxation and Stress Reduction Workbook for Teens』 공동저자

"**『스트레스 해소와 심신 안정을 위한 자기-도움 심리 기법 워크북(7판)』**의 철저함에 감명받았다. 개인과 실무자 모두에게 훌륭한 자료원이다."

- **Michele Haney, PhD,**
콜로라도 덴버의 레드락스 커뮤니티 칼리지
『Stress Owners' Manual』 공동저자

목차

역자 서문

나는 깨달음으로 가는 길을 가리킬 뿐이다.
그 길을 가는 것은 그대 자신에게 달려 있다.
- 붓다

이 책은 우리에게 마음과 몸의 안정을 찾고, 스트레스를 완화하는 "길"을 가르쳐 주고 있습니다. 그 길은 간단하고, 간결하며, 단계적인 목표를 두고 숙달하게 해주는 매력적인 길입니다. 이제 그 길을 잘 따라가서 우리가 원하는 "웰빙"의 삶이 되기를 함께 기대해 봅니다.

이 책, 『*The Relaxation and Stress Reduction Workbook, 7th ed*』은 New Harbinger 출판사의 자기-도움 워크북 중의 하나로 초판은 1980년에 출판되었습니다. 초판이 나오면서 줄곧 치료자들과 클라이언트들에게 꾸준하게 ☆ 5개 중 거의 5.0(Amazon 리뷰)을 받을 정도로 베스트 셀러입니다. 이러한 인증을 받은 이유는 초판 출간 이래 대략 5년마다 증거-기반 최신 치료기법들(예, 신체 스캔, 마음챙김과 수용, 탈융합, 자비 등)로 업데이트되면서도, 실생활에 적용해 볼 수 있도록 실용적이었기 때문일 것입니다.

역자는 이 책의 4판부터 학부와 대학원의 교재로 채택하였고, 5판과 6판은 한국어로 번역 출판하였으며, 이번에 다시 7판을 번역하기에 이르렀습니다. 한국어 판이 나온 해가 2006년도 였으니, 15년간 이 책이 꾸준한 관심과 사랑을 받아왔다고 할까요? 그동안 이 책이 많은 도움이 되었다는 한국 독자들의 피드백도 받으면서 즐거운 마음으로 7판의 번역 작업을 또다시 할 수 있었습니다.

이 책을 보다 더 잘 활용하기 위해서는, 7판의 저자 서문과 뒤이어 나오는 "이 워크북을 최대한 잘 활용하는 방법"도 참조하시면 좋을 것 같습니다.

'Amazon의 서평'과 '독자 리뷰' 일부를 아래에 소개합니다:

Amazon 서평

"전 세계적으로 100만 부 이상 판매된 **『스트레스 해소와 심신 안정을 위한 자기-도움 심리 기법 워크북(제7판)』**은 이제, 가장 바쁜 삶에도 통합될 수 있는 스트레스 완화 전략을 위한 '최적의' 자료원으로 자리매김하고 있습니다.

스트레스 해소와 심신 안정을 위한 자기-도움 심리 기법 워크북은 1980년 처음 출판되었을 때 새로운 장을 열었으며, 점점 더 과도하게 자극되고 있는 세상에서 몸과 마음을 진정시키기 위한 쉽고, 단계적인 기법을 상세히 다루고 있다. 이제 제7판에서, 완전히 개정되고 업데이트된 이 워크북은 — 치료자들과 그들의 클라이언트들에 의해 높이 평가되었는데 — 스트레스의 영향을 극복하고, 건강한 이완 습관을 일상생활의 모든 측면에 통합하기 위한 최신 스트레스 감소 기법을 제공합니다.

또한, 이 새로운 판에는 매우 효과적인 자기-자비 실습과 불안, 두려움 및 공황에 대처하기 위한 가장 효과적인 도구에 대한 완전히 업데이트된 장들 — 걱정 지연 및 탈융합과 같은 수용 전념 치료(ACT)에 기초하는 두 가지 기법 — 에 더하여 신체 스캔에 초점을 맞춘 새로운 절이 포함되어 있습니다.

이 워크북에서, 스트레스 촉발요인과 증상을 살펴보고, 스트레스 완화를 위한 개인 행동 계획을 세우는 방법에 대해 알아봅니다. 각 장마다 색다른 이완 방법이 특징을 이루고 있고, 그 방법이 왜 효과가 있는지를 설명하며, 당신이 스트레스로 지쳤다고 느낄 때 할 수 있는 즉석 실습을 제공하고 있습니다. 그 결과 포괄적이지만 접근하기 쉬운 이 워크북은 스트레스를 줄이고, 보다 평화로운 삶을 영위하는 데 도움이 되고 있습니다.

독자 리뷰

아마존고객

★★★★★ 해당 주제에 관한 모든 책 중에서 최고다. (2020년 2월 4일)

모두 다 보는 데 시간이 좀 걸렸지만, 어렵거나 너무 오래 걸리지는 않았다. 이 책은 다양한 이완 연습으로 시작하여, 보다 전형적인 인지 행동 문제들을 다룬다. 내가 찾은 책 중에서 가장 좋은 책이다. 이 책은 이런 종류의 책들에서 흔히 볼 수 있는 광범위한 반복을 피한다. 이 책은 주제를 폭넓게 다루고 있는 유일한 책이 될 수 있다. 읽기 쉽고, 지나치게 임상적이지 않고, 머리를 애먹이지도 않는다. 유일한 문제점은 가능한 이완 연습이 너무 많아서 선택의 어려움이 있다는 것이다. 독자가 그것만 기억한다면, 자신들에게 맞는 것을 고르고 선택할 수 있으며, 책에 있는 모든 기법을 완전히 익히려고만 하지 않는다면, 현저하게 도움이 될 것이다. 과도한 스트레스와 불안감을 가진 환자들을 위한 좋은 책을 찾으면서, 이런 종류의 책을 꽤 많이 읽어보았는데, 이 책이 나의 첫 번째 추천이 될 것이다.

앨리슨

★★★★★ 치료사가 나의 불안과 우울을 위해 이 책을 추천했다. (2016년 2월 25일)

나의 치료사는 나의 불안과 우울을 위해 이 책을 추천했다. 나는 이 책이 믿을 수 없을 만큼 도움이 된다고 생각한다. 나는 나에게 적용된다고 생각했던 장들을 쭉 읽어 보았고, 각 장으로 돌아가 새로운 장으로 넘어가는 것이 편해질 때까지 연습하기 시작했다. 나는 이것이 각각의 실습을 어떻게 하는가에 대한 예시 그리고 그것들을 습관에 어떻게 접목시킬 수 있는지에 대한 제안들이 좋다. 나는 앞으로 몇 년 동안 이 책으로 자문 받을 것이다.

케이티 B.

★★★★★ 집에서 하기에 아주 좋아요, 직접 치료자가 되세요(DIY)! (2017년 4월 6일)

솔직히 말해서, 나는 전체 워크북을 읽을 시간을 벌지는 못했지만, 내가 읽은 내용들과 내가 시도한 기법들은 정말 놀랍다! 몇 년 전에 이 워크북에 대해 알았더라면! 이 책에는 영양에 관한 장도 포함되어 있다. 나는 또한 상담이 필요하지만, 누군가를 직접 만날 준비가 되어 있지 않은 환자들에게 이 워크북을 추천하기도 했다.

그동안 이 책을 함께 읽은 임상심리학 전공 대학원생들을 생각하며, 또한 이 책의 많은 한국어판 독자들의 웰빙에 도움이 되었기를 염원해 왔습니다. 지금 우리는 우리가 상상해 보지도 못한 어려움을 겪어나가고 있습니다. "어떠한 변화가 오더라도" 우리는 굳건하게 살아나가야 합니다! 독자 여러분의 웰빙을 기원합니다!

2021년 9월 25일

손 정 락

jrson@jbnu.ac.kr

저자 서문

오늘날, 우리는 스트레스 및 스트레스 관리에 대한 많은 정보를 포함한 온갖 종류의 정보들을 넘쳐나게 받아들이고 있다. 이 책의 독특성은 바로 직접적으로 당신과 관련된, 즉 당신 삶에서 특정한 스트레스 요인과 당신이 그것에 어떻게 반응하는지에 집중한다는 것이다. 일단 당신의 스트레스의 원천, 가장 장해가 되는 증상, 그리고 어떻게 전형적으로 그것들에 대응하고 있는지를 정의하게 된다면, 특정 상황에서 당신에게 도움을 주는 기법들에 집중할 수 있다. 요약하면, 당신은 특정한 요구와 관련이 없는 출판물들에 시간을 낭비하지 말아야 하고, 대신에 어떻게 하면 지금 기분이 나아질 것인지를 가르쳐 주는 간단한 단계별 지시사항들에 집중할 수 있다.

이 워크북은 긴장과 스트레스와 유사한 불면증, 걱정, 고혈압, 두통, 소화불량, 우울, 울화를 가지고 우리에게 찾아온 내담자들과의 25년 이상의 임상 경험에 근거하고 있다. 그들이 도움을 구했을 때, 이들 중 많은 사람들이 상실, 진급 또는 이사와 같은 어떤 종류의 변화를 경험하는 중이라고 보고했다. 이것은 스트레스가 반드시 적응해야만 하는 데 따르는 어떤 변화로 정의되기 때문에 놀랄만한 것이 아니다.

대부분의 내담자들은 사려 깊지 못하거나 무례한 사람들을 다루기, 장거리 통근, 아이들과 연세 드신 친인척들을 보살피는 일, 다수의 문서 업무와 같은 일상의 번거로운 상황들로 인해 소모되는 기분을 기술한다. 한 내담자는 이를 '파국에 이르는 과정'을 통해서 '소모됨'이라고 지칭했다. 실제로, 관리되지 않은 스트레스는 주요한 심리적 또는 신체적인 질병으로 이어질 수 있는 누적 효과를 가질 수 있다. 내담자들은 또한 우리에게 자신의 성공적이지 못한 스트레스 관리 전략들에 관해서 이야기한다: 보다 많이, 보다 빠르게 일하기; 약물, 알코올 및 음식으로 통증을 마비시키고 스스로를 달래기; 문제에 대해서 걱정하기; 미루기; 자신의 좌절을 다른 이들에게 퍼붓기.

지금까지, 백만 명 이상의 사람들이 신체를 이완하고, 마음을 평온하게 하고, 자기-패배적인 행동에서 돌아서며, 정신없는 일상생활을 통제하는 방법을 배우기 위해서 이 책을 구입했다. 거의 5년마다 이 워크북을 갱신하면서, 최근의 연구 및 우리의 임상적 경험을 통해 효과적인 것으로 밝혀진 새로운 전략들을 추가했다. 필수적으로 도움이 되지는 않는다고 알게 된 기법들을 제거했고, 당신의 시간을 아끼기 위해서 몇몇 기법들을 간소화하고 단축했다. 이는 우리에게 이 책을 최신 상태로 유지하고, 전문가들에게 관련정보를 제공하며, 스스로 자신의 스트레스를 관리하는 것을 배우기 원하는 사람들에게 믿을만한 정보의 원천이 되며, 스트레스 관리 및 이완에 대한 워크숍 및 강의에서 저명한 교재로 남아있게 했다.

최근의 연구는 당신의 문제들에 직면하는 것이 그것들로부터 도망치는 것보다 낫다는 일반적인 생각을 지지한다. 불안, 우울 및 분노와 같은 고통스러운 느낌으로부터 달아나는 것이 단기적으로는 기분 좋게 함에도 불구하고, 장기적으로 회피는 이러한 고통스러운 느낌을 마주하는 것과 연관된 긍정적으로 바로잡는 경험을 막게 된다. 예를 들어, 낯선 사람들 앞에서 이야기하는 것에 대한 걱정으로 스피치 강의를 취소하는 것이 당신의 불안을 즉각적으로 완화시킬 수 있지만, 비록 완벽하지는 않더라도 강연에서 살아남는 경험과 그것으로부터 당신이 할 수 있다는 경험을 가질 수는 없을 것이다. 대신에, 당신은 대중 연설의 공포 속에서 계속해서 살게 될 것이며, 다음번 당신이 대중 앞에서 연설을 하게 될 때 여전히 그것을 두려워할 것이다.

이러한 점을 염두에 두고, 우리는 당신의 자신감을 세워주는 것뿐만 아니라 고통스러운 느낌을 견디는 능력을 강화시켜 주는 몇몇 기법을 더 추가했으며, 따라서 당신은 더욱 효과적으로 당신의 목적을 성취할 수 있을 것이다. '신체 자각' 장을 새로운 기법으로 업데이트하고, 명칭을 '신체 스캔'으로 바꿨다. '초점두기' 장은 자기-자비 장으로 대체했는데, 무조건적인 자기-존중, 자기-돌봄 및 수용을 조합하는 장이 되었다. 우리는 '걱정과 불안 직면하기'

장을 개정했는데(이제 '걱정과 불안 완화하기' 장으로 불림), 위험 평가와 심상 노출을 제거하고, 탈융합이라는 새로운 대처 전략을 추가하고 있다. '두려움을 위한 대처 기술 훈련' 장을 새로운 장 '두려움과 회피 직면하기' 장으로 대체했다. 이 업데이트된 행동주의-기반 노출 프로그램은 독자들이 노출 실습 중에 실제 체험으로 두려운 기대를 불식시키도록 한다. 우리는 '영양과 스트레스' 장 및 '운동' 장을 현행 지침에 맞게 업데이트하였다.

당신이 당신의 생활 양식에서 약간의 변화를 가져오기를 원하거나 주요한 생활을 점검하기를 원한다면, 이 워크북은 어떻게 시작할 것인지 그리고 당신에게 맞추어지는 프로그램을 어떻게 지속할 것인지를 보여줄 것이다. 이러한 기법들을 사용해온 우리의 내담자들과 독자들에게 받은 피드백에 근거하면, 당신의 노력은 충분히 보상받을 것이다.

감사의 말

저자들은 제7판에 대한 다음 기여자들에게 감사를 드리고자 한다. 이들의 전문성, 경험 및 협조는 이 책을 보다 가치 있는 판으로 만들었다.

Caryl Fairfull, RD은 American Academy of Nutrition and Dietetics에서 등록된 영양사로 지도자의 위치에 있다. 그녀는 Santa Barbara에 있는 University of California의 식이 및 영양학 분야를 전공했으며, New York의 Bronx 재향군인 병원에서 영양학 인턴십을 수료했다. 그녀는 또한 University of Santa Clara에서 경영학 석사학위를 취득했다. Ms. Fairfull은 북부 캘리포니아에 있는 Kaiser Permanente 산타 클라라 의료 센터의 영양 서비스 부서Deparment of Nutrition Services를 관리했다. 거기서 그녀는 식이요법 지침을 개발하고 개인 및 집단 식이요법 상담을 했다. 이후 그녀는 캘리포니아 Grass Valley의 Sierra Nevada Memorial 병원에서 임상 식이요법 서비스를 제공했는데, 최근에 퇴직했다. Ms. Fairfull은 제19장 「영양과 스트레스」를 집필했다.

Cheryl D. Pierson, PT, MS은 건강 진료 분야에서 40년 동안 임상가, 매니저, 교사, 연구원 및 컨설턴트로서의 경험을 쌓았다. 그녀는 Kaiser Permanente Neurologic Physical Therapy Residency의 핵심 교수진이다. 지역사회 봉사는 멘토와 교육자로서의 그녀의 지속적인 활동을 지탱해 주는 열정이다. School of Lost Borders에서의 그녀의 연구는 지역사회 봉사의 치유 질에 대한 그녀의 믿음을 강화시켰다. Ms. Pierson은 SonRise 승마 재단SonRise Equestrian Foundation에서 특별한 도움이 필요한 어린이들을 위해 자원봉사를 하고 있다.

그녀는 Connected Horse Project 진행자가 되기 위해 훈련하고 있는데, 치매에 걸린 사람들과 그들의 간병인을 지원하는 프로젝트다. Ms. Pierson은 제20장 「운동」을 집필했다.

Pat Fanning은 정신건강 분야의 전문 작가다. 그는 8권의 자기계발서를 단독 집필하거나 공동 집필했는데, 여기에는 자존심, 생각과 느낌, 그리고 정서 분야가 포함되어 있다. Mr. Fanning은 제11장 '자기-자비'를 집필했다.

우리는 또한 '비합리적인 사고 논박하기' 장에 대하여 리뷰와 피드백을 자원해 준 Albert Ellis 박사에게 감사드린다. Ellis 박사는 합리적 정서 행동 치료를 개발했는데, '비합리적인 사고 논박하기' 장의 기반이 되었다.

이 워크북을 최대한 활용하는 방법

이 워크북은 당신에게 임상적으로 증명된 스트레스 관리 및 이완 기법을 가르쳐 준다. 각 기법은 간결한 배경 정보에 이어서 단계별 실습과 함께 제시된다. 이러한 기법들을 연습한다면, 당신은 개인적인 스트레스 반응에 대한 새로운 통찰을 얻을 것이며 어떻게 균형을 재건할 것인지 배우고, 삶에서 웰빙의 기분을 느끼게 될 것이다.

이 워크북을 지침으로 활용하십시오. 제1장과 제2장을 먼저 읽으십시오. 이 장들은 다른 모든 장들이 세워진 토대다. 그러고 나면 당신은 스트레스와 스트레스에 대한 개인적 반응을 충분히 알게 되어 어떤 장을 다음으로 읽는 것이 가장 도움이 될 것인지를 결정하게 될 것이다.

제3장에서 제10장까지는 이완을 위한 기법을 가르쳐 준다. 제11장에서 제15장까지는 스트레스적인 생각과 느낌에 대해서 도움을 줄 것이다. 제16장은 당신의 시간을 더 효과적으로 관리하는 데 도움을 주어서 이완할 시간을 낼 수 있고, 가장 중요한 일을 더 할 수 있다. 제17장에서 당신은 보다 주장적으로 의사소통하는 것을 배울 수 있으며, 제18장은 직장에서의 환경 및 대인관계 스트레스를 다루는 많은 선택 사항을 제공한다. 제19장과 제20장은 영양과 운동의 기본 원리를 가르쳐준다. 제21장은 동기를 높여주고, 중도에서 일어나는 문제점을 다루게 해주고, 계획을 고수하게 해주는 몇 가지 제안들을 제공한다. 또한, 이 책의 웹사이트인 http://www.newharbinger.com/43348에서 내려받을 수 있는 많은 자료들이 있다. (자세한 내용은 이 책의 맨 뒷면을 참조하라.)

스트레스와 긴장은 당신의 생애 일상에서 존재한다. 스트레스 관리 및 이완은 그것을 매일 생활 양식의 한 부분으로 만들 때에만 효과적일 수 있다. 이 책의 기법들을 적절하게 배우기 위해서는, 책자를 참고하지 않고도 필요할 때에 그것들을 수행할 수 있도록 반복적으로 연습해야 한다. 규칙적이고 의식적인 연습은 무의식적인 수준에서 정규적인 이완과 스트레스 감소의 습관을 이끌 것이다.

여기 당신이 정규적으로 이완하도록 돕기 위한 몇 가지 제안들이 있다:

- 매일 특정 시간을 이완에 전념하도록 따로 설정하기로 스스로 계약을 맺어라. 이 책의 연습을 하는 시간을 찾는 것이 문제라면, 시간 관리에 대한 제16장을 읽어라.
- 이 책의 이완 기법들을 매일 연습하는데 요구되는 시간 길이는 다양하다. 작은 것부터 시작하라. 5분의 이완 연습을 정기적으로 하는 것이 한 번에 한 시간 동안 하는 것보다 낫다. 하루에 한 번이나 두 번 20분에서 30분의 이완 시간을 목표로 하라. 어떤 사람들은 보다 자주, 짧은 이완 휴식을 선호한다는 점을 주목하라.
- 매일 특정 시간을 이완에 전념하도록 따로 설정하도록 스스로 계약을 맺어라. 이 책의 연습들을 하는 시간을 찾는 것이 문제라면, 시간 관리에 대한 제16장을 읽어라.
- 다음 두 가지 질문을 통해서 당신의 일정 중 언제가 이완하기 위한 최고의 시간인지 결정할 수 있다: 언제 가장 이완이 필요한가? 언제 현실적으로 외부의 요구에서 벗어나 당신 자신을 위한 약간의 시간을 낼 수 있는가? 여기 우리의 스트레스 관리 및 이완 수업의 클라이언트들에게 가장 도움이 되고 할 수 있는 것이라고 발견한 몇 가지 사례들이 있다:
  - 이완 연습으로 하루를 시작하는 것은 사람들을 보다 집중하게 하며, 그들 일상의 스트레스적인 요구들을 주도적으로 다루도록 해준다.
  - 하루 중 이완 휴식을 갖는 것은 증가하는 긴장을 역전시키며 그렇지 않으면 두통이나 소화 불량과 같은 고통스러운 증상이 정점에 달하게 된다.
  - 퇴근 전이나 집에 도착하자마자 이완하는 것은 바쁜 하루 동안의 긴장을 보내거나 완화할 수 있도록 해주며 차분해지고 집에서의 개인적 시간을 즐길 수 있도록 충분한 활력을 주게 한다.
  - 잠에 빨리 들기 위해서 이완 연습을 하고 나서 충분한 수면을 취한다면, 아침에 상쾌

하게 일어날 수 있다.

- 기법들을 배우는데 방해받지 않을 조용한 장소를 정하라. 일단 숙달이 된다면, 본 워크북에 제시된 많은 이완 기법들은 스트레스적인 상황에서도 할 수 있다.
- 이것이 당신에게는 새로운 활동이기 때문에, 주변 사람들에게 당신이 무엇을 하고 있는지에 관해서 설명하는 것이 현명할 것이다. 산만하지 않으면서 혼자 있을 수 있게 정중하게 부탁하라.
- 당신의 목적이 잠들기 위한 것이 아니라면, 많은 식사를 한 후에나 매우 피곤할 때에는 이완 연습을 하지 않는 것이 좋다.
- 헐렁한 옷을 입고 콘택트렌즈나 안경을 벗고 적당한 온도의 편안한 장소를 선정한다면, 당신의 연습을 보다 즐길 수 있을 것이다.

이 책에 있는 작업들을 시작하기 전에 아래와 같은 상황들과 당신이 관련이 있다면, 당신의 건강 관리 제공자를 만나라:

- 당신이 30세 이상이거나 스트레스에 대한 당신의 반응이 잦은 두통, 소화 문제, 혹은 고혈압과 같은 신체적인 증상을 수반하고 있다면, 의학적인 주의가 필요한 가능한 신체적인 문제들을 알아내기 위해서 신체 검사를 받아야 할 경우.
- 스트레스 관리 프로그램을 시작하고 난 후에, 만약 당신이 어떤 부정적인 신체적인 증상을 지속적으로 경험하게 되는 경우.
- 스트레스 관련 증상이 이러한 정기적인 연습들로 사라져서 당신이 복용하는 약이 더 이상 필요하지 않을 경우.

당신의 건강 관리 제공자는 더욱 건강한 삶을 살기 위한 당신의 노력에 지지적인 파트너가 될 수 있을 것이다.

제1장

스트레스에 어떻게 반응하는가

How You React to Stress

스트레스는 일상적으로 경험하는 너무 흔한 일이어서 우리는 스트레스를 피할 수 없다. 스트레스란 실제적인 신체적 위험과 같은 부정적인 극단에서부터 사랑에 빠지거나 오랫동안 갈망해왔던 일에서 좋은 결과를 얻는 것과 같은 흥분되는 일에 이르기까지 우리가 적응해야만 하는 인생에서의 어떠한 변화를 말한다. 심지어 가장 건강하게 살아가고 있는 사람들도 잠재적으로 스트레스를 주는 경험의 연속적인 흐름과 매일 부딪치며 살아가고 있다. 모든 스트레스가 나쁜 것은 아니다. 사실, 스트레스는 바람직한 것일 뿐만 아니라 인생에서 필수적이기도 하다. 우리가 경험하는 스트레스가 인생의 중요한 변화에서 발생한 것이든 또는 작은 일상적인 골칫거리들이 누적되어 나타난 것이든지 간에, 그 스트레스가 우리의 인생에 미치는 영향은 그러한 경험에 우리가 어떻게 반응하는지에 달려 있다.

스트레스의 원천

우리가 경험하는 스트레스는 다음의 네 가지 기본적인 원천 때문에 발생한다.

1. 환경은 우리에게 자신에게 적응하라고 끊임없이 요구한다. 우리는 날씨, 꽃가루, 소음, 교통 및 공해를 참아내야만 한다.
2. 우리는 시간과 주의를 기울여야만 하는 일들, 취업 면접, 업무 마감 시한, 업무 프레젠테이션, 대인 갈등, 재정 문제 및 사랑하는 사람의 상실과 같은 사회적 스트레스원에도 또한 대처해야만 한다. 매일 수많은 이메일, 메시지, 소셜 미디어 및 인터넷과 상호작용해야 한다.
3. 스트레스의 세 번째 원천은 생리적인 것이다. 청소년기의 급속한 성장, 여성의 완경 변화, 운동 부족, 영양 결핍, 부족한 수면, 질병, 상해, 노화 등이 모두가 신체에 무리를 준다. 환경적, 사회적 위협과 변화에 대한 우리의 생리적 반응은 또한 근육 긴장, 두통, 위경련, 불안 및 우울과 같은 스트레스를 주는 증상들을 야기할 수 있다.
4. 스트레스의 네 번째 원천은 우리의 생각이다. 우리의 뇌는 환경과 신체에서 발생하는 복잡한 변화들을 해석하고 언제 '스트레스 반응'을 작동시킬지 결정한다. 우리가 현재 경험을 어떻게 해석하고, 어떻게 명칭을 붙이는지, 그리고 앞으로 어떤 것을 기대하는지에 따라 우리는 이완하거나 스트레스를 받게 된다. 예를 들어, 직장 상사의 언짢은 얼굴 표정을 보고 내가 일을 제대로 못했기 때문에 그런가 보다고 해석하게 되면 매우 불안해질 것이다. 똑같은 얼굴 표정을 보고 피곤하기 때문에 또는 개인적인 문제 때문에 그런가 보다고 해석하게 되면 두렵지 않을 것이다.

스트레스 연구자인 Lazarus와 Folkman(1984)은 스트레스가 상황에 대한 우리의 평가로부터 시작된다고 주장하였다. 우리는 먼저 상황이 얼마나 위험한지 또는 힘든지 스스로에게 자문하고, 그러한 상황에 대처하기 위해서는 어떠한 자원이 있어야만 하는지에 대해서 생각한다. 불안하고 스트레스를 받고 있는 사람들은 흔히 (1) 이 사건은 위험하고, 힘들고 또는 고통스러우며, (2) 나는 이 사건에 대처하기 위한 자원을 가지고 있지 않다고 단정 짓곤 한다.

도전-또는-도주 반응

생리학자인 Walter B. Cannon은 20세기 초기에 Harvard 대학교에서 스트레스의 현대적인 의미에 대한 기초 작업을 정립하였다. 그는 **도전-또는-도주** 반응을 우리가 위협이나 위험에 대처하도록 준비하는 일련의 생화학적 변화라고 최초로 기술하였다. 원시시대의 사람들은 검치호랑이와 같은 포식자와 싸우거나 도망치기 위한 신속한 에너지의 분출을 필요로 하였다. 우리의 선조들이 우리에게 유전자를 물려줄 수 있을 만큼 오랫동안 생존할 수 있었던 것은 이 반응 덕분이기 때문에 우리는 이 반응에 감사해야 한다. 고속도 로에서 갑자기 끼어드는 차에 재빠르게 반응해야만 하는 경우처럼 또는 미식축구에서 터치다운을 하기 위해 공격적인 수비망을 뚫고 지나가야 하는 경우처럼, 도전-도주 반응이 우리에게 도움이 되었던 경우를 생각해 보자. 그렇지만, 오늘날에는 사회적 관습이 싸우거나 도망치는 것을 금하고 있어서 이러한 '응급상황'이나 **스트레스 반응**이 거의 유용하지 않다.

스트레스에 대한 최초의 주요 연구자인 Hans Selye(1978)는 도전-도주 반응 동안 우리의 신체에서 어떠한 일들이 발생하는지를 추적할 수 있었다. 그는 상상이든 실제든, 어떠한 문제가 발생하면 대뇌 피질(뇌의 사고를 담당하는 부분)에서 시상하부(중뇌에 위치해 있는 스트레스 반응의 주 점등기)로 경보신호를 보낸다는 것을 발견하였다. 시상하부는 그런 다음 교감 신경계를 자극해서 신체에 일련의 변화를 일으킨다. 이러한 변화는 다음을 포함한다: 심박률, 호흡률, 근육 긴장, 신진대사 및 혈압 모두 상승. 혈액이 손끝과 발끝 그리고 소화기관에서 도전이나 도주를 가능하게 해주는 대근육으로 몰리면서 우리의 손과 발이 차가워진다. 어떤 사람들은 속이 조마조마함을 경험한다. 횡격막과 항문은 닫히게 된다. 시야를 예민하게 하기 위하여 동공이 확장되고 청각도 더 예민해진다. 도전-또는-도주 반응에 필수적이지 않은 물리적 과정은 보류된다. 예컨대, 소화, 생식, 성장, 조직 재생 그리고 면역 체계 및 염증 체계의 반응이 억제된다.

다행스럽게도, 스트레스 반응을 일어나게 하는 동일한 기제가 스트레스 반응을 억제 시킬 수 있다. 이를 이완 반응이라 부른다. 상황이 더 이상 위험하지 않다고 결정 내리게 되면 곧 우리의 뇌는 뇌간에 보내던 응급 신호를 보내지 않게 되는데, 그렇게 되면 신경계에 보내지던 공황 메시지도 보내지지 않게 된다. 위험 신호 보내기를 중단한지 3분 후, 도전-도주 반응은 소진된다. 우리의 신진대사, 심박률, 호흡률, 근육 긴장 및 혈압도 모두 정상 수준으로 회복된다. Herbert Benson(2000)은 건강을 증진시키고 어쩌면 약물치료의 필요성도 감소시켜 줄 수 있도록 우리의 생리적인 기능을 더 잘 변화시키기 위하여 우리의 마음을 사용할 수도 있다고 제안하였다. 그는 이러한 자연적 회복 과정을 의미하는 '이완 반응'이라는 새로운 용어를 만들어 내었다.

만성 스트레스와 질병

만성적인, 즉 지속적인 스트레스는 직장에서의 대규모 구조조정이나 인원감축 또는 복잡한 이혼소송의 진행, 만성적이고 생명을 위협하는 질병을 치료받는 것과 같은 삶에서의 스트레스원이 계속 유지될 때 발생한다. 만성 스트레스는 또한 사소한 스트레스원이 쌓여서 그중 어느 한 스트레스원으로부터 회복될 수 없을 때 발생할 수 있다. 마음이 위협을 지각하는 한, 신체는 각성상태에 놓이게 된다. 만일 스트레스 반응이 계속해서 켜져 있게 되면, 스트레스-관련 질병에 걸리게 될 가능성이 증가할 수도 있다.

연구자들은 수백 년 동안 스트레스와 질병 간의 관계에 주목하였다. 이들은 스트레스-관련 장애를 겪고 있는 사람들이 근-골격계, 심혈관계 또는 위장계와 같은 특정 '선호 체계' 또는 '스트레스 경향 체계'에서의 과잉활동을 보이는 경향이 있음을 관찰하였다. 예를 들어, 만성 스트레스는 어떤 사람들에게는 근육 긴장과 피로를 야기할 수 있다. 또 어떤 사람들에게는 스트레스 고혈압, 편두통, 위궤양 또는 만성 설사를 일으킬 수도 있다.

우리 몸에 있는 거의 모든 신체 계통들이 스트레스로 손상받을 수 있다. 코르티코이드의 증가가 생식계를 억압하는 경우, 여성에게서 무월경(월경의 중단)과 배란 실패를 일으킬 수 있고, 남성에게서는 발기불능을 일으킬 수 있으며, 남성과 여성 모두에게서 성욕 상실을 가져올 수도 있다. 폐에서 스트레스에 의해 야기된 변화는 천식, 기관지염 및 기타 호흡기 질환을 증가시킨다. 스트레스 반응 동안의 인슐린 손실은 성인 당뇨의 발병 요인이 될 수도 있다. 스트레스는 조직 복구와 보수를 중단시키는데, 이는 뼈의 칼슘 손실, 골다공증 및 골절의 위험을 증가시킨다. 면역 체계와 염증 체계의 억제는 감기와 독감에 걸릴 위험을 증가시키고 암과 AIDS 같은 일부 질병을 악화시킬 수 있다. 이에 더하여, 장기간의 스트레스 반응은 관절염, 만성 통증 및 당뇨와 같은 질병들을 악화시킬 수도 있다. 또한, 만성 통증 상태 동안의 지속적인 노르에피네프린 방출과 상실은 우울증과 불안을 일으킬 수도 있다는 몇몇 증거가 있다.

만성 스트레스, 질병 및 노화 간의 관계는 또 다른 연구 영역이다. 노화 전문가들은 질병의 변화 양상과 퇴행성 장애의 발생에 주목하고 있다. 불과 몇 세대 동안, 장티푸스, 폐렴 및 소아마비와 같은 감염성 질병의 위협은 심혈관 질병, 암, 관절염, 천식이나 기종과 같은 호흡계 장애 및 광범위한 우울증의 발생률과 같은 '현대 전염병'들로 대체되었다. 우리가 정상적으로 나이를 먹어감에 따라, 우리는 우리의 신체 기능이 자연적으로 점점 둔화될 것이라고 예상한다. 그러나 중년기에서 노년기 동안 발생하는 이러한 장애들 중 많은 수가 스트레스에 민감한 질병들이다. 현재 연구자들과 임상가들은 스트레스가 어떻게 노화과정을 촉진시키는지 그리고 이 과정을 억제시키기 위해서 무엇을 할 수 있는지에 관해 묻고 있다.

최근 경험의 영향

Washington 대학교의 의학박사 Thomas Holmes와 그의 연구 동료들은 사람들이 인생을 바꾼 많은 사건들에 적응해야만 했던 시기를 겪고 난 후에 질환이나 임상적 증상들을 갖게 될 가능성이 증가됨을 발견하였다.

Holmes 박사와 그의 동료들은 최근 경험 일정표를 개발하였는데, 이는 우리가 지난해에 경험했던 많은 변화들을 수량화 해주고, 이러한 스트레스를 주는 사상들이 질환에 대한 우리의 취약성을 어떻게 증가시키는지에 대해 고찰하도록 해준다. 그렇지만, 이 척도의 주요 목적은 우리의 삶에서 스트레스 수준을 감소시키기 위해 조치를 취하도록, 스트레스를 주는 사상과 그러한 사상들이 우리의 건강에 미치는 잠재적 영향에 대한 우리의 자각을 증가시키는 것이다.

최근 경험 일정표

지시: 아래에 나열된 각각의 가능한 인생 사건들에 대해 생각해 보고, 만일 있었다면 작년에 몇 번이나 그러한 사건들이 발생했는지 세어보라. 횟수 칸에 그 숫자를 기입하라(만일 한 사건이 4번 이상 발생했을 경우, 그 칸에 4를 기입하라).

사건	횟수 (0~4)	×	평균값	=	점수
1. 상사와 더 많은 또는 더 적은 갈등		x	23	=	
2. 수면 습관에서의 중대한 변화 (더 많이 또는 더 적게 자거나 일일 취침 시간의 변화)		x	16	=	
3. 식습관에서의 중대한 변화(더 많이 또는 더 적게 먹거나 평소와 전혀 다른 식사 시간 또는 식사 환경)		x	15	=	
4. 개인적 습관의 변경(옷 입기, 예절, 대인관계 등)		x	24	=	
5. 일상적인 여가 활동 유형이나 양에서의 중대한 변화		x	19	=	
6. 사회적 활동에서의 중대한 변화 (예, 사교 모임, 댄스파티, 영화보기, 방문 등)		x	18	=	

7. 종교 활동에서의 중대한 변화 (평소보다 더 많이 또는 더 적게 예배 참석)		x	19	=	
8. 가족 모임 횟수에서의 중대한 변화 (평소보다 더 많이 또는 더 적게 모임)		x	15	=	
9. 재정적 상태에서의 중대한 변화(더 악화 또는 더 개선)		x	38	=	
10. 인척들과 갈등		x	29	=	
11. 배우자와의 말다툼 횟수에서의 중대한 변화 (자녀 양육, 개인적 습관 등과 관련된 평소보다 더 많은 또는 더 적은 말다툼)		x	35	=	
12. 성생활에서의 어려움		x	39	=	
13. 중대한 개인적 상해나 질환		x	53	=	
14. 가까운 가족 구성원의 사망(배우자 이외)		x	63	=	
15. 배우자의 사망		x	100	=	
16. 가까운 친구의 사망		x	37	=	
17. 새 가족 구성원이 생김(출산, 입양, 할머니나 할아버지의 이사 등)		x	39	=	
18. 가족의 건강이나 행동에서의 중대한 변화		x	44	=	
19. 주거환경에서의 변화		x	20	=	
20. 감옥이나 기타 시설에 구금		x	63	=	
21. 사소한 법규 위반(교통 위반 딱지, 무단횡단, 질서 지키지 않기 등)		x	11	=	

22. 중대한 사업상의 재조정(합병, 구조조정, 파산 등)		x	39	=	
23. 결혼		x	50	=	
24. 이혼		x	73	=	
25. 배우자와 별거		x	65	=	
26. 뛰어난 개인적 성취		x	28	=	
27. 아들이나 딸이 집을 떠남(결혼, 대학교 입학 등)		x	29	=	
28. 직장에서의 은퇴		x	45	=	
29. 근무 시간이나 조건에서의 중대한 변화		x	20	=	
30. 업무 책임의 중대한 변화(승진, 좌천, 부서이동)		x	29	=	
31. 직장에서의 해고		x	47	=	
32. 주거환경의 중대한 변화 (신규 주택 건설 또는 리모델링, 주택 또는 인근 지역의 노후화)		x	25	=	
33. 배우자가 직업을 새로 시작하거나 그만둠으로써 집을 떠남		x	26	=	
34. 중대한 구매를 위해 저당 또는 대출받기 (집이나 회사 등의 구매를 위해)		x	31	=	
35. 상대적으로 비싸지 않은 물건의 구매를 위해 대출 (자동차, TV, 냉장고 등)		x	17	=	
36. 저당이나 대출에 대한 압류		x	30	=	

37. 휴가		x	13	=	
38. 새로운 학교로 전학		x	20	=	
39. 다른 업무로 전직		x	36	=	
40. 정규 교육 시작 또는 중단		x	26	=	
41. 배우자와 혼인상의 화해		x	45	=	
42. 임신		x	40	=	
총점					

채점:

- 평균값과 발생한 사건의 횟수를 곱한 후, 그 결과를 각 사건의 점수 칸에 기입한다.
- 총점을 얻기 위해 각 점수를 모두 더한 후 일정표의 맨 아래 총점 칸에 기입한다.
- 정확한 채점을 위해서는, 4가 횟수 칸에 쓰일 수 있는 가장 높은 숫자임을 기억하라.

Holmes 박사와 그의 동료들에 따르면, 총점이 높을수록 스트레스 관련 증상이나 질환이 발생할 위험이 더 크다고 한다. 지난 한 해 동안 300점 이상의 점수를 얻은 사람 중 거의 80%의 사람들이 가까운 미래에 아프게 된다. 200점에서 299점 사이의 점수를 얻은 사람 중 약 50%의 사람들이 가까운 미래에 아프게 된다. 150점에서 199점 사이의 점수를 얻은 사람 중 약 30%의 사람들이 가까운 미래에 아프게 된다. 150점 이하의 점수는 아플 확률이 낮음을 의미한다. 따라서, 점수가 높을수록 우리는 건강하게 지내기 위해 더 열심히 노력해야만 한다.

변화에 적응하는 능력뿐만 아니라 어떤 생활 사건들이 있었는지 지각하는 데 있어서 개인차가 있기 때문에, 위험 증가를 대략적으로 예상하는 목적으로만 이 표준화된 검사를 사용할 것을 권장한다.

스트레스는 누적될 수 있다. 2년 전의 사건들이 현재까지 여전히 우리에게 영향을 주고 있을 수도 있다. 만일 과거 사건들이 우리에게 영향을 주고 있다고 생각한다면, 그 전 연도에 발생한 사건들에 대해서도 이 검사를 반복해 보고 점수를 비교해 보라. http://www.newharbinger.com/43348을 방문하여 이 최근 경험 일정표를 내려받으라.

예방

아래에는 건강을 유지하거나 질병을 예방하기 위하여 최근 경험 일정표를 사용할 수 있는 방법들이다:

1. 당신과 당신의 가족이 쉽게 볼 수 있는 곳에 최근 경험 일정표를 붙여놓고, 당신에게 발생했던 변화들의 총량을 스스로에게 상기시켜 보라.
2. 각 변화의 개인적 의미에 대해 생각해 보고, 그와 관련하여 당신이 경험한 감정들을 확인해 보라.
3. 각 변화에 최선으로 적응하는 방법에 대해 생각해 보라.
4. 충분한 시간을 갖고 결정을 내려보라.
5. 생활 변화에 대해 예상해 보고 그에 대한 적절한 계획을 세우라.
6. 서두르지 말고 느긋하게 해도 일은 이루어질 것이다.

7. 자신의 성공에 감사할 시간을 갖고, 이완하라.
8. 스스로를 배려하고 허용적이 되라. 삶에서의 모든 스트레스에 의해 압도되는 것 은 흔한 것이다. 스트레스를 다루기 위한 대처 전략이 효과를 발휘하기 위해서는 약간의 시간이 필요하다.
9. 당신이 어떤 것을 통제할 수 있고 어떤 것은 통제할 수 없는지 인정하고, 가능하면, 어떠한 변화를 취해야 하는지 선택하라.
10. 이 책에 나와 있는 스트레스 관리 및 이완 기법들을 시도해 보고, 당신에게 가장 잘 맞는 방법을 당신의 개인적인 스트레스 관리 프로그램에 통합하라.

증상 완화

이 워크북의 주요 목적은 이완과 스트레스 완화 기법들을 활용하여 당신이 증상의 경감을 달성하게 하는 것이다. 따라서 정확하게 어떠한 증상들을 경감시킬지 결정하기 위해, 다음의 점검표를 완성하라.

증상 점검표

이 점검표를 사용하여 지금 작업하려는 증상을 기록하라. 이 워크북을 활용해서 당신의 증상에 가장 효과적인 스트레스-완화 기법을 숙달한 후에, 당신은 이 점검표를 다시 완성해봄으로써 당신의 증상이 얼마나 경감되었는지 알아볼 수 있다.

지시: 아래에 나와 있는 스트레스-관련 증상들이 당신에게 얼마나 불편함을 주는지 그 정도를 10점 척도를 사용하여 평정하라.

가벼운 불편감			중 정도의 불편감				심한 불편감		
1	2	3	4	5	6	7	8	9	10

증상 (당신이 경험하지 않은 증상은 건너 뛰어라)	현재 불편감 정도(1-10)	이완 및 스트레스 완화 기법 숙달 후 불편감 정도(1-10)
특정 상황에서의 불안		
시험	______	______
업무 마감 시한	______	______
우선순위를 다투는 것	______	______
면접	______	______
발표	______	______
기타	______	______
개인적 관계에서의 불안		
배우자	______	______
부모	______	______
자녀	______	______
기타	______	______
걱정		
우울		
불안		
분노		

짜증		
원망감		
공포증		
두려움		
근육 긴장		
고혈압		
두통		
목 통증		
요통		
소화불량		
근육 경련		
불면		
수면 곤란		
업무 스트레스		
기타		

중요: 신체적 증상들은 전적으로 생리적 원인 때문일 수도 있다. 당신의 증상이 전적으로 스트레스와 관련된 것이라고 가정하기 전에 이러한 신체적 문제들이 생리적 원인 때문일 가능성을 없애기 위해 의사의 진찰을 받아야만 한다.

스트레스에 대처하기 위한 전략

현대 사회의 한 구성원으로서, 당신은 스트레스의 부정적 효과에 대처하기 위한 다양한 방법들을 이용할 수 있다. 의사들은 당신의 스트레스 관련 증상들과 질병들을 치료할 수 있다. 처방전 없이 구입할 수 있는 의약품들은 통증을 경감시켜주고, 수면을 도와주며, 정신을 맑게 해주고, 이완하도록 해주며, 위산 소화불량과 과민성 대장에 대처하게 해줄 수 있다. 당신은 불편감을 차단하기 위하여 음식, 술 및 일상적인 약물을 복용할 수도 있다. 당신은 TV, 영화, 인터넷, 취미 및 스포츠와 같은 다양한 것을 즐길 수도 있다. 당신은 세상에서 집으로 철수하여 당신 주위의 스트레스를 주는 세계와 최소한의 접촉만을 하면서 모든 것을 회피할 수도 있다.

우리 사회는 더 열심히 일하고 짧은 시간에 더 많은 것을 생산해냄으로써 스트레스를 다루는 사람들에게 보상을 제공한다. 이들을 "A유형" 성격이라고 칭하며, 빠르게 진행되는 문화에서 성공할 수 있는 사람들이다. A유형 성격은 강한 시간 긴박감을 느끼고, 이완하지 못하고, 자신의 상태에 대해 불안정하고, 매우 경쟁적이며, 자신의 방식을 고수하지 못할 때 쉽게 화를 내는 사람들을 기술하기 위해 1970년대에 만들어진 용어이다. A유형 성격에 관한 고전적인 연구는 1974년에 Friedman과 Rosenman에 의해 보고된 3,500명 이상의 건강한 중년 남성에 대한 12년 종단 연구이며, 이 연구는 A유형 행동의 관상성 심장 질환의 위험이 두 배라고 추정하였다. 비록 이 대중적인 개념이 건강 심리학에서 굉장히 많은 관심을 받았지만, 최근 연구(Williams, 2001)는 A유형 성격의 적대감 요소만이 유의한 건강 위험 요인이라고 밝혔다.

*American Journal of Cardiology*에 발표된 논문(Denollet et al. 2006)은 어떤 개인적 특성이 어떻게 심장 건강을 해칠 수 있는지를 논의하였는데, D유형 즉 **고통받는**distressed **성격**으로 불리는 새로운 성격 구성개념을 제안하였다. D유형 행동은 부정적 정서(분노와 적대감)를 경험하고, 타인과의 사회적 접촉을 피하면서 이러한 정서를 억제하는 경향으로 특징지어진다. 부정적 성향과 사회적 철회 모두는 더 많은 코르티솔, 스트레스에 대한 반응의 증가 및 관상성 심장 질환과 다른 스트레스 관련 질환의 위험과 관련된다. 그렇지만 어느 누구도 D유형이 A유형이 가졌던 유지력을 가질지에 대해 동의하지 않는다.

Chicago 대학교의 연구 심리학자인 Suzanne Kobasa와 그의 동료들(1985)에 따르면, 불안하고, 만성적으로 스트레스를 받는 사람들과는 대조적으로, 어떤 사람들은 스트레스에 덜 취약하다. 이렇게 '스트레스에 강인한' 사람들은 질병에 걸리거나 장기 결근을 할 빈도가 더 낮다. 이들은 스트레스원을 위협으로 지각하기보다는 새로운 기회와 개인적 성장을 위한 도전과 기회로 간주한다. 이들은 자신들의 생활 환경에 대한 통제감을 가지고 있고, 자신들에게 발생하는 사건들에 영향을 미칠 수 있는 그리고 선택할 수 있는 자원을 가지고 있다고 스스로 지각한다. 이들은 또한 자신들의 가정, 가족 및 직장에 대한 책임감이 있는데, 이로 인해 다른 사람들과 관계를 갖거나 다른 활동을 하는 것이 더 쉬워지게 된다. 『The Wellness Book』(1993)의 저자인 Herbert Benson과 Eileen Stuart에 따르면, 이러한 스트레스에 강인한 성격 특징을 가지고 있는 사람들과 좋은 사회적 지지체계를 가지고 있으며, 규칙적으로 운동하고, 건강한 식습관을 유지하고 있는 사람들은 질병 발생률이 가장 낮다.

Daniel Goleman의 유명한 저서 『Emotional Intelligence』(2005)에서, 자기-자각, 자기-훈련 및 감정이입을 일관되게 보여주는 사람이 정서적으로 건강한 사람이라고 언급하였다. Goleman은 그의 저서를 통해 '정서 지능'은 스트레스에 대처하는 개인의 능력에 기여한다고 주장하였다.

심리학자 Shelley E. Taylor는 그녀의 저서 『The Tending Instinct』(2002)에서 우리가 서로를 돌보기 위해 어떻게 생물학적으로 프로그램되었는지 논의하였다. 그녀의 연구에서, Taylor는 '도전-도주 반응'을 포함한 연구가 오직 남성 피험자만을 포함한다는 것을 발견하였다. 그녀는 남성과 여성이 스트레스를 다르게 다루는지, 만약 그렇다면 어떻게 다른지를 알아보려 하였다. 그녀는 스트레스를 받을 때, 지지를 주고받기 위해 자신의 사회적 지지 집단에 (도피나 도전하는 대신에) 의지하는 사람(특히 여성)이 장기간의 스트레스 반응을 경험할 가능성이 훨씬 낮다는 것을 발견하였다. 그녀의 이론은 '배려와 친교'로 알려졌다. Taylor는 "사회적 유대관계는 우리가 가진 가장 싼 치료약이다"(p.165)라고 말했다.

스트레스 대처 전략 항목표

변화를 위한 프로그램을 시작하기 전에, 현재 당신이 어떻게 스트레스를 관리하고 있는지 고찰해 보는 것이 중요하다.

지시: 아래에는 스트레스 사건들에 대처하는 몇 가지 일반적인 방식들이 나열되어 있다. 당신이 특징적으로 보이거나 빈번하게 사용하는 행동들에 표시하라.

__________ 1. 나는 내 욕구를 무시하고 단지 더 열심히, 더 빠르게 일할 뿐이다.

__________ 2. 나는 대화를 나누고 지지해 줄 수 있는 친구를 찾는다.

__________ 3. 나는 평소보다 더 많이 먹는다.

__________ 4. 나는 신체적인 운동을 한다.

__________ 5. 나는 신경이 예민해지면 내 주변 사람들에게 화풀이를 한다.

__________ 6. 나는 이완하고, 호흡하며 긴장을 풀 수 있는 약간의 시간을 갖는다.

__________ 7. 나는 담배를 피우거나 카페인이 들어있는 음료를 마신다.

__________ 8. 나는 내 스트레스원을 직면하고 그것을 바꿔보려 노력한다.

__________ 9. 나는 정서적으로 퇴각해서 일상적인 활동들을 수행할 뿐이다.

__________ 10. 나는 문제에 대한 내 관점을 변화시키고 더 나은 관점을 갖는다.

__________ 11. 나는 실제로 필요 이상으로 잠을 더 많이 잔다.

__________ 12. 나는 짧은 휴식 시간을 내어서 업무로부터 벗어난다.

__________ 13. 나는 쇼핑하러 가서, 기분 좋게 해주는 물건들을 구입한다.

__________ 14. 나는 친구와 농담을 하고 마음을 가라앉히기 위해 유머를 사용한다.

__________ 15. 나는 평소보다 술을 더 많이 마신다.

__________ 16. 나는 긴장을 풀어주고 스스로 즐길 수 있게 해주는 취미활동을 한다.

_________ 17. 나는 이완하게 해주고 잠을 더 잘 자게 해주는 약물을 복용한다.

_________ 18. 나는 건강한 식습관을 유지한다.

_________ 19. 나는 그저 문제를 무시하고, 그 문제가 사라지기를 바라고 있다.

_________ 20. 나는 기도하고, 명상하고, 내 영적 삶을 증진시킨다.

_________ 21. 나는 그 문제에 대해 걱정하고 그와 관련된 것들에 대해 두려워한다.

_________ 22. 나는 내가 통제할 수 있는 일들에 초점을 맞추고, 통제할 수 없는 일들은 수용한다.

'Coping Styles Questionnaire' © 1999 by Jim Boyers, Ph.D., Kaiser-Permanente Medical Center and Health Styles, Santa Clara, CA.에서 각색.

결과 평가: 짝수 번호의 항목들은 스트레스에 대처하는 더 건설적인 전략들이고, 홀수 번호의 항목들은 덜 건설적인 전략들이다. 당신이 체크한 짝수 항목들에 대해서는 스스로 축하해 주어라. 만일 홀수 번호의 항목들에 체크가 되어 있다면, 당신의 생각이나 행동에서 어떠한 부분을 변화시킬 필요가 있는지 생각해 보라. 이전에 시도해 보지 못했던 짝수 번호 항목들에 대해 실험해 보는 것도 고찰해 보라. 이 워크북은 이러한 변화를 이루도록 당신을 도와줄 것이다.

자신의 목표 이해하기

스트레스 관리의 목표는 단지 스트레스를 감소시키는 것만이 아니다. 어쨌든, 스트레스가 없다면 인생은 지루해지지 않을까? 앞에서 언급한 것처럼, 스트레스를 주는 사건들이나 스트레스원을 부정적인 것(상해나 사랑하는 사람의 죽음과 같은)으로 생각하는 경향이 있지만, 스트레스원은 흔히 긍정적인 것이기도 하다. 예컨대, 새로운 집으로 이사하거나 승진하는 것과 같은 사건들은 지위의 변화와 새로운 의무라는 스트레스를 가져다준다. 좋은 운동 경기에서의 격렬한 신체 운동, 어떤 도전적인 것을 처음으로 행할 때의 흥분 또는 아름다운 석양을 바라보는 즐거움과 같은 것들도 모두 긍정적인 스트레스의 예이다.

고통 또는 부정적 스트레스는 당신이 직면한 도전을 위험하고, 힘들고, 고통스럽거나 불공정하다고 지각하고, 그에 대처할 자원이 없다고 걱정할 때 발생한다. 당신은 실제로 도전적인 문제를 해결하기, 규칙적인 운동과 이완하기, 즐거운 사회적 접촉을 유지하기, 합리적인 식습관 따르기 및 낙관적이고 합리적인 사고, 유머 그리고 놀이에 참여하기와 같은 긍정적인 활동들을 일상생활에 포함시킴으로써 고통을 다루는 능력을 향상시킬 수 있다.

스트레스 수준이 너무 커져서 수행performance이 정점에 다다를 때까지는, 실제로 수행과 효능감이 스트레스 증가와 함께 향상된다. 스트레스 관리에는 수행과 만족을 최대화할 수 있도록 당신의 개별 성격, 우선순위 및 생활 상황을 고려하여 적절한 유형의 스트레스와 그 양을 찾아내는 것이 포함된다. 이 워크북에 나와 있는 도구들을 활용하여, 당신은 인생에 더 긍정적인 스트레스 또는 자극적인 도전, 즐거움 및 흥분을 추가하는 방법뿐만 아니라, 더 효과적으로 고통에 대처하는 방법도 배울 수 있다.

증상-완화 효과

이제 당신은 당신의 주요한 스트레스원, 스트레스-관련 증상들 및 스트레스를 다루기 위해 현재 사용하는 전략들을 확인하였으므로, 이번에는 당신을 가장 괴롭히는 한 개나 두 개의 증상들을 선택하고 그 증상들을 완화시키기 위해 사용할 수 있는 기법들을 선택할 차례이다. 특정 목표를 정의하고 성취하는 것은 성취감을 주고, 당신이 찾고 있는 긍정적 변화를 가져다주는 도구와 아이디어를 지속적으로 사용하도록 동기화시켜 준다. 모든 사람들이 스트레스에 대해 서로 다르게 반응하기 때문에, 우리는 어떤 기법이 당신에게 가장 적합한지 말해

줄 수는 없다. 그렇지만, 다음 페이지에 나와 있는 도표가 어떤 것을 먼저 시도하고, 그다음으로 무엇을 실시해야 할지에 관한 일반적인 아이디어를 제공해 줄 것이다.

각 스트레스 완화 방법들의 장chapter 제목들이 표의 상단에 가로 방향으로 제시되어 있고, 전형적인 스트레스-관련 증상들은 옆면에 세로 방향으로 제시되어 있다. 당신이 보는 바와 같이, 대부분의 증상들을 다루는 데 있어서 하나 이상의 스트레스 완화 기법들이 효과적일 수 있다. 특정 증상들에 가장 효과적인 기법들은 굵은 X로 표시되어 있으며, 동일한 증상에 도움이 되는 기타 기법들은 더 작고 가는 x로 표시되어 있다.

이 기법은 크게 두 범주인, 신체를 이완시키는 데 초점을 두는 이완 기법 그리고 마음이 스트레스를 효과적으로 다루도록 준비시키는 스트레스 완화 기법 두 범주로 나눠진다. 당신의 마음, 신체 및 정서는 상호 관련되어 있다. 스트레스를 제거하고자 한다면, 당신은 이들 두 개의 큰 범주에 있는 각각의 기법 중 최소한 하나의 기법을 사용함으로써 최선의 결과를 얻을 수 있을 것이다. 예를 들어, 만일 당신의 가장 고통스러운 스트레스 증상이 전반적인 불안이라면, 당신은 신체를 평온하게 하기 위해 점진적인 이완과 호흡 연습을 실시하고, 정신적 정서적 스트레스를 경감시키기 위해 비합리적인 생각을 논박하는 것에 대한 제12장과 걱정과 불안에 직면하는 것에 대한 제13장의 연습을 실습할 수도 있다. 만일 스트레스 대처 전략 목록에서의 결과가 정기적인 육체적 운동을 하지 않거나 식습관이 좋지 못한 것으로 나타났다면, 당신은 또한 이러한 전략들이 어떻게 당신의 전반적인 불안을 경감시킬 수 있는지 배우기 위해, 영양에 대한 제19장과 신체 운동에 대한 제20장을 참고할 수도 있을 것이다.

다른 장으로 넘어가기 전에 제2장을 읽어라. 신체 자각은 이 워크북에서 다른 모든 것들의 핵심인데, 그것이 없다면 당신은 이 기법들 중 어느 것도 효과적으로 활용할 수 없다.

더 읽을거리

Amundson, M. E., C. A. Hart, and T. A. Holmes. 1986. *Manual for the Schedule of Recent Experi ence* (SRE). Seattle: University of Washington Press.

Benson, H. 1985. *Beyond the Relaxation Response.* New York: Penguin Publishers.

_______. 2000. *The Relaxation Response.* Updated and expanded ed. New York: HarperCollins.

Benson, H., and E. Stuart. 1993. The Wellness Book: *The Comprehensive Guide to Maintaining Health and Treating Stress-Related Illness*. Reprint ed. New York: Simon & Schuster.

Denollet, J., S. S. Pederson, C. J. Vrints, and V. M. Conraads. 2006. "Usefulness of Type D Personality in Predicting Five-Year Cardiac Events Above and Beyond Concurrent Symptoms of Stress in Patients with Coronary Heart Disease." *American Journal of Cardiology* 97 (7): 970–73.

Friedman, M., and R. Rosenman. 1974. *Type A Personality and Your Heart.* New York: Knopf.

Goleman, D. 2005. *Emotional Intelligence.* 10th anniversary ed. New York: Bantam Books.

Kobasa, S., S. Maddi, M. Puccetti, and M. Zola. 1985. "Effectiveness of Hardiness, Exercise and So cial Support as Resources Against Illness." *Journal of Psychosomatic Research* 29 (5): 525–33.

Lazarus, R. S., and S. Folkman. 1984. *Stress Appraisal and Coping.* New York: Springer Publishing.

Lorig, K., H. Holman, D. Sobel, D. Laurent, V. Gonzalez, and M. Menor. 2012. *Living a Healthy Life with Chronic Conditions.* 4th ed. Palo Alto, CA: Bull Publishing.

Martin, P. R. 1998. *The Healing Mind: The Vital Links between Brain and Behavior, Immunity and Disease.* New York: St. Martin's Press.

McBrooks, C., K. Koizumi, and J. O. Pinkston, eds. 1975. *The Life and Contributions of Walter Brad ford Cannon 1871–1945.* Albany: State University of New York Press.

Ornstein, R., and D. Sobel. 1995. *Healthy Pleasures.* Cambridge, MA: Perseus Books.

_______. 2010. *The Healing Brain.* Los Altos, CA: Malor Books.

Rabin, B. 1999. Stress, *Immune Function and Health*: The Connection. New York: Wiley-Liss.

Sapolsky, R. M. 2004. *Why Zebras Don't Get Ulcers*: The Acclaimed Guide to Stress, Stress-Related Diseases, and Coping. 3rd ed. New York: Henry Holt and Company.

Selye, H. 1978. *The Stress of Life.* New York: McGraw-Hill.

Sobel, D. S., and R. Ornstein. 1998. *Mind and Body Health Handbook.* 2nd ed. New York: Time-Life Books.

Taylor, S. 2002. *The Tending Instinct.* New York: Times Books.

Williams, R. B. 2001. "Hostility (and Other Psycho-Social Risk Factors): Effects on Health and the Potential for Successful Behavioral Approaches to Prevention and Treatment." *In Handbook of Health Psychology,* edited by A. Baum, T. A. Revenson, and J. E. Singer. Hillsdale, NJ: Lawrence Erlbaum Associates.

증상-완화 효과 차트

	기법					
증상	신체 스캔	호흡법	점진적 이완	명상	시각화	이완 훈련 응용
특정 상황에서의 불안 (시험, 업무 마감 시한, 면접, 발표)		X	X	x	x	X
개인적 관계에서의 불안 (배우자, 자녀, 상사)		X	x			
전반적인 불안과 걱정		X	X	X	x	X
우울		X		X		
적대감, 분노, 짜증, 원망감		X	x	x		X
공포증, 두려움		X	X		x	X
근육 긴장	X	X	X		x	x
고혈압		x	X	X		
두통, 목 통증, 요통		x	X	X	X	X
소화불량		x	X	x		
불면, 수면 곤란		x	X			X
업무 스트레스		X	X			X
만성 통증		X	x	X	X	x

	기법						
증상	자기 - 최면	자생법	간편 조합 기법	자기 - 자비	비합리적 생각 논박	걱정 및 불안 완화하기	두려움과 회피 직면하기
특정 상황에서의 불안 (시험, 업무 마감 시한, 면접, 발표)	x		x		x	X	X
개인적 관계에서의 불안 (배우자, 자녀, 상사)	x		x		x	X	x
전반적인 불안과 걱정		x	x	X	X	X	x
우울				X	X		x
적대감, 분노, 짜증, 원망감		x		x	X		
공포증, 두려움					x	X	X
근육 긴장	x	X	x				
고혈압		X	x				
두통, 목 통증, 요통	X	x					
소화불량	X	X	x				
불면, 수면 곤란	X	x					
업무 스트레스					X		
만성 통증	X	X			x		

	기법					
증상	분노 면역	목표설정 및 시간관리	주장 훈련	업무 스트레스 관리	영양 및 스트레스 관리	운동
특정 상황에서의 불안 (시험, 업무 마감 시한, 면접, 발표)		X	x			
개인적 관계에서의 불안 (배우자, 자녀, 상사)			X			
전반적인 불안과 걱정		X	x		x	X
우울		x	X		x	X
적대감, 분노, 짜증, 원망감	X	X	X		x	X
공포증, 두려움		x	x		x	x
근육 긴장	x	x				X
고혈압	x	x	x		X	X
두통, 목 통증, 요통			x		x	X
소화불량		x	x		X	x
불면, 수면 곤란					x	X
업무 스트레스	x	x	x	X		
만성 통증		X	x		x	X

제2장

신체 스캔

Body Scan

이 장에서는 다음과 같은 내용을 배울 것이다.

- 당신의 몸에서 긴장은 어떻게 인식되는가
- 근육 긴장과 정서 반응은 어떻게 관계되는가
- 당신의 몸에서 긴장을 인식하고 내려놓는 연습

배경

최근 몇 년간, 기법은 사람과 정보에 대한 우리의 접근을 증가시켰을 뿐만 아니라 우리의 삶의 속도를 향상시켜 왔다. 우리는 외적 생활의 산만함에 휘말려 우리 몸의 긴장이 너무 격렬해 고통스러워질 때까지 알아차리지 못하기 쉽다.

당신의 몸이 일상생활 속에 있는 스트레스원에 어떻게 반응하는지를 인식하는 능력은 강력한 기술이다. 대부분의 사람들은 날씨, 현재의 시간, 혹은 은행 잔고를 몸의 긴장이나 개인적인 스트레스 반응보다 더 잘 자각한다. 많은 경우에, 당신의 몸은 의식적인 마음이 알기도 전에 스트레스를 등록시킨다register. 예를 들어, 당신의 목과 어깨 근육은 직장에서 스트레스를 받는 하루 동안 긴장될 가능성이 있고, 당신은 하루가 끝날 때까지 그것들이 얼마나 고통스럽게 꽉 조이는지 알아차리지 못할지도 모른다. 근육 긴장은 당신이 스트레스를 받고 있다는 것을 알게 하는 몸의 방식이며, 신체 자각은 고통스러운 증상으로 이끌 수도 있는 그 긴장을 인식하고 감소시키기 위한 첫 번째 단계이다.

당신은 이 장의 연습을 통해 내면으로 방향을 틀고, 지금 이 순간에 당신의 몸의 감각에 주의를 기울일 수 있다. 당신은 긴장감이 외부 스트레스 요인뿐만 아니라 감정, 생각 및 행동과 어떻게 관련이 있는지 관찰하게 될 것이다. 이 지식으로 당신은 긴장을 내려놓기 시작할 수 있고, 스트레스를 많이 받는 하루 중에도 자신을 돌보기 위해 더 현명한 선택을 할 수 있다.

세상을 당신의 자각에 대한 신체적 반응으로부터 분리하기 위해 외적 자각과 내적 자각을 구분하는 것이 중요하다. **외적 자각**은 외부 세계로부터 오감을 통해 들어온 모든 자극을 포함한다. **내적 자각**은 당신 몸속의 모든 신체적인 감각, 느낌, 정서적 불편감 또는 편안함을 말한다. 당신의 자각 대부분은 외부 세계를 향해 있기 때문에 당신의 몸에 있는 많은 긴장을 느낄 수 없다. 아래에, 당신은 당신 몸의 긴장을 밝혀내고 탐색하기 위해 고안된 운동에 대해 배울 것이다.

신체 상태가 의식에 미치는 효과, 신체 상태와 스트레스와의 관계의 중요성은 선zen, 하타요가 및 수피교와 같은 동양 철학 사상들에 의해 수 세기 동안 강조되어 왔다. 금세기 동안, 본래 Freud의 제자인 Wilhelm Reich의 연구는 정서 상태와 신체의 상호작용에 대한 서양 정신의학의 관심을 불러일으켰다. 신체 및 신체와 정서적 스트레스와의 관계에 초점을 두고 있는 두 가지 현대적 치료들은 Fritz Perls의 게슈탈트 치료와 Alexander Lowen의 생체에너지 치료이다. 이 두 가지 치료 모두 마음과 몸의 관계를 면밀하게 연구한다. 당신의 신체가 어떻게 스트레스에 반응하는지를 자각하게 되는 것은 스트레스-관리 계획을 발전시키기 위해 사용할 수 있는 당신의 개인적인 스트레스 반응에 대한 중요한 정보를 줄 것이다.

1979년에, 분자생물학자인 Jon Kabat-Zinn은 매사추세츠 의과대학에서 마음챙김-

기반 스트레스 완화 프로그램을 설립했다. MBSR은 마음챙김 명상, 신체 자각 및 요가의 조합으로 사람들이 마음챙김과 자각을 더 많이 할 수 있도록 돕는다. Kabat-Zinn의 연구는 MBSR이 불안 및/또는 만성 통증을 가진 환자의 증상에 상당한 개선을 초래했다는 것을 보여주었다. 많은 연구들이 스트레스, 불안, 우울증, 통증 및 질병이 있는 사람들에게 마음챙김의 이점을 증명하는 데 축적되어 왔다.

신체 항목표

다음의 연습들은 신체 자각을 촉진시키고, 당신에게 신체의 긴장 부위를 확인하게 해줄 것이다. 신체는 나름대로 지혜를 가지고 있는데, 만약 당신이 경청하는 시간을 갖는다면, 외부 스트레스 요인들과 생각, 감정 및 긴장이 어떻게 상호 연결되어 있는지를 더 잘 이해할 수 있다.

내부-외부 섞기

이 연습은 당신이 내적, 외적 경험을 구별하는 것을 가르쳐주고, 당신의 스트레스 반응을 확인하기 위해 당신의 자각을 향상시키는 것을 도와준다.

1. 먼저 외부 세계에 주의를 집중하라. '나는 ~을 자각한다'와 같은 문장으로 시작하라(예를 들면, 나는 창문 밖에 차가 지나다니고, 종이가 움직이며, 커피가 끓고, 산들바람이 불어오고 그리고 블루 카펫이 깔려 있음을 자각한다).
2. 주변에서 일어나고 있는 모든 것을 자각하게 된 후에, 주의를 자신의 신체와 신체 감각, 즉 자신의 내적 세계로 초점을 전환시켜라(예를 들면, 나는 따뜻하고, 나의 위장이 꾸르륵

소리를 내며, 목이 굳어있고, 코가 간질거리며 그리고 발에서 경련이 일어나고 있음을 자각한다).

3. 내적 자각과 외적 자각을 왔다 갔다 하라(예를 들면, 나는 의자에 엉덩이가 닿아있고, 램프에서 나오는 노란 원 모양의 빛이 있고, 어깨를 둥글게 구부리며, 베이컨 냄새가 난다는 것을 자각한다).

하루 중 편한 시간에 실습하면, 이 연습은 우리를 자신의 내적 세계와 외적 세계 간의 실제 차이를 분리시키고 인식하게 해준다.

신체 스캔

이 연습은 당신이 신체에서 근육 긴장을 어디로 가지고 가는지에 대한 자각을 향상시키는 데 도움을 줄 것이다.

눈을 감아라. 발가락부터 시작해서 신체 위쪽으로 옮겨가면서, 스스로에게 "나는 어디가 긴장되어 있는가?"라고 물어보라. 긴장된 부위를 발견할 때마다, 그것을 알아차릴 수 있도록 조금씩 과장해 보라. 몸의 근육들이 긴장하고 있다는 것을 알아차려라.

당신의 몸을 그대로 두기

이 연습은 근육 긴장에 대한 자각을 향상시키고, 근육 긴장의 축적을 감소시켜 준다.

러그나 딱딱한 침대에 편안하게 누워라. 당신의 발을 바닥 (또는 침대) 위에 평평하게 되도록 무릎을 끌어당겨 세우고, 눈을 감아라. 스스로 편안한지 점검해 보라. (당신의 몸을 이리저리 이동해야 될 수도 있다.) 호흡을 자각해 보라… 공기가 당신의 코, 입 그리고 폐를 통해 목으로 내려가는 것을 느껴 보라. 자신의 몸에 집중하고, 모든 부분이 자신의 자각 속으로 자연스럽게 들어오게 해 보라. 당신 몸의 어떤 부분이 자각 속에 첫 번째로 들어오는가? 어떤 부분이 덜 자각되는가? 당신 신체의 어느 부분을 쉽게 느낄 수 있는지 어느 부분을 거의 감지하지 못하는지를 자각해 보라.

당신은 자신의 오른쪽과 왼쪽 간에 어떤 차이를 알아차리는가? 지금 당신은 어떠한 신체적인 불편감을 느끼고 있다는 것을 자각하게 된다. 당신이 불편감을 자세하게 기술할 수 있을 때까지 이 불편감을 자각해 보라. 이 불편감에 무엇이 일어나는지를 집중하고 자각해 보라. 그것은 변화할 수도 있다… 당신의 몸에 어떠한 긴장이나 불편감이 남아있는지 스캔하고, 숨을 내쉴 때마다 가버리도록 두라. 몸이 익힐 수 있도록 5분에서 10분 동안 계속해서 그대로 두도록 하라.

스트레스-자각 일지

하루 중 어떤 때는 다른 때 보다 더 스트레스가 심하며, 어떤 스트레스 사건은 다른 스트레스 사건보다 신체적 증상과 정서적 증상을 만들어 내기 더 쉽다. 어떤 유형의 스트레스 사건은 특징적인 증상을 종종 만든다. 이런 이유 때문에, 스트레스에 대한 반응으로 나타난 증상들뿐만 아니라 스트레스 사건을 기록하는 것은 유용하다. 당신은 다음 페이지에 있는 빈 양식을 자신만의 일지로 사용할 수 있다. http://www.newharbinger.com/43348에서 내려받을 수도 있다.

스트레스-자각 일지를 1주 동안 작성해 보라. 스트레스 사건이 발생하는 시간과 스트레스와 관련될 수 있는 신체적이거나 정서적인 증상에 주목해 보라.

다음의 **스트레스-자각 일지**는 어느 월요일, 백화점 점원인 Harry에 의해 기록되었다.

시간	스트레스 사건	증상
오전 8:00	알람이 울리지 않아 늦었고, 단지 커피를 마실 시간만 있었다.	약간의 두통, 초조함.
오전 9:30	상사가 지각한 것에 대해서 질책했다.	
오전 9:50		걱정, 우울, 얕은 호흡.
오전 11:00	고객이 교양이 없고 무례하다.	
오전 11:15		분노, 위장이 조여옴.
오후 12:20	점심시간이 10분밖에 안 남아서, 칩을 조금 먹었다.	
오후 2:30		약간의 두통.
오후 3:00	선임 관리자에게 프레젠테이션.	과민함, 식은땀을 흘림.
오후 5:00	심한 교통 정체, 가족 식사에 늦음.	
오후 6:00	아들과 언쟁.	분노, 심한 두통.
오후 6:35	아내가 아들을 감싸고 돌다.	분노, 목, 허리, 위장의 긴장.
오후 10:00		걱정스러워서 잠을 이룰 수 없음.

스트레스-자각 일지

날짜: ____________________ 요일: ____________________

시간	스트레스 사건	증상

당신이 알 수 있는 것처럼, 일지는 특정 스트레스가 예측 가능한 증상을 초래하는지를 확인하게 해준다. 대인관계의 대립과 아침에 커피만 마시는 것은 전형적으로 위의 긴장을 수반하고 있다. 이 사람의 경우 서두르는 것은 혈관수축(혈관을 조이는 것)을 초래하고 있으며, 사실상 하루 종일 아무것도 먹지 않는 것은 저혈당을 야기한 것처럼 보인다. 놀랍지도 않게, 그가 집에 돌아와 더 많은 갈등과 마주할 때 분노와 다양한 신체적인 증상들을 경험한다.

고려해야 할 것은 당신의 감정적인 반응, 걱정, 불안 또는 분노가 얼마나 오래 지속되느냐 하는 것이다. 그것이 당신의 근육 긴장에 어떤 영향을 미치는가? 스트레스-자각 일지를 사용하여 스트레스 사건과 특정 반작용을 발견하고 차트화할 수 있다.

긴장 풀기

다음 연습은 당신이 신체의 각 부분을 개방시키고, 존재하는 어떤 감각도 알아차리고, 몸에서 긴장을 내려놓는 것을 도와줄 것이다. 당신은 스트레스를 받을 때마다 긴장을 풀기 위해 이 연습을 할 수 있다.

내부 탐사 또는 신체 스캔

몸과 마음을 점검하고 생각, 감정, 신체적 감각의 물결이 그냥 지나가도록 하라.

1. 가슴과 배에서 호흡이 오르락내리락하는 것을 자각하는 것으로 시작하라. 당신은 호흡의 물결을 탈 수 있고, 그것이 당신을 현재 순간에 닻을 내리기 시작하도록 할 수 있다.

2. 발바닥에 주의를 집중하라. 거기에 있는 어떤 감각이라도 알아차려라. 그것을 판단하거나 다르게 만들려고 하지 말고, 단순히 그 감각과 함께하라. 몇 분 후, 당신의 호흡이 발바닥으로 흘러 들어간다고 상상해 보라. 숨을 들이쉬고 내쉬면서, 당신은 열리거나 부드러워지는 긴장 풀기를 경험할 수 있다. 그냥 관찰만 하라.

3. 이제 발바닥의 나머지 부분, 발목까지 집중하라. 당신의 몸의 이 부분에 어떤 감각이든지 자각하라. 몇 분 후에, 당신의 호흡이 횡격막에서 멈추는 대신에 발까지 흘러내린다고 상상해 보라. 단순히 감각을 알아차리면서, 발 안으로 밖으로 호흡하라.

4. 하퇴부lower legs, 무릎, 허벅지, 골반, 엉덩이, 등, 허리, 가슴과 배, 어깨, 목, 머리, 얼굴 등 몸의 모든 부분을 이런 방식으로 진행하라. 각 신체 부위를 천천히 느껴보고, 어떤 감각이든 강제로 혹은 다르게 만들려고 하지 않고, 알아차려라. 그러고 나서 그 신체 부위에 호흡을 하고, 다음 신체 부위로 넘어가면서 내려놓아라.

5. 목과 어깨 또는 통증, 긴장, 불편함이 있는 신체의 부위로 돌아가라. 단순히 비판단적인 방식으로 감각들과 함께하라. 숨을 들이쉬면서, 당신의 호흡이 어떤 팽팽한 근육이나 아픈 부위를 개방하고, 더 널찍한 것을 만들어 낸다고 상상해 보라. 숨을 내쉬면서, 신체의 그 부분에서 나오는 긴장이나 통증을 상상해 보라.

6. 머리 꼭대기로 돌아가서, 긴장이나 불편한 부분이 있는지 마지막으로 한번 더 스캔하라. 그러고 나서 당신이 머리 꼭대기에 고래나 돌고래가 숨쉬기 위해 사용하는 구멍처럼 숨구멍을 가지고 있다고 상상하라. 당신의 머리 꼭대기에서 숨을 들이쉬고, 숨을 발바닥까지 내쉬고, 그러고 나서 다시 당신의 몸 전체를 통해서 다시 위로 돌아오라. 호흡이 긴장이나 불편한 감각을 씻어내도록 하라.

전체 신체 스캔은 몇 분에서 30분까지 걸릴 수 있다. 이상적으로는 매일 신체 스캔을 완료하는 데 20분에서 30분 정도의 시간을 두는 것이 좋다.

이 장의 신체 스캔 연습을 하기 전과 후에 느끼는 감정을 편리하게 기록하려면, 다음의 **전반적인 긴장 기록지**를 사용하라. 이 기록지는 http://www.newharbinger.com/43348에서도 구할 수 있다.

고객 서비스 담당자인 Mary는 다음과 같이 기록했다.

___주	연습	회기 전	회기 후	논평
월	신체 스캔	10	7	정신없이 바쁜 하루, 불안했음.
화	내부-외부 섞기	9	6	동료가 아픔, 업무 증가, 화가 났음.
수	신체 스캔	9	5	업무가 여전히 과중됨, 걱정되었음.
목	신체를 그대로 놓아두기	8	4	동료 복귀, 안도감을 느낌.
금	내부 탐사 또는 신체 스캔	9	4	또 다른 바쁜 하루, 덜 압도된 느낌.
토	신체를 그대로 놓아두기	6	3	집에서 바쁜 하루, 걱정은 덜 함.
일	내부 탐사 또는 신체 스캔	5	2	좋은 하루, 친구와 함께 오래 걸음.

전반적인 긴장 기록지

당신 스스로 이완 연습을 하기 전과 후를 다음의 10점 척도에 평정해 보라.

1	2	3	4	5
완전히 이완된 긴장 없음	매우 이완된	중간 정도로 이완된	꽤 이완된	약간 이완된
6	7	8	9	10
약간 긴장된	꽤 긴장된	중간 정도로 긴장된	매우 긴장된	극도로 긴장된

____주	연습	회기 전	회기 후	논평
월				
화				
수				
목				
금				
토				
일				

당신은 이러한 신체-스캔 연습을 활용하면서, 당신의 몸이 어디에 근육 긴장을 저장하는지 그리고 어떤 요인들이 근육 긴장에 기여하는지를 인식하기 시작할 것이다. 당신이 스스로 자각을 증가시킬 때, 당신은 매일 느끼는 긴장을 푸는 방법을 알 수 있다. 긴장을 완화시켜감에 따라, 당신은 에너지와 행복감이 증가하는 것을 경험하게 될 것이다. 당신이 신체 긴장의 미묘한 증상들을 더 자각하게 될 때, 두통이나 분노 폭발과 같은 더 고통스러운 증상들을 피하기 위해 잠시 이완 휴식을 할 수 있다. 이 장은 스트레스 반응을 관찰하고 감소시키기 위한 건축 블록이다.

더 읽을거리

Benson, H. 2000. *The Relaxation Response.* Updated and expanded ed. New York: HarperCollins.

Borysenko, J. 2007. *Minding the Body, Mending the Mind.* Updated and revised ed. Cambridge, MA: DaCapo Press.

Goleman, D., and J. Gurin, eds. 1993. *Mind Body Medicine: How to Use Your Mind for Better Health.* Yonkers, NY: Consumer Reports Books.

Jaffe, D. 1986. *Healing from Within.* New York: Fireside.

Kabat-Zinn, Jon. 2013. *Full Catastrophe Living: Using the Wisdom of Your Body and Mind to Face Stress, Pain, and Illness.* Revised and updated ed. New York: Bantam Books.

Knaster, M. 1996. *Discovering the Body's Wisdom.* New York: Bantam Books.

Lorig, K., H. Holman, D. Sobel, D. Laurent, V. Gonzalez, and M. Menor. 2012. *Living a Healthy Life with Chronic Conditions.* 4th ed. Palo Alto, CA: Bull Publishing.

Lowen, A. 1994. *Bioenergetics.* New York: Viking-Penguin.

Perls, F., and F. S. Perls. 1981. *The Gestalt Approach and Eye Witness to Therapy.* New York: Bantam Books.

Scheller, M. D. 1993. *Growing Older, Feeling Better.* Palo Alto, CA: Bull Publishing.

Stahl, B., and E. Goldstein. 2010. *A Mindfulness-Based Stress Reduction Workbook.* Oakland, CA: New Harbinger Publications.

Stevens, J. O. 1971. *Awareness: Exploring, Experimenting, Experiencing.* Moab, UT: Real People Press.

제3장

호흡

Breathing

이 장에서는 다음과 같은 내용을 배울 것이다.

- 당신의 내적 경험에 대한 자각을 증진시키기 위하여 호흡을 이용하기
- 긴장을 풀고 이완하기 위하여 호흡하기
- 스트레스 증상을 감소시키거나 해소시키기 위하여 호흡을 이용하기

배경

호흡은 대부분의 사람들이 당연시하는 생명의 필수요건이다. 공기에 의한 매 순간의 호흡으로, 당신은 산소를 얻고, 무익한 생성물인 이산화탄소를 배출한다. 빈약한 호흡 습관은 당신 몸의 기체의 흐름을 감소시켜, 당신이 스트레스가 많은 상황에 대처하는 것을 더욱더 어렵게 만든다. 특정 호흡 양상은 불안, 공황 발작, 우울, 근육 긴장, 두통, 피로에 실제로 기여한다. 당신이 호흡을 자각하는 것을 배우고, 호흡을 느리게 하면서 정상화하는 것을 연습함에 따라, 마음과 몸은 상당히 이완될 것이다. 당신이 그것들을 하나만 연습하든, 또는 다른 이완

기법들과 결합하여 연습하든, 호흡 자각과 좋은 호흡 습관은 심리적이고 신체적인 웰빙을 향상시킬 것이다.

호흡을 살펴보자. 당신이 숨을 들이쉴 때, 공기는 코를 통해서 빨려 들어오고, 그곳에서 공기는 체온에 맞게 따뜻해지고, 축축하게 적시고, 부분적으로 정화된다. 폐와 복부를 분리시키는 얇은 판 같은 근육인 횡격막은, 들이쉬고 내쉬는 호흡을 할 때, 팽창하고 수축함으로써 호흡을 촉진시킨다.

폐는 신축성 있는 공기 주머니(허파꽈리)에 공기를 운반하는 많은 가지(기관지)가 있는 나무와 같다. 폐포(허파꽈리)는 공기를 폐로 들일 때 팽창하고, 공기를 밖으로 내보낼 때 수축하는 풍선과 같은 능력을 가지고 있다. 폐포를 둘러싸고 있는 작은 혈관들(모세혈관)은 산소를 받아들이고, 그것을 심장으로 운반한다.

심장의 펌프 작용에 의해 혈액은 온몸에 산소를 운반한다. 산소를 받아들이고, 심장과 폐로 다시 운반되고, 그런 다음 방출되는 무익한 생성물인 이산화탄소를 내보내는 교환은 혈구에서 일어난다. 이처럼 산소를 운반하고 교환하는 효율적인 방법은 생명을 유지하는 데 절대적으로 중요하다.

사람은 호흡을 할 때, 두 가지 전형적인 양식 중의 하나를 사용한다: (1) 가슴 호흡, 즉 흉부 호흡과 (2) 복식 호흡, 즉 횡격막 호흡

가슴 호흡, 즉 **흉부 호흡**은 생활 양식, 스트레스, 불안 또는 다른 형태의 감정적인 고통과 종종 연결되는 현대 생활의 공통적인 병폐이다. 그런 호흡은 얕고 종종 불규칙적이며 빠르다. 공기를 들이쉬면, 공기를 빨아들이기 위하여 가슴이 팽창하고, 어깨가 올라간다. 만성적인 얕은 흉부 호흡 또는 잦은 호흡 정지는 만성적인 스트레스, 긴장, 나쁜 자세, 꽉 조이는 옷, 고의로 위장에 멈추었다가 가슴으로 밀어내는 것, 주로 앉아서 생활하는 생활 양식, 고통스러운 감정, 또는 오랜 기간 집중할 때, 사람들이 규칙적으로 호흡하는 것을 잊어버리는 것과 연결될 수 있다.

호흡 정지와 연관된 체내의 너무 적은 산소와 이산화탄소의 축적은 피로감와 우울에 기

여할 수 있다. 빠르고, 얕은 흉부 호흡은 종종 스트레스 반응 및 불안과 연결되며, 약간의 어지러움, 심계 항진, 나약함, 무감각, 저림, 동요 및 짧아진 호흡과 같은 증상을 야기할 수 있다. 너무 많은 이산화탄소를 내쉬게 되면, (혈내 산소 및 이산화탄소 수준의 불균형 때문에) 너무 적은 산소가 두뇌와 다른 신체의 부분에 도달한다. 급성 또는 극단적인 사례에서, 빠른 흉부 호흡은 과호흡으로 쉽게 인식된다. 하지만 가볍고 느린 흉부 호흡은 알려지지 않은 채 몇 년을 진행할 수 있다.

복식 호흡, 즉 **횡격막 호흡**은 신생아와 잠들어 있는 성인의 호흡으로 자연적인 호흡이다. 들이쉰 공기는 복부가 팽창하면서 폐 깊숙이 들어가는데, 횡격막이 아래쪽으로 수축하는 여지를 만들어 준다. 공기는 복부와 횡격막이 이완되면서 배출된다. 횡격막 호흡은 얕은 흉부 호흡보다 리드미컬하고 이완될 뿐만 아니라 보다 깊고 느리다. 호흡계는 산소로부터 에너지를 생산하고, 무익한 생성물을 없애는 본래의 일을 행할 수 있다.

호흡 양식의 자각을 증진시키고, 더 많은 복식 호흡으로 변경함으로써, 당신의 몸속의 산소 및 이산화탄소 혈액 수준의 균형을 맞출 수 있고, 심박률을 정상화하며, 스트레스 관련 증상과 생각 때문에 일어난 근육 긴장과 불안을 감소시킬 수 있다. 횡격막 호흡은 이완 반응을 이끌어 내는 가장 쉬운 방법이다.

증상-완화 효과

호흡 연습은 일반화된 불안장애, 공황 발작 및 광장 공포증, 우울, 성마름, 근육 긴장, 두통 그리고 피로를 감소시키는 데 효과가 있음이 밝혀졌다. 호흡 연습은 호흡 정지, 과호흡, 얕은 호흡, 그리고 차가운 손과 발을 치료하고 예방하는 데 이용된다.

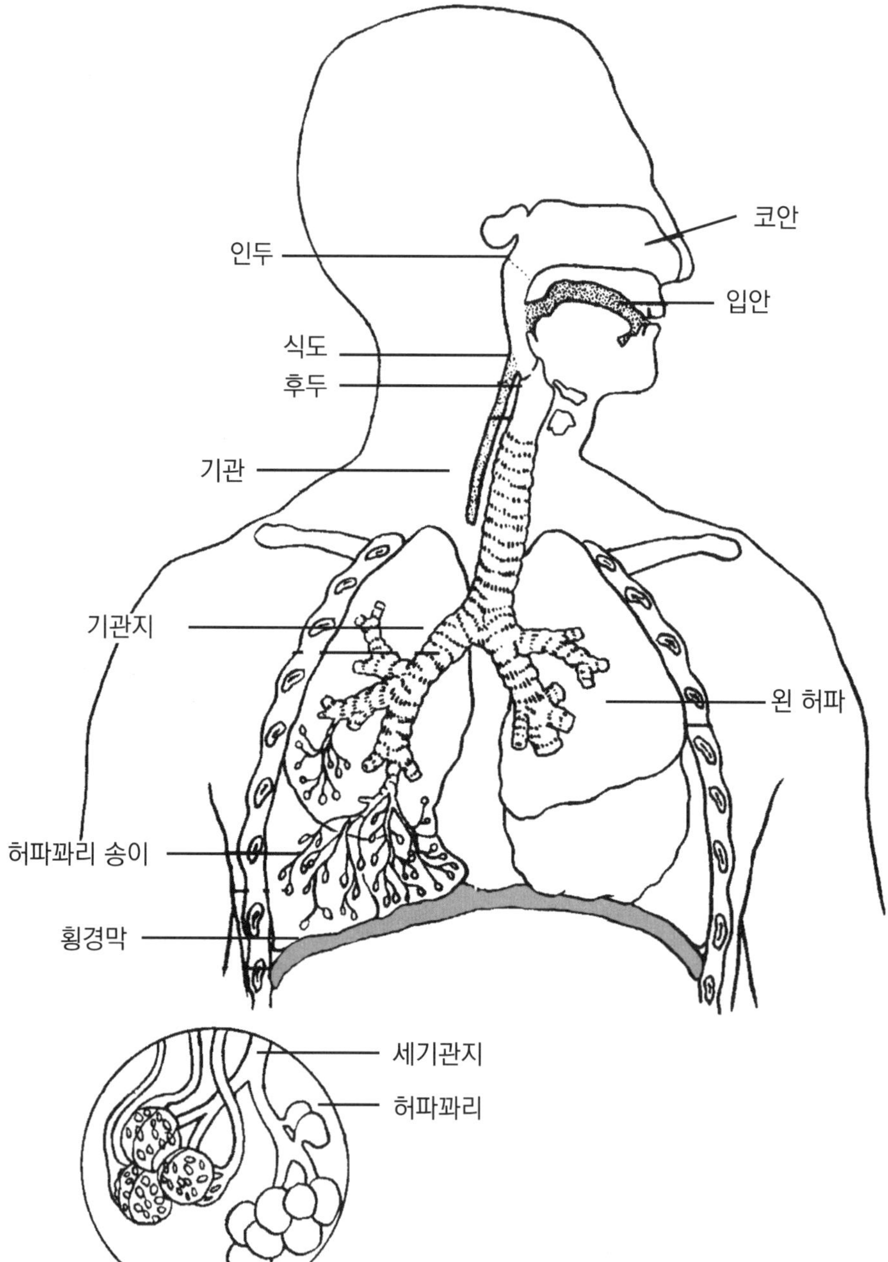

Adapted from W. Kapit and L. M. Elson (1977), *The Anatomy Coloring Book*, New York: Harper & Row.

숙달 시간

호흡 연습은 몇 분 내에 배울 수 있고, 또 즉시 어떤 이득을 경험할 수 있다. 규칙적으로 호흡 연습을 실습하는 것은 몇 주 아니면 며칠 내에 상당한 효과를 볼 수 있다. 당신은 이 장에 제시된 연습들을 시도해본 후에, 당신에게 가장 효과적인 연습들을 통합하여 호흡 프 로그램을 개발하고, 최선의 결과를 위해 지속적으로 그 프로그램을 매일 따르라.

지시

이 장은 4부분으로 나뉘어져 있다: (1) 호흡 연습 준비, (2) 기본적인 호흡, (3) 긴장을 해소하고 자각을 증진시키기 위한 호흡, (4) 증상을 제어하거나 해소시키기 위한 호흡.

호흡 연습을 준비하기

1. 호흡 연습을 배우기 위해서 방해받지 않을 시간과 장소를 선정하라. 호흡 연습을 배우는 동안에, 매일의 실습을 같은 장소 및 같은 시간대에 하도록 시도하라. 그렇지만 이러한 연습들은 일단 숙달되면, 당신 자신이 스트레스적인 상황에 있다 는 것을 발견할 때 어디에서든지 할 수 있다.

2. 별도의 지시가 없으면, 코를 통해서 호흡하는 것이 가장 좋다. 필요하다면, 호흡 연습을 하기 전에 콧속을 깨끗하게 하라. 만약 깨끗하게 할 수 없다면, 입으로 호흡하는 것도 괜찮다.

3. 어떤 자세가 당신에게 최선인지 생각하라. 만약 호흡 연습을 하는 당신의 목적이 이완하거나 당신의 경험에 대한 최적의 자각을 유지하는 것이라면, 앉은 자세로 하라. 만약 당신의 목적이 이완하고 잠들기 위한 것이라면, 누워서 실습하라. 만약 앉아서 이러한 연습들을 하는 중이라면, 편안하게 척추의 균형을 잡고, 팔과 다리를 꼬지 않고, 두 발은 바닥에 단단히 두어야 한다는 것을 머릿속에 기억하라. 초보자로서, 당신은 누워서 횡격막 호흡을 배우는 것이 더 쉽다는 것을 발견하게 됨을 유념하라. 여기 두 가지 누운 자세가 있다.

만약 당신의 등에 문제가 있다면, '무릎을 올린' 자세가 가장 좋다. 무릎을 굽히고 두 발은 약 20cm로 벌리고, 발가락들은 살짝 밖을 향하게 한다. 척추는 반드시 곧게 한다.

당신이 '시체' 자세를 사용할 때는, 다리는 살짝 벌려서 곧게 하고, 발가락은 편안하게 밖을 향하게 하며, 팔은 양옆에서 당신의 몸에 닿지 않게 하며, 손바닥은 위로 향하게 하고 눈을 감는다.

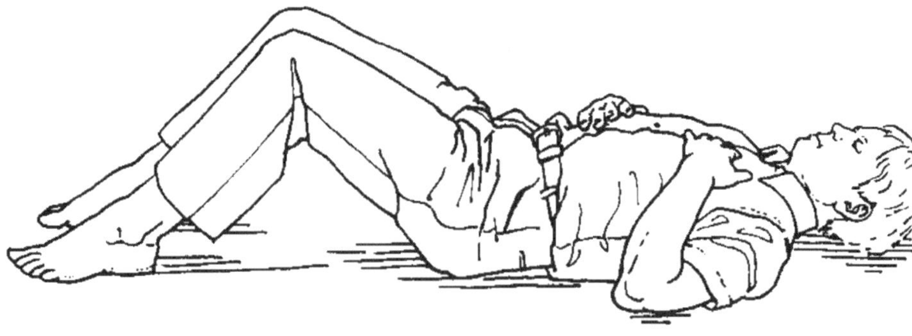

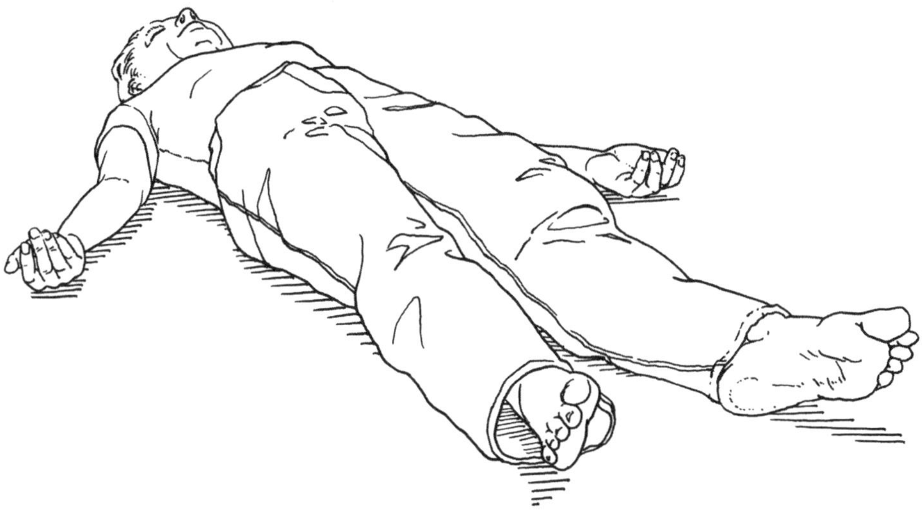

4. 어떤 자세를 고르든지 간에, 호흡 연습을 시작하기 전에 스스로 점검하는 시간을 잠시 가져라. 당신의 전체 몸을 스캔하는데, 필요하다면 보다 편안하기 위해서 분명한 긴장 부위를 풀어주고 자세를 변경하라.

기본적인 호흡

호흡을 이완 기술로 사용하는 법을 배우기 전에 현재 당신이 어떻게 호흡하고 있는지를 관찰하는 것은 유용하다.

당신은 현재 어떻게 호흡하는가?

1. "당신은 현재 어떻게 호흡하는가?"라는 질문에 대해서 눈을 감고 대답해 보라. 오른손

을 허리둘레의 복부에 두고, 왼손은 가슴 중앙에 두어라.

2. 호흡에 변화를 주려고 시도하지 말고, 시원하고 신선한 공기가 당신의 콧속으로 들어가서, 콧속의 털들을 지나, 목 뒤편에 도달하고, 폐로 내려가는 것이 어떤 기분인지 단순히 알아차려 보라.

3. 신선한 공기가 폐에 들어갔을 때, 어떤 일이 일어나는지 알아차려 보라. 내쉴 때는 어떤 일이 벌어지는가? 잠시 동안 당신의 호흡을 변화시키려는 아무 시도 없이 당신의 호흡을 관찰하라. 시간을 가져라.

4. 숨을 들이쉴 때 어떤 손이 더 올라오는가? 가슴에 얹은 손 또는 배에 얹은 손? 만약 당신이 들이쉴 때 배가 팽창하고 올라온다면, 당신은 횡격막 호흡을 하고 있는 것이다. 당신의 배가 움직이지 않거나 가슴보다 적게 움직인다면, 당신은 얕은 흉부 호흡을 하고 있는 것이다.

특별 고려사항

1. 일단 당신이 횡격막 호흡을 하는 것이 쉬워지면, 하루 내내 가끔씩 어떻게 호흡하고 있는지 점검하라. 당신은 횡격막으로 호흡하는가? 얕게 하는가? 당신은 호흡을 정지하고 있는가? 몇 번의 횡격막 호흡을 하도록 하라. 복부가 위아래로 움직이고, 공기가 당신의 폐를 들어왔다가 나가며, 깊은 호흡이 당신에게 주는 이완의 느낌에 집중하라. 그런 다음 당신의 일상적인 활동들을 재개하라.

2. 만약 하루 내내 호흡을 점검하는 것이 어렵다면, 호흡에 주의를 기울일 수 있도록 외부적인 단서를 지정해 두라. 외부적인 단서는 당신이 하루에 적어도 몇 번 알아차릴 수 있도록 해주는 어떤 것이다(예: 자동차 핸들, 손목시계, 당신의 문에 부착한 "호흡"이라 쓰여진 메모).

3. 당신이 횡격막 호흡을 사용하여 이완하는 것을 배웠다면, 스트레스 상황에 들어가게 되는 상황, 그 상황 중 그리고 그 상황이 끝난 후 언제든지 긴장 수준을 낮추기 위해 그것을 사용할 수 있다. 그것이 만병통치약은 아니지만, 대부분의 사람들은 횡격막 호흡이 어려운 상황을 보다 쉽게 뚫고 나가는 데 도움을 준다고 보고한다.

4. 먼저, 당신이 얕은 흉부 호흡을 하는 사람이었다면 횡격막 호흡은 어색하게 느껴질 수도 있다. 초보자라면, 그것이 어떻게 느껴지는가를 체험하기 위하여 이 연습에서 복부의 움직임을 과장해 보는 것이 유용할 것이다. 일단, 이 움직임이 숙달되면 당신은 그것을 과장할 필요가 없고 두 손을 당신의 양옆에 놓을 수 있다. 실습을 통해서, 횡격막 호흡이 보다 자연스러워질 것이다.

5. 횡격막 호흡은 당신이 이 워크북에서 배우게 될 대부분의 다른 이완 기법들의 부분일 뿐만 아니라, 대부분의 호흡 연습에서 필수적인 부분이며, 당신이 다음 단계로 가기 전에 이를 숙달해야 한다는 점을 확실히 하라.

횡격막 호흡, 즉 복식 호흡

1. 등을 대고 누워서 한 손을 복부에 부드럽게 올리고, 한 손은 가슴에 올리고 호흡을 따라가라. 각각의 들숨과 날숨에서 복부가 어떻게 올라가고 내려가는지를 알아차려라. 대안으로 책 한 권을 배에 올리고, 양손은 옆에 두고, 호흡을 따라가라.

2. 만약 배로 호흡하기 힘들다면, 다음 중 하나를 따르라.
   a. 폐를 비우기 위해 강제로 숨을 내쉬라. 이는 진공 상태를 만들 것이며 깊은 호흡을 복부로 당길 것이다. 만약 당신 스스로가 얕은 흉부 호흡으로 되돌아가는 것을 발견한다면, 이를 반복할 필요가 있다.
   b. 숨을 내쉴 때 복부를 손으로 누르고, 숨을 깊게 들이쉴 때 배로 손이 밀쳐질 때까지 숨을 들이쉬어라.
   c. 당신의 배는 풍선이고, 당신이 숨을 들이쉴 때 배가 공기로 채워지는 것을 상상하라.
   d. 접어서 포갠 손에 머리를 받치고 누워라. 복부가 바닥을 밀치는 것을 느낄 수 있도록 복부로 깊게 들이쉬어라.

3. 당신의 가슴은 복부와 조화롭게 움직이고 있는가? 아니면 경직되어 있는가? 당신이 횡격막 호흡을 할 때 대부분의 행동은 복부 속에 있지만, 당신의 가슴은 약간 움직인다. 당신이 들이쉬면, 처음에는 복부, 그러고 나서 흉부 중간, 그리고 흉부 상단이 한 번의 부드러운 움직임으로 올라간다. 잔에 물을 채울 때 바닥에서부터 위로 올라가는 것을 들이쉬는 것으로 상상할 수 있다.

4. 일단 횡격막 호흡의 느낌이 무엇인지 알게 된다면, 이 선택 사항을 보다 깊고 천천히 호흡하는 것까지도 이용할 수 있다. 살짝 미소를 지으며, 코를 통해서 숨을 들이쉬고, 마

치 빨대를 통해서 숨을 내뿜듯이 입으로 숨을 내쉬어라. 배가 올라왔다 내려갔다 하도록 길고, 천천히, 깊은 호흡을 하라. 당신이 점점 더 이완되어 감에 따라 호흡의 소리와 느낌에 집중하라.

5. 생각, 느낌 그리고 감각들이 주의를 사로잡을 때는, 잠깐 그것을 알아차리고 다시 호흡으로 돌아오라.

6. 하루에 한 번 내지 두 번, 약 5분 내지 10분 정도 횡격막 호흡을 실습하라. 점차 20분까지 시간을 늘려라.

7. 각각의 횡격막 호흡 회기의 마지막에, 당신이 어떻게 느끼는지 알아차리는 (그리고 즐기는) 약간의 시간을 가져라.

8. 선택 사항: 당신은 각각의 호흡 실습 회기의 시작과 마지막에 당신 신체의 긴장 을 살펴보기 원할 수 있다. 당신이 시작할 때의 긴장 수준과 각 훈련의 마지막에 서 느끼는 긴장 수준을 비교하라. 제2장의 **전반적인 긴장 기록지**로 당신의 과정을 추적 관찰하라.

긴장 해소 및 자각 증진을 위한 호흡

긴장을 내려놓기

1. 횡격막으로 깊게 숨을 들이쉬면서, 자신에게 "호흡이 들어온다"라고 말하라.
2. 숨을 내쉬기 전에 잠시 멈추어 있어라.
3. 천천히 그리고 깊게 내쉬면서 "이완한다"라고 말하라.
4. 잠시 멈추고 당신의 다음번 자연스러운 호흡을 기다리라.
5. 천천히 들이쉬고 나서 숨을 잠시 정지함으로써, 신체에서 긴장이 되는 부분을 알아차려라.
6. 숨을 내쉬면서, 긴장이 자연스럽게 당신의 몸을 떠나는 것을 느껴라. 각각의 날숨에서, 긴장을 점점 더 내려놓음으로써 점점 더 이완됨을 느낄 것이다.
7. 생각, 느낌 그리고 감각들이 주의를 사로잡을 때는, 단지 그것을 알아차리고 다시 호흡으로 돌아오라.
8. 한번에 5분에서 20분 동안 실습하라.
9. 일단, 이 연습에 숙달된다면, 하루 중 중립적인, 즉 스트레스적인 상황이 아닐 때 그것을 실습하라. 마지막으로, 스트레스 상황에서 긴장을 감소시키기 위해서 그것 을 사용하기 시작하라. 단순히 몇 번의 횡격막 호흡을 하고, "호흡이 들어온다" 그리고 "이완한다"라고 말하며 날숨에서 긴장을 내려놓아라. 이완의 감각에 집중하라.
10. 깊게 호흡할 수 있기 전에 내쉬는 것이 필요할 수도 있다는 것을 기억하라.

마음챙김 호흡

앞선 연습에서, 당신은 당신의 마음이 신체적인 감각, 소음, 백일몽, 계획, 걱정, 판결 등에 떠도는 경향이 있다는 것을 알아차렸을 수도 있다. 이는 자연스러운 것이지만 그것이 일상의 스트레스를 내려놓을 능력을 방해하고 그럼으로써 이완을 억제할 수 있다. 마음챙김 호흡 세기는 당신의 신체를 이완할 뿐 아니라 마음을 평온하게 해주는 경험을 관찰하는 방법을 제공해 준다.

마음챙김이 된다는 것은 당신이 지금 여기에서의 경험을 자각하고, 이러한 경험에 사로잡히지 않은 채 객관적이고 친근하게 관찰하게 되는 것을 의미한다. 객관적인 관찰자는 한 걸음 물러서서 판결이나 기대하는 것 없이 실험에서 무엇이 일어나는지 보고, 무언가 새로운 것을 배우는 데 열려 있는 과학자와 같다. 친근한 관찰자는 일어나는 것에 빠져들지 않고 자비롭다. 물론, 이것은 행동보다는 말이 쉽다. 운 좋게도, 당신이 이 마음챙김 마음 자세를 실습할수록, 더 쉬워진다. 게다가, 당신이 초점을 따라가는 것을 잃어버릴 때마다 (이 경우, 당신의 호흡과 호흡을 세는 것) 다시 그것을 주의에 돌리고, 당신은 주의 능력을 강화시킬 수 있다.

마음챙김 호흡 세기

1. 마음챙김 자각을 향상시키기 위해 앉아서 자세를 바로 하고 이 연습을 하라. 나중에 당신이 원한다면, 이것을 당신이 잠드는 데 도움을 주는 기법으로 사용 하라.
2. 천천히, 깊게 횡격막 호흡을 하라.
3. 각각의 날숨을 스스로 세라. 네 번째 날숨에 도달하면, 다시 하나부터 시작하라. 다음과 같은 방법으로 하라. 들이쉬고… 내쉬고 (“하나”)… 들이쉬고… 내쉬고 (“둘”)… 들이쉬고… 내쉬고 (“셋”)… 들이쉬고… 내쉬고 (“넷”)… 들이쉬고… 내쉬고 (“하나”)… 등.

4. 생각이 의식에 들어오거나 마음이 멍해진다면, 단순히 이러한 생각이나 멍해짐을 판결이나 기대감 없이 관찰하고, 다시 호흡을 세는 것으로 돌아오라.
5. 세기를 따라가는 것을 놓친다면, 다시 "하나"부터 시작하라.
6. 선택 사항: 당신이 원한다면, 당신의 생각, 느낌 그리고 감각이 일어날 때 각각에 이름을 붙일 수 있다. 스스로 "생각", "느낌", "감각"이라고 말하고, 다시 호흡을 세는 것으로 돌아오라. 당신 스스로 이름을 붙일 수 있지만 간단하게 하라. 이름을 붙이는 것의 목적은 당신의 객관성을 증가시키고, 잠재적으로 부과된 재료로부터 객관성과 정서적 거리를 증가시키기 위한 것이다.
7. 10분 동안 4번의 날숨을 세는 것을 계속하라. 점차 20분까지 늘려가라.

여기 마음챙김 호흡 세기 동안 초보자가 경험한 몇 가지 순간의 사례가 있다:

들이쉬고… "나의 배 속으로 호흡하는 것을 기억하자… 이것은 생각이다…" 내쉬고 ("하나")… 들이쉬고… 내쉬고 ("둘")… 들이쉬고… 내쉬고 ("셋")… "내 어깨가 정말로 조인다… 감각… 생각…" 들이쉬고… 내쉬고 ("넷")… 들이쉬고… "오, 긴장을 내려놓는 느낌이 좋다… 감각, 느낌, 생각…" 내쉬고 ("하나")… 들이쉬고… 내쉬고 ("둘")… "집에 왔을 때 내가 현관문을 잠궜나? 가슴속 긴장이 숨을 정지한다… 그래, 해소… 생각, 감각, 느낌… 난 이것을 할 수 없어… 생각, 호흡하는 것을 기억하자… 지금 나는 어디에 있었는가…? 보다 많은 생각들…" 들이쉬고… 내쉬고 ("하나")….

'마음챙김'에 대해 더 배우기 위해서는, 제5장 「명상」으로 돌아가라.

당신이 어떤 이완 연습을 할 때 당신의 마음이 떠도는 것을 발견한다면, 당신은 부드럽게 주의를 원래의 초점으로 다시 가져오면 된다. 이완 연습을 할 때, 지금 여기에서의 경험을 객관적이고 자비로운 자각을 하면, 당신의 일상에서 이러한 것들을 발달시키고 강화시켜줄 수 있다. 일단 당신 자신이 분산되는 것을 알게 될 때, 호흡과 세는 것으로 되돌아가는 것을 배웠다면, 숫자 세는 것을 그만두고 호흡을 명상의 초점으로 돌리는 것을 선호할 수 있다.

약간 긴장을 풀어주는 것들

낮 동안에, 짧은 휴식을 통해 당신이 이득을 얻을 수 있는 많은 순간들이 있다. 예를 들면, 한숨을 쉬거나 하품을 할 때가 있다. 이는 일반적으로 당신에게 충분한 산소를 얻지 못하고 있다는 신호이다. 실제로 한숨을 쉬거나 하품하는 것이 약간의 긴장을 해소해 주기 때문에, 당신은 한숨이나 하품을 이완의 방법으로 실습할 수 있다. 이것을 할 때 의식적으로 곧게 앉거나 서려는 노력을 기울여라.

| 한숨

1. 공기가 폐로 밀려 나올 때, 깊은 안도감의 소리를 내면서 깊게 한숨을 지으라.
2. 들이쉬는 것에 대해 생각하지 마라. 단지 공기가 자연스럽게 들어오게 하라.
3. 이것을 필요성을 느낄 때마다 반복하라.

| 하품

1. 입을 크게 벌려라.
2. 팔을 머리 위로 쭉 펴라.
3. 하품하라(가능하면 크게 하라).
4. 필요할 때마다 반복하라.

I 횡격막 호흡

1. 당신이 행하고 있는 것으로부터 정신적으로 한 걸음 물러서라.
2. 당신이 어떻게 느끼는지를 알아차려라.
3. 세 번의 느리고, 이완되며 깊은 횡격막 호흡을 하라.
4. 당신이 어떻게 느끼는지를 알아차려라.
5. 필요할 때마다 반복하라.

참고: 때때로 당신은 정신적으로 한 걸음 물러서서 당신이 어떻게 느끼는지를 스스로 점검할 시간이 없을 것이다. 그럼에도 불구하고 당신은 여전히 몇 번의 횡격막 호흡을 통해서 약간의 긴장 해소를 얻을 수 있다.

증상을 통제하거나 완화시키기 위한 호흡

다음의 연습은 횡격막 호흡의 이완 이득과 긍정적인 **자기암시**(생각 또는 주관적인 경험에 영향을 미치는 심상)의 치료 효과를 조합한 것이다.

복식 호흡과 심상법

1. 두 손을 가지런히 명치(복부 위로 갈비뼈가 나뉘기 시작하는 지점)에 두라. 횡격막 호흡을 몇 분 정도 하면서 편안하게 이완을 시작하라.
2. 공기가 들어오는 매 순간의 들숨과 함께 에너지가 폐로 돌진해 들어와 즉시 명치에 저장되는 것을 상상하라. 이 에너지가 매 순간의 날숨과 함께 몸 안 곳곳으로 흐르는 것을

상상하라. 이와 같은 에너지 흐름의 과정을 마음속에 그림으로 그려보라.

3. 이 연습을 하루에 최소한 5~10분 동안 하는 것을 지속하라.

단계 2에 대한 대안

명치에 한 손을 얹고, 다른 손은 아픈 부위로 옮겨라. 숨을 들이쉬면서, 에너지가 들어오고 저장되는 것을 상상하라. 숨을 내쉬면서 에너지가 아픈 지점을 흐르고, 그곳을 자극한다고 상상하라. 보다 더 많은 에너지를 들이마시기 위하여 계속하면서, 이 에너지가 숨을 내쉴 때마다 고통을 몰아내고 있다고 상상하라. 번갈아 가며 아픈 그 지점을 자극하고, 고통을 몰아내는 이 과정을 마음속에 선명한 그림으로 간직하라.

명치에 한 손을 얹고, 다른 한 손은 상처 입은 곳이나 병균에 감염된 곳에 옮겨라. 숨을 들이쉬면서 에너지가 들어오고 저장되는 것을 상상하라. 숨을 내쉬면서, 감염된 곳에 에너지를 보내고, 그곳을 자극하고, 감염을 몰아내고, 치유한다고 상상하라. 이러한 과정을 마음의 눈으로 그려보라.

대부분의 사람들이 이러한 이완 연습이 유용하다는 것을 알게 될 것이지만, 종종 긴장이나 두통으로 괴로워하고 있는 사람들에게 특히 유익하다는 것을 발견하게 된다.

대안적인 호흡

5주기를 하는 것으로 시작하여, 그다음에 10주기에서 25주기 사이로 횟수를 천천히 늘려라.

1. 기분 좋은 자세로 편안한 장소에 들어가 앉아라.
2. 오른손의 집게손가락과 가운뎃손가락을 이마에 대라.
3. 엄지손가락으로 오른쪽 콧구멍을 막아라.
4. 왼쪽 콧구멍으로 천천히, 조용하게 숨을 들이쉬어라.
5. 약손가락으로 왼쪽 콧구멍을 막고, 동시에 엄지손가락을 치워 오른쪽 콧구멍을 열어라.
6. 오른쪽 콧구멍으로 할 수 있는 한 철저하게 천천히, 조용하게 숨을 내쉬어라.
7. 오른쪽 콧구멍으로 숨을 들이쉬어라.
8. 엄지손가락으로 오른쪽 콧구멍을 막고, 왼쪽 콧구멍을 열어라.
9. 왼쪽 콧구멍으로 숨을 내쉬어라.
10. 왼쪽 콧구멍으로 숨을 들이쉬고, 다음 주기를 시작하라.

Masi(1993)에 의해서 각색된 이 연습은 또한 "호흡 재훈련"이라고 불렸다. 공황장애 또는 광장 공포증이 있는 개인들은 이것이 특히 도움이 된다는 것을 발견한다. 대부분의 사람들이 공황을 느낄 때, 숨이 막히고, 숨을 몰아쉬고, 그리고 숨을 꼭 붙들고 참는 경향이 있다. 이러한 결과로 생기는 가득 찬 느낌, 그리고 충분한 공기를 다시 들이켤 수 없다는 것에 대한 무력감은 빠르고 얕은 호흡, 또는 과호흡을 야기한다. 과호흡은 공황 발작을 촉발시킬 수 있다. 호흡 훈련은 이러한 과정을 상쇄시켜주는 중요한 세기[counting]나 보조를 맞추는 절차를 제공한다. 다음은 따라야 할 단계이다.

호흡 훈련

1. 먼저 숨을 내쉬어라. 신경과민 또는 공황의 첫 번째 전조에, 의식을 잃을지도 모른다는, 심장발작을 일으킬지도 모른다는, 또는 숨을 쉴 수가 없게 될지도 모른다는 '만약 그렇게 된다면 어떻게 하지'라는 첫 번째 생각이 들 때, 항상 숨을 내쉬어라. 먼저 숨을 내쉬는 것이 중요하다. 그러면 폐가 열리고, 마치 심호흡을 할 여지가 많은 것처럼 느끼게 된다.

2. 코로 숨을 들이쉬고 내쉬어라. 코로 숨을 내쉬는 것은 당신의 호흡 속도를 떨어뜨리고, 과호흡을 예방한다. 만약 코로 호흡할 수 없다면, 입으로 숨을 들이쉬고, 입술을 가볍게 오므려서 빨대로 부는 것처럼 천천히 숨을 내쉬어라.

3. 당신이 이 기법을 처음 배우는 경우에는, 한 손은 복부에 얹고, 다른 손은 가슴에 얹고 반듯이 누워라. 먼저 숨을 내쉬고, 그런 다음 "하나… 둘… 셋" 하고 숫자를 세면서, 코로 숨을 쉬어라. 잠시 멈춘 다음, "하나… 둘… 셋… 넷" 하고 숫자를 세면서 입으로 숨을 내쉬어라. 항상 날숨을 들숨보다 더 길게 하라. 이것은 숨을 짧게 헐떡이는 공황 발작의 호흡을 예방할 것이다.

4. 3단계가 편안하게 느껴지면, 당신은 보다 더 느리게 호흡할 수 있다. 들이쉬고 "하나… 둘… 셋… 넷" 세고, 멈춘 다음 내쉬면서 "하나… 둘… 셋… 넷… 다섯" 하고 센다. 가슴에 얹은 손은 아주 조금 움직이게 하면서 복부에 얹은 손을 밀어내는, 이처럼 느리고 깊게 호흡하는 것을 지속적으로 유지하라. 마음이 다른 곳으로 방황하면, 다시 호흡에 집중하라.

대안적인 자세

머릿밑에 손을 포개고 엎드려라. 숨을 들이쉬면서 "하나… 둘… 셋" 하고 세고, 숨을 내쉬면서 "하나… 둘… 셋… 넷" 하고 세어라. 위의 4단계에서처럼, 들이쉬면서 넷까지 세고, 내쉬면서 다섯까지 세면서 보다 더 느리게 호흡하라.

4단계는 또한 서 있는 동안에도, 걷고 있는 동안에도, 앉아 있는 동안에도 행해질 수 있다. 당신의 느린 호흡 속도에 맞추어서 천천히 걸어라.

맞추어진 호흡이 편안하고 자연스럽게 느껴질 때는, 들이쉬면서 "안으로in", 내쉬면서 "평안"이라는 말로 숫자 세는 것을 대신할 수도 있다. 각각의 날숨이 들숨보다 약간 더 길게 지속하면서, 같은 속도를 유지하라. 코로 들이쉬고, 입으로 내쉬어라. 항상 먼저 내쉬는 것을 기억하라.

마지막 생각

당신이 호흡 이완 훈련을 하루에 적어도 한 번에서 두 번 20분 정도 연습하면, 신체를 이완하고, 마음을 평안하게 하며 일상의 스트레스에 대처하기 더 쉬워진다는 것을 발견하게 될 것이다. 매일 이것을 위한 시간을 내도록 지금 당장 계획을 세워라. 추가로, 특별히 스트레스를 느낄 때에는, 때때로 당신의 호흡을 하루 내내 점검하는 것을 기억해야 한다. 만약 스스로 호흡을 멈추거나 얕게 또는 빠르게 한다는 것을 발견하면, 의식적으로 몇 차례의 횡격막 호흡을 하라.

더 읽을거리

Airey, R. 2004. *Fifty Natural Ways to Better Breathing.* London: Anness Publishing.

Benson, H., and E. Stuart. 1993. *The Wellness Book: The Comprehensive Guide to Maintaining Health and Treating Stress-Related Illness.* Reprint ed. New York: Simon & Schuster.

Farhi, D. 1996. *The Breathing Book: Good Vitality Through Essential Breath Work.* New York: Owl Books.

Hendricks, G. 1995. *Conscious Breathing: Breathwork for Health, Stress Release, and Personal Mastery.* New York: Bantam Books.

Lewis, D. 2004. *Free Your Breath, Free Your Life: Conscious Breathing Can Relieve Stress, Increase Vitality, and Help You Live More Fully.* Boston: Shambhala Publications.

녹음 자료

Hendricks, G. 2005. *The Art of Breathing and Centering: Discover the Powerful Gifts of the Air You Breathe!* (Audio CD). New York: Audio Renaissance.

Lewis, D. 2005. *Natural Breathing* (3 Audio CDs). Louisville, CO: Sounds True.

Masi, N. 1993. *Breath of Life* (Audio CD). Plantation, FL: Resource Warehouse.

McKay, M., and P. Fanning. 2008. *Progressive Relaxation and Breathing* (Audio CD). Oakland, CA: New Harbinger Publications.

Weil, A. 1999. *Breathing: The Master Key to Self Healing* (Audio CD). Louisville, CO: Sounds True.

제4장

점진적 이완

Progressive Relaxation

이 장에서는 다음과 같은 내용을 배울 것이다.

- 긴장된 근육과 이완된 근육을 구별하기
- 몸에 있는 모든 근육을 점진적으로 이완하기
- 스트레스 상황에서 신속하게 이완하기

배경

우리는 우리 몸이 따뜻해지는 웰빙을 느끼면서 동시에 심리적인 스트레스를 경험할 수는 없다. 점진적인 근육 이완은 심박률, 혈압 및 경악반사뿐만 아니라 발한율과 호흡률도 감소시켜준다. 깊은 근육 이완에 성공적으로 숙달되게 되면, 항불안제로도 사용될 수 있다.

Chicago의 의사이자 심리학자인 Edmund Jacobson은 1929년에 **점진적 이완**이란 책을 출간하였다. 이 책에서 그는 깊은 근육 이완기법을 기술하였는데, 어떠한 상상, 의지 또는 암시도 필요하지 않다고 주장하였다. 그의 기법은 신체는 불안-유발사고와 사건에 근육 긴장으로 반응한다는 전제에 기반하고 있다. 이 생리적 긴장은 결국, 주관적인 불안 경험을 증가시킨다. 깊은 근육 이완은 생리적 긴장을 감소시키고 불안과 양립할 수 없다. 하나에 반응하는 습관은 다른 하나에 반응하는 습관을 차단한다.

Jacobson의 원래 점진적 이완 절차는 배우는데 몇 개월 혹은 몇 년까지도 걸릴 수 있지만, Joseph Wolpe(1958)는 이완을 위한 언어적 암시를 포함하는 이 절차의 간편형을 개발하였다. 이 축약된 형태는 며칠 혹은 몇 주 만에 숙달될 수 있다. Wolpe는 공포증의 치료를 위한 체계적 둔감화 프로토콜의 현대적인 버전을 만들었다. 그는 일단 이완이 되면, 내담자가 두려워하는 상황에 적응적으로 반응하고 견뎌낼 수 있다는 것을 발견하였다.

증상-완화 효과

근육 긴장, 불안, 우울, 피로, 불면증, 목과 허리 통증, 고혈압, 낮은 수준의 공포증, 말더듬을 치료하는 데 있어서 점진적 이완 기법이 뛰어나다는 결과가 발견되어왔다.

숙달 시간

하루에 두 번씩 15분간의 회기를 사용할 경우, 1주에서 2주.

지시

대부분의 사람들은 어느 근육이 만성적으로 긴장되었는지 알지 못한다. 당신이 점진적 이완을 실습할 때, 당신은 한 번에 하나의 특정 근육군의 긴장감에 초점을 맞춘다. 그런 다음, 당신이 그 긴장을 해소하게 될 때, 당신은 같은 근육군에서 이완감에 집중한다. 당신은 한 근육군에서 다음 근육군으로 당신의 몸 전체로 점진적으로 진행해나가며, 이 절차를 반복한다. 점진적 이완 기법을 사용하면서 당신은 특정 근육군을 확인하고 긴장감과 깊은 이완 간을 구별하는 것을 배운다.

점진적 이완은 누워 있으면서 혹은 의자에 앉아서 실습할 수 있다. 각 근육군은 5초에서 7초 긴장시키고, 그런 뒤에 20초에서 30초 동안 이완시킨다. 이러한 시간 길이는 단지 경험 법칙일 뿐이고 그대로 고수할 필요는 없다. 이 절차는 적어도 한 번 반복된다. 만약 특정 근육을 이완하기 어렵다면, 당신은 긴장하는 것과 이완하는 것을 5번까지 실습할 수 있다.

일단 절차가 기억될 정도로 충분히 친숙해지면, 눈을 감은 상태에서 한 번에 한 근육씩 주의를 집중하라. 또 다른 선택사항은 이번 장의 오디오 기록에 수록된 것과 같은 전문적인 녹음을 구하는 것이다.

점진적 이완에 대한 지시사항은 두 개의 절로 나뉜다. 첫 번째 부분은 기본적인 절차를 다루는데, 이는 당신이 실습하는 동안 기록하고 다시 들을 수도 있다. 이것은 당신에게 가장 흔하게 긴장되는 근육들을 친숙하게 할 것이다. 만약 당신이 이들 지시사항을 녹음한다면, 긴장과 이완을 위해 충분히 긴 시간 동안 일시 정지해야 한다. 두 번째 절은 한 번에 많은 근육들을 동시에 긴장과 이완시킴으로써 절차를 단축한 것이다, 그래서 매우 짧은 시간 후에도 깊은 근육 이완을 얻을 수 있다.

긴장의 세 가지 기본적인 수준

긴장의 세 가지 기본적인 수준이 있는데, 당신이 점진적 이완을 실습할 때에 사용할 수 있다. 경험으로, 당신은 어느 수준의 긴장 주기가 당신의 요구에 맞춰 가장 유쾌하고 효과적인지를 결정할 수 있다.

1. **능동적인 긴장**은 자신을 다치게 하지 않으면서 할 수 있는 만큼 특정 근육군을 꽉 조이면서 긴장시키고, 긴장감을 살핀 후, 같은 부위의 이완감을 살피는 것을 포함한다. 당신이 당신 몸 일부에 긴장을 주고 있는 동안, 몸의 나머지 부분은 상대적으로 이완되어 있다. 횡격막으로 호흡해야 하는 것을 기억하라(이 방식으로 호흡하는 것은 잊어버리기 쉽다, 특히 긴장을 주는 국면 동안에 있어서 그렇다). 능동적인 긴장은 기본 절차에서 설명된 점진적인 이완의 수준이다. 정말로 긴장을 과장함으로써, 당신은 당신이 어디에서 만성적인 긴장을 가지고 있는지를 쉽게 느낄 수 있다. 긴장된 곳은 아마도 사실 아픈 곳이다. 상해를 입지 않고 극단적으로 긴장되지 않은 사람들에게는, 적어도 처음으로 점진적 이완을 실습하는 경우에는 능동적인 긴장이 선택 방법으로서 권장된다. 어떤 사람들은 점진적 이완을 연습하는 매번 이 수준을 사용하길 선호할 것인데, 왜냐하면 근육에 긴장을 주는 것은 근육 섬유를 피로하게 하고, 긴장을 놓아버리는 것은 매우 이완되고 기분 좋게 느껴지기 때문이다. 이는 긴 줄에 서 있으면서 당신이 들고 있는 무거운 가방을 내려놓는 것과 약간 비슷하다.

2. **역치 긴장**은 특정한 근육군에는 약하게 긴장을 주는 것(당신이 긴장을 알아차릴 만큼만, 사람의 눈으로는 거의 알아챌 수 없는)을 제외하면 능동적인 긴장과 같다. 역치 긴장은 상해를 입거나 매우 긴장된 당신의 신체 일부들에 고통이나 상해를 회피할 정도로 사용되어야 한다. 많은 사람들이 능동적인 긴장 주기를 통해서 기본적인 근육군에 친숙해지면, 역치 긴장을 사용하는 것을 선호하는데, 역치 긴장은 노력이 덜 들어가고 덜 침습적으로 느껴지기 때문이다. 어떤 사람들은 시작부터 역치 긴장을 사용하는데, 건강 문제 혹은 극단적인 긴장 때문이다.

3. **수동적 긴장**은 긴장 국면 동안 현재 특정 근육군에 어떠한 긴장이 있는지를 그저 알아차리기만 하면 된다는 점을 제외하고는 능동적인 긴장과 같다. 당신은 이 장에 설명된

기본 절차를 사용할 수 있는데, 지시사항이 근육에 긴장을 주는 것을 요구할 때마다 "당신의 ______________에서 긴장을 알아차려라"라는 단어들로 대체할 수 있다. 만약 당신이 특정 근육군에서 더 이상 긴장을 느끼지 못한다면, 역치 긴장을 하거나 거기에 있는 감각을 그저 알아차려라. 일단 당신이 능동적인 긴장과 역치 긴장에 친숙해졌다면, 당신은 아마도 규칙적으로 수동적 긴장을 사용하길 선호할 수도 있다. 당신은 수동적인 긴장을 사용하여 점진적인 긴장을 한차례하고, 그다음에 능동적인 긴장이나 역치 긴장으로 점진적 이완을 한차례 하는 것이, 이완 상태를 더 깊게 할 수 있다는 것을 알게 될 것이다.

| 언어적 암시

당신이 긴장을 해소하면서, 다음 표현 중 하나 또는 그 이상을 스스로에게 말하는 것도 도움이 될 수 있다.

긴장을 그대로 두라.
고요하고 편안하게 하라.
근육을 이완하고 부드럽게 하라.
긴장이 녹아 사라지게 하라.
점점 더 많이 사라지게 하라.
더 깊이 더 깊이.

기본 절차

방해받지 않는 조용한 방에서 편안한 자세를 취하세요. 옷을 느슨하게 하거나 신발을 벗으셔도 좋습니다. 여러 번 천천히 깊이 호흡하면서 이완하기 시작하세요… 이제 몸을 편안하게 이완시킨 상태에서, 주먹을 쥔 채 손을 손목 안쪽으로 꺾으세요… 더 세게 더 세게… 주먹과 팔뚝이 얼마나 긴장되었는지 느껴보세요… 이제 이완하세요… 손과 팔뚝이 얼마나 느슨해졌는지 느껴보세요… 긴장과 대조되는 것을 알아차리세요… (만일 시간이 충분하다면, 최소한 한 번 이상 이것과 이후 절차들을 반복하세요.) 이제 팔꿈치를 구부리고 이두근을 긴장시키세요. 가능한 힘껏 긴장시키고 긴장감을 관찰해 보세요… 손을 늘어뜨리고 이완시키세요… 그 차이를 느껴보세요. 머리로 주의를 돌리고 가능한 세게 이마에 주름을 잡아보세요. 이마와 두피에서의 긴장감을 느껴보세요. 이제 이완하고 부드럽게 하세요. 이마와 두피 전체가 부드럽고 편안하게 되었다고 상상하세요… 이제 눈살을 찡그리고 이마 전체에 퍼져있는 긴장감에 주목하세요… 이제 눈살을 펴세요. 눈썹이 다시 부드러워지게 하세요… 눈을 세게 감으세요. 더 세게… 눈을 이완시키세요. 부드럽고 편안하게 눈을 감으세요… 이제 입을 크게 벌리고 턱에서 느껴지는 긴장을 느껴보세요… 턱을 이완시키세요… 턱이 이완되면 입술이 살짝 벌어져 있을 것입니다. 긴장과 이완 간의 대조를 알아차려 보세요… 이제 혀를 입천장에 대고 누르세요. 입 안쪽에서 느껴지는 압박감을 느껴보세요… 이완시키세요… 이제 'O' 자 모양이 되도록 양 입술을 세게 모으세요… 입술을 이완시키세요… 이마, 두피, 눈, 턱, 혀 그리고 입술에서 느껴지는 이완을 느껴보세요. 더욱더 이완시키세요….

이제 머리를 목 주위로 천천히 돌리면서, 머리가 움직일 때 긴장 부위도 이동됨을 느껴보고… 그런 다음 다른 방향으로 머리를 돌려 보세요. 이완시키고, 머리가 편안한 바른 자세로 돌아오게 하세요… 이제 양어깨를 올리세요, 양어깨가 귀에 닿을 정도로 어깨를 올리세요… 그대로 멈추세요… 어깨를 다시 떨어뜨리고 목과 어깨로 퍼져 나가는 이완을 느껴보세요… 완전한 이완을 더 깊게 더 깊게….

이제 숨을 들이쉬어서 폐를 완전히 채우세요. 숨을 멈추세요. 긴장을 경험해 보세요… 이제 숨을 내쉬고 가슴이 느슨해지게 하세요. 계속해서 이완시키고, 자유롭게 그리고 부드럽게 숨을 쉬세요… 매번 숨을 내어 쉴 때 근육에 있는 긴장이 빠져나가는 느낌을 느껴보세요… 다음으로, 배에 힘을 주고 그대로 유지하세요. 긴장을 느껴보세요… 이완시키세요… 이제 손을 배 위에 올려놓으세요. 손이 위로 올라가도록 배로 깊게 숨을 쉬세요. 멈추세요… 그리고 이완하세요. 공기가 빠져나가는 것처럼 이완 감각을 느껴보세요… 이제 등을 가볍게 구부리세요. 몸의 나머지 부분은 가능한 이완 상태를 유지하세요. 허리에서 느껴지는 긴장감에 집중하세요… 이제 이완시키세요… 긴장감이 사라지게 하세요.

엉덩이와 허벅지에 힘을 주세요… 이완시키고 차이를 느껴보세요… 이제 다리를 곧게 펴고 긴장시키면서 발가락은 아래쪽으로 구부리세요. 긴장감을 느껴보세요… 이완시키세요… 다리를 곧게 펴고 긴장시키면서 발가락이 얼굴 쪽으로 향하도록 구부려보세요… 이완시키세요.

숨을 천천히 그리고 깊게 쉬면서 몸 전체에서 느껴지는 깊은 이완의 편안한 따뜻함과 나른함을 느껴보세요… 아래쪽에서 위쪽으로 몸 전체를 더욱 이완시킬 수 있는데, 몸에 있는 마지막 긴장까지도 내려놓으세요. 발을 이완하세요… 발목을 이완하세요… 종아리를 이완하세요… 정강이를 이완하세요… 무릎을 이완하세요… 허벅지를 이완하세요… 엉덩이를 이완하세요… 그 이완감이 배로 퍼지도록… 허리에 퍼지도록… 가슴으로 퍼지도록 하세요. 더욱더 내려놓으세요. 어깨에서 깊은 이완감을… 팔에서 깊은 이완감을… 그리고 손에서 깊은 이완감을 느껴보세요. 더 깊게, 더 깊게. 목에서 느껴지는 느슨함과 이완감을… 턱에서 느껴지는 느슨함과 이완감을… 얼굴에서 느껴지는 느슨함과 이완감을… 두피에서 느껴지는 느슨함과 이완감을 알아차리세요… 계속해서 천천히 그리고 깊게 호흡하세요. 몸 전체가 편안하게 느슨해지고 이완되고 차분해지고 평안해집니다.

단축 절차

일단 기본 절차를 숙달하고 나면, 근육을 신속하게 이완시키기 위해 다음 절차를 활용하라. 이 절차에서는, 전체 근육군을 동시에 긴장시킨 다음 이완시킨다. 앞에서처럼, 각 근육군을 5초에서 7초간 긴장시킨 후 15초에서 30초간 이완시키면서 각 절차를 최소한 한번 반복하라. 긴장 감각과 이완 감각 간의 대조를 알아차리도록 기억하라.

1. 두 주먹을 안으로 구부리고, 이두근과 팔뚝을 팽팽하게 하라(Charles Atlas 자세). 이완하라.
2. 시계 방향으로 한 바퀴 머리를 돌린 후 반대 방향으로 머리를 돌려라. 이완하라.
3. 얼굴에 있는 근육을 호두처럼 주름을 잡아라. 이마에 주름을 잡고, 눈을 가늘게 뜨고, 입을 벌리고 어깨는 구부린다. 이완하라.
4. 가슴으로 깊은 호흡을 하면서 어깨를 뒤쪽으로 젖혀라. 멈춰라. 이완하라. 밖으로 배를 내밀면서 깊은 호흡을 하라. 멈춰라. 이완하라.
5. 다리를 곧게 펴고 발가락이 얼굴을 향하도록 뒤로 젖히면서 정강이에 힘을 줘라. 멈춰라. 이완하라 다리를 곧게 펴고 발가락을 구부리면서, 동시에 종아리, 허벅지, 엉덩이에 힘을 줘라. 이완하라.

특별 고려사항

1. 당신의 이완 프로그램을 촉진하기 위해서, 기본적인 절차를 녹음하였다면, 다음 근육 또는 근육군으로 넘어가기 전에 긴장과 이완을 경험할 정도로 충분한 시간을 할당하기 위해서 각 절차에 여지를 줘야 함을 기억하라.

2. 모든 이완 기법과 마찬가지로, 규칙적인 점진적 이완의 실습은 이완의 속도와 깊이를 향상해줄 것이다.
3. 과도하게 힘을 주면 근육이나 척추 손상을 가져올 수도 있으므로, 목과 등을 긴장시킬 때는 좀 더 주의하라. 또한, 발가락이나 발에 과도하게 힘을 주는 것도 근육 경련을 일으킬 수 있다.
4. 때로 이 기법에 익숙하지 않은 사람들은 서서히 긴장을 이완시키려는 오류를 범한다. 이렇게 느린 동작으로 긴장을 해소하는 것은 겉으로는 이완된 모습처럼 보일 수도 있지만, 실제로는 그 자세를 유지하기 위해 긴장이 필요하다. 특정 근육에서 긴장을 해소할 때는, 즉시 긴장을 풀어주어야 한다. 근육에서 갑자기 힘을 빼라.
5. 비록 당신이 처음에는 조용한 장소에서 점진적 이완을 배울지라도, 마침내 당신은 긴장되어 있다는 것을 알아차릴 때마다 하루에 어느 때라도 최소한 단축 이완 절차를 사용할 수 있을 것이다.

더 읽을거리

Bernstein, D. A., T. D. Borkovec, and H. Hazlett-Stevens. 2000. *New Directions in Progressive Relaxation Training: A Guidebook for Helping Professionals.* New York: Praeger Publishing.

Bernstein, D. A., C. R. Carlson, and J. E. Schmidt. 2008. "Progressive Relaxation: Abbreviated Methods." In *Principles and Practice of Stress Management,* 3rd ed. Edited by P. M. Lehrer, R. L. Woolfold, and W. E. Sime. New York: Guilford Press.

Jacobson, E. 1974. *Progressive Relaxation.* Revised ed. Chicago: University of Chicago Press, Midway Reprint. Out of print.

McGuigan, F. J., and P. M. Lehrer. 2008. "Progressive Relaxation: Origins, Principles and Clinical Applications." In *Principles and Practice of Stress Management*, 3rd ed. Edited by P. M. Lehrer, R. L. Woolfold, and W. E. Sime. New York: Guilford Press.

Wolpe, J. 1958. *Psychotherapy by Reciprocal Inhibition.* Palo Alto, CA: Stanford University Press.

———. 1990. *The Practice of Behavior Therapy.* 4th ed. New York: Pergamon Press.

녹음 자료

McKay, M., and P. Fanning. 2008. *Progressive Relaxation and Breathing* (Audio CD). Oakland, CA: New Harbinger Publications.

제5장

명상

Meditation

이 장에서는 다음과 같은 내용을 배울 것이다.

- 기본적인 명상 기법의 활용

배경

명상은 무비판적으로 한 번에 하나의 대상에 주의를 집중시키는 의도적인 실습이다. 그 대상이 정확히 무엇인지는 비교적 덜 중요하지 않으며 전통에 따라 다양하다. 흔히 명상가는 하나의 음절, 단어, 또는 단어 군을 크게 또는 조용하게 반복한다. 이는 **만트라 명상**으로 알려져 있다. 양초의 불꽃이나 꽃과 같은 고정된 물체에 집중하는 것 또한, 주의에 닻을 내릴 수 있다. 많은 명상가들은 편리한 이완의 초점이 자신의 호흡에서 올라가고 내려가는 것에 있다는 것을 발견한다. 그러나 당신은 책상 위의 달력, 코끝 또는 심지어 이모의 처녀 적 이름과 같이 어떠한 것이든 명상의 대상으로 사용할 수 있다.

명상의 핵심은 다른 생각을 전혀 하지 않고 단순히 하나의 대상에 집중하는 것이 아니라 그런 과정을 통해 주의집중에 도달하려는 데 있다는 사실을 이해하는 것이 중요하다. 마음의 본성은 집중상태에 머물러 있길 원하지 않는다는 것이다. 무수한 생각들이 나타나서 명상을 방해하는 것처럼 보일 것이다. 전형적인 명상은 다음과 같이 진행될 수도 있다(이 사례에서 명상가는 셋을 반복적으로 세는 과제를 선택하였다).

> 하나… 둘… 그렇게 어렵지 않네… 하나… 둘… 셋… 하나… 나는 어쨌든 아무 생각도 안 하고 있어… 어, 어, 방금 다른 생각을 했네… 다시 하나… 둘… 코가 가렵네… 하나… 긁어도 될까… 에잇, 다시 다른 생각을 했잖아. 더 열심히 해야지… 하나… 둘… 셋… 하나… 둘… 나는 스스로에게 너무 엄했어. 그렇게 하지 않아도 됐는데… 하나… 둘… 셋… 하나… 배고파… 오늘 밤은 뭘 먹지… 하나… 둘… 셋… 너무 많은 생각이 들어… 이것을 영 못할 것 같아… 하나… 둘… 이제 판단하지 말자… 하나… 둘… 셋… 하나….

자신의 마음이 다른 생각으로 표류함을 깨달을 때마다, 이 명상가는 자신의 본래 주의집중 대상에 몰두하기로 선택하였다. 생각을 알아차리고 다시 주의를 재집중하는 과정으로 구성되어 있는 이러한 순간적인 자각을 반복하게 되면, 시간이 지남에 따라 많은 놀라운 깨달음에 도달할 수 있게 될 것이다.

- 마음이 감정의 대상이 아니라 어떤 다른 것을 생각하고 있을 때, 걱정하거나, 두려워하거나 미워하는 것은 불가능하다.
- 머릿속에 떠오르는 모든 것에 대해 생각할 필요는 없다. 우리는 어떤 것을 생각할지 선택할 수 있는 능력을 가지고 있다.
- 외견상 다양해 보이는 마음의 내용은 실제로 몇 가지 단순한 범주로 분류될 수 있다: 마음 내키지 않는 생각, 두려운 생각, 화나는 생각, 원하는 것에 대한 생각, 계획에 대한 생각, 기억 등.

- 우리는 사는 동안 습관이 되어버린 특정한 사고들을 가지고 있기 때문에 특정한 방식으로 행동한다. 그러한 습관적인 생각과 지각 양식은 일단 그것을 자각하게 되면 우리의 인생에 대한 이것들의 영향력도 사라지기 시작할 것이다.
- 마음속에 있는 생각과 그림은 제쳐두고, 정서는 전적으로 몸의 육체적 감각으로 이루어져 있다.
- 그 정서를 일으킨 생각의 내용이 아니라 우리 몸의 감각에 집중한다면 심지어 가장 강력한 정서도 다루게 될 것이다.
- 생각과 정서는 영원하지 않다. 이것들은 몸과 마음속으로 들어왔다가 빠져나간다. 이것들이 반드시 흔적을 남기는 것은 아니다.
- 바로 지금 무엇이 일어나고 있는지를 깨닫고 '그것이 무엇인지'에 대해 개방한다면, 인생에 대한 극단적으로 높고 낮은 정서적 반응은 사라질 것이다. 당신은 평정 상태에서 인생을 살게 될 것이다.

1968년에 Harvard 의대의 Herbert Benson 박사와 동료들은 명상을 검증해 보기로 결정하였다. 명상이 실제로 스트레스에 대한 생리적 효과에 반하는 효과를 내는지 알아보기 위하여 자원한 초월명상 수련가들에게 검사를 실시하였다. Benson은 명상 동안에 다음의 신체적 효과가 관찰된다는 것을 과학적으로 입증하였다.

1. 심박률과 호흡률이 느려진다.
2. 산소 소비가 20% 감소한다.
3. 혈중 젖산 수준이 떨어진다(스트레스를 받거나 피로할 때 이 수준은 상승한다).
4. 이완의 지표인 전류에 대한 피부 저항이 4배 증가한다.
5. 뇌파 양식에서 EEG 평정치는 증가된 알파파 활동, 즉 또 다른 이완 신호를 나타내 준다.

Benson(1997)은 어떠한 명상 실습이든 다음과 같은 4가지 요인이 있는 한 이러한 생리적 변화가 동일하게 나타날 수 있다고 증명하였다.

1. 비교적 조용한 환경
2. 일정한 자극을 제공하는 정신적 장치
3. 편안한 자세
4. 수동적인 태도

규칙적인 명상으로, 어떤 사람은 자신의 삶에서 더 집중되고 평온한 느낌을 갖는데, 순간에서 새로운 선택을 더 잘 할 수 있고, 싸우거나 반작용하는 반응에 덜 참여하는 경향이 있다.

증상-완화 효과

명상은 고혈압, 심장 질환, 편두통 및 당뇨와 관절염과 같은 자가면역 질환을 치료하고 예방하는 데 성공적으로 활용되고 있다. 명상은 강박적인 생각, 불안, 우울 및 적대감을 줄여주는 데에도 도움이 되는 것으로 입증되었다.

숙달 시간

명상의 이점은 연습과 함께 증가한다. 이완 수준이 깊어진다. 주의가 더 안정된다. 현재 순간을 살아가는 데 더 능숙해진다. 이 세 가지 이유로, 규칙적으로 명상을 하는 것이 중요하다.

지시

다음 절은 명상의 몇 가지 중요한 측면을 다룬다: 올바른 자세의 중요성, 스스로에게 집중할 필요성 그리고 연습하는 데 보내는 시간의 양.

자세 잡기

1. 다음 중, 당신에게 편안한 자세를 선택하라.
   - 의자에 앉아서 무릎을 편안하게 벌리고, 다리는 꼬지 말고, 손을 무릎 위에 올려놓는 자세.
   - 바닥에 책상다리하고(다리를 포개서) 앉은 자세. 이 자세는 양 무릎이 바닥에 닿도록 엉덩이 밑에 쿠션을 놓으면 가장 편안하고 안정된다.
   - 무릎을 꿇은 채 엄지발가락이 서로 닿고 뒤꿈치는 바깥쪽으로 향하도록 하며 엉덩이는 발바닥 위에 놓이도록 앉은 자세. 마찬가지로, 엉덩이를 받히고 있는 발 사이에 쿠션을 놓으면, 더 오랜 시간 동안 그 자세를 유지할 수 있을 것이다(일본식 자세).
2. 등을 곧게 펴고(그러나 너무 뻣뻣하지는 않게) 앉아서 척추가 머리의 무게를 직접 지탱하도록 한다. 이 자세는 턱을 약간 끌어당긴 자세이다. 등이 조금 휘어지게 한다.
3. 잠깐 동안 좌우로 흔들어 본 후, 앞뒤로 흔들어 보고, 상체가 엉덩이 위에 균형 잡고 있는 듯한 느낌이 드는 지점을 확인한다.
4. 입을 다물고 코를 통해 호흡한다. 혀를 입천장에 댄다.

자세 잡기

책상다리 자세(반가부좌)

일본식 자세

스스로에게 집중하기

집중하기란 자신의 감정이 얼마나 격렬하게 휘저어질 수 있는가에 관계없이 의식적인 생각으로 자신의 내부에 평온을 의도적으로 유지하는 것을 의미한다. 이러한 이유로, 집중하기는 때때로 허리케인의 중심에 있는 눈과 비교된다. 다음은 스스로에게 집중하기에 대한 세 단계이다.

❙ 기초 다지기

눈을 감고 방석이나 의자에 닿아 있는 신체의 부분에 집중하라. 그곳에서 어떠한 감각이 느껴지는가? 다음으로, 당신의 몸이 닿아 있는 장소를 알아차려라. 손이 포개져 있는가? 다리가 포개져 있는가? 그 접촉 부위의 감각에 주의를 집중하라. 마지막으로, 몸이 당신 주변의 공간을 채우는 방식에 집중하라. 몸이 많은 공간을 차지하고 있는가, 또는 작은 부분을 차지하고 있는가? 몸과 공간 사이의 경계를 느낄 수 있는가? 그곳의 느낌을 알아차려라.

I 호흡하기

눈을 감은 채, 여러 차례 깊은 호흡을 하고 호흡의 양상을 알아차려라. 호흡이 빠른가 혹은 느린가? 깊은가 혹은 얕은가? 호흡이 몸의 어디에 있는지를 알아차려라. 가슴의 위쪽 부분인가? 배의 가운데 부분인가? 배의 아랫부분인가? 호흡한 부위에서 다른 부위로 옮겨보라. 위쪽 가슴으로 호흡을 하고, 그런 다음 배로, 그런 다음 아랫배 쪽으로 숨을 들이마셔라. 공기가 들어왔다 나갈 때마다 복부가 확장하고 수축하는 느낌을 느껴보라. 위 가슴과 가운데 배가 어떻게 거의 움직이지 않아 보이는지 알아차려라. 이러한 '호흡 끌어내리기'는 명상을 시작하는 가장 이완된 자세이다. 그렇지만, 깊은 아랫배 호흡이 어렵다면, 걱정하지 마라. 명상을 연습함에 따라 호흡은 자연스럽게 아래로 끌어내려질 것이다.

I 태도

명상하는 동안 수동적인 태도를 유지하는 것은 아마도 이완하기 위한 가장 중요한 요소일 것이다. 특히 초심자에게는, 많은 생각이 있으며 명료한 집중의 순간은 비교적 적다는 것을 깨닫는 것이 중요하다. 이는 자연스럽고 누구에게나 예상되는 것이다. 당신의 생각이 정말로 명상을 방해하는 것이 아니라 명상의 불가결한 한 부분임을 깨달아야 한다. 생각이 일어나지 않는다면, 당신은 생각을 그대로 흘러가게 하는 능력을 발달시킬 수 없을 것이다.

수동적인 태도에는 당신이 명상을 옳게 하고 있는지, 어떤 목적을 이루었는지, 또는 이 명상이 나에게 적합한지에 대해 걱정하지 않는 것이 포함된다. "여기에 그냥 앉아서 내 시간을 보내야지. 그리고 무엇이든 일어난 것은 정확하게 일어나야만 했던 것이었어"라는 태도로 자리에 앉아 있어라.

시간에 대한 한마디

일반적으로, 명상에 사용한 시간이 얼마이든 그 시간 동안에는 전혀 명상을 하지 않았을 때보다 더 이완하게 된다. 처음 실습을 시작할 때는, 비록 그 시간이 하루에 5분밖에 되지 않을지라도, 편안할 때만 명상을 하라. 스스로 앉아야 한다고 강요되는 것을 느낀다면, 명상 실습을 아주 싫어하게 될 수도 있다. 실습을 계속하게 되면 명상이 더 쉬워지게 되고, 그러면 스스로 시간을 늘리고 싶은 마음이 들 것이다. 이완과 관련하여서, 하루에 한 번이나 두 번 20분에서 30분 정도 명상을 하는 것으로도 충분하다.

연습

다음 연습은 4개 유형으로 나누어진다.

- 제1유형은 세 가지 기본적인 명상법의 기제에 관하여 설명한다. 각각을 몇 번씩 해본 후, 가장 좋은 방법 하나를 선택하라. 그 방법을 규칙적으로, 최소 하루에 한 번 이상씩 실습하라.
- 제2유형에서는 마음챙김 연습을 소개한다. 당신은 집중하고 마음챙김을 위해서 스스로 조용하게 앉아 있을 필요가 없다. 이 연습법은 어느 곳에서건 실습할 수 있고 하루 중 어느 때에 스트레스를 받더라도 당신의 신체를 고요하게 만들어 줄 수 있다.
- 제3유형은 통증이나 불편에 대처하기 위한 마음챙김 기법을 개발한다. 실생활에서 당신은 흔히 당신을 긴장하게 만드는 가벼운 통증, 귀찮은 일 또는 실망감 등의 느낌을 발견할 것이다. 명상하는 동안 사소하게 짜증 나는 일에 대한 반응으로 이완감을 실습함으로써, 인생에서 더 큰 짜증이 닥쳤을 때 더 쉽게 그것을 다루게 될 것이다.
- 제4유형은 이전에 경험했던 생각이나 정서를 붙잡고 싶은 당신의 마음 때문에 이완하기 어렵게 만드는 강박적인 사고와 느낌을 어떻게 사라지게 하는지에 대해 가르쳐줄 것이다.

제1유형: 세 가지 기본적인 명상법

만트라 명상

이 만트라 명상은 전 세계에서 가장 보편적인 명상법이다. 시작하기 전에, 좋아하는 한 단어나 음절을 선택하라. 아마도 당신에게 특별한 의미가 있는 단어가 있을 것이다. 또는 의미 없는 음절을 사용하여 재미있는 소리를 낼 수도 있다. Benson은 "one"이라는 단어의 사용을 권장하였다. 많은 명상가들이 보편적 만트라인 "om"을 사용하길 선호한다.

1. 편안한 자세로 가다듬고 스스로에게 집중하세요. 깊게 몇 번 호흡하세요.
2. 선택한 만트라를 스스로에게 조용하게 되풀이하세요. 마음속에서 그 단어나 음절을 계속해서 말하세요. 만일 생각이 옆으로 새면 그것에 주목한 후 다시 만트라로 주의를 돌리세요. 만일 몸에서 어떤 감각이라도 알아차리면, 그 감각에 주목한 후, 다시 당신이 선택한 특별한 단어를 반복하는 것으로 돌아오세요. 억지로 할 필요는 없습니다. 만트라를 계속해서 반복하다 보면 자연스럽게 만트라에 리듬이 붙습니다.
3. 만일 기회가 된다면, 큰 소리로 만트라를 반복하고 싶을 수도 있습니다. 이완하면서 당신의 목소리가 당신의 몸을 가득 채우게 하세요. 몸의 감각이 당신이 조용히 되풀이하였을 때 느꼈던 감각들과 달라지는지를 알아차리세요. 어느 쪽이 더 이완되고 있습니까?
4. 명상은 자각과 함께 실습 된다는 것을 기억하세요. 만트라를 반복하면, 특히 조용하게 반복하면 쉽게 기계적으로 만트라를 반복하게 됨을 알 수 있습니다. 이럴 경우, 실제로는 다른 생각을 하거나 급속하게 잠에 빠져들면서도 내적 소리는 만트라를 반복하고 있을 수도 있습니다. 각 음절을 반복할 때마다 자각하려고 하십시오.

정좌 명상

명상을 시작하는 가장 간단한 방법은 호흡에 집중하는 것이다.

1. 편안한 정좌 자세를 선택하세요.
2. 호흡이 부드럽게 오르내리는 것에 집중하세요. 대양의 파도가 해안에 들어왔다가 나가는 것처럼, 당신의 호흡도 항상 거기에 있습니다. 들숨과 날숨, 호흡이 코나 입으로 들어오는 감각 또는 호흡이 폐나 횡격막을 채우는 감각에 집중하세요.
3. 마음이 산만해질 때마다, 다시 부드럽게 호흡을 관찰하는 것에 집중하세요. 호흡을 현재 순간에 닻 내리게 하세요.
4. 생각으로 산만해지는 것을 발견하면, 그것들을 단지 알아차리고 인식하세요.
5. 생각들을 다루는 한 가지 방법은 생각들을 알아차리면서 그것들에 '이름'을 붙이는 것입니다. 만약 당신이 걱정하고 있는 것을 알아차리면, 조용하게 혼자서 "걱정, 걱정, 걱정이 있다"라고 말하세요. 계획, 회상, 소망, 생각 또는 그것이 무엇이든 똑같은 식으로 이름을 붙이세요. 그것에 이름을 붙이고 계속해서 나아가세요. 이는 당신이 당신의 생각을 당신 스스로 확인하는 것을 돕고 어떻게 더 큰 공간과 평화를 만들어 내는지 배우는 것을 도와줄 것입니다.

이 명상을 하는 데는 20분에서 30분 정도가 소요된다. 실습을 하면, 당신은 더 힘들이지 않고 호흡에 집중할 수 있게 되고 생각들도 더 쉽게 스쳐 지나가게 할 수 있다.

호흡-세기 명상

정좌 명상의 대안적인 형태로 호흡 리듬 세기를 사용할 수 있다. 부드럽게 들이쉬고 내쉬는 호흡을 따라가면 평화로움과 평안함을 느낄 수 있다.

1. 자세를 가다듬고, 스스로에게 집중하세요. 깊게 몇 번 호흡하세요. 눈을 감거나 약 20cm 앞에 있는 바닥의 한 점에 눈을 고정시키세요. 눈의 초점을 맞춰도 되고 맞추지 않아도 됩니다.
2. 깊게 호흡을 하지만 억지로 아랫배로 호흡하려 하지 마세요. 그렇게 하면서, 각 호흡의 부분에 주의를 집중하세요. 들숨, 호흡 전환(들숨을 멈추고 날숨을 시작하는 시점), 날숨, 잠시 멈춤(날숨과 들숨 사이), 호흡 전환(들숨을 시작하는 시점), 들숨 등. 잠시 멈춤에 유의하여 주의를 집중하세요. 호흡 간에 잠시 멈출 때 당신 몸의 감각은 어떻습니까?
3. 숨을 내쉬면서 "하나"라고 말하세요. 매번 숨을 내쉴 때 계속해서 숫자를 세세요. "둘… 셋… 넷." 그런 후 다시 "하나"부터 시작하세요. 세는 것을 잊어버리면, 그냥 다시 시작하세요.
4. 당신의 마음이 생각에 빠져드는 것을 발견하면, 이것에 주목한 후 부드럽게 호흡 세기로 되돌아가세요.
5. 몸의 특정 감각이 주의를 끌면, 사라질 때까지 그 감각에 집중하세요. 그런 다음 들숨과 날숨의 주의를 되돌리고 호흡 세기를 계속하세요.

제2유형: 마음챙김과 현재-순간 자각

스트레스의 많은 부분이 과거에 관한 생각 또는 미래에 대한 걱정으로부터 온다. 현재 순간에 살고 현재 순간 우리가 하고 있는 것에 주의를 집중할 때, 다른 것(후회, 거절 또는 실패의 예상 즉, 어떤 다른 것에 스트레스를 받을지도 모르는 것)이 들어올 여지는 없다.

명상 상태에서, 우리의 주의는 들숨이든 날숨이든 또는 만트라든 마음을 고요하게 해주고 현재 순간에 머물 수 있게 해주는 명상 대상에 집중된다. 과거나 미래에 관한 생각, 소망이나 혐오감, 또는 어떠한 생각이든 떠오르게 되면, 그것에 주목한 후 자각을 다시 현재로 부드럽게 되돌려라. 지금 여기에 집중하는 것은 우리의 몸과 마음을 이완상태로 들어가게 해준다.

마음챙김 명상은 깊은 이완과 통찰 모두를 제공해 주는 명상의 형태다. 이는 잔소리든 강박적인 생각이든, 불편한 느낌이든, 외부 스트레스원이든, 또는 신체적 불편감이든 현재 존재하고 있는 것과 조화로운 관계를 맺으면서 존재하는 방식을 길러준다. 내적 경험에 존재하는 것에 완전히 개방하고, 저항하거나 그것을 멀리 밀어내지 않음으로써, 깊은 수용감과 현재 순간에서 더 완전히 쉴 수 있는 능력을 기를 수 있게 된다. 마음챙김 실습의 시작 단계에서는, 현재-순간에 대한 자각은 일반적으로 호흡에 대해 집중함으로써 길러진다. 초기 실습에는 또한 소리, 느낌 또는 신체 감각에 집중하는 것이 포함될 수 있다. 요가, 태극권 또는 기공과 같은 신체 스캔 또는 마음챙김 운동 훈련 또한 마음챙김을 길러줄 수 있다.

주의 초점이 무엇이든, 명상 과정 동안 발생한 무언가와 마주쳤을 때 부드럽고, 비판단적이며, 포용하는 태도를 취해야 한다. 당신이 알아차린 것에 대해서 스스로 들려주는 이야기들과 그 무언가에 대한 반작용은 고통이나 통증을 야기한다. 명상 동안 주의가 어디로 가든, 단지 그것을 알아차리기 위해 아주 조금(즉, 기본적인 또는 더 낮은 수준)의 주의만을 사용하고, 판단 없이 그것이 지나가게 한 후, 당신이 선택한 초점 대상으로 다시 돌아오라. 만일 아이고 왼쪽 무릎이 정말로 아프네, 이 통증은 사라지지 않을 거야, 점점 더 악화될 거야… 등과 같이 당신이 스스로 그 감각에 관해 이야기를 만들어 내는 것을 발견한다면, 단지 그 생각이나 이야기를 알아차리고, 당신 생각들의 내용에 사로잡히지 말고 호흡으로 다시 돌아오라. 이 과정을 앉아 있는 동안 내내 계속하라. 실제로 이러한 방식의 명상은 내적이든 외적이든 당신이 인생에서 만나는 스트레스원에 유사한 방식으로 대처하도록 훈련시켜 준다. 스트레스원에 직면하였을 때 고통을 이끄는 습관적인 반작용을 취하지 말라 — 그러한 반작용에 갇히기 보다는 호흡하고, 잠시 멈추어서 어떻게 반응할지 새로운 선택을 하라. 더 건강한 생각, 이완, 통찰, 건강, 다른 사람들과의 연결 및 더 깊은 사랑을 가져다주는 선택을 하라.

먹기 명상

우리는 매일 먹지만, 먹고 있는 동안 우리가 먹고 있는 것에 실제로 얼마나 자주 주의를 기울이는가? 당신은 보통 다른 사람들과 함께 식사하는가? TV 앞에서 식사하는가? 책을 읽으면서 식사하는가? 당신은 세 종류의 음식이 나오는 식사를 10분 또는 그보다 짧은 시간 안에 끝마치는가?

다음은 의식적인-먹기 명상이다. 누구라도 찾아와서 당신과 함께 식사하고 싶을 것 같지 않은 어떤 장소에서 명상을 시도하라. 치즈 샌드위치를 예로 들어 설명하겠다.

1. 음식 앞에 앉아서 깊게 여러 번 호흡하라. 음식의 색상, 형태 및 재질에 주목하라. 맛있어 보이는가? 허겁지겁 먹어 치우고 싶은 걸 간신히 참고 있는가? 당신의 느낌 이 무엇이든, 그것을 알아차려라.
2. 먹기 시작하려는 의도에 대해 자각하라. 샌드위치 쪽으로 손을 천천히 움직여라. 이렇게 하면서, 그 행동에 대해 조용히 정신적 주목을 하라. 스스로 다가간다… 다가간다… 다가간다고 말할 수도 있다. 당신의 행동에 이름을 붙임으로써 당신은 마음속에 목적을 더 잘 명심할 수(더 잘 자각할 수) 있다. 샌드위치를 집어 올리면서, 당신이 올리고 있다… 올리고 있다… 올리고 있다는 것을 주목하라.
3. 당신의 손이 샌드위치를 입 쪽으로 점점 더 가깝게 이동시키는 것을 지켜보라. 샌드위치가 입 근처에 다다르면, 잠깐 동안 그 음식의 냄새를 맡아보라. 어떤 냄새를 인식할 수 있는가? 마요네즈 냄새를 맡을 수 있는가? 그 냄새에 대해 몸은 어떻게 반작용하는가? 입에 침이 고이는가? 음식을 원하고 있는 몸의 감각을 알아차려라.
4. 처음으로 한 입 베어 물면서, 이가 빵을 뚫고 지나가는 느낌을 느껴보라. 완전히 한 입 베어 물고 나서, 음식은 입속 어디에 놓여있는가? 혀가 어떻게 음식을 이동시켜서 이빨 사이에 놓이도록 하는가? 천천히 씹기 시작하라. 이에서는 어떤 감각이 느껴지는가? 혀

에서는? 씹을 때 혀는 어떻게 움직이는가? 어떤 맛이 느껴지는가? 토마토는? 치즈는? 혀의 어떠한 부분이 그 맛을 경험하는가? 팔은 어디에 있는가? 다시 탁자 위에 올려놓았었나? 만일 그렇다면, 그 움직임을 알아차렸는가?

5. 음식을 삼켰을 때, 근육이 음식을 위로 내보내면서 식도에 있는 그 근육이 어떻게 수축하고 이완하는지 자각하여 보라. 다 삼켰을 때 음식은 어디에 있는가? 위에서 그 감각을 느낄 수 있는가? 위는 어디에 있는가? 위의 크기는 어떠한가? 비어 있나, 가득 차 있나 또는 그 중간인가?
6. 샌드위치를 계속해서 먹으면서, 가능한 많은 감각을 자각하도록 노력하라. 만일 도움이 된다면 조용하게 각 움직임에 이름을 붙여라. 어색함은 주의를 기울일 것을 생각나게 해주는 신호로 작용할 수 있으므로, 일반적으로 사용하지 않는 손으로 먹어 보라. 기본 명상에서와 마찬가지로, 생각이 떠오르면, 그것을 알아차린 다음 다시 음식으로 주의를 돌려라.

걷기 명상

대부분의 사람들은 매일 일상적으로 수 킬로미터를 걷는다. 따라서 걷기는 마음챙김 을 실습할 수 있는 좋은 기회를 제공해 준다. 걷는 행동에 초점을 맞추는 것과 정좌 명상에서 호흡에 초점을 맞추는 것은 아주 똑같은 방법이다. 당신은 실내에서나 실외에서도 걷기 명상을 할 수 있다.

1. 일어서서 배 근육을 이완시켜라. 여러 차례 깊은 아랫배 호흡을 하라. 숨 쉴 때마다 배가 팽창되고 수축되는 느낌을 느껴보라. 걷기 시작하라. 이 연습을 실습하면서, 이 이완 자세에서 계속 호흡하도록 하라. 그러면서, 숨을 들이쉴 때마다 '안'이라는 단어를 그리고 내쉴 때마다 '밖'이라는 단어를 마음속으로 반복하라.
2. 호흡을 너무 많이 억지로 하지 않으면서, 매번 들숨이 시작될 때 그리고 날숨이 시작될 때 한쪽 발이 땅에 닿아 있도록 호흡을 조절하라. 이제, 각 들숨과 날숨 동안 몇 번의 걸음이 자연스럽게 걸어지는지 알아보라.
3. 모든 명상에서와 마찬가지로, 생각이나 심상이 집중을 방해하면, 이에 대해 마음속으로 주목한 다음 걷기와 호흡하기로 다시 돌아오라.
4. 걸을 때의 감각에 주의를 기울여라. 발과 하지에 집중하라. 다리를 들어 올리고 내릴 때 어느 근육이 수축되고 이완되는지 알아차려라. 어느 쪽 발이 먼저 땅에 닿는가? 몸무게가 한쪽 발에서 다른 쪽 발로 어떻게 이동되는지에 대해 주의를 기울여라. 다리를 구부리고 펼 때 무릎에서는 어떠한 느낌이 느껴지는가? 그리고, 그렇게 하면서, 땅에도 주의를 기울여라. 재질은 어떠한가? 딱딱한가 부드러운가? 갈라진 틈이나 돌멩이는 없는가? 잔디 위를 걷는 감각은 인도 위를 걷는 감각과 어떻게 다른가? 다른 생각이 떠오르면, 그대로 사라지게 하고, 현재 순간의 자세한 것들에 자각을 되돌려라.

걷기 명상을 연습하는 대안적인 방법으로 걸으면서 호흡에 맞춰 걸음을 셀 수도 있다. 각 들숨과 날숨 동안 세 걸음을 걸었다면, 마음속으로 안… 둘… 셋, 밖… 둘… 셋, 안… 둘… 셋…등과 같이 스스로에게 말하라. 들숨은 날숨보다 더 길거나 짧을 수 있으므로 융통성 있게 더 많이 혹은 더 적은 걸음을 배정하라. 또는 걸음 세기가 호흡마다 다를 수도 있다. 단지 주의를 기울이고 필요하다면 들숨과 날숨에 걸음을 재조정하라.

보기 명상

당신은 회의 동안, 버스에서 또는 대기실에서 명상에 잠겨 어떤 것을 응시할 수 있다. 이는 어디에서나 실습할 수 있는 놀랍도록 눈에 띄지 않는 명상 실습이다.

1. 시야 내에 있는 물체 중 눈을 고정하고 싶은 대상을 찾아라. 그 대상에 눈을 고정하고 있는 동안 몇 차례 아랫배 호흡을 하라. 마치 그것이 주변에 있는 유일한 대상인 것처럼, 그 대상에 당신의 관심을 집중하라. 보고 있는 대상에 대해 판단하지 말고, 또는 어떠한 생각도 하지 마라. '단지 보는' 경험을 할 수 있는지를 확인해 보라. 생각들이 떠오르면, 그 생각에 주목한 후 다시 그 대상에 초점을 돌려라.
2. 여러 유형의 대상을 가지고 이 연습을 실습해 보라. 다음은 몇 가지 제안이다.
   - 구체적 대상 — 일반적으로 움직이지 않고 크기와 형태가 뚜렷한 대상.
   - 자연 대상 — 구름, 모래, 마른 나뭇잎 더미, 바다 등과 같은 대상.
   - 큰 대상 — 벽이나 정교한 무늬의 양탄자같이 크고 일정한 표면을 가진 대상.
   - 움직이는 대상 — 군중, 바쁜 거리의 차들 등. 이러한 성질의 대상들의 경우, 개별 형태에 시선을 맞추지 마라. 대신 공간의 한 점에 눈을 고정하고 당신의 시야 앞을 지나가는 움직임에 집중하라.

어떠한 단순한 활동이든 그것에 계속해서 주의를 집중하려 한다면 명상이 될 수 있다. 또 다른 좋은 마음챙김 연습은 당신이 매일 하는 가급적이면 짧은 활동을 선택하고, 그런 다음 그 활동에 포함된 모든 행동과 모든 감각에 집중하라. 만일 도움이 된다면, 앞의 먹기 명상에서 논의된 마음속의 주목 유형을 사용하라.

면도할 때, 이를 닦을 때, 접시를 닦을 때, 옷을 갤 때 또는 잡초를 뽑을 때 주의집중을 실습할 수 있다. 생각들이 떠오르면, 그 생각들에 주목하고, 그런 다음 다시 새로워진 집중 과제로 되돌아가라. 이 활동에 참여하는 동안, 주로 사용하지 않는 손을 사용해 보는 것(면도하는 동안에는 이 손을 사용하고 싶지 않을 수도 있지만)도 흔히 도움이 된다. 그 결과 발생하는 어색함은 현재 당신이 행하고 있는 것에 주의를 집중하도록 항상 상기시켜 주는 것으로 작용할 수 있다.

제3유형: 통증 또는 불편감에 대한 마음챙김

일반적으로, 대부분의 사람들은 통증, 짜증 또는 어떤 신체적 불편감 주변에 긴장의 견고한 벽을 쌓으려고 함으로써 그것들에 반응하는데, 그것의 느낌을 차단하거나 그것을 전적으로 회피하는 것을 시도한다. 그렇지만, 통증에 저항하면 할수록, 더 큰 상처를 입게 된다. 그리고 상처가 크면 클수록, 더욱더 그에 저항하려 한다. 이러한 악순환은 통증과 저항이 얽혀 만든 하나의 커다란 매듭을 만들고 이는 극도로 풀기 어렵다.

통증을 다루는 대안적인 방법은 그 주변을 부드럽게 하는 것을 배우는 것이다. 이는 먼저 통증이 존재함을 인정한 후, 상처를 주는 통증이 무엇이든 간에 신체적으로 그리고 정신적으로 그냥 그 경험을 받아들이는 것을 의미한다. 불편감을 경험할 때 스스로에게 훌륭한 간호사가 되어, 스스로의 손을 잡아주고, 스스로에게 잘 될 거야라고 말해주며, 그런 후 스스로를 자비롭게 대하라.

짜증에 개방적이게 되면, 상처 부위의 긴장되고 뭉친 근육을 의식적으로 이완시킬 수 있다. 상처에 더하기 쉬운 모든 긴장에 주의를 기울이지 말고, 상처 자체에만 초점을 맞춰라.

부드럽게 만들기는 그 불편감이 얼마나 끔찍한지, 어떻게 움직여야 하는지, 어떻게 긁어야 하는지, 어떻게 참을 수 없는지 등에 대한 생각을 알아차리지만, 관심을 기울이지는 않는 것을 의미하기도 한다. 부드럽게 만들기는 중심에서 작은 진주를 느낄 수 있도록 진흙 더미에서 딱딱한 진흙 덩어리를 꺼내는 것과 같다. 이는 분명하게 볼 수 있도록 촛불 주위에 놓여있는 막을 제거하는 것과 같다. 이는 뼈를 제거할 수 있도록 큰 고깃덩이의 얼어 있는 중심부를 녹이는 것과 같다. 이는 안에 무엇이 있는지 더 자세하게 볼 수 있도록 창문 바깥쪽의 먼지를 청소하는 것과 같다.

다음 연습은 사소한 짜증에 대한 기본적인 명상법을 소개하고 있다. 안전한 장소에서 작은 짜증에 대해서 실습함으로써, 부드럽게 만들기 과정을 이해하기 시작할 수 있다.

움직이지 마라

1. 자세를 가다듬고 스스로에게 집중하라. 깊게 몇 번 호흡하라.
2. 미리 정해진 시간 동안 움직이지 않을 것이라고 스스로에게 약속하라. 그런 후 기본적인 명상을 시작하라.
3. 시간이 지남에 따라, 깨닫지 못한 사이에 머리를 움직이거나 자리를 변경하고 있는 자신을 발견할 수도 있다. 그래도 괜찮다. 움직임에 주목하고 다시 명상으로 돌아가라. 잠시 후 실제로 몸을 움직이기 전에 몸의 한 부분을 움직이고 싶은 의도를 알아차릴 수 있을 것이다.
4. 일단 움직이고 싶은 의도를 확인할 수 있다면, 정확하게 원하는 것이 무엇인지에 초점을 맞춰라. 의자에서 몸을 꿈틀거리고 싶은가? 등 근육을 쭉 뻗고 싶은가? 발이 가려울 수도, 개미가 발 위를 기어가고 있을 수도 있다. 불편한 감각을 정확하게 확인해 보도록 하라. 기억하라, 움직이지 마라.
5. 불편감에 집중하면서, 그 주변을 부드럽게 만들어 보라. 근육군이 긴장되어 있다면, 이완하도록 하라. 이들 근육군은 이완된 채로 있고 싶어 하지 않을 것이기 때문에, 자주 점검해라. 호흡은 어디에 있는가? 가슴 위에 있는가? 만일 그렇다면, 배 쪽으로 내리도록 노력하라. 불편감에 초점을 맞춰라. 거기에서 어떠한 느낌이 느껴지는가? 잠시 동안 그 느낌에 머물러라.
6. 시간이 다 되었으면 앉고 싶어 했던 자세를 취하도록 몸을 천천히 움직여라. 그 감각에 집중하라. 불편함이 바로 사라지는가? 불편함이 점차 사라지는가? 어떤 방식에서 당신 몸이 더 좋게 느끼는가? 어떤 긴장감이 있는가? 만일 그렇다면 긴장을 풀어라.

어떠한 짜증스러운 소리나 감각도 명상을 위한 초점으로 사용할 수 있다. 몸의 사소한 아픔 또는 잔디 깎는 기계 소리나 개 짖는 소리에 집중함으로써 삶의 짜증스러운 일들에 몸이 어떻게 반응하는지 알게 될 것이다. 일단 이것을 깨달으면, 그러한 짜증을 부드럽게 만드는 방법을 배우기 시작할 수 있다.

제4유형: 생각을 내려놓기

이 고도로 구조화된 연습은 많은 문화에서 여러 형태로 발견된다. 이 방법에서, 당신은 생각, 느낌 및 지각의 흐름을 의미나 다른 것과의 관계에 대해 관심을 두지 않으면서 하나씩 수동적으로 관찰하게 된다. 이는 마음속에 떠오른 것이 무엇인지 알게 해주고 그런 후 그 생각을 사라지게 해준다.

흐름에 따르라

1. 자세를 가다듬고 스스로에게 집중하라. 깊게 몇 번 호흡하라.
2. 눈을 감고 깊은 수영장 바닥에 앉아 있다고 상상하라. 생각, 느낌 및 지각이 떠오르면, 그것이 거품인 것처럼 생각하고, 그 물거품이 위로 올라가서 사라지게 하라. 그것이 사라지면, 다음 것이 나타날 때까지 기다린 후 이 과정을 반복하라. 그 거품의 내용에 대해 생각하지 마라. 단지 그 거품을 관찰하라. 때로 똑같은 거품이 여러 번 나타날 수도 있고, 또는 여러 개의 거품이 서로 관련이 있는 것처럼 보일 수도 있으며, 또는 거품이 비어 있을 수도 있다. 모두 괜찮다. 이들 생각에 관심을 두지 말도록 하라. 단지 마음의 눈앞에서 그 거품들이 지나쳐 가는 것을 지켜보라.
3. 물속에 있는 것을 상상하는 것이 불편하다면, 천천히 아래쪽으로 떠내려가는 나뭇잎을 지켜보면서 강둑에 앉아 있는 장면을 상상하라. 하나의 생각, 느낌 또는 지각을 나뭇잎인 것처럼 상상하고, 그런 후 그것이 시야에서 떠내려가게 하라. 다시, 강을 응시하면서, 새로운 생각의 나뭇잎이 떠오르는 것을 기다려라. 또는, 괜찮다면, 당신의 생각이 캠프파이어에서 나오는 연기처럼 올라간다고 상상할 수도 있다.

특별 고려사항

- 실제로 이완되기 위하여 명상 동안 이완된 것처럼 느끼려 할 필요는 없다. 수천 가지 생각이 들고 매우 들뜬 것처럼 느껴질 수도 있다. 그렇지만 명상이 끝나고 눈을 떴을 때, 명상하기 전보다 훨씬 많이 이완되었음을 느낄 것이다.
- 명상을 통해 마음이 고요해지면, 오래되었거나 감춰진 통증이 의식하로부터 올라올 수도 있다. 명상 도중 갑자기 분노감, 우울감 또는 두려움이 느껴진다면, 저항하지 말고 그 느낌을 천천히 스스로 경험하도록 하고 그 느낌이 왜 그런지 이해하려는 유혹에 빠지지 말라. 만일 그럴 필요가 있다고 느껴진다면, 친구, 상담가 또는 명상 지도자에게 이야기하라.
- 명상을 위한 이상적인 조건에 대해 이야기 들었거나 읽었을 수도 있다. 예를 들어, 조용한 장소에서만, 식후 2시간 이후에만, 또는 20분 동안 편안하게 있을 수 있을 때만 명상해야 한다. 그렇다, 이러한 조건은 이상적 조건이긴 하지만, 인생이란 좀처럼 이상적이지 않다. 만일 장소가 완벽하게 조용하지 않거나 명상해야만 하는 시간이 점심 식사 직후라는 등의 이러한 작은 방해물들로 인해 명상을 방해받지 말라. 소음이나 배부른 위장에서 들리는 꾸르륵 소리가 특히 귀찮다면, 그 귀찮은 감각을 명상 대상에 포함시켜라.
- 매일의 정좌 실습을 채택할 경우, 한동안 명상하고 싶지 않은 기간이 있을 수도 있다는 것을 이해해야 한다. 명상하고자 하는 소망이 실습과 함께 계속해서 발생할 것이라고 기대하지 마라. 그만두고 싶어진다고 해서 스스로를 자책하지 말고, 연습을 더 편안해지도록 만드는 창조적인 방법을 생각해 보라. 이렇게 그만두고 싶어지는 기간은 얼마 지나지 않아 스스로 사라진다는 것을 알아라. 훈련 일정을 유지하게 해주는 두 가지가 있다. 하루 중 명상을 위한 규칙적인 시간을 선정하고 어떠한 약속보다도 우선해서 이 일정을 지켜라. 함께 명상 훈련을 할 집단을 알아보라 — 그러한 집단을 발견하는 것은 이루 말할 수 없이 가치가 있다.

명상 실습은 당신 삶에 대한 집중, 통찰력 및 회복감을 가져다줄 수 있다. 명상의 선물과 명상의 모든 이득을 스스로에게 주어라.

더 읽을거리

Benson, H. 1997. *Timeless Healing: The Power of Biology and Belief.* Reprint ed. New York: Scribner.

Brantley, J. 2007. *Calming Your Anxious Mind: How Mindfulness and Compassion Can Free You from Anxiety, Fear, and Panic.* 2nd ed. Oakland, CA: New Harbinger Publications.

Goldstein, J. 1987. *The Experience of Insight.* Reissue ed. Boston: Shambhala Publications.

Goldstein, J., and J. Kornfield. 1995. *The Path of Insight Meditation.* Boston: Shambhala Publications.

———. 2001. *Seeking the Heart of Wisdom.* Reprint ed. Boston: Shambhala Publications.

Hewitt, J. 1990. *The Complete Yoga Book.* Reissue ed. New York: Schocken Books.

Kabat-Zinn, Jon. 1994. *Wherever You Go, There You Are: Mindfulness Meditation in Everyday Life.* New York: Hyperion.

———. 2005. *Coming to Our Senses: Healing Ourselves and the World Through Mindfulness.* New York: Hyperion.

———. 2013. *Full Catastrophe Living: Using the Wisdom of Your Body and Mind to Face Stress, Pain, and Illness.* Revised and updated ed. New York: Bantam Books.

Kornfield, J. 1993. *A Path with Heart: A Guide Through the Perils and Promises of Spiritual Life.* New York: Bantam Books.

LeShan, L. 1999. *How to Meditate.* New York: Little, Brown and Company.

Nhat Hahn, Thich. 1992. *Peace Is Every Step: The Path of Mindfulness in Everyday Life.* New York: Bantam Books.

———. 1999. *The Miracle of Mindfulness.* Boston: Beacon Press.

———. 2005. *Being Peace.* 2nd ed. Berkeley, CA: Parallax Press.

녹음 자료

Goleman, D. 1989. *The Art of Meditation* (Audio CD). New York: Holzbrink.

Kabat-Zinn, Jon. 2005. *Guided Mindfulness Meditation* (Audio CD). Louisville, CO: Sounds True.

———. 2006. *Mindfulness for Beginners* (Audio CD). Louisville, CO: Sounds True.
Nhat Hanh, Thich. 2005. *Touching Peace* (Audio CD). Berkeley, CA: Parallax Press.

제6장

시각화

Visualization

이 장에서는 다음과 같은 내용을 배울 것이다.

- 이완을 위해 심상을 활용하기
- 스트레스와 관련된 상태를 관리하기
- 안전하고 이완할 수 있는 마음의 한자리를 창조하기

배경

당신은 매우 강력한 자신의 심상을 이용해 스트레스를 상당히 감소시킬 수 있다. 신체적인 증상 치료에 있어 긍정적인 생각의 이용은 20세기 말경에 프랑스의 약물학자인 Emil Coué에 의해 보급되었다. 그는 심상의 힘이 의지의 힘을 훨씬 능가한다고 믿었다. 즉, 자신을 억지로 이완된 상태에 들어가게 하는 것은 어렵지만, 당신 몸 안 이곳저곳으로 퍼져 가는 이완을 상상할 수는 있을 것이며, 안전하고 아름다운 휴양지에 있는 당신 자신을 시각적으로 상상할 수 있을 것이다. Emil Coué는 생각하는 모든 것이 현실화된다는 것을 강력히 주장하였다 — 당신이 당신에 대해 생각하는 대로 지금 당신은 존재하는 것이다. 예를 들어, 만약 당신이 지금 슬픈 생각을 한다면, 당신은 지금 불행하다고 느낄 것이다. 만약 당신이 지금 불안한 생각을 하고 있다면, 당신은 긴장하게 될 것이다.

불행한 느낌이나 긴장을 극복하기 위해서, 당신은 긍정적이고, 치유적인 심상을 당신 마음에 다시 집중시킬 수 있다. 자신이 곧 쓸쓸하고, 비참하게 될 것이라고 스스로에게 예언한다면, 당신의 예언은 아마 그대로 될 것이다. 왜냐하면 당신의 부정적인 생각은 비사회적인 행동에 그대로 반영될 것이기 때문이다. 상관이 자기에게 소리를 치면 복통이 일곤 한다고 예측하는 어떤 여성은 그녀 자신의 생각이 신체적인 양상을 일으키게 하는 것과 같다. Coué는 섬유성 종양, 결핵, 출혈, 변비와 같은 기질적인 질병들도 때로는 그 사람이 이러한 질병들에 의식을 집중시키기 때문에 더 악화되곤 한다고 주장하였다. 그는 환자들에게 유명한 경구인 "나는 매일매일 모든 측면에서 조금씩 조금씩 더 나아지고 있다"를 의식적으로 20번씩 자신에게 되풀이하라고 권하였다.

Coué는 또한 자신의 환자들에게 피곤할 때는 편안하고 이완된 자세를 취하고, 눈을 감고 모든 근육을 전체적으로 이완하는 실습을 할 것을 격려하였다. 환자들이 '반의식상태의 단계'에서 깜빡 잠이 들기 시작할 때, 그는 "나는 내일 편안하게 될 거야"와 같은 희망적인 사고를 마음속에 그려 넣기를 제안하였다. Coué는 이것이 당신의 의식적인 마음과 무의식적인 마음에 다리를 놓으며, 당신의 무의식이 소망이 이루어지게 하는 한 방법이라고 이해하였다.

20세기에, Carl Jung은 자신의 연구에서 "적극적인 심상"이라고 부르는 치유기법을 사용하였다. 그는 환자들에게 어떤 목적이나 계획 없이 명상에 잠기도록 지시하였다. 심상은 환자들이 어떤 방해물 없이 관찰하고 경험하는 의식에 이르게 할 것이다. 후에, 만약 원한다면, 환자들은 실제 질문하고 대화를 나누는 양식으로 심상과 의사소통할 수 있게 될 것이다. Jung은 사람들이 자신들의 풍부한 내적인 삶에 감사하고, 스트레스를 받을 때 치유적인 힘을 끌어올 수 있는 방법을 배울 수 있도록 돕기 위해 적극적인 심상을 이용하였다. Jung 학파와 게슈탈트 치료자들은 마음속의 직관적이고, 상상력이 풍부한 부분을 이용하는 여러 가지 스트레스 완화 기법을 고안하였다.

오늘날, 시각화는 전국적으로 암 센터와 통증센터에서 실시되고 연구되고 있다. 암 환자에게 처음으로 시각화를 활용했던 Stephanie Matthews와 O. Carl Simonton는 『다시 행복해지기Getting Well Again』를 1978년에 저술하였다. 또 다른 두 명의 시각화 과학자, 치료자 및 저자로는 1985년에 『심상 치유Imagery in Healing』를 저술한 Jeanne Achterberg와 코네티컷주의 외과 의사이자 예일대 교수이며, 1986년에 『사랑, 의학 및 기적Love, Medicine, and Miracles』을 저술한 Bernie S. Siegel이다.

『창조적 시각화Creative Visualization』(2016)와 『빛 속에서 살기Living in the Light』(1993)의 저자인 Shakti Gawain는 시각화란 삶과 생활에서 일어나는 것들을 창조하는 에너지의 한 형태라고 말하였다. 마치 영화의 영사기를 돌리는 사람이 텅 빈 공백에 세상을 비추는 것과 같이, 모든 것은 에너지이며, 우리의 마음은 우리의 세계를 창조한다.

증상-완화 효과

시각화는 두통, 근육 경련, 만성 통증, 전반적인 또는 상황 특유적인 불안을 포함한 많은 스트레스 관련 질병 및 신체적인 질병을 치료하는 데에 효과적이다. 시각화는 수술을 준비하는 환자들, 화학요법의 효과를 증진하기 위해, 스포츠 경기에서 집중력을 올리기 위해, 그리고 웰빙을 증진하기 위해서 사용된다.

숙달 시간

증상 제거는 즉시 또는 단 몇 주의 실습으로 가능하다.

지시

시각화의 유형

모든 사람들은 시각화한다. 백일몽, 기억 및 내적 대화는 모두 시각화의 유형이다. 당신은 시각화를 활용하고 의식적으로 사용하여 자신과 자신의 삶을 개선할 수 있다. 시각화란 당신이 신체를 이완하고 스트레스를 없애기 위해 의식적으로 창조하는 정신적 감각 인상이다. 다음은 변화를 위한 3가지 시각화의 유형이다.

1. **수용적인 시각화.** 이 유형에서 당신은 이완하고 마음을 비우고, 어떤 장면에 심상을 그리고, 질문을 하고, 반응을 기다린다. 예를 들어, 당신은 지금 해변에 있으며, 바다의 미풍이 피부를 부드럽게 쓰다듬고 있다고 상상할 수도 있다. 바닷소리를 들을 수도 있고, 바다 내음을 맡을 수도 있다. 그런 다음 당신은 왜 나는 이완할 수 없지? 하고 물을 수도 있다. 그리고 그 반응은 당신의 의식으로 표면화될 수도 있다. 예를 들어, 사람들에게 아니라고 말할 수 없기 때문이야 또는 자신과 남편의 우울증을 분리시킬 수 없기 때문이야.

2. **프로그램된 시각화.** 전망, 맛, 소리 그리고 냄새로 가득 찬 하나의 이미지를 창조하라. 그런 다음, 당신이 이루기를 원하는 어떤 목표 또는 당신이 촉진시키기를 원하는 어떤 치유를 상상하라. 예컨대, Harriet는 달리기를 시작할 때마다 프로그램된 시각화를 사용하였다. 첫 번째 경주에서, 그녀는 매일 그 코스에서의 경주를 시각화하였다. 언덕을 달려 올라갈 때는 압박감을 느낄 것이며, 몇 마일을 달린 후에는 기진맥진하게 될 것이며, 결승선에선 전력을 다할 것이라고 느낀다. 마침내 그 경주를 하게 되었을 때, 그녀는 동년배 그룹에서 최고 기록을 세웠다.

3. **유도된 시각화.** 다시, 결정적으로 힘들었던 요소들을 생략하고, 자세하게 당신의 한 장면을 시각화하라. 그런 다음 혼란스러움 속에서 있어야 할 것이 없는 단편들을 채우기 위해, 당신의 잠재의식 또는 내면의 안내자를 기다려라. Jane은 정신적인 긴장을 풀기에 좋은 특별한 장소를 방문한다고 상상한다. 그녀는 걸스카우트 대원들과 함께 방문하곤 했던 깨끗한 숲과 연관된 냄새, 맛, 소리, 감촉, 전망 들을 상상으로 구성하였다. 그녀는 황혼 녘 캠프파이어 불에 마시멜로를 굽고 있는 자신을 본다. (그곳에는 모기도 없다). 그녀는 걸스카우트 지도자를 상상하고, 사랑하는 누군가를 상상하고, 그 지도자는 그녀에게 어떻게 이완할 수 있는지 묻는다. 때때로 걸스카우트 지도자는 Jane이 좋아했던 노래를 상기시키며, 긴장감을 느낄 때마다 그 노래를 부르라고 말한다. 때로 그녀는 Jane을 웃게 만들었던 오래된 농담들을 상기시키고, Jane이 더 웃을 필요가 있다고 말한다. 때로 그 지도자는 Jane을 꼭 껴안아 주며, 그녀가 사랑받고 있음을, 그리고 그 사랑을 확인할 필요가 있음을 그녀에게 상기시켜준다.

효과적인 시각화를 위한 규칙

1. 옷을 느슨하게 하고, 조용한 장소에 누워, 부드럽게 눈을 감아라.
2. 당신의 몸을 스캔하는데, 특정한 근육의 긴장을 찾아라. 당신이 할 수 있는 만큼 그 근육들을 이완시켜라.
3. 정신적 감각 인상을 형성하라. 모든 감각을 동원하라: 시각, 청각, 후각, 촉각, 미각. 예컨대 아름다운 나무, 새파란 하늘, 그리고 솜털 같은 하얀 구름이 있는 초록 숲 한가운데 있다고 상상하라. 그런 다음 소리를 더하라. 나무 사이를 스치고 있는 바람, 물 흐르는 소리, 새가 지저귀는 소리 등. 솔잎들이 발치에 바삭거리는 소리를 들을 수 있다고 상상해 보라. 발끝이 땅에 닿는 느낌, 솔향 그리고 풀잎의 맛 또는 산속 옹달샘의 물맛을 더하여 상상해 보라.

4. 확언을 사용하라. 지금, 이 순간 이완할 수 있는 당신의 능력을 확언하는 짧고 긍정적인 진술을 반복하라. 현재 시제를 사용하고, "나는 지금 긴장하고 있지 않아"와 같은 부정적인 표현을 피하고 "나는 이제 긴장에서 벗어나고 있어"와 같은 긍정적인 표현을 사용하라. 여기 다른 확언의 예들이 있다. 긴장이 나의 몸에서 흘러나가고 있어. 나는 내 마음대로 이완할 수 있어. 나는 조화로운 삶을 살고 있어. 평화가 내 안에 있어.
5. 매일 3번씩 시각화를 창조하는 실습을 하라. 시각화 실습은 아침과 저녁 잠자리에서 하는 것이 가장 용이하다. 어느 정도 실습을 한 후에는, 진료실에서 기다리면서, 역에서, 선생님이나 부모님과 상의하러 가기 전에, 또는 국세청 회계 감사 기간에도 시각화를 이용하는 것이 가능해질 것이다.

기본적인 긴장과 이완 연습

1. 눈 이완(손바닥 대기)

감고 있는 눈 위에 직접 손바닥을 대라. 눈꺼풀을 너무 세게 누르지 말고 모든 빛을 차단하라. 검은색을 보려고 노력하라. 다른 색깔들이나 상들이 보일지라도, 오로지 검은색에 초점을 맞추어라. 검은색(방 안에 있는 검은 모피, 검은 물건)을 기억해 내기 위해 정신적 상을 이용하라.

검은색을 생각하고, 검은색에 집중하는 이러한 방법을 2, 3분 동안 계속하라. 손의 힘을 빼고, 서서히 눈을 뜨면서, 점차로 빛에 익숙해지게 하라. 눈을 감고 뜨는 것을 조절하면서 근육이 이완되었을 때의 감각을 체험해 보라.

2. 은유적인 이미지

누워서 눈을 감고 편안하게 긴장을 풀어라. 긴장에 해당하는 어떤 심상을 시각화한 다음, 이완에 해당하는 심상으로 그 상을 대체하라. 가장 좋은 심상은 스스로 만들어 내는 것이다. 그러나 시작할 때는, 다음과 같은 긴장들을 상상하라.

- 빨간색
- 칠판에 분필 긋는 소리
- 팽팽하게 당겨진 밧줄
- 밤중에 울리는 사이렌 소리
- 서치라이트의 번쩍이는 섬광
- 암모니아 냄새
- 어두운 터널에 갇히는 것
- 수동 착암기가 세게 내리치는 것

시각화하는 동안, 이 긴장 심상들은 이완되고 조화로운 것을 창조하면서, 부드러워지고, 확장되고, 희미해질 것이다.

- 붉은색이 희미한 파란색으로 희미해질 수 있다.
- 분필은 가루로 산산이 부스러질 수 있다.
- 밧줄이 느슨해질 수 있다.
- 사이렌 소리는 속삭이는 듯한 플루트 소리로 부드럽게 될 수도 있다.
- 서치라이트 빛은 부드러운 장밋빛으로 엷어질 것이다.
- 암모니아 냄새는 레몬 냄새로 완화될 수 있을 것이다.

- 어두운 터널은 밝은 빛의 상쾌한 해변으로 열릴 것이다.
- 수동 착암기는 당신 근육을 주무르는 안마사의 손이 될 수도 있다.

당신의 몸을 스캔하면서, 긴장된 근육에 긴장 이미지를 적용하라. 그것이 이완 심상으로 전개되도록 하라. 예를 들어, 당신 목에 팽팽한 긴장이 있다면, 바이스[1]로 꽉 조이는 시각화를 해도 좋다. 이완해 또는 나는 내 의지대로 이완할 수 있어와 같은 확언을 하면서 바이스를 푸는 상상을 하라.

마지막으로 확언을 암송하라. 이완 이미지를 적용하면서 특정한 긴장에 대해 말하라. 당신의 긴장에 무엇이 일어나는지를 관찰하라.

3. 자신만의 특별한 장소를 창조하기

특별한 장소를 만들 때 당신은 이완하기에 좋은 은신처를 만들 수 있다. 이러한 장소는 실내여도 좋고 실외여도 좋다. 특별한 장소를 만들 때, 다음의 몇 가지의 지침을 따르라.

- 당신만의 장소에는 당신만이 들어가게 하라.
- 그곳을 평온하고, 안락하고, 안전한 장소로 만들어라.
- 감각적인 세부 사항들로 그 장소를 가득 채워라. 전경, 배경, 중간 지대를 창조하라.
- 내면의 안내 또는 당신과 함께 편안하게 있을 수 있는 다른 사람을 위한 여지를 남겨두어라.

특별한 장소가 연못으로 통하는 길의 끝에 있을 수도 있다. 발밑에 풀밭이 있고, 연못이 약 30m

1) 공구의 일종으로 죄임 쇠(역자 주).

정도 펼쳐져 있고, 멀리에는 산이 뻗어있다. 당신은 그늘이 있는 곳에서 공기의 상쾌함을 느낄 수도 있다. 지빠귀 새가 노래를 부르고 있다. 태양은 연못에 밝게 빛나고 있다. 인동덩굴의 톡 쏘는 듯한 자극적인 향기는 달콤한 과즙으로 꽃 위를 윙윙거리며 날고 있는 벌들을 유인하고 있다.

또는 당신의 특정한 장소가 오븐에서 계피 맛이 나는 롤빵 굽는 소리가 나는 반짝거리는 깨끗한 주방일 수도 있다. 부엌 유리창을 통해 황금색 밀밭을 볼 수 있다. 창틀은 산들바람으로 가늘게 떨고 있다. 식탁에는 손님을 위한 차 한 잔이 놓여있다.

이러한 연습을 녹음하여 사용하거나 또는 친구에게 아주 천천히 읽도록 하라.

> 당신만의 안전한 장소에 가서, 아주 편안하게 누워라. 눈을 감아라…. 마음속으로 고요한 곳으로 천천히 걸어가라…. 당신이 가는 곳은 실내일 수도 있고, 바깥일 수도 있다…. 그곳은 아주 평화롭고 안전해야 한다…. 불안이나 염려스러운 마음을 내려놓는다고 자신의 마음속에 그려보라…. 멀리 있는 광경에 주목하라…. 무슨 냄새가 나는가?… 무슨 소리가 들리는가?… 당신 앞에 놓여있는 것에 주목하라…. 손을 뻗어 만져 보라…. 어떤 감촉이 느껴지는가?… 냄새를 맡아보고… 소리를 들어 보라…. 온도를 편안하게 맞추고… 이곳을 안전하게 하고… 당신의 특별한 장소, 당신 혼자만의 특별한 장소를 둘러보라…. 그곳으로 가는 길을 찾아보라…. 발로 땅의 감촉을 느껴보고… 머리 위를 올려다보라…. 무엇이 보이는가?… 무엇이 들리는가?… 냄새는?… 당신 자신만의 한적하고, 편안하고, 안전한 장소로 들어갈 수 있는 이 길을 따라 걸어가라….
>
> 당신은 당신만의 특별한 장소에 도착했다…. 당신 발밑에는 무엇이 있는가?… 어떤 감촉이 느껴지는가?… 몇 발자국을 떼어 보라…. 머리 위에는 무엇이 보이는가? 무슨 소리가 들리는가? 다른 어떤 소리가 들리는가? 손을 뻗어 만져 보라…. 그것의 재질은 어

떠한가? 가까이에 펜, 종이, 그림물감 또는 그림을 그릴 수 있는 모래, 조각할 수 있는 진흙이 있는가? 그것들 가까이 다가가서 만지고 냄새를 맡아 보라. 당신만의 특별한 도구 또는 당신에게 어떤 느낌이나 생각을 일으킬 수 있는 내면의 안내자를 위한 도구들이다…. 당신이 볼 수 있는 한 멀리 보라…. 무엇이 보이는가? 무슨 소리가 들리는가? 무슨 향기에 당신은 주의를 기울이는가?

당신만의 특별한 장소에서 앉거나 누워라…. 그곳에서 나는 냄새와 소리와 보이는 것에 주의를 기울여라…. 이곳은 당신만의 장소이고, 이곳에서는 어떤 사람도 당신에게 해를 줄 수 없다…. 만약 위험한 것이 있다면, 내쫓아버려라…. 당신이 이완하고, 안전하고, 편안하다는 것을 실감하며 3분에서 5분을 보내라.

이곳의 냄새와 맛과 보이는 것과 소리를 기억하라…. 당신은 당신이 원하는 때는 언제나 이곳에 돌아올 수 있고, 이곳에서 편안하게 쉴 수 있다…. 같은 길 또는 입구를 그대로 놓아두어라…. 땅에 주의를 기울이고, 당신 가까이에 있는 것들을 만져 보라…. 먼 곳을 보고, 보이는 전망을 감상하라…. 당신이 창조한 이 특별한 장소는 당신이 원할 때면 언제든지 들어갈 수 있다는 것을 당신 자신에게 상기시켜라. "나는 여기에서 이완할 수 있어" 또는 "이곳은 나만의 특별한 장소야. 나는 내가 원할 때는 언제든지 이곳에 올 수 있어"와 같은 확언을 말하라.

이제 눈을 뜨고, 편안하게 이완된 상태를 즐기면서 잠시 그대로 머물러라.

4. 내면의 안내자 만나기

내면의 안내자는 의미를 명백하게 하고, 알려주는 감수성이 풍부한 사람 또는 동물이어도 좋다. 이것의 존재가 당신을 당신 내면의 지혜와 잠재의식에 연결시켜준다. 내면의 안내자는 당신에게 어떻게 긴장을 풀고 편하게 쉴 수 있는지를 알려 줄 수 있으며, 무엇이 스트레스를 야기시키고 있는지를 분명하게 밝혀줄 수 있다. 실습을 통하여 당신은 당신이 원할 때는 언제나 당신만의 특별한 장소에서 당신만의 내면의 안내자를 만날 수 있다.

어쩌면 당신은 이미 돌아가신 부모 또는 영적인 존재로서의 내면의 안내자를 만났었을 수도 있다. 만약 그렇다면, 이런 사람을 당신만의 특별한 장소에 초청하여, 이완하는 방법을 보여 달라고 요청하라.

이 연습을 먼저 모두 다 읽어본 후에 그것을 녹음하거나 친구에게 그것을 읽어달라고 해서 연습하라.

이완하라, 그리고 당신이 이미 행했던 것처럼 당신만의 특별한 장소로 통하는 길을 따라가라. 당신만의 장소에 내면의 안내자를 초청하라. 잠시 기다려라. 당신의 안내자가 오는 길을 지켜보라. 먼 곳에 있는 작은 반점에 주의를 기울여라. 기다려라. 안내자가 다가오는 것을 지켜보라. 발소리에 귀를 기울여라. 안내자의 향기를 맡을 수 있는가? 안내자의 형상이 분명해졌을 때, 만약 불안감이 느껴진다면, 그것을 멀리 날려버려라. 그 모양이 당신을 놀라게 하고 기묘하게 느껴진다 할지라도, 당신이 좋아하는 것을 찾아낼 때까지 다른 안내자를 기다려라.

당신의 안내자가 편안할 때 질문을 하라. 대답을 기다려라. 그 대답이 웃음일 수도 있고, 말로 주어질 수도 있고, 어떤 느낌일 수도 있고, 꿈일 수도 있고, 찌푸리는 눈살일 수도 있고, 낮은 울림소리일 수도 있을 것이다. 당신의 안내자에게 질문하라. "나는 어떻게 이완할 수 있나요? 나를 긴장하게 하는 원인은 무엇인가요?" 당신의 안내자가 대답할 때, 당신은 그 대답의 단순함과 명쾌함에 놀라게 될 것이다.

안내자가 당신을 떠나기 전, 또는 떠난 후 즉시, 당신 자신에게 자신의 확언을 말하라. "나는 여기서 이완할 수 있어" 또는 "나는 내 의지로 이완할 수 있어"와 같은 이완할 수 있는 자신의 능력에 대한 간단한 확언을 하라.

이러한 연습을 최소한 7일 동안 하루에도 몇 번씩 하라. 7일째, 당신은 아마도 어떤 안내자와 어떤 대답을 발견하게 될 것이다.

어머니와 집을 잃고, 돌보아 줄 능력이 없는 아버지와 살고 있는 어떤 학생은 어머니를 자신의 내면의 안내자로서 활용하였다. 그는 자신의 삶과 동료들로부터의 압박감에 압도당하는 기분이 들면 이완하고, 안내를 받으러 그녀에게로 갔다. 그녀는 많은 말을 하지는 않았지만, 단지 그녀의 존재와 그녀의 동의 또는 동의하지 않는 표정은 종종 그를 진정시키기에 충분했다.

또 다른 사람의 안내자는 그녀의 존재에서 발생하는 비어있는 마음 때문에 이완을 간단하게 참조할 수 있다. 말은 거의 하지 않지만, 안내자의 행동과 침묵이 그녀를 안내해 준다.

각 사람의 내적 안내자는 서로 다르며, 독특한 방식으로 지시를 한다.

5. 음악 감상하기

음악 감상은 가장 흔한 이완 형태 중의 하나이다. 그렇지만, 각 사람은 음악에 자신만의 의미를 부여한다. 그러므로 이완을 목적으로 음악을 듣고자 한다면, 당신에게 평온함을 주고 당신을 위로해 주는 음악을 선택하는 것이 중요하다. 만약 가능하다면, 매일 또는 이완하기 위해 음악을 들으려 할 때는 언제든지 들을 수 있는 30분 정도의 연속된 이완 음악 테이프를 만들어라. 과거에 당신이 이완하는 것에 도움을 주었던 똑같은 음악을 반복하는 것은 앞으로도 유익할 것 같은 긍정적인 연합을 가져온다는 것에 주목하라.

음악을 가장 잘 이용하기 위해서는, 30분 정도 방해받지 않고 혼자 있을 수 있는 곳을 찾아야 한다. 당신이 선택한 음악을 틀고서, 편안한 자세를 잡고, 눈을 감아라. 정신적으로 몸을 스캔하여, 긴장 부위, 통증 부위 그리고 이완 부위에 주목하라. 음악에 주의를 기울이면서 당신 기분을 자각하라. 관련이 없는 생각이 떠오르거든, 음악에 집중하고 이완하고자 하는 당신의 목표를 상기하면서, 그것을 적어놓고 버려라. "이완하라" 또는 "음악이 나를 이완시켜준다"와 같은 확언을 말하라. 음악이 끝나면, 다시 정신적으로 몸을 스캔하고, 어떻게 느껴지는지 자각하라. 당신의 몸은 음악 감상을 시작하기 전보다 다르다고 느끼는가? 당신의 기분에도 어떤 차이가 있는가?

특별 고려사항

1. 만약 당신에게 모든 감각을 이용하여 인상을 형성하는 데에 어려움이 있다면, 먼저 가장 강한 감각을 사용하라. 나머지 감각은 시간이 지나면 향상될 것이다.
2. 하루에 3번 정도, 자주 실습하라. 그리고 인내심을 가져라. 시간이 걸린다.

3. 만약 녹음한 당신 자신의 테이프가 잘 돌아가지 않는다면, 이미 녹음된 테이프를 구입할 수도 있다. 이 장의 마지막 부분에 몇 개의 목록이 있다.
4. 웃음을 기억하라. 웃음은 내적인 메시지를 생산하여 정서적이고 신체적인 긴장감을 감소시켜준다. 웃음은 순환계와 호흡계, 혈관계, 신경계를 자극한다. 웃음의 내부 경련이 가라앉을 때, 압박감의 경감은 근육의 긴장을 감소시키며, 웰빙감을 일으킨다. Norman Cousins는 『질병의 해부Anatomy of an Illness』(2005)라는 저서에서, 희귀하고 고통스러운 질병을 극복하기 위해 어떻게 웃음을 이용하고 있는지에 관해서 기술하고 있다. 웃음은 당신 자신이나 당신의 상황에 집중된 관심을 벗어나게 해준다. 웃음은 어쩌면 당신을 너무 지나치게 붙잡고 있을지도 모르는 어떤 상황에 대한 관점을 갖는 데 필요한 적당한 거리를 제공해 준다.

시각화는 당신을 이완시키고 당신의 초점을 가져오고 삶을 명료화하도록 도와줄 수 있다. 규칙적으로 실습하면, 그것은 당신의 행복감을 증진시켜 줄 것이다.

더 읽을거리

Achterberg, J., B. Dossey, and L. Kolkmeier. 1994. *Rituals of Healing: Using Imagery for Health and Wellness.* New York: Bantam Books.

Coué, E. 2006. *Self-Mastery Through Conscious Autosuggestions.* Overland Park, KS: Digireads.

Cousins, N. 1990. *Head First: The Biology of Hope and the Healing Power of the Human Spirit.* New York: Penguin Books.

———. 2005. *Anatomy of an Illness.* 20th anniversary ed. New York: W. W. Norton & Company.

Epstein, G. 1989. *Healing Visualization: Creating Health Through Imagery.* Reissue ed. New York: Bantam Books.

Gawain, S. 1993. *Living in the Light: A Guide to Personal and Planetary Transformation.* New York: Bantam Books.

———. 2016. *Creative Visualization: Use the Power of Your Imagination to Create What You Want*

in Life. 40th anniversary ed. New York: New World Library.
Klein, A. 1989. *The Healing Power of Humor.* Los Angeles: J. P. Tarcher.
———. 1998. *The Courage to Laugh.* Los Angeles: J. P. Tarcher.
Ornstein, R. 1996. *The Psychology of Consciousness.* 2nd revised ed. New York: Penguin.
Rossman, M. L. 2000. *Guided Imagery for Self-Healing.* 2nd ed. New York: H. J. Kramer.
Siegel, B. 1998. *Love, Medicine, and Miracles.* Reissue ed. New York: HarperCollins.
Simonton, O. C., S. Matthews-Simonton, and J. L. Creighton. 1992. *Getting Well* Again. Reissue ed. New York: Bantam Books.
Wells, V. 1990. *The Joy of Visualization: 75 Creative Ways to Enhance Your Life.* San Francisco: Chronicle Books.

녹음 자료

Fanning, P. 1992. *Visualization for Healing Injuries* (Audio CD). Oakland, CA: New Harbinger Publications.
Fanning, P., and M. McKay. 1992. *Visualization for Stress Reduction* (Audio CD). Oakland, CA: New Harbinger Publications.
Gawain, S. 2002. *Creative Visualization Meditations* (Audio CD). New York: New World Library Audio. Miller, E. 2003. *Letting Go of Stress* (Audio CD). Nevada City, CA: Emmett Miller. http://www.drmiller.com.

제7장

이완 훈련 응용

Applied Relaxation Training

이 장에서는 다음과 같은 내용을 배울 것이다.

- 스트레스 상황에서 신속하게 이완하기

배경

이완 응용 훈련은 이 책에서 이미 다루고 있는 것을 포함하여, 다수의 증명된 이완 기법들을 모은 것이다. 조합 효과는 단 몇 분 내에 당신의 높은 스트레스의 영향을 전환하도록 당신을 도울 정도로 빠르고도 강력하다. 프로그램이 점진적이기 때문에, 당신은 몇 주 과정에 걸친 연습에 새로운 특징들을 부가하게 될 것이며, 동시에 일단 습관화된 다른 특징들을 버리게 될 것이다. 결국 20초에서 30초 내에 깊은 이완을 성취할 수 있게 하여, 스트레스가 많은 상황에 처하게 되었을 때 당신의 몸과 마음을 신속하게 평온하게 해준다.

스웨덴의 내과 의사인 L. G. Öst는 1980년대 말에 이완 응용 기법을 개발하였다. Öst는 공포증이 몰려오는 상황에 접했을 때 덮쳐오는 불안을 헤치고 빠져나갈 수 있는 빠르고 확실한 방법이 필요한 공포증 환자들을 치료하였다. Öst는 이 기법이 심각한 공포증 환자들에게도 높은 성공률을 이루는 것을 발견하고서, 이완 응용 프로그램이 일상적인 싸움과 좌절에서부터 불면증에 이르기까지의 다양한 생활상의 상황들에 유익할 수 있다는 것을 깨달았다.

일반적으로, 프로그램은 먼저 당신에게 신체적인 이완 과정을 이용하여 이완하는 것을 가르쳐준다. 그런 다음 당신은 조건 형성된 이완 반응으로 나아가고, 최종적으로 명령에 의해 이완하는 것을 배우게 된다. 당신은 또한 이완된 연습 장면에서 실습하는 것에서부터 실생활 상황에 기법을 활용하는 데까지 나아갈 것이다.

증상-완화 효과

이완 응용이 공포증 환자를 치료하기 위하여 처음 개발되었지만, 공황장애, 일반화된 불안장애, 두통(긴장성 두통, 편두통, 그리고 혼합된 두통), 등통back pain, 관절통, 아동과 성인의 간질, 이명 등을 포함한 폭넓은 영역에 적용되었다. 임상 실무에서 이완 응용 훈련은 또한 입면 불면증, 심장 신경증(심장 발작의 가능성에 불필요하게 몰두되고 일반적으로 한 명의 의사로부터 요구하는 반복된 재보증), 화학요법으로 야기된 메스꺼움에 시달리는 암 환자에게 유용하다는 것이 증명되었다(Öst, 1987). Ost는 거의 모든 사람이 이완 응용을 배울 수 있으며, 또한 그의 연구에서 90%에서 95%의 환자들이 그 훈련으로부터 이득을 얻었다는 것을 발견하였다.

숙달 시간

이완 응용 훈련의 한두 회기만 지나도 당신은 바로 어느 정도 이완을 감지할 것이다. 이 훈련이 점진적인 프로그램이라는 것을 기억하라. 각각의 새로운 단계는 당신이 1분 안에 마음대로 이완할 수 있을 때까지, 보다 빠르고, 보다 깊게 이완하게 해줄 것이다. 서두르지 마라. 당신은 프로그램의 다음 단계로 넘어가기 전에 각 단계를 완전히 숙달하기를 원할 것이다. 각 단계에 편안함을 느끼기 위해서는 하루에 2번의 실습 회기를 하면서 한 주 내지 두 주의 여유를 가져라. 만약 이 정도가 너무 길다고 느껴진다면, 실습 회기 시간이 하루의 가장 상쾌한 부분이 될 수 있다는 것을 마음에 새겨라.

이완 응용 훈련을 임상에 적용했을 때는 이명을 겪고 있는 입원 환자에게서는 빠르게는 2주부터 공황장애를 가진 입원 환자들에게는 14주까지 걸렸다(Öst, 1987). 중간쯤의 기간이 걸리는 것은 보다 더 흔하다. 일반적으로는, 당신이 프로그램 전체를 진행하는 데는 5주 내지 8주 정도면 될 것이다.

지시

이완 응용 훈련은 5개의 개별적인 단계에 대한 학습을 포함하고 있다. 각각의 단계는 순차적인 것을 토대로 하고 있으므로, 반드시 나열된 순서로 5단계 모두를 따라야만 한다.

1. 점진적인 근육 이완

점진적인 근육 이완은 주요 근육군 각각에서의 긴장과 이완 간의 차이를 인식하게 해줄 것이다. 놀랍게 들릴지 모르지만, 이러한 구별은 간과하기가 쉽다. 일단 당신이 긴장한 근육과 깊게 이완된 근육 간의 차이를 느낄 수 있다면, 당신은 지속적으로 괴로움을 주는 지점을 확인할 수 있을 것이고, 의식적으로 긴장 안에 고착된 괴로움을 제거할 수 있을 것이다. 또한, 당신은 근육을 긴장시키지 않았을 때보다, 근육을 이완시킨 후에 근육을 더 깊은 이완 상태로 만들 수 있을 것이다. 제4장에 기술되어 있는 기본적인 절차에 있는 지시들을 따르라.

그 기법을 숙달하는 데는 하루에 15분 실습 회기로 두 번씩 해서 1, 2주 걸릴 것이다. 당신의 목표는 15분 내지 20분 회기로 당신의 전체적인 몸을 이완하는 것일 수 있다.

2. 단지 풀어주기만 하는 이완

이제 당신은 각 근육군의 긴장과 이완 간의 차이점을 느꼈으므로, 당신은 이제 이완 응용 훈련의 다음 단계로 나아갈 준비가 되었다. 당신이 명칭으로부터 추측할 수 있는 바와 같이, 단지 풀어주기만 하는 이완은 점진적인 근육 이완의 첫 번째 단계를 생략한다. 팽팽하게 긴장하는 단계. 이것은 각 근육군을 깊게 이완시키는 데 필요한 시간보다 반절(또는 그 이상)의 시간을 줄일 수 있다는 것을 의미한다.

실습을 하면, 당신은 먼저 근육을 긴장시킬 필요 없이, 정신적인 집중만으로 근육에서 긴장을 완전히 없애버리는 것이 충분하다는 것을 알게 될 것이다. 이 기술을 발달시키는 것은 단단하게 쥐어진 근육과 깊게 이완된 근육 간의 차이를 인식할 수 있는 당신의 능력에 달려있다. 단지 풀어주기만 하는 아래의 이완 지시들을 시작하기 전에, 점진적인 근육 이완으로 당신이 편안해질 것이라고 확신하라.

A. 팔을 옆으로 늘어뜨리고 안락한 의자에 앉아, 당신이 편안해질 때까지 이리저리 조금씩 움직여 보라.

B. 당신의 호흡에 집중하는 것으로 시작하라. 깊게 호흡하고, 복부와 아래 가슴과 위 가슴에 신선한 공기가 가득 채워지는 것을 느껴라. 보다 곧게 앉은 채로 잠시 숨을 멈추어라…. 그다음 모든 긴장 상태와 걱정이 속속 빠져나가는 것을 느끼면서 입으로 천천히 호흡하라. 완전히 숨을 내쉰 후에, 복부와 가슴을 이완시켜라. 매 날숨마다 더 이완되어 있다는 것을 알아차리면서, 완전하고, 평온하면서, 한결같은 호흡을 지속하라.

C. 이제 모든 주름을 부드럽게 하면서, 이마를 이완하여라. 계속 깊게 호흡하면서… 이제 눈썹을 이완하라. 턱 아래로 모든 긴장을 녹아 없어지게 하고, 모든 것을 내려놓아라. 이제 입술을 벌리고, 혀를 이완하라. 숨을 들이쉬고 내쉬면서 목구멍을 이완하라. 이제 얼굴 전체가 얼마나 평온하고 느슨하게 느껴지는지 알아차려라.

D. 머리를 부드럽게 돌리면서 목이 이완하는 것을 느껴라. 어깨의 힘을 빼라. 어깨를 아래쪽으로 툭 떨어뜨려라. 목이 느슨해지고, 어깨는 무겁고 낮아진다. 이제 이완의 느낌이 팔로 내려가서 손가락 끝까지 이동하게 하라. 당신의 팔은 묵직하고 느슨하다. 턱 역시 이완되어 있기 때문에 당신의 입술은 여전히 벌리고 있다.

E. 깊게 안으로 숨을 들이쉬고 복부가 팽창되는 것을 느끼고, 그다음 가슴이 팽창되는 것을 느껴라. 잠시 숨을 멈추고, 입으로 부드럽게 천천히 숨을 내쉬어라.

F. 이완 느낌이 복부로 퍼지게 하라. 복부의 모든 근육들이 본래의 형태를 취하면서 긴장에서 놓여나는 것을 느껴라. 허리를 이완시키고, 등을 이완시켜라. 깊게 호흡을 계속하라. 당신의 상반신이 어떻게 느슨하고 묵직하게 느끼는지를 알아차려라.

G. 이제 하반신을 이완하라. 의자 안으로 엉덩이가 내려앉는 것을 느껴라. 허벅지를 이완시켜라. 무릎을 이완시켜라. 이완의 느낌이 장딴지를 지나서 발목까지, 발바닥까지, 발가락 끝까지 아래로 이동하는 것을 느껴라. 마룻 바닥에 대고 있는 당신의 발은 따뜻하고, 묵직함을 느낀다. 매 호흡마다 이완이 깊게 됨을 느껴라.

H. 이제 호흡을 지속하면서 긴장에 대한 당신 몸을 스캔하라. 다리가 이완된다. 등이 이완된다. 어깨와 팔이 이완된다. 얼굴이 이완된다. 평화와 따뜻함 그리고 이완의 느낌만이 있다.

I. 만약 어떤 근육을 이완하기가 어렵다고 느낀다면, 지금 그곳으로 주의를 돌려라. 등인가? 어깨인가? 허벅지인가? 턱인가? 그 근육으로 관심을 돌려, 지금 그 근육을 팽팽하게 긴장시켜라. 보다 팽팽하게 하였다가, 풀어라. 깊고, 깊은 이완 속으로 다른 부분의 신체와 연결되는 것을 느껴라.

단지 풀어주기만 하는 이완의 지시가 점진적인 근육 이완에서의 지시보다 더 단순한 것처럼 보일지도 모르지만, 수반된 과제는 실제로는 조금 더 복잡하다. 당신이 초점을 맞추고 있는 근육의 긴장을 모두 없애버리고 있다는 것을 확신하라. 당신이 다른 근육에 주의를 기울일 때 그 긴장이 슬며시 스며들지 못하게 하라. 풀어주기만 하는 회기를 마치고 일어설 때, 당신은 적어도 점진적 근육 이완 회기 후에 느낀 것만큼, 이완된 것을 느끼게 된다.

물론, 당신은 엄격한 지시 사항들로 당신을 밀어붙이면서 당신 자신을 압박하기를 원치 않는다. 그러한 것들을 억지로 강요하기보다는, 다소 당신의 신체가 이완하도록 여유를 주려고 노력하라. 만약 어떤 특정한 단계에서 어려움이 있거든, 깊은 호흡을 하고, 그 단계를 다시 시도해 보라. 또는 그것을 건너뛰어라. 부정적이고, 비판적인 생각은 매 호흡에 날려버리고, 성취감과 깊은 평화를 유지하라.

단지 풀어 주기만 하는 이완을 숙달하기 위해서 하루에 2번의 실습 회기를 가지면서 1주일이나 2주일을 계속하라. 당신이 5분에서 7분 정도의 한 회기로 전신이 이완할 수 있을 때, 당신은 3단계로 나아갈 준비가 된 것이다.

3. 단서에 의해 통제된 이완

단서에 의해 통제된 이완은 보다 더 이완하기 위해 당신이 필요로 하는 시간(대부분의 경우 2분 또는 3분 정도)을 단축시킨다. 이 단계에서 당신이 스스로에게 이완하라고 말할 때 정확하게 이완시키기 위해서 호흡과 상태에 초점을 둔다. 지시는 단서(예를 들어 "이완하라"라는 명령어)와 실제 근육 이완 간의 연상을 수립하게 해줄 것이다. 당신이 단서에 의해 통제된 이완 작업을 시작하기 전에 단지 풀어주기만 하는 이완으로 편안해졌음을 확신하라.

A. 양팔을 양쪽으로 늘어뜨리고 바닥에 발을 평평하게 한 채, 의자에 편안하게 앉아라. 깊은 호흡을 하고 잠시 그대로 멈추어라. 부드러운 입김 속에 공기를 뿜을 수 있는 만큼 멀리, 그날의 걱정을 멀리 날려버리는 것에 집중하라. 당신의 폐를 완전히 비우고, 복부와 가슴이 이완하는 것을 느껴라.

B. 이제 단지 풀어주기만 하는 이완 기법을 이용하여서, 이마에서 쭉 아래로 내려가 발가락까지, 이완하는 것으로 시작하라. 30초 안에 당신 자신을 완전히 이완할 수 있는지를 살펴보라. 만약 더 많은 시간이 필요하다면, 그것도 괜찮다.

C. 당신은 이제 평온하며, 마음이 편안하다. 당신 복부와 가슴은 안과 밖으로 천천히 움직이고 있으며, 한결같이 호흡을 하고 있다. 매 호흡마다 이완감은 깊어진다.

D. 들숨을 쉬면서 스스로에게 들이쉬고라고 말하고, 날숨을 쉬면서 이완이라고 말하면서, 깊고 규칙적으로 호흡을 계속하라.

들이쉬고… 이완…
들이쉬고… 이완…
들이쉬고… 이완…
들이쉬고… 이완…
들이쉬고… 이완…

매 호흡에 평화가 오고, 평온이 들어오며, 걱정을 날려 보내고, 긴장이 나가는 것을 느껴라.

E. 호흡하는 동안 들이쉬고 그리고 이완이라는 말을 되뇌면서, 몇 분 동안 이러한 방식으로 호흡을 계속하라. 머릿속의 말들에 그리고 호흡 과정에 당신의 모든 주의를 집중하라. 매 호흡마다 근육이 깊게 점점 더 이완되는 것을 느껴라. 이완이라는 말이 마음의 모든 다른 사고를 밀어내게 하라. 할 수 있다면 당신의 초점을 깊게 하기 위해서 눈을 감아라.

F. 이제 숨을 들이쉬고… 이완을 지속하면서 다시 그 말들에 귀를 기울여라.

들이쉬고… 이완…
들이쉬고… 이완…
들이쉬고… 이완…
들이쉬고… 이완…
들이쉬고… 이완…

G. 이제 몇 분 동안, 머릿속에서 이러한 말들을 되뇌면서 호흡을 계속하라. 이제 매 호흡에 평화가 오고, 평온이 들어오며, 걱정을 날려 보내고, 긴장이 나가는 것을 느껴라.

H. 시간이 있다면, 10분에서 15분 정도 후에 단서에 의해 통제된 이완 전 과정을 되풀이하라.

보다 초기 단계일 때는 단서에 의해 통제된 이완을 하루에 2번씩 실습하라.

각 단계 후에, 당신은 당신이 이완하는데 필요한 총 시간과 당신이 얼마나 깊게 이완하게 되는가를 기록하기를 원하게 될 것이다. 대부분의 사람들은 이 단계에서 이완하는 데 필요로 하는 실제 시간이 생각했던 것보다 더 짧다는 것을 알게 된다. 신속한 이완으로 나아가기 전에 2, 3분 안에 단서에 의해 통제된 이완을 이용하여 완전하게 이완하는 것을 목표로 삼아라.

4. 신속한 이완

신속한 이완은 당신이 이완하는 데 필요한 시간을 30초 이내로 당길 수 있다. 그렇게 빠르게 이완할 수 있다는 것은 스트레스가 많은 상황 동안에 실제적인 경감을 의미할 수 있다. 당신이 별개의 활동들과 마음 상태들에 의해 움직이는 것처럼, 하루에 여러 번 신속한 이완을 연습한다는 것은 좋은 생각이다.

신속한 이완에서 당신은 어떤 특정한 이완 단서를 고르게 될 것이다. 당신의 손목시계나 어떤 탁상시계, 또는 복도를 따라 화장실로 걸어갈 때 지나치는 그림과 같이 당신이 하루 내내 규칙적으로 보는 어떤 것을 선택하라. 할 수 있다면, 당신이 이 기법을 연습하는 동안만 색깔 있는 테이프로 특정한 단서를 표시하라.

시작할 수 있을 정도로 준비되었을 때, 당신의 특정한 단서를 바라보라. 숨을 들이쉬고 이완하라. 숨을 들이쉬고 이완하라. 당신의 특정한 단서를 바라보는 것을 계속하면서, 이완을 생각하라. 숨을 들이쉬고 이완하라. 당신은 숨을 깊고 고르게 쉬고 있다. 그리고 당신은 숨을 내쉴 때마다 이완 생각을 계속하고 있다. 이완이 당신의 신체 구석구석으로 퍼지게 하라. 몸의 긴장을 스캔하고, 당신이 지금 하고 있는 활동에 필요하지 않은 모든 근육에 대해서도 가능한 많이 이완하라.

하루 내내 당신의 특정한 단서를 바라볼 때마다, 다음과 같은 간단한 단계를 행하라.

A. 입으로 천천히 숨을 내쉬면서, 두 번 내지 세 번 깊고, 고르게 호흡하라.

B. 깊게 호흡하는 것을 지속하면서, 숨을 내쉴 때마다 이완이라고 생각하라.

C. 몸의 긴장을 스캔하라. 이완이 필요한 근육에 의식을 집중하고, 근육 긴장을 비우도록 하라.

자연스럽고 스트레스가 없는 상황으로 빠르게 이완하기 위해, 이완 단서를 하루에 15회 사용하도록 노력하라. 이것은 긴장에 대해 스스로를 점검하고, 하루 내내 깊은 이완 상태로 되돌아가도록 하는 습관을 서서히 익히게 해줄 것이다. 처음 며칠 실습한 후에, 당신은 이완 단서인 색깔 있는 테이프로 바꿀 수도 있다. 또는 그 단서를 전혀 다른 것으로 바꿀 수도 있다. 이것은 당신 마음에 새로운 이완 아이디어를 갖게 할 것이다. 끝으로, 하루 중 특히 스트레스가 많은 한두 번의 순간에 스스로를 평온하게 하기 위하여 신속한 이완을 이용할 수 있는지를 살펴보라. (마지막 단계인 이완 응용은 능력을 개선하는 데 도움이 될 것이지만, 위기 상황에서 이완에 관한 생각에 자신을 일찍이 개방하는 것은 좋은 생각이다.)

신속한 이완으로 당신이 편안함을 느끼고, 하루 중 20초에서 30초 내에 여러 번 깊은 이완 상태를 성취하는 것이 가능해졌을 때, 당신은 마지막 단계인 이완 훈련 응용으로 나아갈 준비가 된 것이다.

5. 이완 응용

이완 훈련 응용의 마지막 단계는 불안을 유발하는 상황에 직면하였을 때, 재빨리 이완하는 것을 포함한다. 스트레스 반응이 일어나는 것을 알아차린 순간 깊은 호흡을 시작하는 것으로, 당신이 신속한 이완에서 실습했던 것과 같은 기법을 이용할 것이다.

만약 당신이 신체의 특정한 스트레스 경고 신호(가파른 호흡, 발한 또는 증가된 심장 박동률과 같은)에 확신이 없다면, 제2장의 신체 자각 연습으로 되돌아가라. 스트레스와 함께 나타나는 생리적인 신호를 확인할 수 있는 것이 빠르면 빠를수록, 보다 더 효과적으로 스트레스 반응이 쌓이기 전에 개입할 수 있다.

스트레스 신호를 주목하자마자, 숨을 고르고, 심장이 뛰는 것을 느끼고, 또는 뜨겁게 열이 오르는 것을 느끼는 경우, 다음 세 단계를 시작하라.

A. 두 번에서 세 번 깊고, 고른 호흡을 하라.

B. 깊게 호흡을 유지하면서 당신 자신에게 다음과 같은 평온한 말들을 생각하라.

들이쉬고… 이완…
들이쉬고… 이완…
들이쉬고… 이완…

만약 당신이 선호한다면, 숨을 내쉴 때마다 이완이라고 생각하는 것을 당신 자신에게만 들리게 할 필요가 있다.

C. 몸의 긴장을 스캔하고, 활동을 지속할 필요가 없는 근육을 이완하는 것에 집중하라. 예를 들어, 당신이 컴퓨터에 앞에 앉아 있는 경우, 당신은 의식적으로 당신의 몸, 몸의 아랫부분, 복부 그리고 당신 머리의 많은 부분을 이완할 수 있다. 모니터를 보고 키보드 타자를 치기 위하여 당신의 눈, 등, 목, 어깨, 가슴, 팔 그리고 손은 약간의 긴장을 유지해야 할 필요가 있다.

스트레스 반응의 느낌과 같은 것으로 실습을 시작하기 위해서는, 계단을 뛰어오르거나 또는 팔 벌려 뜀뛰기를 한 후, 연습을 하라. 당신이 자신감이 생겼을 때, 배우자와 싸우거나 상사와 불쾌한 마주침을 하는 것과 같은 스트레스가 많은 상황을 시각화하라(당신이 시각화 기술을 훈련하도록 돕기 위한 개념과 연습들이 제6장에 제시되어 있다). 최종적으로 실재적인 일상에서 스트레스가 많은 상황에 처하게 되었을 때 이 세 단계를 이용하는 것을 실습하라. 생각을 집중하기 위해 잠깐 멈춘 다음, 세 단계를 상기하고, 즉시 그 결과 속에 그 상황들을 주입하라. 오로지 당신만이 당신이 무엇을 하고 있는지를 알 필요가 있으며, 당신과 당신 주위에 있는 사람들은 위기에 닥쳤을 때의 평온함으로 모든 이득을 넘겨받게 될 것이다.

스스로 인내심을 가져라. 이완 응용은 기술이다. 그리고 다른 기술들과 마찬가지로 실습으로 당신의 능력을 닦아야 할 것이다. 아마도 이완 응용으로 스트레스가 심한 상황을 완전히 제거하고자 노력하는 처음에는 완전한 경감을 느끼지 못할 수도 있을 것이다. 당신이 이룬 향상을 관찰하라. 대부분의 사람들은 비교적 아주 적은 연습으로도 엄습하는 불안을 중지시킬 수 있다. 이러한 점에서, 불안을 실제적으로 감소시키고, 공황을 평온함과 통제감으로 대치시키는데 아주 짧은 단계들이 필요하다는 것은 분명하다.

특별 고려사항

만약 당신이 지금 이완 응용의 단계를 규칙적으로 진행시켰다면, 당신의 신체를 깊고 완전한 이완 상태로 되게 하는데 필요한 통제를 해야 할 것이다.

다른 기술들과 마찬가지로, 당신은 최고의 형식을 유지하기 위해 규칙적으로 이완 응용을 실습하고자 할 것이다. 최소한 하루에 한 번 몸의 긴장을 스캔하는 것을 습관화하여라. 신속한 이완 기법을 이용하여 당신의 몸에서 긴장을 제거하는 것에 초점을 맞추어라. 당신이 어떤 활동에 참여한다 하더라도, 평온하고 깊게 이완하게 할 수 있다.

만약 불안에 잘 반응하지 않는 것 같거나, 이미 했던 기술을 잊어버린 것 같은 염려가 드는 때가 있거든, 퇴보가 일어날 수도 있다는 것을 기억하라. 어떠한 처치도 엄습해오는 불안이나 스트레스를 영구적으로 없앨 수 있는 것은 아니다. 퇴보는 이완 응용을 다시 연습할 수 있는 기회라고 생각하라. 다른 때에는 당신이 성취한 깊은 이완감을 만끽하라. 당신이 필요할 때는 언제나 그곳으로 당신을 데려갈 수 있다는 것을 명심하라.

이 장에 기술된 연습을 통하여 자신을 안내해 줄 오디오 기록을 만드는 것도 유용하다. 오디오 기록은 당신 신체를 이완하는 데 집중하고 눈을 감는 것을 자유롭게 해줄 것이다. 오디오 기록을 만들기 위하여, 각 단계의 지시를 각본으로 사용하라. 천천히 한결같은 목소리로 말하고, 과정 내내 급히 서둘지 말아야 한다.

이완 응용을 배우는 또 다른 방법은 오디오 테이프 이완 훈련 응용의 지시를 따라서 그것을 실습하는 것이다(아래의 오디오 기록 참조).

더 읽을거리

Öst, L. G. 1987. "Applied Relaxation: Description of a Coping Technique and Review of Controlled Studies." *Behavior Research and Therapy* 25 (5): 397–409.

———. 1988. "Applied Relaxation Vs. Progressive Relaxation in the Treatment of Panic Disorder." *Behavior Research and Therapy* 26 (1): 13–22.

녹음 자료

McKay, M., and P. Fanning. 2008. *Applied Relaxation Training* (Audio CD). Oakland, CA: New Harbinger Publications.

제8장

자기최면

Self-Hypnosis

이 장에서는 다음과 같은 내용을 배울 것이다.

- 깊은 이완과 긍정적 변화를 위한 자기암시의 활용
- 스트레스 및 스트레스 관련 질병에 맞서기
- 불면증과 같은 특정 문제들을 경감시키기

배경

최면이란 용어는 수면을 뜻하는 그리스어로부터 파생되었다. 몇 가지 점에서, 최면은 수면과 유사하다. 무력감과 수동성이 동반되는 의식 폭의 제한이 있다. 최면은 매우 이완되는 것이다. 그러나 수면과는 다르게 최면 동안 우리는 의식을 절대로 완전히 잃지는 않는다. 최면 상태 동안, 우리는 주변에서 일어나는 일에 반응할 수 있다. 정신집중과 심상을 촉진시키기 위하여 일반적으로 눈을 감은 채 최면이 수행되지만, 눈을 뜬 상태에서도 최면에 걸릴 수 있다.

최면은 우리의 생각과 심상을 사실인 것처럼 경험하게 해준다. 최면 동안 우리는 감동적인 소설이나 연극에 빠져들 때처럼, 그 순간 동안에는 아무런 의심도 하지 않게 된다. 예컨대, 영화에서 맹렬한 추격 장면을 보고 있을 때, 우리의 몸과 마음은 여러 면에서 마치 그 추격 장면에 실제로 참여하고 있는 것처럼 반응한다. 근육이 긴장되고, 배에 힘이 들어가고, 심박률이 증가하고, 흥분이나 무서운 느낌을 느끼게 된다. 최면 동안 뇌전도(EEG)로 측정된 뇌파 양식은 최면에 걸린 사람이 상상하고 있는 활동(추격 장면에 참여하기, 해변에서 이완하기, 악기 연주하기 등)에 실제 참여하는 동안 발생하는 뇌파 양식과 유사하다.

우리는 흔히 최면에 절대로 걸린 적이 없다고 생각할 수도 있지만, 사실은 최면이 낯선 것은 아니다. 흔히, 매우 흥미로운 일에 집중할 때, 우리는 어떠한 형식적인 유도과정 없이도 최면에 빠져들게 된다. 예를 들어, 백일몽도 하나의 최면 상태이다. 장거리 운전을 하는 것도 매우 최면 유도적인 것이 될 수 있다(그리고 흔히 여행의 여러 부분에 대해서 기억상실의 결과를 가져온다). 쇼핑 목록이나 과거 사건 순서를 기억하려 할 때 또는 TV를 시청하는 동안이나 두려움과 같은 강렬한 정서를 느끼는 동안 여러 번 가벼운 최면 형태에 들어갔을 수도 있다.

이 장에서는 이완과 스트레스 완화를 위해 당신 스스로 선택한 긍정적 생각이나 심상들을 경험하기 위해 자기최면을 활용하는 방법에 대해 배울 것이다. 당신은 빠르고 안전하게 자기최면을 배울 수 있다. 자기최면으로 인한 해로운 사례는 보고되지 않았다. 최면은 당신 스스로의 생각과 심상을 당신 스스로 경험하도록 해주는 것이기 때문에, 적극적이고 자발적으로 참여할 때에만 일어날 수 있다(이는 다른 누군가가 당신에게 최면을 유도할 때에도 마찬가지이다). 당신은 당신만의 특정한 욕구를 충족시키기 위해 이 장에서 배운 최면 연습을 확장시킬 수도, 수정할 수도 또는 단축시킬 수도 있다.

증상-완화 효과

자기최면은 불면증, 가벼운 만성 통증, 두통, 신경성 틱과 진전, 만성 근육 긴장 및 가벼운 불안과 같은 증상들에 임상적으로 효과가 있다. 만성 피로에 대한 잘 알려진 치료법이기도 하다. 우리는 또한 긍정적인 언어와 심상으로 향상될 수 있는 어떠한 주관적 경험(예를 들어, 예기 불안과 연관된 빠른 심박률, 냉습한 손바닥 및 위경련)을 위해 자기최면을 사용할 수도 있다.

금기사항

기질적 뇌 증후군이나 정신증으로 인한 혼란 상태에 있는 사람들, 심한 정신 지체가 있는 사람들 그리고 편집증적이거나 경계심이 지나친 사람들은 좋은 최면 후보자가 아니다.

숙달 시간

유의한 이완 효과가 이틀 안에 얻어질 수 있다. 자기최면 기술을 숙달하기 위해서는, 일주일 동안 하루에 한 번씩 기본적인 최면 유도법을 실습하라. 그런 후 자기만의 목적에 맞도록 구체적인 최면 암시를 첨가하여 기본적인 유도법을 각색하라. 기술이 숙달되어 더 이상 실습이 필요가 없어질 때까지 이 수정된 유도법을 실습할 계획을 세워라.

지시

암시의 힘

자기최면의 첫 번째 단계는 암시의 힘을 인정하는 것이다. 여기에 암시의 힘을 예를 들어 보여줄 수 있는 두 가지 간단한 연습법이 있다.

❙ 자세 기울이기

1. 눈을 감고 일어서서 오른손에 트렁크를 들고 있다고 상상하라.
2. 트렁크가 점점 더 커지고 점점 더 커져서 몸이 오른쪽으로 기울어지고 있다고 상상하라.
3. 2분에서 3분 후에, 눈을 뜨고 자세 변화를 살펴보라.
4. 다시 눈을 감고 당신 쪽으로 강한 북풍이 불어와서 뒤로 주춤거리는 모습을 상상하라. 그 강한 바람을 느껴보라. 당신의 상상에 반응하여 몸의 중심이 이동하지는 않았는지 살펴보라.

❙ 자세 암시

1. 양손을 어깨 높이에서 앞으로 뻗어라. 눈을 감은 채, 팔 높이를 그대로 유지하면서 오른쪽 팔에 저울추가 달려 있다고 상상하라.
2. 거기에 두 번째 저울추가 매달리는 것을 상상하고, 다시 세 번째 저울추가 매달리는 것을 상상하라. 무게가 점점 더 무거워지고 점점 더 무거워질 때 팔에서 느껴지는 긴장감을 느껴보라.
3. 이제 헬륨으로 가득 찬 커다란 풍선이 왼팔에 묶여 있다고 상상하고 그 풍선이 하늘로 강하게 올라가고 있다고 상상하라. 더 높이… 더 높이… 더 높이… 더 높이.
4. 눈을 뜨고 당신 팔의 상대적인 위치를 확인해 보라.

이 두 가지 연습을 시도한 대부분의 사람들은 자신들의 신체가 이 자기암시에 반응하여 최소한 조금이라도 움직였음을 알아차린다. 만일 어떠한 움직임도 알아차리지 못하였다면, 몇 번 더 연습을 실습하라. 그 후에도 여전히 조금의 움직임도 알아차릴 수 없다면, 최면은 당신에게 맞지 않는 것이다.

개별화된 자기유도법

자기최면의 두 번째 단계는 자기유도 각본을 쓰는 방법을 배우는 것이다. 다음에 제시된 것은 특정한 양식과 목적에 맞도록 각색하거나 변경할 수 있는 자기유도에 대한 기본적인 윤곽을 당신에게 제공하고 있다.

자세. 가능하다면, 팔, 손, 목 및 머리를 지지해 주는 안락의자나 등받이가 높은 편안한 의자에 앉아라. 발이 바닥에 닿아 있고, 다리와 팔은 서로 닿아 있지 않은 상태에서 편안한 자세를 취하라. 옷을 느슨하게 하여라. 콘택트렌즈나 안경을 벗는 것이 더 좋다.

시간. 방해 없이 이 연습을 수행하는 데 적어도 30분 확보하라.

핵심 단어나 구절. 당신 문제점과 정반대되는, 즉 최면을 사용하여 이루려는 당신의 핵심 목적을 선택하라. 예컨대, 만일 당신의 문제점이 발표를 앞둔 불안이라면, 당신의 목적과 핵심 구절은 "차분하고 분명하게" 또는 "이제 이완하자"가 될 수도 있을 것이다. 당신은 눈을 감는 순간에 그리고 특별한 장소(아래를 참조)에 있다고 상상하고 있을 때 이 문장을 천천히 반복할 수 있어서, 핵심 단어는 깊은 이완과 연관이 되는 것이다. 의미 있는 핵심 구절은 최면 동안 당신만의 특별한 장소에 있음을 경험할 때 자발적으로 일어날 수도 있다. 충분한 실습을 하면, 이 핵심 단어나 구절은 신속하게 최면을 유도하기에 충분할 것이다.

호흡. 눈을 감은 후, 몇 차례 깊은 호흡을 하라. 배 깊은 곳까지 숨을 깊게 들이쉬고 숨을 내쉴 때 이완감이 퍼져나가는 느낌을 느껴보라.

근육 이완. 다리, 팔, 얼굴, 목, 어깨, 가슴 그리고 배 순서로 이완시켜라. 다리와 팔을 이완시킬 때, 핵심 구절은 "더 무겁게 더 무겁게, 더 깊이 더 깊이 이완하자"이다. 이마와 뺨을 이완시킬 때, 핵심 구절은 "더 부드럽게 더 이완시키고, 긴장을 풀자"이다. 턱을 이완 시킬 때, 핵심 구절은 "더 느슨하게 더 이완하자"이다. 목 역시 "더 느슨하게 더 이완하자"이다. 어깨는 "이완하고 그리고 툭 늘어뜨리자"이다. 먼저 깊은 호흡을 함으로써 가슴, 배, 그리고 등을 이완시켜라. 내쉬면서 "차분하게 그리고 이완하자"라는 핵심 구절을 사용하라.

특별한 장소로 가는 계단이나 길. 평화로운 장소로 내려가는 걸음을 하나씩 세면서, 걸음을 내디딜 때마다 더욱더 이완될 수 있다. 천천히 10에서 0까지 거꾸로 세라. 당신이 세는 각 숫자는 내려가는 걸음이다. 각 숫자를 말하고, 한 걸음씩 내딛는 것이 더 깊이 이완된 느낌을 느끼게 해준다고 상상하라. 당신은 10에서 0까지 거꾸로 세는 것을 한 번, 두 번 또는 세 번 할 수 있다. 거꾸로 세기를 한 번 끝마칠 때마다 당신은 더 깊이 이완된다.

당신만의 특별한 장소. 이 특별한 장소에서 당신은 완전한 평화와 완전한 안전감을 느낄 수 있다. 예컨대, 당신만의 특별한 장소는 초원이나 해변, 또는 당신이 자란 침실일 수도 있다. 당신의 특별한 장소에 도달하면, 한번 둘러보고 그 형태와 색깔에 주목하라. 당신은 당신만의 특별한 장소의 소리를 듣고 향기를 맡을 수 있을 것이다. 당신은 또한 온도를 그리고 거기에서 몸이 어떤 느낌을 느끼는지를 알 수 있을 것이다.

첫 번째 자기유도를 시도하기 전에 당신만의 특별한 장소에 대해 상상하는 실습을 하라. 매우 상세하게 그리고 마치 그 장소에 있는 것처럼 생생하게 상상해야 함을 잊지 말라. 만일 당신이 해변에 있다면, 부딪치는 파도 소리 그리고 파도가 사라지면서 만드는 거품 소리를 들을 수 있어야 한다. 머리 위에 있는 갈매기를 보고 그 소리를 들어보라. 짠 바다의 미풍, 몸에 내리쬐는 따뜻한 태양 그리고 아래에서 느껴지는 모래의 느낌을 느껴라. 그 장면을 만들기 위해 당신의 모든 감각(시각, 청각, 미각, 후각 그리고 촉각)을 사용하라.

깊은 최면. 깊은 평온감과 긴장이 풀어진 느낌이 들 때까지, 다음의 네 가지 핵심 암시를 다양하게 조합해서 반복하라.

1. 더 깊이 떠내려간다, 더 깊이, 더 깊이 그리고 더 깊이.
2. 점점 더 나른해지고, 점점 더 평화로워지고, 점점 더 평안해진다.
3. 떠내려가고 나른해지고, 나른해지고 떠내려가고.
4. 완전한 이완 속으로 밑으로, 밑으로, 밑으로 떠내려간다.

후최면 암시. 당신의 특별한 장소에서 이완하는 시간을 보낸 후에, 당신 스스로에게 후최면 암시를 주고 싶어 할 수도 있다. 후최면 암시를 잘하게 해주는 규칙과 기법들에 대해 알고 싶다면, 이 장의 후반부에 나와 있는 최면 암시를 작성하는 최면 암시 및 실습 편을 읽어보라.

최면에서 빠져나오기. 트랜스를 끝낼 시간이 되면, 1부터 10까지 세어 나가라. 숫자와 숫자 사이에, '점점 더 맑아지고, 상쾌해지고 충분히 깨어나고' 있다고 스스로에게 되뇌어라. 9를 세게 될 때, 스스로에게 눈이 떠지고 있다고 말하라. 10을 세면서, 완전히 정신이 맑아졌고 충분히 깨어났다고 스스로에게 말하라.

여기에 성공적인 자기유도에 대한 핵심 규칙이 요약되어 있다.

1. 깊은 최면 상태에 들어가기 위해 최소한 20분의 시간을 내어라.
2. 성공했는지 또는 잘하고 있는지에 대해 걱정하지 마라. 최면은 실습할수록 더 쉬워진다.
3. 항상 근육을 이완시키고 깊은 호흡을 하라.
4. 강제적인 지시를 사용하라("내 팔이 점점 더 무거워지고 있다").
5. 자기유도 동안 '나른한, 평화로운, 편안한'과 같은 형용사를 사용하라.
6. 암시가 효과를 발휘할 때까지 모든 것을 반복하라.

7. 창조적인 심상을 사용하라. 예를 들어, 무거움을 유도하기 위하여, 다리가 납덩이인 것처럼 상상하라. 가벼움의 경우에는, 헬륨이 가득 찬 풍선이 팔을 끌어올리고 있는 것을 또는 구름 위에서 떠다니는 모습을 상상하라.

기본적인 자기유도 각본

자기최면을 위한 세 번째 단계는 아래에 있는 기본적인 각본을 녹음하고 최초의 유도를 위해 틀어보는 것이다. 유도문을 소리 내어 읽을 때, 단조로운 톤으로 읽어라. 속도를 천천히 그리고 단조롭게 유지하라. 동일한 박자로 한 단어를 발음한 후에 다음 단어를 발음하라. 각 문장 사이마다 잠시 멈추어라. 억양 변화 없이 천천히 읽으면 마음이 더 잘 떠돌 수 있고 이완과 피암시성도 증가될 것이다. 이 유도 각본으로 몇 번 연습한 후에, 당신만의 개인화된 자기유도 각본을 쓸 수 있을 것이다.

팔과 다리를 교차하지 않고 편안한 자세로 앉아라. 눈의 초점을 당신 앞의 한 지점에 부드럽게 맞추어라… 배 밑바닥까지 깊고 편안하게 한 번 호흡하라… 다시 한번 천천히 깊게 이완되는 호흡을 하라… 다시 한번… 눈이 피곤해도, 잠시만 더 눈을 뜬 채로, 다시 한번 깊은 호흡을 하라… 다시 한번… 눈이 점점 더 무거워지고… 이제 눈을 감고 [당신의 핵심 단어나 구절을 여기에 넣어라]라고 스스로에게 말하라.

이제 당신은 몸의 근육을 이완시키기 시작할 수 있다. 다리를 이완시키기 시작하고… 다리가 무겁게 느껴지고… 이완할수록 다리가 점점 더 무거워진다. 마지막 조금의 근육 긴장이 사라질 때까지 다리가 점점 더 무거워진다… 다리가 점점 더 무거워지고 이완되고, 점점 더 무거워지고 이완된다… 팔도 점점 더 무거워지고… 마지막 조금의 근육 긴장이 사라질 때까지 점점 더 무거워진다… 팔과 다리를 끌어내리는 중력이 느껴질 것이다… 팔이 점점 더 무거워지고, 점점 더 깊이 이완되는 느낌이 든다. 팔이 점점 더 무거워지고… 점점 더 깊이 이완되면서 긴장을 밖으로… 밖으로… 밖으로… 내보낸다. 팔과 다리가 무거워지고, 더 무거워지고, 그리고 이완된다. 마지막 조금의 근육 긴장이 사라지면서 팔과 다리가 완전히 이완되고… 점점 더 무거워지고 그리고 이완된다….

그리고 얼굴도 이완되기 시작한다. 이마가 부드러워지고 이완된다. 이마가 점점 더 부드러워지고 이완되면서 긴장이 빠져나간다… 그리고 뺨도 이완되고, 부드러워지고 이완된다. 뺨이 이완되고 긴장이 빠져나가면서… 이마와 뺨이 완전히 이완되고… 부드러워지고 이완된다. 그리고 이제 턱이 이완되기 시작하고… 점점 더 느슨해지고 이완되는 느낌이 든다. 턱이 점점 더 깊이 이완되면서, 근육이 풀어지는 느낌이 들고… 입술이 벌어지기 시작하고… 턱이 점점 더 느슨해지고 이완된다.

이제 목과 어깨가 이완되기 시작한다. 목이 느슨해지고 이완되고… 어깨가 이완되고 축 늘어뜨려진다… 목과 어깨가 점점 더 깊이 이완되고… 더 느슨해지고… 이완된다… 이제 다시 한번 깊은 호흡을 하고, 숨을 내쉬면 이완감이 가슴으로 배로 등으로 퍼진다… 다시 한번 깊은 호흡을 하고, 내쉬면서, 차분해지고 이완되는 느낌을 느껴라… 차분해지고 이완된다. 다시 한번 깊은 호흡을 하라… 숨을 내쉬면서, 가슴과 배와 등이 차분해지고 이완되는 느낌을 느껴라… 차분해지고 이완된다. 점점 더 깊이 떠내려가고… 점점 더 깊이… 점점 더 나른해지고, 평화로워지고, 차분해지는 것을 느껴라. 떠내려가고 나른해지고… 나른해지고 떠내려가고… 점점 아래로 아래로 아래로 완전히 이완될 때까지 떠내려가고… 더 깊이… 더 깊이… 더 깊이 떠내려간다.

이제 당신만의 특별한 장소… 안전하고 평화로운 장소에 갈 시간이다. 계단을 타고 아래로 또는 길을 따라 아래로 그 특별한 장소에 갈 수 있고, 걸음을 내디딜 때마다 10에서 0까지 거꾸로 세면서… 걸음을 내디딜 때마다 점점 더 깊이 이완한다. 10걸음째가 되면… 그 특별한 장소에 도착하여 평화롭고 안전한 느낌을 느낄 것이다. 이제 한 걸음씩 내디딜 때마다 점점 더 이완된다. 열… 아홉… 여덟… 일곱… 여섯… 다섯… 넷… 셋…

둘… 하나… 영.

[최면을 깊게 하기 위하여 이 세는 것을 두 번이나 세 번 반복하면 완벽하게 더 좋을 것이다.]

이제 그 특별한 장소의 모양과 색을 보고… 소리를 듣고… 그 특별한 장소의 감각을 느끼고… 그 특별한 장소의 향기를 맡는다. 보라… 느껴보라… 들어보라… 맡아보라… 그 특별한 장소에서 안전함과 차분함을, 안전함과 차분함을 느낄 수 있을 것이다.

점점 더 깊이 떠내려가는, 점점 더 깊이… 점점 더 나른해지고, 평화로워지고 차분해지는 느낌을 느껴보라. 나른해지고, 떠내려가는, 떠내려가고 나른해지는… 점점 아래로, 아래로, 아래로 완전히 이완될 때까지 떠내려간다. 아주 이완되고 평화롭고 차분해진다.

[잠시 멈추고 그 특별한 장소에서 이완하는 시간을 갖는다.]

이제 당신은 …을 할 수 있다는 것을 안다.

[여기에서 당신이 넣기 원하는 후최면 암시를 위해 빈 공간을 남겨 놓으라. 최소한 세 번 스스로에게 그 암시를 반복할 시간을 가져라.]

이제, 준비되면, 깨어나서… 완전히 깨어나서, 맑고 상쾌하고, 충분히 깨어난 느낌을 느낄 시간이다. 이제부터 깨어나기 시작한다. 하나… 둘… 셋… 넷… 점점 더 맑아지고 깨어나고… 다섯… 여섯… 일곱… 점점 더 맑아지고 깨어나고… 여덟… 아홉… 눈을 뜨기 시작하고… 열… 완전히 맑아지고 상쾌해지고 충분히 깨어난다. 맑아지고, 상쾌하고 충분히 깨어난다.

단축형 유도

자기최면의 선택 사항인 네 번째 단계는 단축형 유도를 배우는 것이다. 이는 30초에서 2분 안에 최면을 일으키기 위한 단축 기법이다. 여기 몇 가지 예가 있다.

추 떨어뜨리기. 추를 만들기 위해, 25cm 길이의 두꺼운 실 끝에 종이 클립, 볼펜 또는 반지 같은 물건을 묶어라. 자주 사용하는 손으로 그 실을 잡고 추가 바닥 위에서 대롱거리게 하라. 2분 동안 최면에 빠져야 한다고 잠재의식에 요청하라. 만일 대답이 예라면, 눈을 감고 싶어지게 될 것이다. 눈을 감으면서, 마음속으로 촛불을 그려보라. 몇 번 깊은 호흡을 하고 스스로를 더 깊은 이완으로 빠져들어 가게 하라. 최면에 들어가게 되면, 손이 이완하면서 추를 떨어뜨리게 될 것이라고 스스로에게 말해주어라. 10에서 0까지 천천히 세어라.

예 반복하기. 마음속의 촛불에 초점을 맞추면서, 예라는 생각을 계속해서 반복하라. 예라고 계속해서 생각하며 특별한 장소로 계단을 내려가거나 길을 따라 내려가라.

시선 고정. 정상 시선보다 약간 위쪽의 한 지점에 시선을 맞춰라. 주변 시야가 좁아지고 시선의 초점이 흐려지게 하라. 나른함을 느끼면서 눈을 감아라. 나른함을 증가시키기 위해서, 두세 번 눈을 머리 꼭대기로 굴려라.

핵심 단어 또는 구절. 깊고 천천히 호흡하면서, 자기유도 각본에서 사용한 핵심 단어나 구절을 반복하라. 그 단어나 구절을 말하면서, 눈을 감고 최면에 빠져들어 가라.

이 단축형 방법은 자기최면에 어느 정도 숙달된 후에야 유용하다. 상쾌하고 좋은 느낌에서 깨어날 것이라고 암시함으로써 유도를 끝내야 함을 항상 기억하라.

다섯 손가락 연습. 다음 연습은 이완을 위해 매우 효과적으로 사용되어 왔다. 다음 단계들을 기억하라. 이 단계들을 전체적으로 실시한 후에, 당신은 최면에 빠진 후에 느끼는 차분한 느낌을 느낄 수 있을 것이다.

1. 검지로 엄지를 가볍게 건드려라. 그렇게 하면서, 수영, 테니스 연습, 조깅 또는 다른 힘든 육체적 활동 후에 느꼈던 것과 같은 건강한 피곤함을 느꼈던 때로 돌아가라.

2. 중지로 엄지를 가볍게 건드려라. 그렇게 하면서, 사랑을 경험했던 시간으로 돌아가라. 성적 만족을 느꼈던 순간이나, 따뜻한 포옹을 하였던 순간 또는 친밀한 대화를 나누었던 순간의 기억을 선택할 수도 있다.

3. 약지로 엄지를 가볍게 건드려라. 그렇게 하면서, 지금까지 받았던 칭찬 중 가장 좋았던 칭찬을 회상하라. 그 칭찬을 현재 실제로 받고 있는 것처럼 상상하라. 그 칭찬을 받음으로써, 당신은 칭찬해준 사람에 대한 높은 존경심을 보여주고 있다. 당신은 실제로 그 사람에게 칭찬을 되돌려 주고 있는 것이다.

4. 새끼손가락으로 엄지를 가볍게 건드려라. 그렇게 하면서, 지금까지 본 장소 중 가장 아름다운 장소로 되돌아가라. 잠시 거기에서 머물러라.

다섯 손가락 연습은 10분도 걸리지 않지만, 더 많은 활력, 내적 평화 및 자존감을 가져다준다. 이 방법은 긴장감을 느낄 때면 언제나 사용할 수 있다.

최면 암시

매우 유용한 자기최면 단계인 다섯 번째 단계에서는 스스로에게 변화를 위한 긍정적 암시를 주는 방법을 배우는 것이다. 최상의 결과를 위해, 기본적인 자기유도 동안 당신만의 특별한 장소에 있을 때와 같이 당신이 이완되고 수용적인 마음 자세일 때 스스로에게 이 암시들을 말하라. 또는 유도를 하는 내내 곳곳에서 스스로에게 암시를 말해주는 방법이 편할 수도 있다.

자기암시는 당신의 주관적 경험에 영향을 주는 생각과 심상임을 기억하라. 당신 스스로 암시를 만들 때 주의해야 할 일련의 규칙들이 여기에 제시되어 있다.

자기암시는 다음과 같을 때 가장 효과적이다.

1. *직접적일 때.* "나는 평온하고 자신감이 있으며 통제감을 갖게 될 것이다"라고 스스로에게 말하라.

2. *긍정적일 때.* "나는 오늘 밤 피곤함을 느끼지 않을 것이다"와 같은 부정적인 방식의 암시를 피하라.

3. *허용적일 때.* "나는 이완되고 상쾌함을 느낄 거야"라고 말하는 대신 "나는 오늘 밤 이완되고 상쾌한 기분을 느낄 수 있을 거야"라고 말하도록 하라. 그렇지만 어떤 사람들은 명령형 어투에 더 잘 반응한다. 이 둘을 모두 실험해보고 어떤 방법이 당신에게 가장 적합한지 알아볼 수도 있다.

4. *현재가 아닌 바로 앞의 미래에 대한 것일 때.* "곧 나른함이 찾아올 거야."

5. *최소한 세 번 이상 반복했을 때.*

6. *시각적 심상으로 나타낼 수 있을 때.* 기진맥진한 느낌을 극복하고자 한다면, 발에 달린 스프링으로 통통 뛰어다니면서 운동선수처럼 보이는 그리고 행복해 보이는 당신의 모습을 상상하라.

7. *정서나 감각으로 강화될 때.* 흡연을 그만두고 싶다면, 제일 처음 흡연하였을 때 느낌이 얼마나 안 좋았는지를 또는 폐 속에 불쾌한 불길이 있는 느낌을 상상하라. 첫 번째 데이트에 대한 자신감을 높이고 싶다면, 당신이 찾고 있는 친밀감과 친근감에 대한 느낌을 상상해 보라.

8. *'시도해 보라'는 단어와 연관되지 않을 때.* '시도해 보라'는 의심과 실패의 가능성을 의미하기 때문이다.

9. *불쾌한 감정이나 고통스러운 신체 증상을 통제하기 위해 처음에 과장시켰을 때.* 부정적인 감정이나 증상이 점점 더 강렬해진다고 암시하면서 시작하라. "내 분노가 점점 더 커져서, 피가 내 혈관을 미는 듯한 느낌이 느껴지고, 내 몸이 점점 뜨거워지고, 근육은 점점 더 긴장한다"와 같이 말할 수도 있다. 그 느낌이 정점에 도달할 때까지 몰고 간 후 그 정서 또는 증상이 감소한다고 스스로에게 말하라. "내 분노가 가라앉고, 심장이 천천히 정상적으로 뛰고, 흥분이 감소하고, 근육은 풀어지고 이완되기 시작한다." 부정적인 감정이나 증상이 정점에 달하면, 이제는 더 좋아질 일만 남게 된다. 암시는 이 회복 과정을 촉진시켜준다. 최면 동안 감정이나 증상을 켰다가 끌 수 있게 되면, 당신은 생활에 대한 막대한 통제감을 얻게 될 것이다.

10. *미리 써두었을 때.* 당신이 그것을 미리 써둔 후에, 최면 상태에 있을 때 쉽게 기억할 수 있도록 표어나 구절로 만들어라.

❙ 최면 암시 작성을 실습하라

일단 최면에 빠지고 이완되면, 당신의 잠재의식은 당신이 무엇을 말하든 믿도록 더욱 열리게 된다. 스트레스에 대한 습관적인 긴장 반응뿐만 아니라, 당신을 괴롭히는 많은 증상들은 암시를 통해 학습된 것이다. 이들은 암시를 통해 해소 학습될 수 있다. 예를 들어, 타의에 의해 기다려야만 할 때마다 화를 내는 아버지를 보아왔다면, 그리고 당신이 처음으로 아버지를 기다리게 했을 때 아버지가 당신에게 화를 내었다면, 당신은 아버지와 동일한 방식으로 반응하도록 암시에 의해 학습되었을 수도 있다. 당신은 지체되는 것에 대처하는 새로운 방법을 학습하기 위하여 최면을 활용할 수 있다. "기다리는 것은 이완할 기회야" 그리고 "서두르는 버릇을 보내버릴 수 있어"와 같은 암시는 오래된 습관을 제거해 줄 수도 있다.

암시가 어떻게 작성될 수 있는지에 관한 특징적인 것을 얻기 위해서, 다음 문제에 대해 당신이 사용할 수 있는 최면 암시를 작성하라.

1. 밤에 어두컴컴한 집에 들어갈 때의 두려움
2. 만성 피로
3. 죽음에 대한 강박적이고 두려운 생각
4. 질병에 대한 두려움
5. 머리나 등의 가벼운 만성 통증
6. 만성적인 분노와 죄책감
7. 실수한 것에 대한 자기 비난과 걱정
8. 낮은 자존감
9. 동기 결핍

10. 다른 사람이 있을 때 느껴지는 불안정감이나 자의식
11. 다가오는 평가나 시험에 대한 불안
12. 수행을 향상시키기
13. 통증이나 근육 긴장
14. 질병과 상해

이제 당신 스스로의 암시를 작성하였으면, 다음 14개 각각의 문제에 대해 가능한 암시들을 검토해 보라.

1. 밤에 어두컴컴한 집에 들어갈 때의 두려움

   나는 오늘 밤 이완된 느낌으로 집에 들어오고 집에 있는 동안이 즐겁고, 안전하고 편안할 거야.

2. 만성 피로

   나는 상쾌하고 개운하게 일어날 수 있을 거야. 나는 오늘 밤을 즐길 수 있을 거야. 나는 오늘 내 페이스에 맞춰 일하고 우선 처리할 중요한 것만 끝마칠 거야. 에너지가 떨어진 느낌이 들 때마다, 나는 다섯 손가락 연습 또는 기타 이완 기법을 한 후 이완되고 재충전하여 내 일상 활동으로 돌아올 거야.

3. 죽음에 대한 강박적이고 두려운 생각

   나는 현재 생기가 가득해. 나는 오늘을 즐길 거야. 지금 바로 이 생각들을 내보낼 수 있어. [칠판을 시각화하고 거기에 쓰여 있는 날짜를 보라.]

4. 질병에 대한 두려움

내 몸이 점점 더 건강해지고 강해지는 느낌이야. 내가 이완할 때마다, 내 몸은 더 강해져. [좋아하는 활동을 하는 동안 건강하고, 강하며, 이완된 당신을 시각화하라.]

5. 머리나 등의 가벼운 만성 통증

곧 내 머리는 시원해지고 이완될 거야. [시원한 심상을 상상하라.] 점점 더 내 목과 등에 있는 근육들이 느슨해질 거야. [부드럽고, 흘러가고 느슨해지는 심상을 상상하라.] 한 시간 안에, 이 근육들은 완전히 이완될 거야. 이 증상들이 되돌아올 때마다, 반지를 오른쪽으로 4분의 1만큼 돌리면, 통증은 사라질 거야.

6. 만성적인 분노와 죄책감

나는 분노와 죄책감을 끌 수 있어. 나만이 그것을 끌 수 있는 사람이기 때문이야. [원하지 않는 감정을 켜고 끄는 실습을 하라.] 내 몸을 이완시키고 깊게 호흡할 거야.

7. 실수한 것에 대한 자기 비난과 걱정

자기 비난을 하거나 걱정하는 나를 발견하였을 때, 나는 깊은 호흡을 하고 그러한 생각을 밖으로 내보낼 거야. 나는 부정적인 긴장을 뱉어내고 긍정적인 에너지를 들이쉴 거야. [다섯 손가락 연습을 실습하라.]

8. 낮은 자존감

나는 매일 더 유능해지고 자신에 찰 거야. 나는 할 수 있어. 나는 적절하게 자각하면서 내가 할 수 있는 최선을 다하고 있어. 매일 점점 더 행복해지고 성공해 나가는 나를 느낄 수 있어. 나는 나 스스로에게 관대할 수 있어. 나는 점점 더 많이 나 스스로를 좋아하고 있어. 나는 지적이고 창조적이며 재능이 있는 사람이야.

9. 동기 결핍

내 목적을 달성할 수 있을 것이라는 자신감을 느껴. 내 속에는 변화시킬 힘이 있어. 나는 내 문제를 풀고 그것을 뛰어넘는 나 자신을 볼 수 있어. 내가 내린 결정은 현재 가장 적합한 거야. 주의를 산만하게 하는 것들은 치워놓고, 하나의 목적에 내 주의의 초점을 맞출 거야. 내 프로젝트를 수행하면서, 나는 거기에 점점 더 많은 관심을 갖게 될 거야. 내 목적을 이루기 위해 한 걸음 한 걸음 작업해 나가면, 새로운 에너지와 열정이 나타날 거야. 이 작업을 끝마치면, 기분이 매우 좋아질 거야! 내 목표를 성취했을 때, 나는 스스로에게 보상할 거야. 나는 성공할만한 사람이야.

10. 다른 사람이 있을 때 느껴지는 불안정감이나 자의식

다음에 Ben을 보면, 나는 안정감을 느낄 수 있을 거야. 나는 확고하고 단호하게 Ben에게 반응할 거야. 내가 완전히 옳기 때문에 나는 이완되고 편안한 느낌을 느낄 수 있을 거야. 나를 좋은 친구, 귀중한 동료, 그리고 사랑스러운 가족으로 보아주는 사람들이 내 삶에 있다는 생각은 이완되고 즐거울 수 있어. 손가락을 깍지 낄 때마다, 나는 내 몸 전체에 흐르는 자신감을 느낄 거야.

11. 다가오는 평가나 시험에 대한 불안

나는 내 공부에 집중할 수 있고, 시험을 위해 알아야 할 모든 것을 기억할 수 있어. 예민해질 때, 나는 깊은 호흡을 하면서 이완할 거야. 내 마음은 점점 더 차분해지고 기민해질 거야. 이 시험을 성공적으로 끝내면, 나 스스로에게 보상을 할 거야. A학점을 받는 내 모습을 상상할 수 있어.

12. 수행을 향상시키기

나는 차분하게 스트레스 상황을 통제할 수 있어. [특정 압력이나 두려움에 맞서서

차분하게 집중하고 있는 당신을 상상하라.] 나는 처음부터 끝까지 완벽한 게임을 하는 내 모습을 상상할 수 있어. 나는 완벽한 게임을 했던 때를 회상할 수 있어. [모든 완벽한 움직임과 전략들을 생각해 보라.] 나는 내 목표를 성취할 거야. [목적에 대해 구체적으로 생각해 보고 세부적으로 그것들을 시각화하여 보라.]

13. 통증이나 근육 긴장

나는 내 등의 통증을 나를 태우고 찌르는 드라이아이스로 만든 칼로 볼 수 있어. 이제 나는 내 등을 따뜻하게 비춰주는 햇빛을 볼 수 있어. 드라이아이스로 만든 칼은 햇볕의 따뜻함에 점점 녹아들고 내 통증도 가라앉기 시작해. 긴장도 빠져나가기 시작해. 긴장이 빠져나가면서, 그 긴장은 내 몸을 통해 오른쪽 어깨 쪽으로 그리고 내 오른팔로 그리고 꽉 쥐어진 내 주먹 속으로 천천히 흐르는 따뜻한 오렌지색의 액체로 전환돼. 내가 준비되었을 때, 나는 그 액체를 내보낼 수 있어. 나는 내 통증을 모았다가 던져버릴 수 있어. [통증이나 긴장을 가장 잘 나타내주는 상징을 상상하라. 그 상징이 첫 번째 상징을 제거해 주거나, 첫 번째 상징을 더 참을 만하게 변환시켜 주는 또는 사라지게 해주는 다른 상징과 상호작용하게 하라.]

14. 질병과 상해

나는 내 머리 위에 치유의 하얀 빛이 있다고 상상할 수 있어. 그 빛이 내 온몸을 감싸고 있는 것을 보고 느낄 수 있어. 그 빛이 내 몸속으로 들어오기 시작하고, 내 온몸 전체에 천천히 퍼져 나가면서 깨끗하게 치유해 줌을 느낄 수 있어. 나는 내가 원하는 일을 하면서 건강하고 튼튼하며 활기찬 내 모습을 상상할 수 있어.

특정 문제점을 위한 자기최면 유도

선택 사항인 또 다른 단계는 당신 삶에서 특정 문제점을 해결하기 위해 자기최면이 어떻게 전체적인 계획 속에 자리 잡을 수 있는지에 대해 고찰해 보는 것이다. 여기에서는 수면 장애를 구체적인 문제로 다뤄보겠다. 이 절은 Josie Hadley와 Carol Staudacher의 『변화를 위한 최면』(1996)에서 각색되었다.

특정 문제를 위한 최면을 시작할 준비에 앞서, 당신이 다루어야 할 필요가 있는 몇 가지 쟁점이 있다. 그것들은 다음과 같다,

당신의 문제점과 목표를 정의하라. 잠들거나, 수면을 유지하는 데 어려움이 있는가 아니면 너무 일찍 잠에서 깨는가? 잠을 자도 피곤한가? 아침에 일어나는 데 심한 어려움이 있는가? 일단 당신의 문제점에 대해 분명하게 이름 붙이고 나면, 당신은 긍정적인 자기암시의 형태로 목적을 쉽게 정의할 수 있다. 예를 들어, "나는 빠르고 쉽게 잠들 수 있어", "나는 적절한 시간에 상쾌하고 맑은 기분으로 일어날 거야" 또는 "곧 나는 깊은 잠에 빠져 밤 내내 계속해서 잠들 거야."

문제점에 기여할 수도 있는 가능한 외부 요인들을 확인하고 제거하라. 숙면을 방해할 수도 있는 것이 있는지 스스로에게 물어보라. 잠이 올 정도로 침실은 안락한가, 아니면 잡동사니, 소음 그리고 빛으로 가득 차 있는가? 침대를 같이 쓰는 사람이 뒤척이는 것 때문에 밤의 반절을 보내면서, 얼마나 잘 시간을 빼앗기고 있는지 계속해서 확인시켜주는 밝은 시계를 바라보고 있지는 않은가? 낮에 너무 많은 흥분성 음료를 섭취하지는 않는가? 잠을 더 잘 자기 위한 자기최면을 사용하기 전에 이 문제점들을 다룰 필요가 있는데, 왜냐하면 이 문제들을 해결하지 않고서는 자기최면의 효과를 기대할 수 없기 때문이다.

자신의 문제점에 기여하고 있다고 스스로에게 말하고 있는 것이 무엇인지 알아차려라. 예를 들어, 수면에 어려움 있는 사람들은 흔히 수면 시간에 초점을 맞춘다. 이들은 자정까지 잠들지 못하면, 나는 전혀 잠을 잘 수 없을 거라는 걸 알아와 같은 말들을 스스로에게 말한다. 만일 당신이 걱정하는 경향이 있다면, 등을 껐을 때 당신의 마음은 매우 불안해질 것이다. 오늘 정말로 큰 실수를 했어. 사장이 발견할 때까지 기다리자! 또는 내일 시험을 위해 충분히 공부하지 않았는데. 문제를 해결하기 위하여 저녁의 조용한 시간을 사용하는가? 이 문제를 해결하기 전에는, 우리는 더 이상 나가지 못할 거야! 또는 내가 한 말이 그런 의미가 아니었다고 그녀에게 말하면, 그녀는 …라고 할 거야.

만일 당신의 문제 중 일부가 당신이 스스로에게 말한 것과 관련되어 있다면, 당신이 생각하는 방식을 확인하고 바꾸기 위하여 '비합리적인 생각을 논박하기', '걱정과 불안 완화하기' 그리고 '분노 예방접종'에 관한 장들을 읽어보라. 만일 당신의 생각 때문에 잠에서 깨어있는 거라면, 여기에 당신이 잠이 들기 전에 당신의 마음을 차분하게 해줄 몇 가지 암시가 있다.

- 만일 당신이 계속 시계를 보는 사람이라면, 시계를 벽 쪽으로 돌리고, 생각을 시간에서 멀리하고, "휴식을 취하면서, 내 마음은 차분해지고 내 몸은 이완될 거야"라고 스스로에게 말하라.
- 만일 당신이 부정적인 생각이나 당신이 통제할 수 없는 일들에 대해 몰두하는 경향이 있다면, 그날 있었던 일 중 긍정적인 일에 대해 생각하라.
- 만일 당신이 야간에 주로 문제를 해결하는 사람이라면, 밤에는 휴식을 주는 수면을 취하기 위하여 잠자리에 들기 전에 할 일 목록을 작성한 후, 스스로에게 당신의 정신이 가장 맑을 때인 내일이 될 때까지 그 문제들을 한쪽으로 치워놓겠다는 약속을 하라.

당신이 당신 자신의 수면 유도문을 작성할 때, 당신의 새로운 바람직한 행동들을 강화하기 위하여 이러한 생각들이 포함된 긍정적인 암시문들을 작성하라.

당신의 특정 문제점에 맞춰진 유도문을 녹음하라. 당신만의 특별한 장소에 대한 절까지 포함된 기본적인 유도문을 녹음한 후, 당신의 특별한 암시를 추가시켜라. 수면 장애의 경우, 당신은 기본적인 유도문 뒤에 다음 내용을 덧붙일 수도 있을 것이다.

> 이제 당신만의 특별한 장소에서 머물러라. 가야 할 곳도 없고, 해야 할 일도 없다. 그저 휴식을 취하고, 깊고 평온한 수면 속으로 당신을 흘려보내고, 떠내려 보내라. 그리고 점점 더 깊이 떠내려가면서, 깊고 평온한 수면을 위해 당신이 생각할 수 있는 긍정적인 일들을 상상하라. 당신의 새로운 긍정적 사고는 사실이다. 당신은 부정적 사고와 느낌을 흘려보냈다. 당신은 마음과 몸으로부터 스트레스와 긴장을 떠나보냈다. 당신이 점점 더 깊이 떠내려가서 이완되어감에 따라 각각의 새로운 긍정적 진술들은 점점 더 강해진다. 스스로 점점 더 깊은 잠 속으로 흘러가도록 하라. 깊고 평온한 수면 속으로 빠져들면서 이 긍정적인 진술문들이 당신의 마음속에 그냥 떠 있도록 하라.
>
> 이제 당신은 얼마나 편안한지 그리고 얼마나 이완되었는지 자각하면서, 머리와 어깨를 올바른 위치에 놓고, 등은 충분히 받쳐져 있는 상태에서, 주변의 일상적인 모든 소리는 덜 자각하게 된다. 점점 더 깊이 떠내려가면서 당신은 마음의 표면으로 떠올라 살포시 든 잠과 휴식을 방해하는 부정적 생각과 걱정을 경험할 수도 있다. 그 생각을 받아들이고 바닥에 있는 빵가루들을 쓸어버리듯이 그 생각을 쓸어버리고, 그 생각이나 걱정을 상자 속에 넣어 놓아라. 그 상자는 단단하고 훌륭한 뚜껑이 있다. 그 상자의 뚜껑을 덮고 벽장의 맨 위에 있는 선반에 올려놓아라. 더 적절한 시간, 수면을 방해하지 않을 다른 시간에 그 상자에 돌아갈 수 있다. 또 다른 원하지 않는 생각이 떠오르면, 그 생각도 쓸어버리고 상자에 넣은 후, 상자의 뚜껑을 덮고, 벽장의 맨 위에 있는 선반에 올려놓고, 그 생각들이 지나가게 하라. 그 생각들을 지나가게 하고 더 깊이 더 깊이 잠으로 빠져들어라.
>
> 생각을 긍정적인 생각과 긍정적인 진술문으로 되돌려라. "나는 가치 있는 사람이야"

[잠시 멈춤] “나는 많은 좋은 일을 완수했어” [잠시 멈춤] “나는 긍정적인 목표에 도달했어” [잠시 멈춤] 와 같은 생각들이 당신의 마음속에 흐르도록 하라. 긍정적인 생각들이 당신의 마음속에 흐르도록 하라. 그 생각들이 마음속에서 흐르고 떠다니도록 하면, 당신이 수면 속으로 더 깊이 빠져들 때 그 생각들도 점점 더 강해지게 된다.

당신이 더 이완되고 더 졸리고, 더 나른해지고, 더 이완되면 이 생각들도 천천히 사라지기, 천천히 사라지기 시작할 것이다. 당신이 평화로운 당신만의 장소에서 미소 짓고 있고 좋은 느낌을 가지고, 아주 편안하게, 아주 이완되어 있는 모습을 상상하라. [잠시 멈춤] 그 특별한 장소에서 당신은 쉽게 깊고 평온한 수면으로, 깊고 평온한 수면으로, 방해받지 않는 깊고 평온한 수면으로 빠져들 수 있다. 당신은 이 밤 내내 깊고 평온하게 잠을 잘 수 있다. 만일 깨어난다면, 다시 한번 당신만의 특별한 장소를 상상하고 그곳에서 쉽게 깊고 평온한, 깊고 평온한 수면에 빠져들 수 있다. 당신의 호흡은 이제 너무 이완되고, 생각은 너무 풀어지고, 풀어지고, 풀어지고, 이완되었다. 당신은 깊고 평온한 수면 속으로 빠져들고, 이 밤 내내 방해받지 않고 깊고 평온한 수면 속으로. 당신은 정해진 시간에 충분히 휴식을 취한 상쾌한 기분으로 깨어날 것이다.

이제 할 일은 하나도 없고, 생각할 일도 하나도 없고, 당신만의 특별한 장소, 당신을 아주 평화롭게 해주고 이완시켜주는 특별한 장소를 즐기는 것 외에는 아무것도 할 일이 없다. 단지 그 특별한 장소에서 이완하는 것이 어떤 느낌인지만 상상하라. 당신은 그 특별한 장소의 향기가 얼마나 깨끗하고 신선한지 깨달을 수도 있고, 그 특별한 장소에서 들려오는 여러 가지 소리를, 새가 지저귀는 소리를 아니면 시냇가에서 바위 위로 폭포처럼 떨어지는 물소리를 자각할 수도 있다. 아니면 당신은 그물침대에 누운 채로 햇볕이 얼마나 따뜻한지를 또는 해양의 공기로부터 오는 미풍이 얼마나 상쾌하게 느껴지는지를 자각할 수도 있다. 아니면 당신은 그 특별한 장소만의 독특하고 굉장한 어떤 것을 경험할 수도 있다. 그 느낌을 단지 경험해보고, 떠내려가면서, 모든 생각이 점점 사라지고, 깊고 평온한 잠에 빠져들게 된다. 편안하고 아늑하고, 평온한 수면으로 빠져들고, 몸이 침대로

> 가라앉으면서 무겁고 이완된 느낌이, 아주 이완된 느낌이 들고, 깊은 잠 속으로 빠져들고… 잠 속으로… 잠 속으로… 잠 속으로… 잠 속으로… 잠 속으로….

특별 고려사항

차 안과 같이 당신의 안전을 위해 충분히 각성해 있어야 하고 신속하게 반응해야 하는 어떠한 상황에서도 최면 유도를 실습하지 마라. 유도 후에는, 그러한 상황에 다시 들어가기 전에 항상 완벽히 깨어나고 맑아져야 함을 확실하게 하라.

어떤 사람들은, 특히 제대로 잠을 못 잔 사람들은 자기최면 도중에 잠에 빠질 수도 있다. 만일 수면이 당신의 목표가 아닌데 이러한 문제가 발생한다면, 유도 시간을 단축해서 당신의 목표에 더 명확하게 부합하는 암시를 듣기 위해 깨어있고자 할 수도 있다. 최면 동안 잠에 빠진다고 생각하는 많은 사람들이 그럼에도 불구하고 긍정적 암시를 최면 동안 들을 수 있고 그로부터 많은 이득을 얻는다는 사실을 명심하라. 만일 당신이 잠에 빠져드는 경향이 있다면, 다음 활동에 늦을까 봐 걱정하지 말고 스스로 일어나도록 알람시계를 사용하라.

걱정하던 증상이 사라지면서 당신은 자기최면 실습을 계속할 동기를 잃어버리고 있다는 것을 발견할 수도 있다. 이는 일상적으로 경험하는 것이며 전혀 걱정할 일이 아니다. 만일 증상이 이후에 다시 나타난다면, 다시 자기최면을 사용하면 된다.

당신의 증상이 나타났을 때 또는 스트레스 상황에서 긴장감이나 불편감을 느낄 때면 언제나 당신은 당신의 핵심 구절을 사용할 수 있다. 비록 완전한 자기최면 유도 후에 느끼는 만큼의 이완감은 느끼지 못하더라도, 어느 정도 그러한 느낌들이 완화됨을 경험할 것이다. 이러한 방식으로, 당신의 핵심 구절은 또한 당신이 스트레스에 반응하는 방법에 대해 선택할 수 있음을 상기시켜주는 역할을 할 수 있다.

당신은 이완하기 위하여 또는 어떤 다른 목표를 완수하기 위하여 자기최면을 사용하든

안 하든, 당신은 긍정적인 암시의 힘에 기분 좋게 놀랄 것이다.

더 읽을거리

Alman, B. M., and P. Lambrou. 1992. *Self-Hypnosis: The Complete Manual for Health and Self-Change.* 2nd ed.New York: Brunner-Mazel.

Hadley, J., and C. Staudacher. 1996. *Hypnosis for Change: A Manual of Proven Techniques.* 3rd ed. Oakland, CA: New Harbinger Publications.

Haley, J. 1993. *Uncommon Therapy: The Psychiatric Techniques of Milton Erickson.* Reissue ed. New York: W. W. Norton & Company.

Hunter, C. R. 1998. *Master the Power of Self-Hypnosis.* New York: Sterling Publications.

MacKanzie, R. 2005. *Self-Change Hypnosis.* Victoria, BC: Trafford Publishing.

Rosen, S. 1991. *My Voice Will Go with You.* Reprint ed. New York: W. W. Norton & Company.

Soskis, D. A. 1986. *Self-Hypnosis: An Introductory Guide for Clinicians.* New York: W. W. Norton & Company.

제9장

자생법

Autogenics

이 장에서는 다음과 같은 내용을 배울 것이다.

- 이완하기 위한 언어적 명령에 빠르게 반응하기
- 자신의 몸을 균형 상태 즉 정상적인 상태로 되돌리기
- 마음을 평온하게 하기
- 특정한 신체 문제 해결하기

배경

자생 훈련 Autogenic training(AT)은 유명한 두뇌 생리학자인 Oskar Vogt가 베를린 연구소에서 19세기 마지막 십 년 동안 수행한 최면 연구에 기원을 두고 있다. Vogt는 최면경험이 있는 자신의 피험자들 중 일부를 트랜스 상태에 들어가도록 가르쳤는데, 피로, 긴장 및 두통과 같은 고통스러운 증상을 감소시키는 효과가 있었다. 그것은 또한 피험자들에게 자신들의 일상생활을 더욱 효과적으로 다루게 해주는 것 같았다. 그들은 보통 피로하고 긴장이 되면 따뜻하고

무거워진다고 보고했다.

베를린의 정신과 의사인 Johannes H. Schultz는 Vogt의 연구에 흥미를 가지게 되었다. 그는 자신의 피험자들이 단지 사지가 무겁고 따뜻하다는 생각만 해도, 최면의 트랜스 상태와 매우 유사한 상태를 만들 수 있다는 것을 발견했다. 본질적으로, 긴장을 풀고, 평정을 잃지 않으며, 편안한 자세로, 사지에 따뜻함과 무거움을 암시하는 언어 문구에 수동적으로 집중하기만 하면 되는 것이었다. Schultz는 Vogt의 자기암시 일부와 요가 기법을 조합하였다(Schultz & Luthe, 1969).

Schultz의 언어 문구는 네 가지 범주의 연습으로 되어 있다:

1. 신체를 정상화하는 언어 문구
2. 마음을 진정시키는 언어 문구
3. 특정한 문제를 다루기 위해 고안된 자생적인 수정 훈련
4. 정신적 집중과 창조성을 개발하기 위한 명상 연습

이 장에서 소개하는 것은 당신에게 자신의 신체를 이완시키고, 마음을 평온하게 하고, 특정한 문제를 해결하게 해주는 언어적 암시를 이용하는 것을 가르쳐 줄 것이다.

신체를 정상화하기 위한 언어 문구는 여섯 가지 표준 주제 하에 있다. 그것들은 당신이 신체적이거나 정서적인 스트레스를 경험할 때 발생하는 도전 또는 도주 반응 상태 혹은 높은 경고 상태를 바꾸는 것을 목표로 하고 있다.

1. 첫 번째 표준 주제는 *무거움*으로, 이것은 팔과 다리를 움직이는데 사용하는 수의근의 이완을 촉진시킨다. 무거움이라는 주제를 암시하는 일곱 가지 언어 문구가 있다 (**P. 185 신체를 정상화하기 위한 자생적인 언어 문구 세트 1** 참조).

2. 두 번째 표준 주제는 *따뜻함*으로, 이것은 말초 *혈관 확장*을 가져오는데, 이는 손과 발에서 혈관의 이완과 팽창을 가져와 혈액이 흐르면서 따뜻함과 묵직함을 자아낸다. 당신이 "내 오른손이 따뜻하다"와 같은 언어 문구를 말할 때, 더 따뜻한 혈액이 손으로 흐르도록, 손에 있는 혈관들의 직경을 조절하는 평활근들은 이완된다. 이것은 스트레스에 대한 도전 또는 도주 반응으로, 도전하거나 도주할 때 나타나는 혈액이 몸통과 머리에 고이지 않게 도와준다.
3. 세 번째 표준 주제는 *심장 활동을 정상화하*는 데 초점을 둔다. 언어 문구는 단순히 "내 심장은 평온하게 규칙적으로 뛰고 있다"이다.
4. 네 번째 표준 주제는 *호흡계를 조절한다*. 언어 문구는 "그것은 나를 숨 쉬게 한다"이다.
5. 다섯 번째 표준 주제는 *복부를 이완하고 따뜻하게 한다*. 언어 문구는 "나의 명치는 따뜻하다"이다.
6. 마지막 표준 주제는 당신이 "내 이마가 시원하다"라고 말할 때, *머리로 가는 혈액을 감소시킨다*.

마음을 진정시키는 언어 문구는 이들 여섯 가지 주제와 결합 되어 사용되고, 이 주제들의 효과를 강화시킨다.

증상-완화 효과

자생 훈련은 근육 긴장과 호흡계 질환(과호흡과 기관지 천식), 위장관(변비, 설사, 위염, 궤양들 및 경련들), 순환계(세차게 뛰는 심장, 불규칙한 심장의 박동, 고혈압, 손발 냉증 및 두통) 그리고 내분비계(갑상선 문제) 치료에 효과적이라는 것이 밝혀져 왔다. AT는 또한, 일반적인 불안, 과민성 그리고 피로를 감소시키는 데 유용하다. 그것은 통증에 대한 여러분의 반응을 수정하고, 스트레스에 대한 저항력을 증가시키고, 수면 장애를 감소시키고 제거하는데 사용될 수 있다.

금기사항

자생 훈련은 다섯 살 미만의 어린이들, 동기가 부족한 사람들 또는 심한 정신 장애나 정서 장애가 있는 개인들에게는 권장되지 않는다. 자생 훈련을 시작하기에 앞서, 당신은 신체검사를 받아야만 하고, 당신에게 나타날 가능성이 있는 자생 훈련의 생리적인 효과에 대해 주치의와 이야기해야만 한다. 당뇨병, 저혈당증 혹은 심장병과 같은 심각한 질병이 있는 사람들은, 자생 훈련을 하는 동안에 의사의 감독하에 있어야만 한다. 어떤 사람들은 혈압이 높아지는 것을 경험하고, 어떤 사람들은 이 연습을 할 때 혈압이 심하게 저하되는 것을 경험한다. 만약 당신이 혈압이 높거나 낮다면, 당신은 자생 훈련이 그것을 조절하고 있다는 것을 확신하기 위해 주치의와 함께 체크해야만 한다. 만약 여러분이 자생 훈련을 하는 동안이나 한 후, 매우 불안하거나 안정을 찾지 못하거나 불안이 재발하는 부작용을 경험한다면, 전문적인 자생 훈련 지도자의 감독 하에서만 자생 훈련을 해야만 한다.

숙달 시간

과거에, 자생 훈련 전문가들은 여섯 가지 모든 주제를 숙달하는 데 여러 달이 걸리더라도, 확실한 페이스로 서서히 진행할 것을 권장했었다. 우리는 자생 훈련의 최초 회기에서, 전형적으로 어떤 긍정적인 결과를 얻기를 원하는 사람들에게는 이러한 시간표가 비현실적이라는 것을 알게 되었다. 어떤 사람들은 이완을 경험하기 위하여 규칙적으로 1주일 내지 2주일을 필요로 한다. 당신의 자생적인 문구를, 적어도 하루에 두 번 20분 동안 실습하도록 계획하라.

만약 너무나 오래 걸린다면, 회기의 길이를 짧게 하고 매일 더 많은 회기를 추가하라.

한 달 정도 규칙적으로 실습하면, 여러분은 여섯 가지 주제를 모두 사용하여 빠르게 이완시킬 수 있다. 그때, 20분 동안의 이완 훈련 내에 여섯 가지 주제를 모두 사용하거나, 어쩌면 깊은 이완을 빠르게 해주는 몇 가지 주제만을 선택할 수도 있다. 예컨대, "나의 팔과 다리는 따뜻하고 무겁다", "내 심장의 박동은 평온하고 규칙적이다" 그리고 "그것은 나를 숨 쉬게 한다"라는 문구는, 즉각적으로 이완을 유발하는 데 충분할 것이다. 당신은 자신을 위한 최상의 것을 찾기 위해 실험해 볼 수 있다.

지시

자생 훈련을 연습할 때, 이완을 촉진시키는 방법

- 외적 자극을 최소한으로 유지하라.
- 방해받지 않을 조용한 방을 선택하라.
- 적당하게 따뜻하고, 안락한 정도의 방 온도를 유지하라.
- 조명을 다소 약하게 하라.
- 옷을 헐렁하게 입어라.
- 다음의 기본적인 세 가지 자생 훈련 자세 중의 하나를 선택하라. (1) 머리, 등 그리고 사지를 받쳐 주는 편한 안락의자에 앉아서, 할 수 있는 한 편안하게 하라. (2) 팔은 허벅다리에 놓고, 목을 이완시키고, 손은 무릎 사이에 축 늘어뜨린 채로 상체를 약간 굽히고 의자에 앉아라. (3) 머리를 받치고 누워 다리는 대략 20cm 정도 벌리고, 발가락은 약간 바깥쪽으로 하고, 팔은 자신의 몸에 닿지 않게 양쪽에 편안하게 놓아라.
- 당신이 선택한 자세가 긴장을 풀어준다고 확신하고, 자신의 신체를 스캔하라. 특히, 받

쳐지지 않은 채로 팔, 머리 또는 다리가 지나치게 뻗지는 않았는지, 팔, 다리의 관절에 힘이 들어가 있지는 않은지, 혹은 척추가 구부러져 있지 않은지 살펴보라. 이러한 지나친 확장 중 하나가 존재하는 경우, 지나친 확장 없이 잘 받쳐지고 편안할 때까지 당신의 몸을 계속 움직이고 받쳐라.

- 눈을 감거나 당신 앞의 점에 부드럽게 초점을 맞춰라.
- 당신이 자신의 자생 문구를 반복하기 시작하기 전에, 느리고 깊고 이완시켜주는 호흡을 몇 차례 하라.

신체를 정상화하기 위한 여섯 가지 기본 자생적 주제를 실습하는 방법

여섯 가지 기본적인 자생적 주제를 배우는 데는 두 가지 방식이 있다. 첫 번째 선택사항은 아래에 작성된 언어 문구를 녹음테이프로 만들고, 그것을 하루에 두 번 정도 듣는 것이다. 혹은, 자신의 실습에 모든 주제를 포함할 때까지, 한 번에 하나의 언어 문구를 기억할 수 있고 실습할 수 있다. 천천히 각 문구를 한결같이 침착한 어조를 유지하면서 자신에게 되풀이하라.

일반적인 경험 법칙으로, 각 문구를 약 3초 동안 간격을 두고, 네 번 반복하여 천천히 말하라(한 번 말하는 데 5초). 예시된 대로, 첫 번째 세트의 처음 세 가지 언어 문구를 이용해서, 당신은 "나의 오른팔이 무겁다… 나의 오른팔이 무겁다… 나의 오른팔이 무겁다… 나의 오른팔이 무겁다"라고 자신에게 말한다. 이것은 대략 30초 정도 걸릴 것이다. 그다음에 "왼팔이 무겁다… 왼팔이 무겁다… 왼팔이 무겁다… 왼팔이 무겁다…"라고 자신에게 말한다. 그다음에 "나의 두 팔이 모두 무겁다… 나의 두 팔이 모두 무겁다… 나의 두 팔이 모두 무겁다… 나의 두 팔이 모두 무겁다…"라고 말한다. 당신이 전체 세트를 하는 데 4분 이내에 끝날 것이다. 만약 당신이 한 번에 1세트를 기억하는 것에 초점을 맞춘다면, 한 번의 연습 회기에서 20분까지 반복할 수 있거나, 한 번에 많은 짧은 회기를 만들거나, 하루에 걸쳐 몇 개의 세트를 만들 수 있다. 만약 당신이 언어 문구를 녹음하고 있다면, 조용한 반복을 위해 각 문구 사이에 30초 정도의 간격을 남겨두도록 하라.

당신이 언어 문구를 조용하게 반복하는 동안 언급되었던 신체 일부분에 수동적으로 집중하라. 바꾸어 말하면, 단지 어떠한 기대 또는 판단을 하지 않고 일어나는 것에 주목하라. 수동형 집중은 멍해 있거나 잠을 자는 것을 의미하지는 않는다. 여러분은 그것을 분석하지 않고, 자신의 경험에 여전히 기민해진다. 이러한 편안한 태도는 능동적인 집중과 대조를 이루는데, 이것은 당신이 경험한 어떤 측면에 주의를 집중시키고, 그것에 관심과 목표 지향적인 투자를 했을 때 발생한다. **능동적 집중**은 새로운 처방을 준비하거나 자동차를 고치는 것과 같은 것들을 위해 중요하다. **수동적 집중**은 이완을 위해 요구된다.

처음에는 완전한 수동적 집중을 지속할 수 없을 것이다. 당신의 마음은 종잡을 수 없게 이리저리 변할 것이다. 그것은 당연하다. 여러분이 이것을 알게 되었을 때, 가능한 한 빨리 언어 문구로 돌아가면 된다. 부가적으로, 당신은 **'자생적인 방출'**로 알려진 최초의 몇몇 증상들을 경험하게 될 수도 있는데, 이것은 정상적이지만 주의를 분산시킨다. 예를 들면, 당신은 자신의 체중이나 체온의 변화를 느끼고, 따끔따끔 아프고, '전류', 불수의적인 움직임, 딱딱함, 약간의 통증, 불안, 울고 싶은 욕구, 과민성, 두통, 메스꺼움 또는 착시들을 느낄 것이다. 때때로 당신은 매혹적인 통찰력 또는 행복감을 경험할 수도 있다. 당신이 유쾌한 경험을 하거나 불쾌한 경험을 하든지 간에, 단지 그것들에 주목해서 자신의 자생 훈련 문구로 되돌아가라. 이러한 경험이 일시적이라는 것을 기억하라, 그것들은 자생 훈련의 목적이 아니고, 당신이 실습을 지속시키는 한, 지나갈 것이다.

당신이 자생 훈련 회기를 끝낼 준비가 되면, 자신에게 "내가 눈을 떴을 때, 나는 활기가 넘치고 또렷해질 것이다"라고 말하라. 그리고 나서, 눈을 뜨고 팔을 뻗고 구부리면서 심호흡을 몇 번 하라. 당신은 자신의 일상적인 규칙적 활동을 계속할 때, 여전히 최면 트랜스 상태와 같은 상태에 머무르지 않도록 하라.

자생 훈련 실습을 시작하기 전에, 이 장의 끝에 있는 **특별 고려사항** 부분에서 참고가 되는 힌트와 주의해야 할 메모들을 읽도록 하라. 아래의 자생적 언어 문구는 http://www.newharbinger.com/43348에서 이용할 수 있다.

신체를 정상화하기 위한 자생적인 언어 문구

세트 1

나의 오른팔이 무겁다.
나의 왼팔이 무겁다.
나의 두 팔이 모두 무겁다.
나의 오른쪽 다리가 무겁다.
나의 왼쪽 다리가 무겁다.
나의 두 다리가 모두 무겁다.
나의 팔과 다리가 무겁다.

세트 2

나의 오른팔이 따뜻하다.
나의 왼팔이 따뜻하다.
나의 두 팔이 모두 따뜻하다.
나의 오른쪽 다리가 따뜻하다.
나의 두 다리가 모두 따뜻하다.
나의 팔과 다리가 따뜻하다.

세트 3

나의 오른팔이 무겁고 따뜻하다.
나의 두 팔이 모두 무겁고 따뜻하다.
나의 두 다리가 모두 무겁고 따뜻하다.
나의 팔과 다리가 무겁고 따뜻하다.
그것은 나를 숨 쉬게 한다.
내 심장 박동은 평온하고 규칙적이다.

세트 4

나의 오른팔이 무겁고 따뜻하다.
나의 팔과 다리가 무겁고 따뜻하다.
그것은 나를 숨 쉬게 한다.
내 심장 박동은 평온하고 규칙적이다.
나의 명치는 따뜻하다.

세트 5

나의 오른팔이 무겁고 따뜻하다.
나의 팔과 다리가 무겁고 따뜻하다.
그것은 나를 숨 쉬게 한다.
내 심장 박동은 평온하고 규칙적이다.
나의 명치는 따뜻하다.
나의 팔과 다리는 따뜻하다.
나의 이마가 시원하다.

마음을 평온하게 하는 자생적인 문구

다음의 문구는 신체적인 기능보다는 오히려 정신적인 기능에 초점을 맞춘다. 그것들은 앞서 언급된 여섯 가지 표준 주제를 위한 자생적인 언어 문구의 효과를 강화하고자 한다. 아래의 목록에 예가 있다.

나는 평온하고 이완되어 있다.
나는 매우 고요하다고 느낀다.
나의 전신은 고요하고, 무겁고, 편안하고, 이완되는 것을 느낀다.
나의 마음은 고요하다.
나는 주위로부터 생각을 철회하고, 잔잔하고 고요함을 느낀다.
나의 생각은 내부를 향하고, 나는 편안하다.
내 마음속 깊이, 나는 이완하고 편안하고 고요한 나 자신을 시각화할 수 있고 경험할 수 있다.
나는 내부의 고요함을 느낀다.

당신은 자생적인 언어 문구의 각 세트의 끝에 진정시키기 위한 하나 이상의 구들을 덧붙여도 된다. 그러나 가장 좋은 결과를 위해, 그것들을 각 세트 사이사이에 끼워 넣어 보라. 예를 들어, 첫 번째 세트는 다음과 같이 다시 작성될 수 있다.

나의 오른팔이 무겁다.

나는 평온하고 이완된다.

나의 왼팔이 무겁다.

나는 평온하고 이완된다.

나의 두 팔이 모두 무겁다.

나는 평온하고 이완된다.

나의 오른쪽 다리가 무겁다.

나는 평온하고 이완된다.

나의 왼쪽 다리가 무겁다.

나는 평온하고 이완된다.

나의 두 다리가 모두 무겁다.

나는 평온하고 이완된다.

자생 훈련 수정 연습

당신이 여섯 가지 기본적인 자생적 주제를 숙달한 후에, 특정한 문제를 다루기 위해 Schultz가 소위 '특정한 기관을 위한 문구'라고 보충한 자생적인 수정을 실습할 수 있다. 예를 들면, 여러분은 "나의 발이 따뜻하다" 또는 "나의 어깨가 따뜻하다"와 같은 *간접적인 문구*를 여러분이 당황하여 얼굴이 붉어질 때마다 발전시킬 수 있다. 이것은 여러분이 붉어지는 문제 이외의 어떤 것에 수동적으로 주의를 기울이게 해준다. 동시에, 여러분은 얼굴이 붉어지게 하는 일부 혈액을 머리로부터 이동시킨다. 여러분은 또한 "나의 이마가 시원하다"와 같은 직접적인 문구를 사용할 수도 있다.

당신이 특정 신체 부분에 지속적인 근육통이나 긴장을 경험할 때, 자생적인 언어 문구를 이완시키는 데 사용하라. 그런 후 지속적인 긴장이나 고통스러운 부위에 수동적으로 집중하고, 편안하게 그 부위에 따뜻한 이완 감각을 전하라. 자신에게 "나의 [긴장되거나 고통스러운 부위]는 따뜻하고 편안하게 이완되고 있다"라고 되풀이하여 말하라.

만약 여러분이 머리가 아프다면, 두통이 시작될 때 가장 조이는 부분에 집중하라. 예컨대, 만약 어깨 또는 목 또는 머리의 뒤쪽이 가장 조인다면, 수동적으로 그 부위에 집중하고 거기에 따뜻한 이완 감각을 전하고, 자신에게 "나의 [긴장된 부위]는 따뜻하고 편안하게 이완되고 있다"라고 되풀이하여 말하라. 때때로 "나의 이마가 편안하게 시원해진다"라는 문구를 사이사이에 끼워 넣어라. "나의 이마가 따뜻해진다"와 같은 암시를 결코 해서는 안 되는데, 왜냐하면, 그 부위로 혈관 확장을 자극해서 통증을 유발할 수 있기 때문이다.

당신이 기침으로 고통스러울 때, 당신은 "나의 목이 차갑고, 나의 가슴은 따뜻하다"와 같은 언어 문구를 사용할 수도 있다. 천식에 대처하기 위하여, 같은 공식을 사용하여, "그것은 나를 숨 쉬게 한다, 그것은 나를 평온하고 고르게 호흡하게 한다"라고 덧붙여 말하라.

당신이 자생 훈련 회기의 끝으로 가면서 매우 이완된 상태에 있을 때, 당신은 암시에 걸리기가 매우 쉽다. 이것은 Schultz가 말한 소위 '의도적 문구'를 사용하기에 적합한 시기이다. 바꾸어 말하면, 당신 자신에게 자신이 어려워하는 것을 하도록 말하라. 예를 들면, 만약 금연을 원한다면, "담배를 피우는 것은 나쁜 습관이고, 나는 담배 없이 지낼 수 있다"와 같이 반복해서 말하라. 만약 당신이 먹는 것을 줄이기를 원하면, "나는 먹는 것을 조절할 수 있다. 나는 조금만 먹을 수 있고, 보다 매력적으로 될 수 있다"라고 말하라. 특별한 의도적 어구는 믿을 수 있고, 설득력 있고, 간결해야만 한다.

특별 고려사항

1. 여섯 가지 기본적인 자생적 주제를 실습할 때, 당신이 주로 사용하는 팔부터 시작하라. 만약 여러분이 왼손으로 쓰기를 한다면, 왼팔부터 시작하라. “나의 왼팔이 무겁다”를 네 번 반복하고 나서, 다음 문구인 “나의 오른팔이 무겁다”로 가서 그것을 네 번 반복하라 등.

2. 만약 여러분이 언어 문구에 의한 암시로 신체 감각을 경험하기가 어렵다면, 심상을 사용해 보라. 따뜻한 물로 기분 좋게 샤워하거나 목욕하고 있고 혹은 손을 냄비의 따뜻한 물속에 담그고 있다고 생각해 보라. 자신이 따스한 양지에 앉아 있고 혹은 손에 당신이 좋아하는 마실 것이 담긴 따뜻한 머그컵을 잡고 있다고 느껴보라. 혈액이 손가락 끝과 발가락을 통하여 천천히 흐른다는 것을 생각해 보라. 편안하고 포근한 담요 밑에 누워 있거나, 해변에서 따뜻하고 무거운 모래 밑에 누워 있다고 상상해 보라. 시원한 산들바람 혹은 이마의 세면 수건을 생각해 보라.

3. 아마도 자생 훈련을 시도하는 모든 사람들 중 10%는 기본적인 무거움과 따뜻한 감각들을 결코 경험하지 못할 것이다. 이것은 중요하지 않다. 따뜻함과 무거움을 묘사하는 문구는 단지 신체의 기능적인 변화를 가져올 때만 사용되며, 그것은 당신이 느낄 수도 있고 느끼지 못할 수도 있다. 단지 문구를 정확하게 하는 데 초점을 두고, 규칙적으로 실습한지 2주 이내에, 당신은 이완 느낌을 경험할 수 있다.

4. 처음으로 자생적인 언어 문구를 실습할 때, 어떤 사람들은 모순되는 반응을 경험한다. 예를 들면, 그들이 무거움을 위한 언어 문구를 반복할 때, 가벼움을 느끼거나 또는 따뜻함을 위한 문구를 말할 때 차가움을 느낀다. 이것은 신체가 문구에 반응하고 있다는

표시이고, 때가 되면 이완될 것이다.

5. 만약 진전이 없거나, 주제 중의 하나를 실행하는 동안 불쾌한 부작용을 경험한다면, 다음으로 넘어가고 훈련의 마지막에 어려웠던 어구로 되돌아가라.

6. 만약 자신의 심장 박동을 알아차리기가 어렵다면, 오른손을 심장 위에 올려놓고 편안하게 누워라. 만약 당신이 당신의 심장 박동을 알아채는 동안 불편하거나 고통스럽다면, 또 다른 주제로 넘어가고 이것을 훈련의 마지막에 해보거나 그것을 건너뛰어라.

7. 만약 여러분이 궤양, 당뇨 혹은 복부 기관들로부터 출혈을 포함하는 어떠한 상태라면, "나의 명치는 따뜻하다"라는 언어 문구는 건너뛰어라. 만약 여러분이 "나의 이마가 시원하다"라는 언어 문구를 실습할 때, 현기증이 나거나 머리가 어지러우면 그것을 누워서 실습하라.

더 읽을거리

Goleman, D., and J. Gurin, eds. 1993. *Mind Body Medicine: How to Use Your Mind for Better Health.* Yonkers, NY: Consumer Reports Books.

Kermani, K. 1996. *Autogenic Training: The Effective Holistic Way to Better Health.* Reissue ed. London: Souvenir Press.

Linden, W. 1990. *Autogenics: A Clinical Guide.* New York: Guilford Press.

Pelletier, K. R. 1977. *Mind As Healer, Mind As Slayer.* New York: Delta.

Peurifory, R. Z. 2005. *Anxiety, Phobias, and Panic: Taking Charge and Conquering Fear.* Revised and updated ed. New York: Warner Books.

Sadigh, M. 2001. *Autogenic Training: A Mind-Body Approach to the Treatment of Fibromyalgia and Chronic Pain Syndrome. Binghamton*, NY: Haworth Press.

Schultz, J. H., and W. Luthe. 1969. *Autogenic Therapy*. Vol. 1 of *Autogenic Methods.* New York: Grune and Stratton.

녹음 자료

McManus, C. 2003. *Progressive Relaxation and Autogenic Training* (Audio CD). Produced by Carolyn McManus.

제10장

간편 조합 기법

Brief Combination Techniques

이 장에서는 다음과 같은 내용을 배울 것이다.

- 당신만의 특정한 요구에 맞는 이완 기법 구성하기
- 더 강력한 효과를 위해 기법들을 조합하기

배경

이 장에서 제시된 이완 연습은 많은 상이한 치료자들의 기법들에 근거하고 있다. 이는 당신이 이미 학습한 몇몇 기법들을 창조적으로 혼합한 것이다. 몇 가지 간편 조합 기법을 학습하는 것은 다음의 세 가지 이유로 당신에게 막대한 이득을 줄 수 있다.

1. 두 가지 이상의 이완 기법들을 함께 사용할 경우, 그 조합은 **시너지 효과**를 가져온다. 이는 조합된 기법들에 의한 총체적인 이완 효과가, 각각의 이완 절차를 개별적으로 시행했을 때 얻을 수 있는 효과보다 훨씬 더 크다는 것을 의미한다. 이 장에서 제시한 내

용에 따라 실험해 나가면, 당신은 서로를 가장 잘 활성화시켜 주는 기법들이 무엇인지 그리고 가장 강력한 효과를 얻기 위해서는 어느 기법들을 조합해야 하는지를 배울 것이다.

2. 조합 기법이 종종 더욱 강력한 두 번째 이유는 조합 순서가 더 깊은 이완 경험으로 이끌도록 구조화되어 있기 때문이다. 각 기법은 앞서 실시된 기법을 토대로, 점진적으로 수립된다. 예를 들어, 기분 좋은 해변 장면을 시각화하는 것으로 경험하는 이완은 몇 번의 깊은 호흡으로 시각화를 선행한다면 더욱 커질 것이다. 그리고 만일 당신이 무거움과 따뜻함에 대한 자생적 주제와 함께 깊은 호흡과 해변 장면을 시각화한다면, 당신은 더 깊은 이완 반응을 활성화시키기 위해, 한 기법에 다른 기법을 수립하는 연계적인 기법을 갖게 된다.

3. 이 장에서 제시한, 조합 기법을 사용하는 것의 세 번째 이점은 그 간결성에 있다. 당신은 10분의 휴식 시간 동안이라도, 이 조합 순서 중 어느 것이라도 쉽게 실시할 수 있다. 이 기법을 위해 단 몇 분의 시간만 내어도, 당신은 자신에게 집중할 수 있게 되고, 평온감을 다시 얻을 수 있게 된다.

여기에 제시된 조합 기법은 단지 제안일 뿐이다. 각 기법의 유용성에 대해 검증되고 입증되었을지라도, 그에 얽매이지 말고 창조적으로 되어라. 당신 자신만의 독특한 조합을 만들어 보라. 상향 순서로 실험해 보라. 당신은 독특한 요구와 반응 양식을 가지고 있는 독특한 개인이기 때문에, 정말로 당신에게 잘 들어맞는 간편 이완 순서를 만들 때까지 추가하고, 빼고, 수정하는 것이 중요하다.

증상-완화 효과

여기에 제시된 간편 조합 기법은 도전 또는 도주 증상과 스트레스로 유발된 생리적 장애를 치료하는 데 효과가 있음이 입증되었다. 이 기법은, 업무와 관련된 스트레스를 받을 때와 쌓여가는 긴장에 대처할 수 있도록 하루 중에 짧지만 빈번한 촉진 회기가 필요할 때, 특히 도움이 됩니다.

숙달 시간

이전 장에서 제시된 각 기법을 숙달하였다면, 이 조합 접근을 즉각적이고 효과적으로 적용할 수 있다. 그렇지 않다면, 이 조합 접근을 성공적으로 사용하기 위해 1주에서 2주가량이 필요하다.

지시

1. 스트레칭과 이완하기

A. 의자에 앉아서, 크게 스트레칭 하라. 팔에 힘을 주고 뒤로 젖혀서, 가슴과 어깨가 쭉 펴지게 하라. 동시에 발가락을 위로 끌어당기고, 밖으로 쭉 밀면서 다리에 힘을 주고 쭉 펴라.

B. 한 손을 배 위, 허리 부분(벨트 바로 위)에 올려놓아라. 천천히 그리고 깊게 코를 통해 복부까지 숨을 들이쉬어라. 될 수 있는 한 편안하게 느끼면서 숨을 내쉬고, 손을 지긋

이 내려가도록 하라. 동일한 절차를 사용하여 더 깊은 호흡을 네 번 하라.

C. 연필 끝이 책상이나 탁자 위 또는 바닥을 향하도록 잡아라. 당신이 깊게 이완되었을 때, 스스로에게 연필이 떨어질 것이라고 말하라. 연필이 떨어지는 소리는 치유적인 5분간의 최면 트랜스 상태에 들어가는 신호가 될 것이다(당신이 좋다면 연필 단계를 생략하고, 여기서부터 C 단계를 시작할 수도 있다). 눈을 감고 자기최면에 가장 도움이 되는 당신만의 핵심 단어나 구절을 스스로에게 말하라. 10부터 0까지 거꾸로 세면서, 각 숫자를 셀 때마다 더욱더 깊이 이완될 것이라고 스스로에게 말하라. 숫자 세기가 끝난 후, 순서에 상관없이 다음 4개의 구절을 계속해서 스스로에게 반복해 주라. "나는 점점 더 깊이 더 깊이 떠내려간다… 나는 점점 더 나른해지고, 평화로워지고, 평온해진다… 나는 떠내려가고 나른해지고, 나른해지고 떠내려간다… 나는 아래로, 아래로, 아래로 완전한 이완 속으로 떠내려간다." 이때까지 연필이 아직 떨어지지 않았다면 그냥 놓아버리고, 이제 5분간의 평화로운 자기최면을 즐길 것이라고 스스로에게 상기시켜라.

D. 트랜스 상태 동안, 당신만의 특별한 장소를 방문하고 그 환경의 독특한 이완감을 즐겨라. 당신만의 특별한 장소의 풍경, 소리 및 감각을 실제로 경험하라. 충분히 오래 있었다고 느껴지면, 하나에서 열까지 세어라. 숫자를 세면서 점점 더 맑아지고, 상쾌해지고, 충분히 깨어나게 된다고 암시를 주어라.

2. 복식 호흡 및 심상

이 연습은 완전히 자연스러운 호흡의 이완 효과와 긍정적인 자기 암시의 치유적인 가치를 조합한 것이다.

A. 바닥의 양탄자나 담요 위에 '시체' 자세로 누워라.

B. 두 손을 가지런히 명치(복부 위로 갈비뼈가 나뉘기 시작하는 지점)에 두고, 완전히 자연스러운 심호흡을 몇 분 동안 실습하라.

C. 공기가 들어오는 매 순간의 호흡과 함께, 에너지가 폐로 돌진해 들어와 바로 명치에 저장되는 것을 상상하라. 이 에너지가 매 순간의 날숨과 함께 몸 안 곳곳으로 흐르는 것을 상상하라. 이와 같은 에너지 흐름 과정을 정신적인 그림으로 구성하라.

D. 이 연습을 하루에 최소한 5분에서 10분 동안 매일 계속하라.

3. 자생 호흡

A. 위의 1B 단계에서 기술한 대로, 천천히 깊게 복식 호흡을 하면서 시작하라. 네 번의 깊은 호흡으로 횡격막이 확장되면서 이완감이 더욱 커져가는 것을 자각하라.

B. 해변을 시각화하라. 파도가 모래사장 위로 밀려오는 것을, 갈매기가 머리 위에서 맴도는 것을, 양털 구름이 피어오르는 것을 보라. 파도가 부서지는 소리와 그런 다음 조용해지는 것을 들어라. 부서지는 소리, 조용한 소리, 부서지는 소리, 조용한 소리가 번갈아 가며 들리는 것을 들어라. 바다 위에서는 갈매기가 부르는 소리가 들린다. 이제 따뜻한 모래를 느껴보라. 모래가 따뜻하고 무겁게 몸을 덮고 있는 것을 상상하라. 팔과 다리에서 실제로 모래의 무게를 느껴보라. 따뜻함과 편안함으로 둘러싸여 있는 것을 느껴라.

C. 모래를 시각화하는 동안, 계속해서 편안하게 느껴지는 정도까지 깊게 호흡하라. 호흡의 리듬에 주목하라. 숨을 들이쉬면서, 스스로에게 '따뜻한'이라고 말하라. 몸 주위에 있는 모래의 따뜻함을 느껴보라. 숨을 내쉬면서, '무거운'이라고 말하라. 팔과 다리 위에 있는 모래의 무게를 느껴보라. 계속 깊게 호흡하면서, 숨을 들이쉬면서 '따뜻한'이라 생각하고 내쉬면서 '무거운'이라고 생각하라. 이를 최소한 5분 동안 계속하라. (**참고:** 일정 시간이 지난 후에 얕은 호흡으로 이동하는 것이 더 편안하게 느껴진다면, 그렇게 하라.)

4. 나는 감사한다

이 연습은 일상에 지치고 스트레스와 좌절감이 치솟을 때, 특히 도움이 된다. 이 연습은 또한 수면을 취하기 전에 스스로를 이완시키고 즐거운 마음 상태로 만들어 주는 훌륭한 절차이다.

A. 제4장에 기술된 점진적 근육 이완의 단축형을 사용하라. (1) 주먹을 안으로 구부리고, 이두근을 팽팽하게 하라. 이완하라. (2) 이마와 얼굴을 호두처럼 주름이 생기게 하라. 이완하라. (3) 어깨를 뒤로 젖히고 깊은 호흡을 하라. 이완하라. (4) 발을 뒤로 당기고 발가락을 구부리면서 종아리, 허벅지, 엉덩이를 팽팽하게 하라. 이완하라.

B. 낮에 있었던 일들을 반추하며, 당신이 감사를 느끼는 세 가지 일을 선정하라. 이 들은 중요한 사건일 필요는 없다. 예를 들어, 당신은 아침에 한 따뜻한 샤워, 동료가 어려운 프로젝트를 도와준 것, 당신의 아이가 안아주고 사랑한다고 말해준 것, 사랑스러운 햇살 등에 감사할 수 있다. 잠시 동안 편안함을 느끼면서 이 경험들을 즐겨라.

C. 계속해서 하루를 돌아보라. 당신이 잘했다고 느끼는 일 세 가지를 떠올려라. 이러한

일들이 중요한 일일 필요는 없음을 기억하라. 예를 들어, 정말로 하기 싫었던 일에 대해 "아니오"라고 말한 것, 운동하거나 이완할 시간을 가졌던 것 또는 좋아하는 누군가를 지지해준 것에서 잘했다고 느낄 수도 있다. 잠시 이러한 긍정적 순간들을 재경험하는 시간을 가져라.

5. 깊게 확언하기

A. 위의 1B 단계에서 기술한 것처럼, 손을 배 위에 올려놓고 천천히 깊은 복식 호흡을 하면서 시작하라.

B. 눈을 감고 몸이 긴장되어 있는지 스캔하면서 계속해서 깊게 호흡하라. 발가락부터 시작해서 신체 위쪽으로 올라가라. 종아리, 허벅지, 엉덩이에서 어떤 긴장감이 느껴지는지 주목하라. 등, 배 또는 가슴 근육에서 긴장된 부위를 탐색하라. 어깨와 목, 턱, 뺨 그리고 이마에 주목하라. 이두근, 팔뚝 그리고 손에서 긴장감이 느껴지는지 확인하라. 긴장된 영역을 발견할 때마다, 그 긴장을 약간 과장하여서 더 분명히 자각할 수 있게 하라. 몸의 어느 근육이 긴장되어 있는지 정확하게 알아차린 후, "나는 [작동하고 있는 근육 이름을 삽입]가 긴장되어 있다… 나는 스스로에게 상처 주고 있다… 내 몸의 긴장은 내가 만들고 있다… 나는 이제부터 이 긴장이 사라지게 할 것이다"라고 스스로에게 말하라.

C. 1C 단계에 개관된 자기최면 연습을 사용하라.

D. 최면 트랜스 상태 동안 사용할 확언을 선택하라. 다음은 Patrick Fanning의 『변화를 위한 시각화Visualization for Change』(1994)에서 허락을 받아 개재한 암시 확언 목록이다.

나는 내 의지로 이완할 수 있다.

긴장이 내 근육에서 흘러나가고 있다.

나는 평화로움, 평온함 그리고 고요함으로 충만되어 있다.

나는 라디오 볼륨처럼 내 긴장을 꺼버릴 수 있다.

이완이 치유적인 황금빛처럼 내 몸에 흘러넘치고 있다.

나는 내 평화로움의 중심부에 닿아 있다.

내 내면을 들여다보고 평화를 발견할 수 있다.

이완은 항상 내 손안에 있다.

E. 충분히 오랫동안 이완하였을 때, 하나에서 열까지 세라. 숫자를 세면서 점점 더 상쾌해지고 맑아지며 충분히 깬 느낌을 느낄 것이라고 암시를 주어라.

6. 긴장 커터

A. 1B 단계에서 기술한 것처럼 깊은 복식 호흡을 네 번 하라.

B. 눈을 감아라. 당신의 긴장에 색이나 형태를 주어 시각화하라. 이제 당신의 긴장 형태와 색을 바꿔보라. 더 크게 또는 더 작게, 더 연하게 또는 더 진하게 만들어라. 이제 점차 그것이 당신을 떠나서 더 멀리멀리 사라지는 것을 상상하라. 당신의 자각에서 끝내 사라질 때까지 그것이 점점 더 작아져 가는 것을 지켜보라.

C. 이제 당신의 몸이 빛으로 가득 차 있는 모습을 상상하라. 긴장은 빨간빛으로, 이완은 파란빛으로 상상하라. 긴장된 모든 신체 영역에서 불빛이 빨강에서 파랑으로 변하는 것을 상상하라. 이완의 파란빛으로 바뀌는 동안, 경험하는 모든 신체적 감각을 자각

하라. 신체의 모든 빛이 파랑으로 변한 모습을 그리고 그 파란빛이 점점 더 진해지는 모습을 바라보라. 당신이 경험하는 파란빛의 명암이 진해질 때마다 더 이완되는 것을 느껴라.

D. 이제 짧은 휴가 시간이다. 여기에 두 개의 여행 일정표가 있다: 당신만의 짧은 휴가를 만들기 위해 즐기거나 사용할 일정 하나를 선택하라.

휴가 1. 당신이 숲속에 있는 모습을 그려보라. 곳곳이 빛으로 밝게 빛나고, 군데군데 그늘져 있다. 당신은 오랫동안 즐거운 산책을 하면서, 안전함과 편안함을 느낀다. 당신 주위의 공기는 시원하고 상쾌하다. 햇빛이 나뭇잎 사이로 스며들어 밝게 비추고 있는 땅을 기분 좋게 바라보고 있다. 당신은 맨발로 걷고 있다. 나뭇잎과 이끼가 발바닥에 부드럽고 시원하게 느껴진다. 새가 지저귀는 소리와 바람이 부드럽게 살랑대는 소리가 들린다. 그 소리는 당신을 행복하고 편안하게 만들어 준다. 당신은 걸으면서 근육이 점점 더 느슨해지고, 더 무거워지고 더 이완됨을 느낀다. 나뭇잎과 이끼로 된 숲의 카펫은 너무 편안해서 눈을 감고 누워서 쉬고 싶어진다. 이제 당신은 작은 시냇물을 본다. 시냇물은 부드럽게 졸졸 흐르는 소리를 낸다. 시냇물 옆에는 햇볕으로 밝게 빛나고 따스해진 키 크고 부드러운 풀들로 가득 차 있는 작은 풀밭이 있다. 이곳은 휴식을 취하기에 너무 좋은 장소여서 당신은 털썩 주저앉아 부드럽고 따스한 풀밭 위로 천천히 구른다. 졸졸 흐르는 시냇물 소리, 새가 지저귀는 소리 그리고 부드러운 바람 소리가 들린다. 당신은 너무 깊이 이완되어서, 발끝에서 머리까지 몸의 모든 부위가 느슨해지고 무거워졌다.

휴가 2. 바다가 보이는 해변가 집에 홀로 있는 모습을 그려보라. 당신이 따뜻하고 부드러운 침대 속에 몸을 더 깊이 묻고 있을 때, 첫 번째 아침 태양 광선은 침실 벽을 밝게 비춘다. 깊은 호흡을 하고 근육이 얼마나 이완되었는지 알아차려라. 밖에서는 갈매기 소리와 규칙적으로 부서지는 파도 소리가 들린다. 파도가 밀려왔다 사라지고, 밀려왔다 사라진다. 파도가 올 때마다 더욱더 깊이, 당신을 이완하게 해준다. 밀려왔다 사라지고, 밀려왔다 사라진다. 나른하고, 무겁고 평온하게 느껴진다. 소금기를 머금은 시원한 바람이 열린 창문을 통해 들어오는 것을 느끼면서, 모래와 파도와 파란 하늘을 보기 위해 몸을 옆으로 굴린다. 그 공기를 깊게 들이마시고 호흡할 때마다, 이완이 더 깊어짐을 느낀다. 당신은 안전함과 매우 자유롭고 유유자적함을 느끼며 앞으로의 하루가 가능성으로 가득 차 있음을 자각한다.

7. 통제감 갖기

A. 편안한 자세를 취하고, 눈을 감고, 호흡에 주목하기 시작하라. 각 호흡 외에는 어느 것에도 주의를 주지 마라. 숨을 내쉬면서, 스스로에게 "하나"라는 단어를 말하라. 계속해서 숨을 내쉬면서 "하나"라고 말하라.

B. 충분히 이완되었다고 느낄 때, 당신의 주의를 호흡에서 스트레스를 주는 또는 힘든 상황으로 돌려라. 스트레스 상황을 성공적으로 자신감 있게 다루는 자신을 상상하라. 성공하기 위해 필요한 적절한 것을 말하고 행하는 당신을 바라보라. 미소짓고 있는, 서 있는 또는 꼿꼿이 앉아 있는 당신을 바라보라. 이제 망설이고 있거나, 작은 실수를 하는 또는 확신 없어 하는 당신의 모습을 잠깐 동안 시각화하라. 그러나 그런 다음, 자신감 있게 과제를 끝내고 만족해하는 모습으로 돌아와라. 당신은 스스로에게, 나는 이 문제를 다룰 수 있어, 내 통제하에 있어라고 상기시켜라.

8. 자신을 수용하기

A. 당신이 당신의 신체를 지금 어떻게 느끼는지 그리고 어떤 스트레스원이 당신이 느끼는 것에 기여할 수도 있는지를 자각하기 위해서, 제2장의 신체 스캔 절차를 사용하라.

B. 1B 단계에서 기술된 복식 호흡을 사용하여 신체의 긴장을 내보내고 이완하라.

C. 깊게 이완되었다고 느껴질 때, 스스로에게 다음의 암시를 걸어라. '반드시'라는 단어를 내려놓는다… 모든 결점과 약점이 있는 스스로를 수용한다… 호흡하고, 느끼고, 내가 할 수 있는 최선을 다한다." 당신에게 더 들어맞고 진실로 느껴지는 방식으로 이 만트라mantra를 다시 작성하라. 당신 스스로를 수용한다는 기본 메시지를 전달하는 것이라면, 어떤 내용이라도 효과가 있다.

우리는 또한 이것이 당신의 일상이 되기 위해서, 다른 장들에서 나온 다음의 조합 기법을 통합하는 것을 검토하고 고려할 것을 권장한다:

1. 제3장의 마음챙김 호흡 세기
2. 제7장의 단서에 의해 통제된 이완
3. 제6장의 자신만의 특별한 장소를 창조하기

더 읽을거리

Fanning, P. 1994. *Visualization for Change*. 2nd ed. Oakland, CA: New Harbinger Publications.

녹음 자료

Fanning, P., and M. McKay. 2008. *Daily Relaxer* (Audio CD). Oakland, CA: New Harbinger Publications.

Miller, E. 2003. *Letting Go of Stress* (Audio CD). Nevada City, CA: Emmett Miller. http://www.drmiller.com.

제11장

자기-자비

Self-Compassion

이 장에서는 다음과 같은 내용을 배울 것이다.

- 자신을 판결하지 말고 자신을 위한 자비를 느끼기
- 자신의 실패와 결함을 수용하여 웰빙감을 증진시키기

배경

당신 자신에 대한 스스로의 의견은 삶에서 중요한 스트레스의 원천이 될 수 있다. 당신이 다른 사람들보다 부족하다고 느끼고, 계속해서 평가를 잘못하면, 삶은 투쟁이 되고 만다. 자신에게 설정한 높은 기준에 맞춰 살려는 노력은 근육 긴장을 만들고, 불안, 우울증 및 분노로 이어질 수 있다.

우리의 경쟁 사회에서는 너무 쉽게 자신을 다른 사람들과 비교하고, 자신의 자긍심은 모든 면에서 평균 이상이어야 한다는 것에 달려 있다고 느끼기 쉽다. 자존감을 높이기 위한 이러한 끊임없는 노력은 지치게 하고, 결국은 헛수고가 된다. 세상의 모든 사람이 평균 이상일 수는 없다. 비록 당신이 많은 분야에서 높은 성과를 거둔 사람일지라도, 그것은 행복의 보증이 되지 못한다.

오스틴에 있는 Texas 대학교의 연구자 Kristin Neff는 만약, 여러분이 자존감 추구를 버리고 자신에 대한 애정 어린 태도를 기르는 것이 훨씬 더 낫다는 것을 발견하였다. Neff는 자신의 저서 『자기-자비Self-compassion』에서, 그녀가 불교 마음챙김, 자신의 임상심리 훈련 그리고 자폐아들을 일련의 운동으로 길러내어 자비심을 증가시킨 자신의 경험을 어떻게 결합시켰는지에 대한 이야기를 들려준다. 영국의 Derby 대학교 교수 Paul Gilbert는 자기 자비를 증가시키는 집단적인 접근 방식인, 자비심 수련compassionate mind training(CMT)을 개발하였다. 이 두 연구원 모두, 여러분의 자존심을 세우려는 것이 스트레스와 불행으로 이어지는 속임수 덫이라는 것을 발견하였다. 자신과 타인에 대한 자비는 이완과 웰빙으로 가는 지름길이다.

증상-완화 효과

자기-자비는 낮은 자긍심, 다른 사람들의 행운에 대한 부러움 그리고 자신의 능력과 특성에 대한 지나치게 자기 비판적인 견해에 의해 야기되는 우울증을 감소시킬 수 있다. 자기-자비는 다른 사람들과 자신을 비교하는 것에 대한 불안감으로부터 안도감을 제공하고, 여러분의 강점에 대한 인식과 여러분의 단점과 실망에 대한 수용을 모두 증가시켜준다. 자기-자비는 또한, 당신 자신이나 당신에 대한 다른 사람들의 기대에 미치지 못하는 것에 대해, 당신 자신을 향해 느끼는 분노를 억제하는 데 도움이 될 것이다.

숙달 시간

당신은 자기-자비 연습을 시작하자마자 약간의 증상 완화를 성취할 수 있다. 더 심오하고 지속적인 결과는 당신이 몇 달 동안 자기-자비를 실습한 후에 나올 것이다

자기-자비 쌓기

자기-자비는 생각과 행동의 습관이다. 이 새로운 습관을 획득하는 가장 좋은 방법은 이 절의 각각의 연습을 시도하는 것이다. 그런 체험이 풍부해질 때, 당신은 어떤 연습을 더 오랫동안 혹은 심지어 매일 실습할 수 있는지를 선택할 수 있게 된다.

자신에게 보내는 자비로운 편지

1. 자신에게 자비로운 편지를 쓸 때는 다음의 양식을 사용하라. 이 편지는, 어떤 일이 있어도 당신을 사랑하는 상상 속 친구의 관점에서 보내질 것이다(만약 이 빈칸이 너무 제한적이라고 느껴진다면, 빈 종이에 편지를 써도 좋은데, 그러면 당신의 생각과 감정을 좀 더 자유롭게 정리할 수 있는 여지가 생길 것이다).

2. 편지의 각 섹션은 신체적인 외모, 나쁜 습관, 과거의 행동이나 경험 등 자신에 대해 마음에 들지 않는 것으로 시작한다. 빈칸에 자신이 부족하다고 느끼거나 다른 사람들보다 못하다고 느끼게 만드는 것들을 채워라.

3. 각각의 사안이 끝난 후, 그것에 대해 어떻게 느끼는지 써라: 부끄러움, 두려움, 후회, 우울함, 분노, 좌절감 또는 생각나는 느낌의 단어.

4. 이제 중요한 부분, '하지만' 부분이다. 이곳은 항상 당신의 등에 업혀있는 상상 속 친구의 인격을 떠맡는 곳이다. 당신에게 깊은 자비만을 느끼는 어떤 사람의 관점에서 써라. 당신이 무엇을 하든, 이 사람은 용서한다. 당신이 아무리 실패하거나 망치더라도, 이 사람은 여전히 당신을 사랑한다. 이 사람은 당신이 성공하고 번성하기를 원하지만, 부담은 없다. 단지 완벽하고, 완전한 수용이 있을 뿐이다.

사랑하는 (당신의 이름) ____________________ :

나는 그 일이 일어난 때(**당신의 첫 번째 이슈**)와 그때의 느낌(**감정**)을 알고 있어요.

____

____

____

하지만, ______________________________

____

____

그리고 또 나는 그 일이 일어난 때(**당신의 두 번째 이슈**)와 그때의 느낌(**감정**)을 알고 있어요.

____

____

하지만, ______________________________

____

____

그리고 또 나는 그 일이 일어난 때(**당신의 세 번째 이슈**)와 그때의 느낌(**감정**)을 알고 있어요.

____

____

하지만, ______________________________________

____

____

사랑하는,
당신의 영원한 친구

편지를 다 쓰면, 몇 시간 혹은 하루 동안 그것을 다른 데 치워두라. 그러고 나서 그것을 꺼내서 읽어보라. 단어와 그 의미에 대해 깊이 생각해 보라. 긍정적인 메시지가 당신을 채우고, 자기 판결의 고질적인 긴장을 느슨하게 하라. 당신은 이런 모든 것을 수용하는 자비를 받을 자격이 있다고 스스로에게 말하라.

식료품점 점원인 Charlene은 미혼모였다. 그녀는 돈, 몸무게 그리고 딸의 음주 때문에 스트레스를 받았다. Charlene이 자신에게 쓴 자비 어린 편지가 여기 있다.

사랑하는 Charlene에게

나는 그 일이 일어난 때와 그때의 느낌을 알고 있어요. 당신이 따님의 음주 문제와 따님의 이혼에 대해 생각할 때면, 당신이 책임감을 느낀다는 것을 알고 있습니다.

마치 이 모든 것이 어떻게든 당신의 잘못이고, 따님을 양육하는 과정에서 뭔가 다른 일을 했어야 했다는 것처럼 말입니다.

하지만, 나는 또한 당신이 항상 어려운 상황에서 최선을 다하고 있었다는 것을 압니다. 어느 때건 따님의 생애에 있어서, 그 당시 상황과 그 당시 당신이 가지고 있던 자원을 고려해 보면, 당신은 옳은 일을 했습니다. 그러니까 그냥 내려놓고, 그런 식으로 당신이 책임질 수 없다는 걸 인정하세요.

그리고 또 나는 그 일이 일어난 때와 그때의 느낌을 알고 있어요. 그리고 당신이 거울을 볼 때, 몇 년 동안 늘어나 불어난 체중을 보고, 당신은 당신의 외모에 대해 부끄럽고 당황스럽게 느낍니다.
하지만, 그것은 표면적인 현실일 뿐입니다. 나는 당신을 속속들이 알고 있습니다. 나는 당신이 자상하고, 사랑스럽고, 진실된 사람이라는 것을 압니다. 당신의 외모는 당신이 누구인지에 비해 중요하지 않습니다.

그리고 또 나는 그 일이 일어난 때와 그때의 느낌을 알고 있어요. 그리고 또한 당신보다 연공서열이 낮은 안젤라와 던이 당신 위로 부팀장으로 승진한 것을 볼 때, 당신은 당신이 무시된 것에 대해 화가 나고 승진하지 못한 것에 대해 우울해한다는 것을 나는 알고 있어요.

하지만, 나는 당신이 10대 때부터 좋은 시절이나 나쁜 시절을 겪으면서, 당신의 가족들이 살아갈 집을 얻고, 가족을 먹여 살리면서 꾸준히 일해온 것에 감탄합니다. 당신은 직장에서 누가 승진하는지에 대한 실질적인 통제권을 가지고 있지 않으니, 그것을 개인적으로 받아들일 필요는 없어요. 계속해서 정진해 나간다면, 잘 해낸 일을 자랑스럽게 여길 수 있을 것입니다.

사랑하는,

당신의 영원한 친구

아주 옛날 1910년에, 프랑스의 약사이자 심리학자 Emil Coué가 클리닉을 열었는데, 그곳에서 그는 사람들에게 "매일, 모든 면에서, 나는 점점 더 좋아지고 있다"라고 스스로에게 반복하라고 말했다. 그 이후로, 심리학자들과 자기계발 전문가들은 웰빙을 향상시키기 위한 방법으로 긍정적인 확언을 추천해왔다. 매우 오랫동안, 힌두교도와 불교도들은 만트라를 사용해 왔는데, 이것은 명상에서의 집중을 돕기 위해, 단어 또는 소리를 반복하는 것이다.

Kristin Neff(2011)는 당신에게 세 가지를 상기시키는 개인적인 만트라를 지어낼 것을 권하고 있다. 당신이 고통받고 있는 것은 정상이며 당신이 스스로를 위로할 수 있다는 것이다. 그녀의 개인적인 만트라는 "지금은 고통의 순간이다. 고통은 삶의 일부이다. 이 순간에 나 자신에게 친절할 수 있기를. 내가 필요로 하는 자비를 나 자신에게 줄 수 있기를"(119)이다.

자기-자비 만트라

다음 세 가지 요점을 이해할 수 있는 방식으로 망라하여, 자신만의 말로 된 자신만의 만트라를 직접 작성하라.

1. 나는 ______________________________ 으로 고통받고 있다.

2. 고통은 피할 수 없는 ______________________________ 이다.

3. 나는 스스로에게 ________________________________ (을) 위로할 수 있다.

Melissa는 바쁜 회계 중역이자, 아침에 제시간에 집에서 나오는 데 어려움을 겪는 두 아이의 어머니였다. 그녀의 아이들이 아침을 먹고, 학교 물건을 함께 챙기는 대신 서로 싸우고 있을 때, Melissa는 잠시 냉장고에 기대어 개인적인 만트라를 암송했다.

지금 이 순간, 나는 투쟁하고 있다.
모든 삶은 투쟁이다.
그래도 나는 나 자신과 내 삶을 사랑하고 소중히 여긴다.
평온… 평온.

만트라가 기도나 인사말처럼 들릴 필요는 없다. 현장에서 긴 하루가 끝날 때쯤, 매우 긴장하고 짜증을 부리는 Roger는 꾸밈없이 말하는 냉난방 설치업자였다. 일이 예정보다 늦어질 때, 바람이 부는 옥상에서 누수 압축기 아래 누운 채로 그는 자신을 위해 지은 다음의 자기 자비 만트라로 자신을 달랬다:

이건 개소리야.
개 같은 일들이 일어나기도 하지.
나는 그것을 풀 수 있어, 다 지나갈 거야.

자신의 부정적인 면을 누그러뜨리기

빈칸을 채워라.

- 내가 생각하는 부정적인 특성은 나를 이렇게 정의한다.

____

- 나는 이 특성을 __________ % 나타낸다.
- 나는 이 특성을 특히 이런 상황(가족력, 외상, 스트레스)에서 나타낸다.

____

____

- 나의 배경에는 다음과 같은 영향이 있기 때문에 이 특성이 있다.

____

____

당신이 대부분의 사람들과 같다면, 자신의 부정적인 특성에 대한 첫 번째 진술은 Carol의 진술과 비슷할 것이다.

- 내가 생각하는 부정적인 특성은 나를 이렇게 정의한다.

나는 다른 사람들을 매우 비판한다.

- 나는 이 특성을 40% 나타낸다.
- 나는 이 특성을 특히 이런 상황에서 나타낸다.

무능한 사람들이 실수를 저지르는 직장에서

- 나의 배경에는 다음과 같은 영향이 있기 때문에 이 특성이 있다.

혹평하는 학부모, 경쟁이 치열한 학교

자신에게 다음 세 가지 질문을 한 다음, 당신의 자기-진술을 다시 써라.

1. 이런 부정적인 특성을 나타내지 않을 때, 당신은 똑같은 사람인가요?
2. 촉발시키는 환경이 존재하지 않고, 부정적인 특성을 나타내지 않을 때, 당신은 누구인가?
3. 유전적 체질, 초기 가족 양육, 피할 수 없는 삶의 트라우마 등을 고려할 때, 이런 부정적인 특성을 가진 것에 대해 전적으로 당신에게 책임이 있는가?

위의 질문에 비추어, 자기-진술을 다시 작성하라:

____

____

____

Carol은 이전의 연습을 할 때, 다음과 같이 자기-진술을 다시 쓸 수 있었다.

나의 혹평은 60%가 아니기 때문에, 나 자신을 '매우 비판적'이라고 정의하는 것은 말이 되지 않는다. 많은 상황(가장 친한 친구와 함께, 자원 봉사 활동에서, 산책을 할 때)에서 나는 다른 사람들을 전혀 비판하지 않는다. 부모님께서 어떠셨는지 그리고 내가 다녔던 학교를 고려해 볼 때, 내가 성적에 대한 높은 기준과 비효율성에 대한 낮은 인내심을 가져야 한다는 것은 전적으로 합리적이다.

자기-자비 일기

일주일 동안 자기-자비 일기를 계속해서 써라.

1. 하루에 한 번, 아마도 잠자기 전에, 그날 있었던 가장 괴로운 경험을 적어라.
2. 무슨 일이 일어났는지, 어떻게 느꼈는지, 당신의 생각과 만약 어떤 일이 일어났다면, 당신이 어떤 반응을 보였는지를 포함하라.
3. 다음의 세 가지 사실을 인정하여, 기억에 대한 자비로운 반응으로 결론을 내려라. 당신은 인간일 뿐이고, 고통을 마음챙김하여 지나가게 할 수 있고 자신에게 친절할 수 있다.

여기 Ricardo의 자기-자비 일기에 들어있는 두 개의 일기가 있다. Ricardo는 까다로운 입주자들로 가득한 고층 빌딩의 아파트 관리인이었다. 그는 최근에 아내 Sally와 이혼했고, 두 어린 딸들을 그리워했다.

토요일: 604호의 Arcadian 부인은 전자레인지에 아무것도 넣지 않고 한 시간 동안 작동시켜 폭발시켰다. 그러고 나선, 그녀는 내가 안전하지 않은 가전제품을 설치했다고 비난하였다! 나는 이 바보 같은 여자에게 화가 났지만, 내가 그녀에게 이런 일이 일어날 수 있다는 것을 경고하지 못한 것에 대해 죄책감을 느꼈다. 잘 운영되는 건물에서는 이런 일이 일어나지 않으며, 내가 그것을 막을 수 있어야 한다고 스스로에게 말했다. 나는 아주 퉁명스러웠고 Arcadian 부인에게 냉담했다.

나는 내가 오직 인간일 뿐이라는 것을 기억할 필요가 있다. 나는 지금 오직 최선을 다할 수 밖에 없다. 이것 또한 지나가리라는 것을 기억하라. 나는 나를 사랑하고 용서한다는 것을 기억하라.

일요일: Sally가 딸들을 내려주느라 한 시간이나 늦어서, 우리는 보고 싶었던 영화를 놓쳤다. 나중에 열리는 쇼에 가야 했는데, 그러면 저녁 식사가 너무 늦어서, 그들은 짜증이 났고 끔찍했다. 나는 딸들 앞에서 Sally에게 화를 내고 나서 저녁 내내 투덜거렸다. 나는 우리 가족이 어떻게 산산이 부서졌는지에 화가 났고, 지금 우울하다. 나는 나 자신을 많이 원망한다.

Sally와 나 그리고 딸들은 인간일 뿐이다. 우리는 실수도 할 것이고, 또 우리가 할 수 있는 한 그것을 고쳐야 할 것이다. 나는 이런 일들이 일어난다는 것을 수용하는데, 우리는 그것들을 이겨낼 것이다. 나는 Sally를 비난하고, 딸들을 비난하고, 특히 나 자신을 비난하는 모든 비난을 이제 내려놓는 선택을 한다.

자기 자신에 대한 자애 행동

다음 주 동안 하루에 한 번, 자신을 위로하고 친절한 일을 하라. 평소에 하지 않던 것을 고르라(예: 특별한 대접).

- 공원을 잠깐이라도 산책하라.
- 눈을 감고 좋아하는 노래를 들어라. 아무것도 하지 말고 듣기만 하라.
  보습제를 바르거나 발을 문질러주어라.
- 차 한 잔 또는 와인 한 잔을 들고 뜰에 앉아 보라.
- 미술관 또는 박물관에 들르라.
- 폭식, 마약 또는 음주와 같이 나중에 죄책감을 느끼게 할 수 있는 비행이나 하고 싶은 대로 하는 것을 피하라.

이 특별한 대접은 당신이 자신의 처지에서 다른 누군가에게 느낄 수 있는 똑같은 자비와 자애를 자신에 대하여서도 느끼는 것이 옳고 좋다는 것을 상기시켜 주는 역할을 한다.

마지막 생각

자기-자비는 생각과 행동, 둘 다의 습관이라는 것을 기억하라. 먼저 당신은 자신이 완벽하지 않다는 것, 여느 다른 인간들처럼 실수하기 쉽다는 것 그리고 자신의 단점을 용서하고 앞으로 나아갈 수 있다는 것을 자신에게 상기시키는 습관을 기르라. 그러면 당신은 이완하고, 자신을 누그러뜨리고, 당신이 마땅히 누려야 할 삶의 적절한 안락과 즐기는 데 필요한 시간을 갖게 되어서, 자기 보살핌의 습관을 형성하게 된다.

더 읽을거리

Gilbert, P. 2009. *The Compassionate Mind.* London: Constable.
Neff, K. 2011. *Self-Compassion: The Proven Power of Being Kind to Yourself.* New York: HarperCollins.

제12장

비합리적인 생각을 논박하기

Refuting Irrational Ideas

이 장에서는 다음과 같은 내용을 배울 것이다.

- 당신의 생각이 느낌, 신체 감각 및 행동에 어떻게 영향을 미치는지 깨닫기
- 고통스러운 생각을 평가하기
- 자신의 쓸데없는 고통스러운 생각을 상쇄시키기

배경

당신이 의식하고 있는 일상생활의 거의 모든 순간, 당신은 **독백** 즉, 내적인 생각 언어 행위에 참여하고 있다. 그것은 당신이 세상에 대해 기술하고 해석하는 문장으로 되어 있다. 만약 독백이 정확하고 현실에 가깝다면, 당신은 기능을 잘 하고 있는 것이다. 만약 그것이 비합리적이고 사실이 아니라면, 당신은 스트레스와 정서적 혼란을 경 험하게 된다. 여기에 비합리적인 독백의 예가 있다: "나는 혼자 있는 것을 참을 수 없어." 신체적으로 건강한 사람은 단지 혼자 있다는 것만으로 죽을 것 같은 경험을 하지는 않는다. 혼자 있다는 것은 불편하고, 바람

직하지 않고, 좌절을 줄 수도 있지만, 당신은 그것과 더불어 살 수 있으며 그렇게 살아가는 중일 수도 있다.

"나는 내 아이들에게 절대로 무례하게 대해서는 안 돼. 만약 그렇게 한다면, 나는 비열한 사람이야", "반드시 ~해서는 안 돼"라는 구절은 비합리적인 독백의 또 다른 예로, 결점이나 실수의 가능성을 허락하지 않는다. 부득이한 싸움이 발생했을 때, 당신은 자신을 전적으로(하나의 단일 사건에 근거해서 전체를) 비열하다고 비난한다.

비합리적인 생각은 완전히 잘못된 지각("비행기의 날개가 흔들리는 것으로 보아, 비행기가 추락할 것 같다") 혹은 완벽주의자의 단어인 반드시, 마땅히, 꼭이라는 것("누군가를 화나게 만들 위험을 감수하지 말고 조용히 해야만 해")에 근거하고 있다. "나는 사랑이 필요해"와 같은 부정확한 독백은, 보다 현실적인 "나는 매우 사랑받고 싶지만, 그것이 절대적으로 필요하지는 않으며, 사랑 없이도 살 수 있고 상당한 행복을 느낄 수 있어"라는 말과 비교해 볼 때 정서적으로 위험하다. "거절당하는 것은 너무 끔찍해"라는 말은 "거절당하는 것이 불쾌하고 순간적으로 불편하다는 것을 알아. 그리고 거절당하면 난 낙담할 거야"와 비교할 때, 더 많은 두려움을 유발한다. "집안에 더욱 도움이 되어야지"와 같은 단호함은 "내 집에서 만약 내가 집안일을 좀 더 분담한다면, 아마도, 보다 평화롭고 조화롭게 될 거야"와 같은 보다 합리적인 진술문으로 바꿀 수 있다.

Albert Ellis는 비합리적인 생각이나 신념을 반박해서, 그것들을 세상에 대한 실제적인 진술문으로 대치하기 위한 체계를 개발하였다. 그는 자신의 체계를 "합리적 정서 치료"라고 부르고, 1961년에 공동저자 Harper와 함께 초판으로 출판한 『합리적인 생활 지침서A Guide to Rational Living』(1997)라는 책에서 이것을 저술하였다. Ellis의 기본적인 명제는 정서가 실제 사건과 부분적으로만 관련이 있다는 것이다. 사건과 정서 사이에는 실제적이거나 비실제적인 독백이 있다. 독백은 정서를 유발한다. 당신 자신의 생각, 즉 당신이 지시하고 통제하는 생각이 불안, 분노 및 우울감을 야기한다. Ellis는 나중에 그의 체계를 "합리적 정서 행동 치료"로 재명명하였으며, 사람들의 정서뿐만이 아니라 행동도 그들의 생각에 의해 영향을 받고 있다고 강조하였다. 아래 그림은 그것이 어떻게 작용하는지를 보여 준다.

피드백 루프

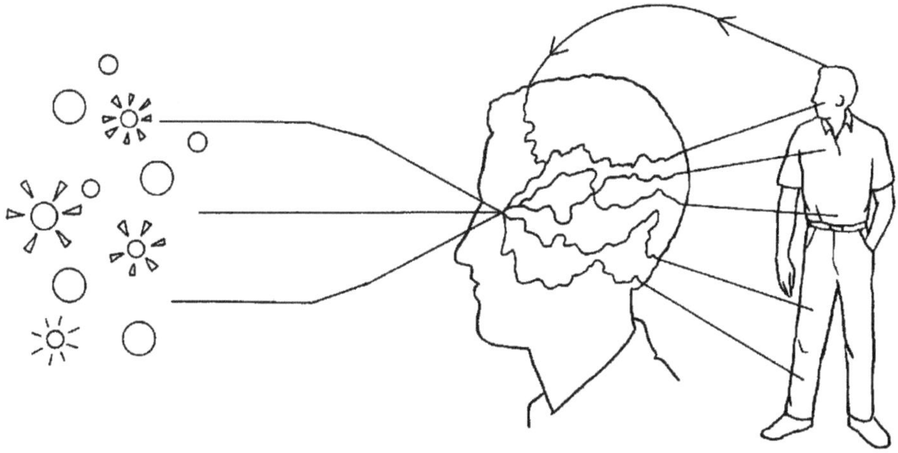

예

Ellis의 모형은 A, B, C로 아주 간단하다:

I 촉진 사실과 사건

(**A**ctivating Facts and Events)

한 기계공은 그가 고장이라고 확실하게 믿었던 연료 펌프를 교체했으나, 자동차의 기능은 나아지지 않았다. 고객은 매우 화를 내며 이전의 연료 펌프로 복구해달라고 요구한다.

I 촉진 사건 또는 사건에 관한 신념 또는 부정적인 자기독백

(**B**eliefs or Negative Self-Talk About Activating Facts or Event)

기계공은 스스로에게 말한다,

그는 단지 투덜거리기만 하지 — 아무것도 그를 즐겁게 하지 못해.

그리고

도대체 나는 왜 이렇게 힘든 일을 하는 거지?

그리고

나는 지금 이 문제를 반드시 해결해야만 해.

그리고, 마침내,

나는 대단한 기술자는 아니야.

❙ 결과: 정서, 감각 및 행동

(Consequences: Emotions, Sensations, and Behavior)

기계공은 무가치감뿐만 아니라 화, 분노 및 우울을 느낀다. 그는 뱃속이 뻣뻣해짐을 느낀다. 날이 지날수록, 두통으로 발달되었다. 그는 낡은 연료 펌프를 설치하는 것에 마지못해 동의했지만, 나머지 하루 동안 직장 동료들에게 성급하게 대하다가 그날 밤 늦게 가족들에게도 성급하게 대하였다.

기계공은 자신에게 "그 사람은 정말 나를 미치게 만들었어"라고 말할 수도 있다. 그러나 분노를 유발한 것은 고객이나 고객이 했던 행동, 그 어느 것도 아니다 — 그것은 기계공 자신의 독백, 즉 현실에 대한 자신의 해석이다. 이러한 비합리적인 자기독백은 변화될 수 있는데, 자기독백으로부터 나온 스트레스 감정, 감각 및 행동은 자기독백과 함께 변화될 수 있다.

증상-완화 효과

Rimm과 Litvak(1969)은 부정적인 자기독백이 실제로 생리적인 각성을 유발한다는 것을 발견하였다. 바꾸어 말하면, 당신이 다음과 같은 비합리적인 논쟁을 사용할 때, 당신의 신체는 긴장하고 스트레스를 받는다.

파티에서 사람들이 나를 무시하는 것 같아.

⇩

내가 그들을 지루하게 하거나 매력적이지 못한 것이 분명해.

⇩

너무 끔찍해!

비합리적인 부정적 자기독백에 대한 정서적 결과는 불안, 우울, 격노, 죄책감, 질투, 낮은 좌절인내성, 수치심 및 무가치감이다. 합리적 정서 치료는 이러한 정서의 빈도나 강도를 감소시키는데 효과적인 것으로 나타났다.

숙달 시간

당신의 비합리적인 신념을 평가하기에 더하여, 이들 신념 중에 하나를 논박하기 위해서는 충분한 숙제가 필요한데, 이는 대략 2주일 동안 하루에 20분씩이 걸린다. 합리적 정서 심상, 즉 당신이 자신의 정서를 변화시키려고 직접 작업하는 과정은 만약 당신이 하루에 10분씩 연습한다면 대략 2주일 정도 걸린다.

지시

신념 항목표

아래의 신념 항목표는 불행감과 스트레스에 기여하는 일부 비합리적인 생각을 밝히는 데 도움이 될 것이다. 지금 검사지를 작성해서 그것을 채점하고 점수가 가장 높은 부분을 기록하라.

어떤 항목이든 너무 오래 생각할 필요가 없다는 것에 주목하라. 빨리 응답하고 다음으로 넘어가라. 당신이 반드시, '그래야 한다'라고 생각하는 정도가 아니라, 실제로 그 문제에 대해 얼마나 '그렇다'고 생각하는지에 표시하라.

신념 항목표

약간 동의	동의	동의하지 않음	점수	신념
				1. 다른 사람들이 나를 인정해 주는 것이 나에게는 중요하다.
				2. 나는 무엇이든지 실패하는 것을 싫어한다.
				3. 나쁜 짓을 한 사람은 그것에 대한 대가를 치러야 한다.
				4. 나는 내가 원하는 것을 얻지 못할 때 미칠 것 같다.
				5. 나쁜 느낌들은 나쁜 사건들의 자연스러운 결과이다.
				6. 나는 모든 사람들이 나를 좋아해 주길 바란다.
				7. 나는 내가 잘할 수 없을 때 피한다.
				8. 너무나 많은 나쁜 사람들이, 그들이 받아야 할 처벌을 피해간다.

				9. 나는 내가 어떻게 해야 할지 모를 때 쉽게 좌절한다.
				10. 고통을 피하고 행복해지는 가장 좋은 방법은 당신의 환경을 통제하는 것이다.
				11. 나는 남들이 생각하는 것을 반대하기가 어렵다.
				12. 내가 하는 모든 것에서 성공하는 것이, 내게는 매우 중요하다.
				13. 잘못한 이들은 처벌받고 비난받아야 마땅하다.
				14. 나는 종종 좋아하지 않는 상황으로 방해받는다.
				15. 비참한 사람들은 그들의 통제 이면에 있는 환경의 피해자이다.
				16. 나는 종종 얼마나 많은 사람들이 나를 괜찮다고 여기고 수용하는지에 대해서 걱정한다.
				17. 나는 내가 실수할 때 많이 당황한다.
				18. 부도덕적인 것은 강력하게 처벌받아야 한다.
				19. 다른 이들이 나를 불편해할 때 극심하게 짜증이 난다.
				20. 문제가 많은 사람일수록 행복을 적게 느낄 것이다.
				21. 나는 사람들이 나를 어떻게 생각할지에 대해서 많이 걱정한다.
				22. 나는 내가 잘하지 못할 것에 대해서 두려워한다.
				23. 나는 나를 부당하게 대한 사람들에 대해서 원한이 있다.
				24. 일들은 있는 그대로의 방식보다 달라져야 한다.
				25. 사려 깊지 못한 사람들은 나를 짜증 나 죽게 한다.
				26. 나는 종종 어떤 근심에서 벗어날 수 없다.
				27. 나는 보통 중요한 결정을 미룬다.
				28. 모든 사람들은 도움과 조언으로 의지할 수 있는 누군가가 필요하다.
				29. 과거의 영향을 극복하는 것은 거의 불가능하다.
				30. 행복해지려면 평생 한가로운 휴가가 필요하다.

				31. 운에 맡길 수는 없다.
				32. 나는 문제에 직면하는 것을 회피한다.
				33. 사람들은 전적으로 힘의 근원을 외부에서 구한다.
				34. 만약 내가 다른 경험을 했더라면, 내가 원하는 사람이 더 될 수 있다.
				35. 나는 내가 아무것도 하지 않을 때 가장 만족을 느낀다.
				36. 나는 내 미래에 있어서 확실한 것에 대해 많은 걱정을 한다.
				37. 나는 종종 할 일을 미룬다.
				38. 나에게는 내가 매우 의존하는 사람들이 있다.
				39. 나는 종종 과거의 경험이 지금의 나에게 영향을 미친다고 생각한다.
				40. 나는 다른 무엇보다도 조용한 여가를 선호한다.
				41. 나는 예상치 못한 위험이나 미래 사건들에 대해 생각할 때 불안을 느낀다.
				42. 나에게 이득이 된다고 하더라도, 내가 불쾌한 허드렛일을 하는 것은 힘들다.
				43. 나는 중요한 결정을 내릴 때 항상 다른 이의 조언을 구한다.
				44. 어떤 것이 당신의 인생에 한 번 강하게 영향을 끼치면, 항상 그럴 것이다.
				45. 나는 여가와 이완을 통해서만 성취감을 느낄 수 있다.
				46. 만약 내가 두려워하는 어떤 것이 발생한다면, 이는 끔찍한 일이며 나는 제대로 견디지 못할 것이다.
				47. 나는 책임지는 것을 싫어하며, 할 수 있다면 피할 것이다.
				48. 나는 내 삶에서 안전하다고 느끼기 위해서 기댈 수 있는 사람들이 필요하다.
				49. 사람들은 근본적으로 절대 바뀌지 않는다.
				50. 행복해지기 위해서 일을 할 필요는 없다.

신념 항목표 채점하기:

- 당신이 '동의하지 않음'이라고 체크한 문항에 0점을 주고, '약간 동의'라고 체크한 문항에 1점을 주고, '동의'라고 체크한 문항에 2점을 줘라.

- 1, 6, 11, 16 그리고 21번 문항의 점수를 더해서 여기에 총점을 기입하라: _______. 총점이 높을수록, 어른은 동료들, 가족 그리고 친구들로부터 사랑과 인정을 받아야 하는 것이 절대적으로 필요하다는 비합리적 생각에 더 많이 동의한다는 것이다.

- 2, 7, 12, 17 그리고 22번 문항의 점수를 더해서 총점을 여기에 기입하라: _______. 총점이 높을수록, 반드시 당신이 유능해야만 하고, 수행하는 모든 일에 거의 완벽해야만 한다는 비합리적인 생각에 더 많이 동의한다는 것이다.

- 3, 8, 13, 18 그리고 23번 문항의 점수를 더해서 총점을 여기에 기입하라: _______. 총점이 높을수록, 어떤 사람들은 사악하고 부도덕하며 극악하므로, 그들은 반드시 벌을 받아야만 한다는 비합리적인 생각에 더 많이 동의한다는 것이다.

- 4, 9, 14, 19 그리고 24번 문항의 점수를 더해서 총점을 여기에 기입하라: _______. 총점이 높을수록, 어떤 것이, 당신이 좋아하는 방식으로 되어있지 않으면 끔찍하다는 비합리적 생각에 더 많이 동의한다는 것이다.

- 5, 10, 15, 20 그리고 25번 문항의 점수를 더해서 총점을 여기에 기입하라: _______. 총점이 높을수록, 외적인 사건이 대부분의 인간의 고통을 초래한다. 즉, 사람들은 사건들이 정서를 자극하는 것에 단순히 반응할 뿐이다는 비합리적 생각에 더 많이 동의

한다는 것이다.

- 26, 31, 36, 41 그리고 46번 문항의 점수를 더해서 총점을 여기에 기입하라: ______. 총점이 높을수록, 알려지지 않고 불확실하거나 잠재적으로 위험한 어떤 것에 대해 반드시 두려움이나 불안을 느껴야만 한다는 비합리적 생각에 더 많이 동의하는 것이다.

- 27, 32, 37, 42 그리고 47번 문항의 점수를 더해서 총점을 여기에 기입하라: ______. 총점이 높을수록, 인생의 어려움과 책임을 직면하기보다 회피하는 것이, 보다 쉽다는 비합리적 생각에 더 많이 동의하는 것이다.

- 28, 33, 38, 43 그리고 48번 문항의 점수를 더해서 총점을 여기에 기입하라: ______. 총점이 높을수록, 자신을 의지하기보다는 다른 사람 혹은 더 강하거나 대단한 어떤 것이 필요하다는 비합리적 생각에 더 많이 동의하는 것이다.

- 29, 34, 39, 44 그리고 49번 문항의 점수를 더해서 총점을 여기에 기입하라: ______. 총점이 높을수록, 과거가 현재를 결정하는데, 많은 부분을 차지한다는 비합리적 생각에 더 많이 동의하는 것이다.

- 30, 35, 40, 45 그리고 50번 문항의 점수를 더해서 총점을 여기에 기입하라: ______. 총점이 높을수록, 행복은 무활동, 수동성 및 한없는 여가에 의해 성취될 수 있다는 비합리적 생각에 더 많이 동의하는 것이다.

비합리적 생각

모든 비합리적 생각의 근원에는, 어떤 일이 당신에게 일어난다는 가정을 하고 있다. "그건 나를 정말로 침울하게 해… 그녀는 나를 신경질 나게 해… 나는 그런 곳이 무서워… 거짓말하면 내 얼굴이 붉어져." 그 어느 것도 당신을 그렇게 만들지는 않는다. 세상에는 사건이 일어나는 법이다. 당신은 이러한 촉진되는 사건들을 경험하고(A), 자기독백을 하고(B), 그리고 결과적으로 자기독백으로 야기되는 정서를 경험한다(C). A는 C를 유발하지 않는다 — B가 C를 유발한다. 만약 당신의 독백이 비합리적이고 비현실적이라면, 당신이 불쾌한 정서를 만들어 내는 것이다.

비합리적인 독백에 대한 두 가지 일반적인 형태는 "끔찍해"와 "절대로 ~해야 해"라는 진술문이다. 당신은 당신의 경험을 파국적이고 악몽과 같은 것으로 해석함으로써 끔찍해 한다. 순간적인 흉통은 심장발작이고, 성미 까다로운 사장은 당신을 해고하려고 하고, 당신의 배우자는 저녁 일을 구하고 있어서, 혼자 남게 되는 생각은 상상할 수 없을 만큼 두렵다. 끔찍스러운 것은 원치 않는 사건, 특성 또는 행동들을 과장스럽게 하는 것을 포함하고 있는 반면에, 거의 항상 긍정적인 것을 무시하고 있다. 끔찍한 자기독백에 뒤따르는 감정은 그 자체가 끔찍한 경향이 있다 — 당신은 세상에 대한 자신의 묘사에 반응하고 있는 것이다.

예컨대, 당신이 만약 상황이 고통스럽고, 지루하거나 어렵다고 생각하며, 당신이 대처할 수 있는 능력 이상으로 이것들의 질을 과장한다면, 당신은 압도당한 것처럼 느낄 것이다. 만약 당신이 사람들을 결함이 있거나 악행을 하는 사람으로 정의하고, 스스로에게 이들의 결함이나 악행을 끔찍한 것이라고 말한다면, 그들은 끔찍한 사람이 되는 것이다. 당신의 분노를 정당화시키는 것은 쉬워지게 된다. 흔히 절대화하는 비합리적인 자기 진술문은 '해야만 한다', '반드시', '마땅히', '항상' 그리고 '결코… 아닌'과 같은 단어들을 포함하고 있다. 이 생각은 다른 사람들이나 일들이 확실한 방식으로 되어야 한다거나, 아니면 당신이 확실한 방식으로 되어야만 한다는 것이다. 특정한 가치나 기준에서 벗어난 어떠한 것도 모두 나쁘다. 기준

대로 살아가는 데 실패한 사람은 나쁘다. 실제로는 기준이 나쁜 것인데, 왜냐하면 그것은 융통성이 없고 편협하기 때문이다.

비합리적인 생각 점검표

Albert Ellis는 기본적인 10가지 비합리적 생각을 제안했는데, 그것은 아래에 목록화되어 있다. 여기에 우리는 매우 몇 가지 일반적인 매우 비현실적인 자기 진술문을 부가적으로 추가하고 있다. 당신의 신념 항목표 점수를 바탕으로, 당신이 스트레스를 받으면 특징적으로 경험하는 상황에 대하여 당신이 알고 있는 대로 당신에게 적합한 것 하나에 체크해 보라.

_________ 1. **성인이 동료들, 가족들 그리고 친구들로부터 사랑과 인정을 받고 싶은 것은 절대적으로 필요하다.** 사실상, 당신의 인생에서 모든 사람이 좋아해 주는 것은 불가능하다. 심지어 당신을 기본적으로 좋아하고 인정해 주는 사람조차도 어떤 행동과 입장에 의해 변할 수도 있을 것이다. 이러한 비합리적 신념은 사람들을 불행하게 하는 가장 큰 원인 중 하나이다.

_________ 2. **당신은 반드시 유능하고 성공적이어야 하며, 당신이 하는 모든 일에 거의 완벽해야만 한다.** 당신이 완벽하게 행동해야만 한다는 신념의 결과는 불가피한 실패에도 자신을 비난해서 자존감이 낮아지고, 동료와 친구들에게도 완벽한 기준을 적용하고, 어떤 것을 시도하는데 무기력해지고 두려워하게 된다. 이러한 신념을 당신이 최선을 다하고, 실수를 통해서도 배울 수 있다는 신념과 비교해 보라.

_________ 3. **나쁘고, 부도덕하며 극악한 사람은 누구든 반드시 벌을 받아야만 한다.** 보다 실

제적인 입장은 그들이 반사회적이거나 부적절한 방식으로 행동한다는 것이다. 그들은 아마도 우둔하고, 무례하며, 신경질적이고 자신의 행동을 변화시킬 필요가 있는 사람들일 것이다.

_________ 4. **사람들과 어떤 일들이, 내가 좋아하는 방식대로 되지 않는 것은 끔찍한 일이다.** 이것은 버릇없는 아이 증후군으로 기술되기도 한다. 타이어가 펑크 나자마자 독백을 시작한다. "이런 일이 왜 나에게 일어나는 거야? 빌어먹을, 도대체 어떻게 하란 말이야, 끔찍해, 정말 짜증 나네." 불편감, 문제 혹은 당신의 방식으로 되지 않으면, 끔찍한 자기 진술과 맞아떨어지기 쉽다. 그 결과는 심한 초조감과 스트레스이다.

_________ 5. **외적인 사건은 대부분의 인간을 비참하게 한다 — 사람들은 사건이 자신의 감정을 촉발하는 대로 단순히 반응한다.** 이 신념의 논리적인 확장은 당신이 행복해지거나 슬픔을 피하기 위해 외적 사건을 통제해야만 한다는 것이다. 우리의 통제력은 한계가 있고, 우리는 다른 사람의 의지를 완전하게 조종할 수 없다는 것은 사실이다. 어떤 사건을 당신의 불행에 대한 이유로 해석하는 것은 당신을 계속해서 갇히게 할 수 있다. 비록 당신이 다른 사람들을 통제할 수 없더라도, 당신은 생각들, 정서 그리고 행동을 막대하게 통제할 수 있다.

_________ 6. **당신은 알려지지 않고, 확실하지 않거나 잠재적으로 위험한 어떤 일에 대해서는 두려워하거나 불안해야만 한다.** 대부분 이것을 "자, 이제 시작종이 울렸으니 나는 이제부터 걱정을 시작해야 해"와 같이 기술한다. 그들은 파국적인 시나리오를 재연하기 시작한다. 불확실함에 직면했을 때 두려움이나 불안이 증대되는 것은 그것에 대처하는 것을 더욱 어렵게 하고, 스트레스를 가중시킨다. 실제적

이고 지각된 위험에 대한 두려운 반응을 덜어주는 것은 불확실한 것을 새롭고 흥미로운 경험으로 즐기게 해준다.

_______ 7. **인생의 고난과 책임감에 직면하기보다는 회피하기가 더욱 쉽다. 책임감을 피하는 데는 수많은 방법이 있다**: "나는 그에게 더 이상 관심이 없다고 말해야만 해, 그러나 오늘 밤에는 안돼… 나는 또 다른 직업을 구하고 싶지만 너무나 피곤해서 찾을 수 없어… 범하기 쉬운 과실은 어떤 것도 다치게 하지 않아…" 만약 이런 생각 방식이 당신에게 적용된다면, 책임을 회피하기 위해 당신이 주로 하는 변명을 적어보라.

책임져야 할 영역	**회피 방법**
______________	______________
______________	______________
______________	______________
______________	______________

_______ 8. **당신은 자신과 다르거나, 더 강하거나, 더 대단한 무언가를 절대적으로 필요로 한다.** 이러한 신념은 높은 권위자에게 전적으로 의존함으로써 당신의 독립적인 판단과 특정한 욕구에 대한 자각을 해치는 심리적인 함정이 된다.

_______ 9. **과거는 현재를 결정하는데 크게 작용한다.** 일단 당신이 어떤 것에 큰 영향을 받았다는 것만으로, 당신이 본래 상황에 대처하도록 형성된 습관을 지속시켜야만 한다는 것을 의미하지는 않는다. 그러한 오래된 반응 양식과 방법은 자동으로 이루어질 만큼, 수많은 반복에 의해서 결정된 것이다. 당신은 그러한 오래된 결

정을 확인할 수 있고, 그것들을 지금 당장 변화시킬 수 있다. 당신은 과거 경험으로부터 배울 수 있지만, 그것에 전적으로 매달리지 말아야 한다.

________ 10. **행복은 무활동, 수동성 및 한없는 여가로 성취될 수 있다.** 이것은 극락 증후군이라고 불린다. 완벽한 이완보다 더 큰 행복이 있다는 것이다.

| 기타 비합리적 생각

________ 1. **사람들은 나약하므로 절대로 상처받아서는 안 된다.** 이러한 비합리적 신념은 중요한 느낌을 개방적으로 의사소통하지 못하게 하며, 윤택하게 하거나 유쾌한 것을 포기하는 자기희생을 초래한다(Farquhar & Lowe, 1974). 당신이 원하는 모든 것이 다른 누군가에게 상처를 주거나 혜택을 박탈하는 것처럼 보이기 때문에, 당신은 좌절감, 무기력감 및 우울감을 느낀다. 관계는 갈등을 전개하는 메마른 공간으로 가득 차고 해결할 이야기가 없어진다.

________ 2. **좋은 관계는 상호 희생과 주는 것에 초점을 두고 있다.** 이러한 신념은 받는 것보다 주는 것이 더 좋다는 가정에 근거하고 있다. 당신이 원하고 필요한 것 그리고 당신의 숨겨진 욕구가 예측되고 제공될 것이라는 예상을 마지못해 요구하게 된다. 불행하게도, 끊임없는 자기부인은 대개 괴로움과 철회를 초래한다.

________ 3. **만약 당신이 다른 사람들을 매우 즐겁게 해주지 않으면, 그들은 당신을 버리거나 거절할 것이다.** 이러한 신념은 낮은 자존감으로 인한 부산물이다. 만약 다른 사람에게 재미없는 자기의 실제를 보여준다면, 보통 거절당할 위험을 덜게 된다. 그들은 그것을 받아들일 수도 있고 떠날 수도 있다. 그렇지만 만약 그들이

실제의 당신을 알게 된다면, 게으름 피우고, 당신의 방어를 낮추고 나중에 거절 당할 것을 걱정하지 않아도 된다.

_________ 4. **사람들이 당신을 인정해 주지 않는 것은 변함없이 당신이 잘못했거나 나쁘다는 것을 의미한다.** 이러한 극심한 타격을 주는 신념은 대부분의 대인관계 상황에서 만성적인 불안을 유발한다(Farquhar & Lowe, 1974). 이러한 비합리성은 하나의 특정한 결점이나 자기의 전체적인 모습 중 매력적이지 않은 하나의 특징을 일반화시키는 것을 포함한다.

_________ 5. **행복, 즐거움 및 충만감은 단지 다른 사람들과 있을 때만 나타날 수 있고, 혼자 있는 것은 끔찍하다.** 즐거움, 자기가치 및 충만감은 다른 사람들과 함께 있을 때뿐만 아니라, 혼자 있게 될 때도 경험할 수 있다 (Farquhar & Lowe, 1974). 혼자 있는 것은 때로는 성장을 촉진시키고 바람직할 수 있다.

_________ 6. **완전한 사랑과 완전한 관계가 존재한다.** 이러한 신념을 가진 사람들은 종종 다른 것보다, 하나의 밀접한 관계에서 쉽게 불만족하게 되고 화를 내게 된다. 어떤 것도 완전히 옳은 것은 없는데, 왜냐하면 그들은 완전하게 부합될 때를 기다리고 있으나, 그때는 결코 오지 않기 때문이다.

_________ 7. **고통을 느껴서는 안 된다. 당신은 좋은 인생을 살 권리가 있다.** 현실적으로 고통은 인간 생활에서 피할 수 없는 부분이다. 고통은 흔히 힘들고 건강한 결정과 성장 과정을 수반하게 된다. 인생은 공평하지 않아서 가끔 당신은 당신이 한 것과는 관계없이 고통받을 것이다.

_________ 8. **개인으로서 당신의 가치는 당신이 얼마나 성취하고 이루어 냈는가에 달려 있다.** 당신의 진정한 가치에 대한 더욱 합리적인 평가는 충만하게 살아가는 경험을 하는 능력에 달려 있는데, 이 경험은 진정한 인간이 되는 모든 것을 느끼는 것이다(Farquhar & Lowe, 1974).

_________ 9. **분노는 자동적으로 나쁘고 파괴적이다.** 분노라는 행위는 흔히 정화하는 것이고, 개인의 가치나 다른 사람의 안전을 공격하지 않으면서, 현재 느낌을 솔직하게 의사소통하는 것일 수 있다(Farquhar & Lowe, 1974).

_________ 10. **이기적인 것은 나쁘거나 잘못된 것이다.** 진실은, 어느 누구도 당신보다 당신의 욕구와 원하는 바를 잘 알지 못한다는 것이며, 그것을 채우는 데 많은 관심을 가지지 않는다는 것이다. 당신의 행복은 당신 책임이다. 이기적인 것은 당신이 그러한 책임을 받아들인다는 것을 의미한다. 동시에, 당신은 그들 스스로 행복에 대한 책임감을 받는 다른 이들의 권리를 존중할 수 있다.

_________ 11. **당신은 무기력하고, 당신이 경험하거나 느끼는 것에 대한 통제감이 없다.** 이러한 신념은 대부분 우울과 불안한 마음에서 나온다. 사실, 우리는 대인관계 상황에 대해 필요 이상으로 통제를 하며, 우리가 생활 사건에 대해 어떻게 해석하고 감정적으로 반응할지에 대해서 엄청난 통제를 하고 있는 것이다.

여기 목록에 기타 비합리적 신념을 추가할 수 있다.

____

____

찾기 힘든 비합리적 생각 확인하기

비합리적인 독백을 밝혀내는 데 있어서 어려운 점은 생각이 빠르고 볼 수 없다는 것이다. 생각들은 번개처럼 빨라서 겨우 자각할 수 있다. 당신은 위의 비합리적인 진술문들처럼, 완전 문장으로는 거의 의식하지 못할 것이다. 독백은 반사적이고 자동적인 속성이 있기 때문에, 사건과 동시에 정서가 일어난다고 착각을 하기가 쉽다. 그렇지만, 일단 생각들을 말로 하는 데는 고속촬영 필름처럼 한 화면씩 넘어가는데, "나는 실패했어"라고 독백하는 데 걸리는 1000분의 1초 동안 비합리적 생각의 유해한 영향에 노출된다. 당신의 정서를 일으키는 생각들은 흔히 일종의 짧은 글로 나타난다: "기분이 좋지 않아… 미치겠다… 기분 나빠… 멍청하긴" 등. 이러한 짧은 글은 그것이 나온 원래의 문장으로 다시 만들어져야 한다. 그런 다음, 그 문장은 당신이 비합리적 생각을 논박하기 절에서 배우게 될 방법들로 다루어질 수 있다.

당신의 비합리적인 생각을 밝히는 가장 좋은 방법은 불안, 우울, 분노, 죄책감 또는 무가치감 같은 고통스러운 정서를 경험하는 상황에 비추어 보는 것이다. 특히 만약 그것들이 만성적이라면, 이러한 각각의 정서들의 이면에 있는 이것은 비합리적 자기독백이다. **"이 상황에 대해서 나 스스로 뭐라고 말하고 있는가?"**라고 당신 스스로에게 질문하라. 당신은 아마도 합리적인 자기독백으로 즉시 자기교정을 시도할 수 있을 것이다. 예컨대, "나의 오빠는 노부모를 결코 도와주지 않아. 이것은 공평하지 않아"라는 비합리적인 생각에 대한 반응으로, Amy는 스스로에게 "아무도 인생은 공평하다고 말하지 않아"라고 즉시 말할 수도 있었다. 이것은 그녀를 괴롭히는 다른 생각들을 탐구하는 것을 방해한다.

대신에, 그녀는 스스로 **"그것이 진실이라면 어떻게 될까? 이것이 나에게는 무엇을 의미하지?"**라고 물었다(Burns, 1999). 이것에 대해서, 그녀는 "그는 매우 쉽게 했어. 나는 그의 쉬운 삶을 원해. 나는 정말로 그가 한 만큼 이기적이야. 하지만 나는 화낼 권리는 없어"라고 응답하였다. 위의 진한 글씨체로 된 3가지 질문을 자신에게 반복해서 물어봄으로써, Amy는 다음 문장을 포함하여 그녀를 많이 속상하게 하는 것, 그녀의 비합리적인 생각들을 확인할 수 있다: 내 인생을 희생시키는 것은 당연해 — 어쨌든, 그들은 가족이야. 나는 내 부모님을 사랑하지만, 그들을 나를 미치게 해! 나는 더 강해져야만 해. 나는 익사하는 것처럼 느껴져. 어떤 일이 내게 일어나면 어떻게 될까? — 그들에게는 무슨 일이 일어날까? 나는 그들이 모두 혼자라는 생각을 할 수 없어. 그것은 재앙이 될거야…. Amy는 이러한 생각들을 나중에 언급하기 위해, 노트에 적었다.

아마 당신도 상상할 수 있듯이, Amy는 객관적으로 어려운 상황에 처해있다. 게다가, 그녀는 너무 많은 고통을 만들어 내는 비합리적인 생각을 많이 했기 때문에, 문제를 효과적으로 해결하지 못하거나 분별 있는 결정을 하지 못하였다. 그녀는 비합리적인 생각을 논박하기 기법을 사용해서 다음 단계로 돌아가고, 그녀를 가장 귀찮게 하는 비합리적인 생각에 도전할 수 있다.

비합리적인 생각을 논박하기

비합리적인 생각을 논박하고 제거하기 위한 다섯 가지(A에서 E까지) 단계가 있다. 먼저, 당신에게 항상 스트레스를 주는 정서를 일으키는 상황을 선택하라.

A. 사실을 기록하라. 당신이 당황했을 때 발생한 사건 그대로에 대해 사실을 기록하라. 반드시 추측이나 주관적인 인상 혹은 가치 판단이 아닌, 객관적인 사실만을 기록하라.

B. 사건에 대한 당신의 독백을 기록하라. 당신의 모든 주관적인 가치 판단, 가정들, 신념들, 예측 그리고 걱정을 진술하라. 어떤 자기 진술문이, 이전에 비합리적인 생각으로 기술되었는지 주목하라.

C. 당신의 정서 반응에 초점을 맞추어라. '분노', '우울한', '무가치한', '두려운' 등과 같이 분명한, 하나 혹은 두 개의 단어로 이름을 붙여라.

D. 비합리적인 독백을 논박하고 변화시켜라. B 단계에서 확인된 비합리적인 독백을 논박하고 변화시켜라. 여기에 Ellis에 의한 방법이 제시되어 있다.

1. **논박하고 싶은 비합리적인 생각을 선택하라.** 예시로서, 우리는 "내가 그런 문제로 고통을 받아야 하는 것은 공평하지 않아"와 같은 비합리적인 생각을 사용할 것이다.
2. **이 생각에 대해 합리적으로 지지할 만한 증거가 있는가?** 모든 것은, 그것이 있어야만 하는 대로 있기 때문에, 원인과 결과에 대한 긴 연결고리가 있다면, 대답은 '아니오'이다. 그 문제는 이미 발생했기 때문에 견뎌야만 하고 처리해야만 한다. 모든 조건이 필연적으로 그것을 일으키도록 존재하기에 발생한다.
3. **이 생각을 부정하는 증거는 무엇인가?**
   a. 소위 나에게는 고통이나 문제가 없어야만 한다는 보편적인 법칙은 없다. 필연적인 조건이 존재하는 어떠한 문제도 경험할 수 있다.
   b. 인생은 공평하지 않다. 인생은 단지 사건의 연속이고, 그것은 즐거울 수도 있고 불편하고 고통스러울 수도 있다.
   c. 문제가 생기면, 그것을 해결하는 것은 나에게 달려 있다.
   d. 문제가 커지는 것을 막으려고 시도하는 것은 적응적이지만, 일단 존재하는 것을 원망하고 그것에 직면하지 않는 것은 위험한 전략이다.
   e. 어느 누구도 특별하지 않다. 어떤 사람들은 내가 겪은 것보다 상대적으로 고통

을 덜 겪는다. 이것은 행운이 따라주든가 아니면 내가 만들어 낸 문제의 상황, 둘 중의 하나에 원인이 있다.

f. 내가 단지 문제가 있기 때문에, 비참해져야 한다는 것은 아니다. 나는 창조적인 해결책을 얻기 위해 도전할 자신감이 있다. 이것은 내 자존심을 높일 기회가 될 것이다.

4. **이 생각이 진실이라는 어떤 증거가 존재하는가?** 없다. 내가 고통스러운 것은 내 독백, 즉 내가 이 사건을 어떻게 해석했느냐에 기인한다. 나는 나 자신에게 내가 불행해야만 한다고 확인시켜왔다.

5. **일어날 수 있는 가장 나쁜 일은 무엇인가?** 만약 내가 원하는 대로 일어나지 않거나, 혹은 일어나지 않기를 바라는 일이 발생 한다면, 나에게 일어날 수 있는 가장 나쁜 일은 무엇인가?

a. 나는 내가 그 문제를 처리하는 동안, 다양한 즐거움을 박탈당할 수 있다.

b. 나는 불편함을 느끼게 될 수도 있다.

c. 나는 결코 그 문제를 해결할 수 없을 것이고, 이 특정 영역에서 나 자신의 무능함을 경험하게 될 수도 있다.

d. 나는 실패의 결과를 받아들여야만 할 것이다.

e. 다른 사람들은 내가 하는 행동에 대해 인정하지 않을 수도 있고, 나는 무능한 사람으로, 거절당할 수도 있다.

f. 나는 더욱 스트레스를 받고 긴장하게 될 것이다.

6. **어떠한 좋은 일이 일어날 것인가?** 만약 내가 일어나지 않기를 바라거나 혹은 내가 일어나기를 바라지 않은 대로 되었다면, 어떠한 좋은 일이 일어날 것인가?

a. 나는 좌절감을 더욱 잘 견디는 방법을 배울 것이다.

b. 나는 나의 대처기술을 향상시킬 것이다.

c. 나는, 보다 책임감이 강해질 것이다.

E. 대안적인 독백으로 대치하라. 여기에서 당신은 비합리적인 생각을 분명하게 검토하고 그것을 합리적인 생각과 비교해 보라.

1. 나에 대해 특별한 것은 아무것도 없다. 나는 고통스러운 상황이 발생하면 그 상황을 받아들일 수 있다.
2. 문제에 직면하는 것이, 그것에 분개하거나 도망치는 것보다 훨씬 더 적응적이다.
3. 나는 내가 생각한 대로 느낀다. 만약 내가 부정적인 생각을 하지 않는다면, 나는 고통스러운 정서를 느끼지 않을 것이다. 최악의 경우 나는 불편하고, 후회스럽고, 짜증 날 뿐이지, 불안, 우울 그리고 분노는 경험하지 않을 것이다.

숙제

당신이 비합리적인 생각과의 전쟁에 성공하려면, 당신은 숙제를 매일 할 필요가 있다. http://www.newharbinger.com/43348에서 빈 숙제장을 내려받고, 사건이 일어난 후에 사용할 약 100개의 사본을 만들어라; 적어도 하루에 한 번 숙제하는 데, 최소 20분 정도 걸린다. 가능할 때는 언제든지, 사건이 일어난 즉시 숙제를 하라. 각 사건마다 별도의 숙제장을 사용하고 그것들을 자신의 성장 기록에 모아 두라.

먼저, 아래의 견본 숙제장을 읽으라. 이 견본 숙제장은 친구와의 데이트가 취소된 남성에 의해서 완성된 것이다.

숙제장-견본

A. 촉진시킨 사건:

친구가 나와의 데이트를 취소했다.

B. 합리적 생각:

그가 지금 매우 바쁘다는 것을 알아… 나는 혼자서 어떤 일을 할 거야.

비합리적 생각:

오늘 밤 혼자서 끔찍할 것 같아… 공허하고… 그는 정말로 나를 배려하지 않아. 어느 누구도 나와 시간을 보내고 싶어 하지 않아… 나는 무너질 것 같아.

C. 비합리적 생각의 결과:

나는 우울했어… 나는 중간 정도로 불안했어.

D. 비합리적 생각을 논박하고 변화시키기:

1. 비합리적 생각을 선택하기:

   나는 오늘 밤 너무나 외로워… 나는 무너질 것 같아.

2. 이 생각을 합리적으로 지지할 만한 증거가 있는가?

   없다.

3. 이 생각이 잘못되었다는 어떤 증거가 있는가?

   혼자 있다는 것은 데이트하는 것만큼 즐겁지는 않지만, 나는 다른 일을 하면서 즐거움을 찾을 수 있어.

나는 보통 혼자 있는 것을 즐겨. 그리고 나는 실망스러움을 경험하자마자 곧바로 오늘 밤 혼자 있는 것을 즐길거야.

나는 좌절하고 실망하는 것을 "무너질 것 같아"라고 잘못 이름 붙였어.

4. 이 생각의 진실에 대한 어떤 증거가 있는가?

없다. 단지 나는 우울하다고 스스로에게 말해왔어.

5. 나에게 일어날 수 있는 최악의 일은 무엇인가?

나는 실망감이 지속될 수 있고, 실제로 오늘 밤은 즐거운 일이 아무것도 없어.

6. 어떤 좋은 일이 일어날 수도 있을까?

나는 더욱더 자신을 믿을 수 있고, 내적 자원을 가지고 있다는 것을 깨닫게 되었어.

E. 대안적인 생각:

나는 괜찮아. 나는 탐정 소설을 빌릴 거야. 나는 좋은 중국 만찬을 먹을 거야. 나는 혼자 있어도 괜찮아.

대안적인 정서:

나는 평온해, 다소 실망했지만, 나는 멋진 식사와 양서를 기대하고 있어.

숙제장

A. **촉진시킨 사건:** ____________________

____

B. **합리적인 생각:** ____________________

____

비합리적인 생각: ____________________

____

C. **비합리적 생각의 결과:** ____________________

____

D. **비합리적 생각을 논박하고 변화시키기:**

1. 비합리적 생각을 선택하기: ____________________

   ____

2. 이 생각을 합리적으로 지지할 만한 것이 있는가? ____________________
3. 이 생각이 잘못되었다는 어떤 증거가 있는가? ____________________

   ____

   ____

4. 이 생각의 진실에 대한 어떤 증거가 있는가? ____________________

   ____

5. 나에게 일어날 수 있는 최악의 일은 무엇인가? ____________________

   ____

6. 어떤 좋은 일이 일어날 수도 있을까? ____________________

   ____

E. **대안적인 생각:** ____________________

____

대안적인 정서: ____________________

____

합리적인 생각을 촉진시키는 규칙

합리적인 생각을 위해서 다음의 6가지 규칙들, 또는 지침에 반대하는 당신의 자기 진술을 평가하라[David Goodman(1978)의 『합리적 행동 훈련을 통한 정서적 웰빙』에서 각색함].

1. **나에게 아무것도 하지 못할 것이다.** 상황이 나를 불안하거나 두렵게 만들지 못할 것이다. 나는 나 스스로 불안과 공포를 크게 만든다.

2. **모든 것은 정확한 방법으로 되어야만 한다.** 사물이나 사람들이, 달리 존재해야 할 조건은 존재하지 않는다. 사물이 존재해야 하는 것 이외에 다른 것으로 존재해야 한다고 말하는 것은 마술에서나 믿는 것이다. 그것들은 일련의 인과적인 사건 때문에 존재하는 것인데, 여기에는 해석, 비합리적인 자기독백에 대한 응답 등이 포함된다. 사물들이 달라져야 한다고 말하는 것은 인과성을 기각하는 것이다.

3. **모든 인간은 실수하기 쉬운 피조물이다.** 이것은 불가피하다. 만약 당신이 스스로 그리고 다른 이들에게, 실수의 타당한 몫을 분배하지 않는다면, 당신은 실망과 불행의 가능성을 증가시킬 것이다. 이것은 당신 스스로나 다른 이들을 가치 없다거나, 나쁘다는 등으로 너무도 쉽게 공격하게 된다.

4. **갈등이 생기는 데는 두 사람이 있게 마련이다.** 탓하고 비난하는 과정을 시작하기 전에, 30% 규칙을 고려하라. 어떤 갈등의 당사자도 그것을 지속시키는 데 적어도 30%는 기여하고 있다.

5. **원래의 이유는 아주 오래전에 잃어버렸다.** 누가 먼저 한 것인지 밝히는 노력은 시간을 낭비하는 것이다. 만성적으로 고통스러운 감정의 원래의 이유를 찾는 것은 매우 어렵다. 가장 좋은 전략은 지금 당신의 행동을 바꾸는 결정을 하는 것이다.

6. **우리는 우리가 생각하는 방식을 크게 느낀다.** 이것은 이 목록의 첫 번째 진술 이면에 있는 긍정적으로 진술된 원리이다. 이 진술은 사건이 정서를 유발시키지 않는다는 생각을 강화시킨다 — 우리의 사건에 대한 해석이 정서를 유발한다.

특별 고려사항

만약 당신이 합리적 정서 행동 치료를 어렵게 진행하게 만들고 있다면, 3가지 요인 중 한 가지가 당신의 어려움에 영향을 미치고 있을 수도 있다.

1. 당신은 정서를 유발하는 생각을 믿지 않은 채로 있다. 만약 이 경우라면, 처음에는 다음 절에 기술된 합리적인 정서 심상으로 당신의 작업을 국한시켜라. 만약 당신이 그러고 나서 당신의 자기독백이 더 적은 스트레스 정서를 경험하는 쪽으로 밀고 나갈 수 있는 변화를 찾는다면, 생각이 정서를 유발한다는 진술을 더욱 믿을 수 있게 될 것이다.

2. 당신의 비합리적인 생각과 자기독백은 번개처럼 신속하기 때문에, 당신은 그것을 포

착하기가 어렵다. 만약 이 경우라면, 강한 감정과 연관된 사건과 상황에 대한 일기를 계속 쓰도록 하라. 당신의 마음을 따라 흐르는 모든 것을 기록하라(장면, 심상, 단일 단어, 모호하게 형성된 생각, 이름, 소리, 문장 등).

3. 당신은 당신의 생각들을 어렵게 기억하고 있다. 만약 이 경우라면, 사후까지 기다리지 마라. 그것이 일어나는 대로 모든 것을 기록하기 위하여 일기를 써라.

합리적인 정서 심상

1971년에, Maxie Maultsby 박사는 합리적 정서 심상을 소개했다. 이 기법은 당신이 스트레스적인 정서를 변화시키기 위한 전략을 개발시키도록 도울 것이다. 다음을 따라서 작업하라.

1. 스트레스적이고 보통 불쾌한 정서가 수반되는 사건을 상상해 보라. 그 상황에 대해 모든 자세한 것을 주목하라(광경, 냄새, 소리, 당신의 옷차림새, 말하고 있는 것 등).

2. 스스로 그 사건을 분명하게 상상하면서, 불편감을 느끼도록 허용해 보라. 분노, 불안, 우울, 무가치 또는 수치심의 감정을 들어오게 해 보라. 그 정서를 피하려 하지 말고, 계속해서 그것을 느껴 보라.

3. 스트레스적인 정서를 경험한 후에, 스스로 그것을 더 건강한 부정적인 정서로 변화시켜보라. 당신은 불안, 우울, 격노 및 죄책감을 근심, 실망, 귀찮음 및 후회하는 것으로 대치함으로써 이러한 정서를 근본적으로 변경시킬 수 있다. 만약 당신이 이렇게 할 수 없다고 생각한다면, 당신은 자신을 얕잡아보는 것이다. 모든 사람은 스스로 느낌을 변

화시킬 수 있다. 단지 잠시 동안일지라도.

4. 스트레스적인 느낌을 접촉하고 그것을 더욱 강하게, 부정적인 정서를 더 건강하게, 잠깐만이라도 밀어붙이면, 당신이 그것을 사용했던 방법을 검토해 볼 수 있다. 자신의 머릿속에서 무슨 일이 일어났길래 본래의 우울, 불안 또는 분노를 변경시켰는가? 분명히 당신은 자신에게 자신이나, 타인 혹은 상황에 대해 뭔가 다른 것을 말했다.

5. "나는 이것을 다룰 수 없어… 이것 때문에 내가 미칠지도 몰라"라고 말하는 대신에, 당신은 이제 "나는 이전에 이런 상황을 성공적으로 잘 다루어왔어"라고 말할 수 있게 된다. 당신은 자신의 신념, 즉 경험에 대한 자신의 해석을 변화시킨 것이다. 일단 당신이 스트레스적인 정서를 보다 건강한 부정적인 정서로 변화시키는 방법을 알면, 당신은 자신이 원할 때마다 새롭고 적응적인 신념으로 대치시킬 수 있다. 새로운 신념이 당신을 스트레스로부터 어떻게 벗어나게 하고, 어떻게 보다 견딜만한 정서를 유발하는지에 대해 깊이 자각하라.

예를 들면, 남편이 저녁에 TV를 켤 때마다 우울을 경험하는 한 가정주부가 합리적인 정서 심상을 실습하였다. 하루 동안, 그녀는 그 상황을 심상 속에서 그려보았다. 남편이 입을 닦고, 테이블에서 일어나서, 접시들을 싱크대 속에 담고, 방을 나간다. 그녀는 남편이 TV를 켜고, 채널을 돌리고, 그가 좋아하는 시트콤 소리를 들은 후의 잠시 동안을 상상할 수 있다. 그녀가 그 순서를 검토하였을 때, 그녀는 의기소침해졌고 우울해졌다.

스트레스적인 정서를 완전히 접촉한 후에, 그녀는 스스로 우울한 느낌을 실망이나 초조감 중 하나로 변화시키도록 했다. 이것은 큰 바위를 한 손으로 미는 느낌과 같았다. 그녀가 순간적이나마 덜 스트레스적인 정서와 접촉하기까지는 15분의 노력이 들었다. 한 시간 간격으로 실습함으로써, 그녀는 우울감을 몇 분 동안 초조감이나 실망감으로 곧 바꿀 수 있었다.

그녀는 자신의 정서를 변화시키기 위해서, 자신의 생각(자기독백)을 변화시켰던 방법을 검토할 준비가 되었다. 그녀는 자신이 우울감을 초조감으로 변화시키면서 "나는 무력함을 느끼지 않아. 만약 그가 TV를 보기를 원하면, 나는 내가 좋아하는 어떤 것을 할 수 있어"라고 말했다는 것을 발견했다. 다른 생각들도 포함되었다: "그것은 그의 인생이야. 그가 원하는 것만 한다면 낭비하라고 해. 나는 내 시간을 낭비하지 않을 거야. 나는 집에서 그와 함께 있어야만 한다고 생각했기 때문에 다른 사람들을 방문하지 않았어. 나는 나 자신을 돌볼 거야. 그는 내가 집에 없으면 싫어할지도 모르지, 그러나 컴퓨터나 보면서 집에 머무르는 것은 내게는 만족스럽지 않아."

대안적인 정서 반응을 개발하기

여기에 상황과 대안적인 정서 반응의 목록 표본이 있다.

상황	불건강한 부정적 정서	건강한 부정적 정서
동료와 다툼	격노	불쾌감, 초조
업무 마감	높은 불안	염려
아동 학대	강한 죄책감	유감
자신이 즐거워하는 것이 취소됨	우울	실망
혹평	무가치감	불쾌감, 염려
공적인 실수	수치심	자기의 행동에 대한 죄책감

이제 당신 자신의 스트레스 상황을 기입하는데, 여기에는 당신이 느끼는 불건강한 부정적 정

서와 당신이 느끼기를 원하는 더 건강한 부정적인 정서가 포함된다.

상황	불건강한 부정적 정서	건강한 부정적 정서

당신은 이러한 각 상황에서 합리적 정서 심상을 활용할 수 있다. 만약 불건강한 부정적인 정서가 당장 변화하지 않는다면, 그것들이 변화할 때까지 계속 그것들을 느껴보라. 당신은 자신을 심상 속으로 밀어붙이는 것만으로도, 당신 스스로 이들 정서를 변경시킬 수 있다. 후에, 당신은 새롭고 더 건강한 정서를 가능하게 해주는 핵심 생각과 구절을 분리할 것이다. 이러한 더 적응적인 생각, 신념 및 아이디어를 포함시키기 위해 당신의 독백을 변화시키는 것은 당신이 작업하고 있는 정서를 변화시키는데, 점차 더 쉬워지게 해줄 것이다. 최상의 결과를 위해, 이러한 기법들을 최소한 2주 동안 하루에 10분 정도 실습하라.

통찰

변화가 일어나는 데 필요한 통찰의 세 가지 수준을 알아 두라. 그것들은 다음과 같다.

1. 당신이 문제가 있다는 것을 아는 것 그리고 그 문제의 원인이 될 수 있는 몇 가지 사건

들에 대한 자각.

2. 당신이 어린 시절에 획득한 비합리적 생각이, 현재 당신이 생활하는 정서적인 풍토를 만든다는 것 그리고 의식적이든 무의식적이든 당신이 그 비합리적인 생각을 영속시키기 위해 매우 열심히 노력해 왔다는 것을 명백히 알아보는 것.

3. 위의 두 가지 통찰에 대한 타당도를 인정한 후에, 당신의 비합리적인 생각을 변화시키기 위해서는 꾸준히, 끊임없이 그리고 활기차게 작업하는 것 이외에는 문제를 제거하기 위한 방법은 없다는 것을 강하게 믿는 것.

이 마지막 통찰에 대해 전념하지 못한다면, 당신은 자신의 습관적인 정서 반응을 변경시키기 어렵다는 것을 경험할 것이다.

만약 당신이, 이 기법이 당신에게 유용하지만 숙달할 수 없다고 생각한다면, 합리적인 정서 치료자 혹은 자문 센터를 접촉하도록 해 보라.

더 읽을거리

Beck, A. T. 1989. *Love Is Never Enough: How Couples Can Overcome Misunderstandings, Resolve Conflict, and Solve Relationship Problems with Cognitive Therapy.* Reprint ed. New York: HarperCollins.

———. 2016. "Cognitive Therapy: Nature and Relation to Behavior Therapy." *Behavior Therapy* 47 (6): 776–84. (Originally published in 1970.)

Burns, D. D. 1999. *The Feeling Good Handbook.* Revised ed. New York: Penguin Books.

Ellis, A. 1980. *Growth Through Reason.* Palo Alto, CA: Science and Behavior Books.

———. 1986. *Anger: How to Live With and Without It.* New York: Carol Publishing Group.

———. 2001. *Overcoming Destructive Beliefs, Feelings, and Behaviors: New Directions for*

Rational Emotive Behavior Therapy. Amherst, NY: Prometheus Books.

———. 2016. *Anger: How to Stubbornly Refuse to Make Yourself Miserable About Anything—Yes, Anything*. Revised ed. New York: Carol Publishing Group.

Ellis, A., and R. J. Harper. 1975. *A Guide to Rational Living*. 3rd ed. North Hollywood, CA: Wilshire Book Company.

Ellis, A., and C. MacLaren. 2005. *Rational Emotive Behavior Therapy: A Therapist's Guide.* 2nd ed. Atascadero, CA: Impact Publishers.

Farquhar, W., and J. Lowe. 1974. "A List of Irrational Ideas." In *Youth: Toward Personal Growth; A Rational Emotive Approach*, edited by D. J. Tosi. Columbus, OH: Charles E. Merrill.

Goodman, D. 1978. *Emotional Well-Being Through Rational Behavior Training.* Springfield, IL: Charles C. Thomas Publisher.

Lazarus, A. A. 1996. *Behavior Therapy and Beyond* (Master Work Series). New York: Jason Aronson.

Maultsby, M. 1971. "Rational Emotive Imagery." *Rational Living* 6 (1): 24–27.

Rimm, D. C., and S. B. Litvak. 1969. "Self-Verbalization and Emotional Arousal." *Journal of Abnormal Psychology* 74 (2): 181–87.

제13장

걱정과 불안 완화하기

Relieving Worry and Anxiety

이 장에서는 다음과 같은 내용을 배울 것이다.

- 스트레스가 많은 상황뿐만 아니라 일반적인 상황에서 긴장과 각성을 줄이기 위한 이완 기술들을 사용하기
- 불안과 연관된 생각, 느낌 및 행동을 객관적으로 관찰하기
- 걱정 생각을 다루기 위해 탈융합 불안 관리 기술을 사용하기
- 지나친 점검이나 회피 같은 걱정 행동을 확인하고 변화시키기
- 문제를 효과적으로 해결하기

배경

작은 불안과 걱정은 매우 유용할 수도 있을 것이다. 만약에 당신이 적절한 행동을 취하지 못하면 미래에 어떤 나쁜 일이 일어날지도 모른다고 생각하는 것이 시험공부를 하게 하고, 연극을 위해 대사를 연습하도록 하고, 문제를 해결하기 위해 노력하게 하고, 당신이 수행할 때

최선을 다하도록 동기를 부여한다. 불안의 가장 중요한 기능은 미래의 위험 가능성에 대하여 당신을 준비시키는 것이다. 당신이 불안 상태에 있을 때, 당신은 이미 약간 긴장하거나 기만해지는데, 그렇기 때문에, 임박한 위험이나 위협에 대한 당신 신체의 자연스러운 두려움 반응인 도전 혹은 도주 반응으로 변경하는 것이 쉬워진다.

예를 들어, 당신이 폭풍우가 몰아치는 날에 운전하고 있을 때, 당신은 약간의 불안이나 긴장을 느끼기 쉽다. 백일몽에 빠져있거나 라디오를 듣는 것보다는 두 손으로 핸들을 잡고 꼿꼿이 앉아서 일어날 수 있는 위협 때문에 도로를 살펴볼 수 있다. 큰 나무가 당신 앞으로 막 쓰러지는 것을 보았을 때, 당신의 정서는 도전 혹은 도주 반응을 유발하기 때문에 불안에서 회피로 옮겨가고 당신은 즉시 위험으로부터 멀어지도록 차를 멈추고 핸들을 꺾는 반응을 한다.

불안은 너무 자주 촉발되거나, 너무 심하거나, 멈출 수 없을 때 문제가 된다(Craske & Barlow, 2006). 만약에 당신이 항상 불안과 걱정을 한다면, 당신의 몸은 미래의 위험 가능성에 대해 항상 준비하고 있는 것이다. 당신이 그것으로부터 미쳐버리고 싶지 않은 반면, 장기간의 불안과 걱정은 당신의 수행performance과 생산성에 부정적인 영향을 미칠 수 있는 수면 문제, 피로, 성급함 및 형편없는 집중력의 원인이 되기 쉽다.

실수하거나, 거절되거나, 마감 시한을 놓치거나 혹은 시험을 잘 보지 못할 가능성과 같은 잠재적으로 위험하거나 위협적인 것으로 지각되는 어떤 것에 의해서도, 불안은 촉발될 수 있다. 위험은 심지어 사실이 아닌데, 앞으로 가끔 일어날지도 모르는 단 순한 생각이 불안을 만들어 내기 때문이다. 실제로 일어날 가능성을 과장할 때뿐만 아니라, 미래에 일어날 수 있는 사건의 위험성을 과대평가할 때 사람들은 스스로 불필요한 불안을 만들어 낸다. 그들은 "이 끔찍한 일이 일어난다면 그리고 내가 그것에 대처할 수 없다면 어떻게 될까?"라고 당황해할 수 있다. 그런 다음 그들은 "그것은 재앙이 될 거야!"라고 생각한다. 이런 생각들이 불안을 촉발시키는 것이다.

Ana의 불안

월요일 아침이었는데, Ana는 자신의 자녀들이 학교에 지각하고 '큰 문제'에 빠질까 봐 걱정하였다. 그녀는 또한, 오늘 직장에서 5분 프레젠테이션을 할 준비가 되어있지 않아서, 2주 동안 그것을 위해 노력해 왔음에도 불구하고 기회를 날려버릴 것이라고 걱정했으며, 아픈 남동생이 추운 집에서 폐렴에 걸릴 수도 있다고 걱정하였다.

대부분 만성적으로 불안한 사람들처럼, Ana는 나쁜 일이 일어나는 것을 막기 위하여 자신이 할 수 있는 것을 행하였다. 그녀는 만약 실수한다면 비난을 받게 되고 심지어 직장을 잃을 수도 있다는 걱정을 했기 때문에, 일을 과도하게 준비했던 것이다. 그녀는 어떤 중요한 것에 늦거나 놓쳐서 무례해 보이지 않기 위해, 스스로 그리고 그녀의 자녀들과 일찍 약속을 잡는다. 그녀는 만약 반복해서 점검하지 않으면 재난이 일어날지도 모른다고 걱정한다. 아이러니하게도, 이 '**안전 행동**safety behaviors'은 그녀의 불안을 영속시키는데, 왜냐하면 그녀가 이런 일들을 하지 않으면 어떤 재앙이 일어날 가능성이 크지 않고, 작은 사고가 있다면 아마도 그것을 다룰 수 있을 것이라고 배우지 못하게 걱정 행동이 막기 때문이다.

그래서 그녀의 자녀들이 가끔 학교에 몇 분 지각한다면 어떻게 될까? 그녀는 학교로부터 전화를 받겠지만, 자녀가 낙제하거나 퇴학당하지는 않을 것이다. 그녀의 아픈 남동생을 하루에 여러 번 점검하는 것은 순간적으로 안심시켜줄지는 몰라도 폐렴을 막을 수는 없다.

걱정하는 행동들에 대해 걱정하고 관여할 때, 누구나 스트레스를 받게 된다. Ana는 자신의 문제에 대해서 걱정하면서 일요일 밤 잠자리에 들게 되고, 이는 잠들게 하기보다 긴장을 느끼게 할 것이다. 그녀가 잠들 수 없을 때, 한 시간 동안 뒤척인 후에, 보통 때처럼 이런 허드렛일을 그만두기보다는 자녀들의 점심을 준비하기 위해 일어난다. 그녀가 이렇게 하는 것은 자녀들이 학교에 지각하는 것을 예방할 수 있다고 생각했기 때문이다. 그녀는 그녀가 자녀들과 늦게 도착하였을 때, 지난주 학교 교장의 얼굴에서 못마땅해하는 얼굴을 회상했고 어깨가 더 긴장될 뿐만 아니라 두려움이 물밀듯 느껴졌다.

그녀는 자신에게 말하였다, "나는 무능한 엄마임에 틀림없어. 아마도 나는 일에 소질이 없고 나 스스로 아이들을 키울 수 없을지도 몰라." 그녀는 위가 메스꺼워지는 것을 느꼈다. "만약 시간이 충분하지 않으면 어떻게 하지? 만약 그들이 지각해도 괜찮다고 생각하기 시작하면 어떻게 하지? 만약 그들이 과제를 늦게 시작하면 어떻게 하지… 혹시 전부 안 하면 어떻게 하지? 나는 이 모든 것과 내 일을 다룰 수 없어!" 그녀는 어깨 전체에 퍼져있는 통증을 마사지하였고, 소화불량을 가라앉히기 위해 제산제를 먹었다. "나는 너무나 초조해… 만약 내가 잠을 조금밖에 자지 못하면, 나는 내일 기능적이지 못할 거야." 그녀는 침대로 돌아가서, 평소보다 30분 일찍 알람을 울리도록 맞추고, 잠에 막 들기 전에 한 시간 동안 뒤척였다.

당신이 볼 수 있는 바와 같이 걱정, 안전 행동 및 긴장은 불안을 증가시키고 유지시키는 데 상호작용한다.

이 장은 Michelle G. Craske와 David H. Barlow(2006), Steven Hayes(Hayes & Smith 2005), Melisa Robichaud와 Michel Dugas(2015) 그리고 Mary Ellen Copeland(1998)의 연구를 기반으로 한다. 이 장은 시간이 지나면서 불안과 걱정을 유지시키는 데 함께 작용하는 3가지 불안 성분을 다루고 있다,

1. 미래에, 위험이나 위협의 가능성이 있다고 당신에게 말해주는 당신의 생각
2. 이 기민한 메시지에 대한 반응으로 긴장하게 되는 당신의 신체
3. 가능하다면 위험을 점검하고 그것을 피하도록 설계되어있는 당신의 행동

증상-완화 효과

이 장에서 가르쳐 주는 기술은 안절부절못하게 느끼는 것, 긴장시키는 것 또는 신경질적이 되는 것, 수면 방해, 피로, 집중 곤란, 근육 긴장 및 성급함과 같은 불안과 걱정을 감소시켜주고, 지나친 걱정과 연관된 신체적 긴장 증상을 줄이도록 해줄 것이다. 이러한 기술들은 또한 재난의 자발적인 두려움 유발 심상의 발생을 줄여주고, 당신의 걱정 행동을 없애줄 것이다.

숙달 시간

당신은 이러한 기술을 몇 달 안에 배우고 적용할 수 있다. 이번 장에서는 연습을 통해 당신의 방식대로 해나가면서 편안한 속도로 나아가라. 당신의 성공은 이 연습을 얼마나 많이 실습하는지에 달려있다.

지시

전반적인 긴장과 급성 긴장을 완화하기 위한 이완 기술

신체적 긴장은 걱정과 불안의 원인이자 결과이다. 당신은 불안과 걱정의 주기에서 중재를 시작하기 위하여, 이 책에서 배운 이완 기술을 활용할 수 있다. 만약에 당신이 아직 복식 호흡을 완전히 익히지 못하였다면, 당신이 현재 호흡을 어떻게 하는지를 관찰하기 위해, 제3장으로 돌아가서 기본적인 호흡에 나와 있는 첫 번째 연습으로 시작하라. 그런 다음 횡경막 호흡 즉, 복식 호흡으로 나아가라.

다음으로, 제7장으로 넘어가서 이완 응용의 처음 세 단계를 배워라. 즉, 점진적인 근육 이완, 단지 풀어주기만 하는 이완 그리고 단서에 의해 통제된 이완을 실습하라. 당신의 목표는 단서에 의해 통제된 이완 기법을 사용하여 2분이나 3분 안에 이완될 수 있게 하는 것이다. 당신이 이 연습을 실습하면서, 당신의 신체, 특히 당신의 가슴, 복부, 이마 및 어깨에서의 이완 감각에 확실히 초점을 두라.

불안 및 걱정과 연관된 보통의 각성 및 긴장 수준을 내리기 위하여, 하루에 한 번이나 두 번 20분 동안 이완시키는 시간을 남겨둬라. 이 시간을 횡격막 즉, 복식 호흡, 마음챙김 호흡 세기 그리고 제7장의 처음 3가지 연습을 배우고 실습하는 데 활용하라. 20분간의 이완 연습을 실습하기 전과 후에 당신의 이완 수준 일지를 기록하기 위하여, 제2장에서 전반적인 긴장 기록지를 활용하라(이 자료를 내려받으려면 http://www.newharbinger.com/43348을 참조하라).

일단 단서에 의해 통제된 이완 연습에서의 '이완'이라는 단어와 깊은 이완 감각과 성공적으로 짝지으게 되면, 당신이 하루 동안에 긴장이 올라가기 시작하는 것을 느낄 때마다 단서에 의해 통제된 이완 활용을 시작하라.

뒤로 물러나서 자신의 불안을 관찰하기

당신이 어떤 것을 이해하기 전에는 그것을 변화시키기 어렵다. 그래서 당신 자신만의 다양한 불안의 요소들을 더 자각하기 위해, 일지를 계속해서 작성할 필요가 있을 것이다. 당신은 불안한 생각, 긴장 감각 및 걱정 행동을 확인하게 되면, 그것들이 당신의 불안을 어떻게 상승시키는지를 관찰하라. Craske와 Barlow(2006)에 따르면, 당신은 당신이 일반적으로 불안 경험을 탐지하고 기록할 때 불안, 걱정 및 긴장에 대해 좀 더 분리되고 객관적으로 될 것이다. 당신은 이번 장에서 제시된 기법들을 실습하기 위하여 이 정보를 사용할 것이고, 당신의 불안과 걱정에 대한 더 큰 통제를 얻게 될 것이다. 당신은 또한 불안 사건 기록지를 계속해서 사용함으로써 당신의 향상을 탐지할 수 있고, 앞으로 계속해서 작업할 필요성이 있는 분야를 정확히 찾아낼 수 있을 것이다.

Craske와 Barlow(2006)의 '걱정 기록지'를 각색한 불안 사건 기록지를 내려받으려면 http://www.newharbinger.com/43348을 참조하고, 불안 수준이 극적으로 증가하는 것을 알아차릴 때마다, 자신의 걱정거리를 포착하거나, 신체적 긴장 증상을 느낄 때 이 기록지를 활용하라. 다음은 불안 사건 기록지에 이어, Ana의 불안 사건 기록지 표본이다.

불안 사건 기록지

날짜: ______________ 사건의 길이: ______________

불안 심도 척도

이 사건 동안 당신 불안의 최대 수준을 이 척도에 (✔) 표시하라.

0	1	2	3	4	5	6	7	8	9	10
없음		약간		중간			심한			극심한

촉발 사건:

____

걱정:

____

____

____

신체 증상에 표시하거나, 기록하라(예: 근육 긴장, 수면 곤란, 집중 곤란, 정신이 멍해짐, 과민성, 피로, 차분하지 못함, 긴장하거나 안절부절못함, 기타).

____

____

안전 행동:

____

____

Ana의 불안 사건 기록지

날짜: 5월 5일 사건의 길이: 5시간

불안 심도 척도

이 사건 동안 당신 불안의 최대 수준을 이 척도에 (✔) 표시하라.

0	1	2	3	4	5	6	7	8	9	10
없음		약간		중간			심한		✔	극심한

촉발 사건:

내일 직장에서 5분 프레젠테이션, 지난주에 자녀들이 학교에 지각, 남동생이 아픔.

걱정: 나는 내일 내 발표를 날려버릴 것이고, 상사는 내가 무능하다고 생각할 것이며, 나를 해고할 것이다. 내 아이들은 학교에 지각할 것이며 교장은 내가 무능한 어머니라고 생각할 것이다. 나의 아이들이 숙제와 같은 다른 것들을 늦게 시작하면 어떡하나? 나는 어떻게 할 수 없다! 내 동생의 감기가 폐렴이 되면 어떡하나? 그는 죽을 수도 있다! 나는 그런 끔찍한 상실에 대해서 어떻게 할지 알고 싶지 않다.

신체 증상에 표시하거나, 기록하라(예: 근육 긴장, 수면 곤란, 집중 곤란, 정신이 멍해짐, 과민성, 피로, 차분하지 못함, 긴장하거나 안절부절못함, 기타).

배탈, 어깨 통증

안전 행동: 아이들의 점심 식사를 30분 일찍 만들어, 지각하지 않도록 하고 5분간의 프레젠테이션을 과하게 준비하고, 아픈 남동생을 하루에 여러 번 확인함.

다음 기법들을 사용하여 불안과 걱정을 보다 효과적으로 통제할 수 있으므로, 불안 사건 기록지를 사용하여 당신의 향상 사항을 모니터링하고 추가 작업이 필요한 부분을 정확히 찾아낼 수 있다.

생각 탈융합

탈융합defusion은 Stephen Hayes(Hayes & Smith, 2005)에 의해 개발된 치료 과정으로 수용 전념 치료acceptance and commitment therapy(ACT)라고 불리는 종합적인 심리 치료의 일부이다. 탈융합은 마음을 관찰하는 불교의 수행에서 비롯된다. 즉, 당신이 걱정의 내용에 사로잡히기보다는, 생각이 오고 가는 것을 바라보는 것이다. 생각에 명칭을 붙이고 놓아 버리면서 자신의 마음을 관찰하는 것은 당신이 재앙적인 걱정으로부터 벗어나, 그것들을 훨씬 덜 심각하게 받아들이도록 도와줄 수 있다. 당신은 어떤 생각을 그저 그런 것 즉, 당신이 하루에 하는 약 60만 개의 생각 중 하나라는 것을 배울 것이다. 당신은 또한, 생각은 사실이 아니기 때문에 생각이 지나가고 떠내려가게 하도록 배울 수 있다. 생각들은 단지 당신의 마음의 산물이기 때문이다. 당신의 마음에서 항상 걱정스러운 생각이 계속해서 튀어나오지만, 그것들과 당신의 관계는 다를 것이다. 당신은 스스로에게 "걱정스러운 생각이 있는데, 그것에 연연하기보다는 그냥 내버려 두라"라고 말할 수 있을 것이다.

마음챙김 집중

걱정스러운 생각에서 탈융합하는(분리시키는) 법을 배우는 것은 마음챙김에 집중하는 것으로 시작하는데, 자신의 생각을 알아차리는 것이다. 호흡부터 시작하는데, 호흡의 중심과 발생원인인 횡격막에 주의를 두는 것이다. 들숨에는 "안"이라고 말하고, 날숨에는 "밖"이라고 자신에게 말하라.

당신이 호흡에 초점을 두면 동안에도, 변함없이 생각은 방해될 것이다. 생각들이 일어날 때마다, 자신에게 "생각"이라고 말하고, 자신의 호흡에 주의를 돌려보라. 아무리 주의 깊게 자신의 호흡을 관찰해도 생각들은 필연적으로 나타난다. 그것은 정상적인 것이다. 당신은 아무 잘못도 하지 않고 있는 것이다. 그래서 그 순서는 다음과 같다. 호흡하고, 어떤 생각이 떠오르는 것을 알아차리고, 그 생각에 명칭을 붙이고, 당신의 초점을 자신의 호흡으로 돌려라.

마음챙김 집중은 당신이 자신의 마음을 바라보는 것을 배우게 해줄 것인데, 마음을 진정한 생각의 팝콘 기계로 인정하도록 도울 것이고, 걱정으로부터 약간의 거리를 두어서, 걱정으로부터 분리시켜 줄 것이다. 이 연습을 5분 동안, 하루에 두 번씩 하라.

생각에 명칭 붙이기

일단 당신이 마음챙김에 집중함으로써 자신의 마음을 바라보는 법을 배우고 나면, 일상에서 나타나는 불쾌한 생각들, 특히 걱정거리들에 명칭 붙이기를 시작할 때다. 두 가지 방법으로 할 수 있다. 첫 번째 방법은 자신에게 "나는… 생각을 하고 있어"라고 말하고 나서, 무슨 생각이든지 추가하는 것이다. 예를 들어, "내가 아플 수도 있다는 생각을 하고 있어" 또는 "내가 직장을 잃을 수도 있다는 생각을 하고 있어" 또는 "나는 친구들 앞에서 나쁜 경기를 할 것이라는 생각을 하고 있어", "나는… 생각을 하고 있어"로 각 걱정을 미리 살펴보는 것은 이것이 실제 사실과 다른, 마음의 산물이라는 것을 일깨워 준다. 곤란한 생각들을 이런 식으로 명칭을 붙이는 것은 — 당신이 그것들에 주목할 때마다 — 당신을 걱정의 횡포로부터 해방시킬 수 있는 단련법이다.

생각에 명칭을 붙이는 두 번째 방법은 그것이 어떤 종류의 생각인지를 자신에게 상기시키는 것이다. 미래에 대한 불안을 유발하는 생각은 **걱정스러운 생각**이라고 명칭을 붙일 수 있다. 아니면 **"C-생각"**으로 부를 수도 있는데, C는 재앙이나 **파국적인**catastrophic 것을 나타낸다. 이제, 당신이 걱정하기 시작할 때마다, "걱정"이나 "C-생각"이라고 말하면서 걱정을 식별하라. 명칭 붙이기는 이것들이 단지 생각일 뿐이라는 것을 상기시켜 준다. 당신은 생각에 빠지지 않고도 생각을 알아차릴 수 있다.

생각을 놓아 버리기

걱정스러운 생각이 나타날 때마다, 그냥 놓아버려라. 원한다면, 자신의 걱정들을 검토하기 위해, 얼마간의 시간이 지난 후에 일정을 잡을 수 있다. 당신은 걱정스러운 생각을 노트에 적을 수도 있는데, 정해진 걱정 시간(**걱정 지연**worry delay이라고 하는 기법)에 그것들을 잊지 않도록 할 수도 있다. 그러나 지금 순간에는 생각이 떠오르면 그것에 연연하기보다, 당신은 그것을 놓아 버리는 법을 배울 수 있다. 생각을 놓아 버리기 위한 한 가지 전략은 심상을 사용하는 것인데, 마치 생각이 빠르게 지나가는 광고판에 있는 것처럼 생각을 심상하는 것이다. 또는 그 생각이 줄에 매여 있지 않은 풍선이 날아 가버리는 것처럼, 생각을 심상하는 것이다. 또는 컴퓨터 팝업처럼 갑자기 화면에 나타났다가, 닫기 키를 누르면 사라지는 것과 같은 것처럼, 생각을 심상해 보라.

놓아 버리기 과정에 신호를 보내기 위하여 신체 동작을 이용할 수도 있다. 한 가지 예는 숨을 크게 들이쉬고 내쉬면서 걱정스러운 생각을 놓아 버리는 것이다. 날숨과 함께 생각이 놓아 진다는 상상을 하라. 또 다른 전략은 생각을 떨어뜨리는 것이다. 당신이 그 생각을 손바닥으로 올려서 손에 들고 있다고 상상하라. 이제 손바닥이 아래로 향하도록 손을 돌려서, 동시에 그 생각을 놓아 버린다고 상상해 보라. 일어나는 모든 걱정에 대해 이 몸짓을 해 보라.

걱정스러운 생각으로부터 거리두기

괴로운 생각으로부터 감정적으로 거리를 두는 한 가지 방법은 마음속으로 그 생각에 대해 감사하는 것이다.

걱정스러운 생각에 대해, 마음아, 고마워
판매 할당량을 맞추지 못할 것 같다는 생각에 대해, 마음아, 고마워
사고를 당하게 될 거라는 생각에 대해, 마음아, 고마워.

만트라는 당신의 마음이 당신을 보호하려고 노력하고 있다는 것을 인정하면서도, 당신이 또한 그 생각에 너무 관여하지 않도록 해준다. 당신은 그 생각을 이해하거나 탐구할 필요는 없다 — 그저 여러분의 마음에 감사하고 놓아버려라.

또 다른 거리두기 전략은 단순히 모든 의미를 잃을 때까지 (60번 또는 70번까지) 생각을 반복하는 것이다. 이 기법은 Titchener의 반복이라고 불리는데, Edward Titchener는 단어가 충분히 반복되면 의미가 없어진다는 것을 발견하였다.

한층 더 걱정으로부터 거리를 두는 또 다른 접근은 그 생각을 객관화하는 것이다. 생각의 색, 모양, 질감 또는 크기가 있다고 상상해 보라. 예를 들어, 당신은 걱정스러운 생각이 초록색이고 축구공만큼 크고 둥글다고 상상할 수 있다. 이제 당신은 그것을 그냥 차버리는 것을 상상할 수 있다. 그 대안으로, 그 생각이 얼마나 오래되었는지, 처음 떠오른 지 몇 년이 지났는지 자문해 보라. 그 생각이 지팡이를 짚고, 모퉁이를 돌아 느릿느릿 나아가며, 보이지 않게 되는 노인이라고 상상해 보라.

걱정스러운 생각을 탈융합하기 위해 전념하기

탈융합은, 당신이 사용하기만 한다면, 걱정에 대한 당신의 관계를 변화시켜줄 것이다. 지금 당장, 당신이 걱정스러운 생각을 알아차릴 때마다, 하나 이상의 탈융합 전략을 사용하기에 전념하라. 그것은 "걱정스러운 생각이 있어"라고 자신에게 말하는 것처럼 간단할 수 있

고, 걱정스러운 생각을 나뭇잎처럼 냇물에 떠내려가는 모습으로 시각화하는 것이다. 아니면 당신은 걱정의 첫 신호에서 그냥 심호흡하고, 날숨을 내쉬면서 그 생각이 날아가 버리는 것을 상상할 수도 있다. 또는 걱정을 알아차리고, 나중에 생각해 볼 수 있도록 적을 수도 있고(걱정 지연), 다른 걱정스러운 생각에 대해 당신의 마음에 감사하라.

성공적인 탈융합 및 걱정으로부터 거리두기를 하는 비결은 다음과 같다.

1. 걱정스러운 생각을 가능한 한 빨리 알아차려라. 당신이 걱정한다는 것을 자각하게 되는 순간, 당신은 선택할 수 있다: 걱정을 계속하거나, 명칭을 붙이고 생각을 놓아 버리는 것이다.
2. 걱정스러운 생각이 나타날 때마다, 당신의 탈융합 전략을 사용하라. 걱정에 대해 거리두기나 놓아 버리는 형식으로 반응하기 위해 스스로 전념하는 습관을 들이라.
3. 탈융합 전략을 다양화하라. 계속 섞어서 새로운 것을 자주 시도하도록 하라.
4. 끈적하게 달라붙는 걱정스러운 생각에 적극적으로 대처하라. 노인 시각화나 Titchener의 반복과 같은 기법을 사용하여, 생각을 놀리거나 의미를 잃도록 하라.

자신의 안전 행동을 변경하라

우리는 모두, 위험한 상황으로부터 스스로를 보호하도록 타고났다. 우리가 위협을 당할 때, 우리는 빨리 행동하고, 안전함을 느끼기 위해 많은 노력을 할 것이다. 만약 당신이 불 꺼진 주차장에 있는데, 당신 뒤에서 발자국 소리가 들린다면, 안전한 당신의 차로 더 빨리 움직일 것이다. 신체적으로 위협적인 상황에 대응하여 안전을 추구하는 것 외에도, 당신은 무언가에 대해 걱정할 때 경험하는 불안감을 완화하기 위해, 안전을 추구하는 자신을 발견할 수도 있다. 안전 행동은 두려움의 감정과 당신이 걱정하는 재앙으로부터 자신을 보호하기 위해 행해지는 선택되는 행동이다. 안전 행동은 단기적으로는 위험의 느낌을 감소시킨다는 점에서 즉각적인 이점을 제공하기 때문에 설득력이 있다.

안전 행동의 문제점

안전 행동 사용의 주요 문제 중 하나는, 당신이 두려워하는 상황이 자신을 해칠 수 있는지를 결코 알아낼 수 없다는 것이다. 사실, 당신이 두려워하는 것을 피하는 것은 시간이 지남에 따라 불안감을 증가시킬 것이다. 예를 들어, 가능한 모든 나쁜 결과를 보기 위해 미리 생각하면서, 결정을 내리는 것에 대해 많이 걱정한다고 가정해 보자. 이러한 걱정은 불확실성을 제거할 수 있도록 고안되었지만, 그렇지 않다 — 각각 예측된 나쁜 결과는 불확실성과 위협감을 가중시킬 뿐이다. 당신의 불안은 강도가 심해진다. 이것이 바로 당신이 안전 행동들로 눈을 돌리기 시작하는 단계이다. 아마도 당신은 꾸물거리거나, 계속해서 안심시키는 말과 조언을 구하면서 결정을 내릴 것이다. 이러한 안전 행동의 궁극적인 결과는 불확실성을 참거나 자신의 판단을 신뢰하는 법을 결코 배우지 못한다는 것이다. 모든 결정은 당신을 계속 불안하게 만든다.

다음의 순서는 안전 행동이 불안감을 어떻게 유지시키고, 종종 악화시키는지를 보여준다.

특정 위협: 안전에 대한 불확실성을 야기하는 것.

⇩

걱정: 불확실성(위협)을 줄이려는 희망으로 발생할 수 있는 재앙에 대한 생각.

⇩

걱정/두려움은 당신이 더 오래 걱정할수록 증가한다.

⇩

안전 행동은 위협을 피하거나 위협을 얼마간 줄이는 데는 도움이 된다.

⇩

불안은 일시적으로는 줄어든다.

⇩

위협이 당신을 해칠 수 없다는 **어떤 학습도 일어나지 않는다**; 당신은 불확실성을 참는 법을 배우지 못한다.

⇩

특정 위협이 다시 나타난다.

⇩

순서가 반복된다.

안전 행동 유형

그래서 안전 행동은 일시적인 완화를 해주지만, 당신이 걱정하는 대부분의 상황이 재앙으로는 끝나지 않으리라는 것을 배우지 못하게 하는 것이다. 이제 안전 행동의 목적과 문제점에 대해 이해하였으니, 어떤 유형의 안전 행동에 참여할 수 있는지 살펴보자.

❙ 과도한 안심시키는 말 찾기

만약 이것이 당신의 안전 행동 중 하나라면, 당신은 결정에 대해 걱정할 때 다른 사람들에게서 당신을 안심시키는 말을 찾는다. 여기에는 자동차 구입과 같은 큰 결정을 내리거나, 저녁으로 무엇을 먹을지와 같은 작은 결정을 내리는 것도 포함될 수 있다. 다른 사람들에게 그들의 의견을 물어보는 것은 정상이지만, 지나치게 안심시키는 말을 찾는 것은 안전 행동이다. 왜냐하면, 당신은 걱정이 야기하는 불안감에 대처하기 위해, 여러 번 질문하기 때문이다.

❙ 주의분산

두려운 경험을 직면했을 때, 당신은 자신의 주의를 산만하게 하는 방식으로 행동할 수도 있다. 여기에는 공상에 잠기거나, TV 시청 또는 인터넷 사용, 숫자세기, 음악에 박자 맞추기, 계획 등이 포함될 수 있다.

❙ 꾸물거리기

꾸물거리기는 광범위한 회피 범주에 속하는 안전 행동이다. 꾸물거리면서, 당신은 무언가에 대한 걱정을 늦추거나, 위협감이나 위험을 최소화하기 위한 방법으로서 두려운 경험을 미루게 된다.

❙ 점검 및 이중-점검

이러한 안전 행동으로 당신은 집을 떠나기 전에 난로를 껐는지 이중-점검을 할 수도 있으며, 아니면 당신은 사랑하는 사람들이 안전한지 확인하기 위해 하루에도 몇 번씩 점검할 수도 있다. 이것은 불확실성에 직면했을 때 덜 불안하게 느끼려는 당신의 시도이다.

❙ 회피

회피함으로써, 당신은 불확실하고 위협적으로 보이는 상황에서 벗어나 불안을 줄인다. 당신은, 의사가 당신에게 무슨 말을 할지도 모르기 때문에, 연례 건강검진 받는 것을 피할 수도 있다. 실패가 걱정되는 과제나 도전을 회피할 수도 있다.

❙ 과잉준비

이러한 안전 행동과 관련된 활동은 모호하거나 예측할 수 없는 상황에 대한 확실성을 높이기 위해 고안된다. 아마도 당신은 "구글로 검색이 안 되는 것은 무엇이든 불안하다"라는 표현을 들어본 적이 있을 것이다. 당신은 걱정을 유발하는 도전에 직면할 때 가능한 한 많은 정보를 찾고, 불확실성의 수준을 낮추기 위해 자신을 준비할 것이다.

❙ 완벽주의

이 안전 행동의 목적은 불확실성과 실수를 없애기 위해, 모든 것을 흠 하나 없이 하는 것이다. 즉, 과제를 다른 사람들에게 위임하지 않으므로 해서, 당신이 원하는 방식으로 과제를 수행할 수 있다. 그것은 또한 오류의 가능성을 피한다는 것은 과로하는 것을 의미할 수도 있다.

❙ 마약/알코올/불안 약물치료

마약이나 알코올로 불안감을 잠재우는 것은 안전 행동이다. 당신은 불안 발작을 일으킬 경우를 대비해서라도, 예방책으로 불안 약물치료를 계속하게 되는 것이다.

일반화된 불안장애(걱정)와 안전 행동

일반화된 불안장애(GAD)와 걱정은 안전 행동의 사용에 의해 유지된다. 점차 안전 행동을 제거할수록, 불확실성에 대한 내성은 더 커지게 되고 그러면 당신의 불안(불확실성에 대한 두려움)은 점차 줄어들게 것이다. 그러므로, 안전 행동을 중단하는 것은 걱정과 GAD를 극복하는 데 절대적으로 중요하다.

걱정을 극복하는 첫 번째 단계는 걱정 항목표를 개발하는 것이다. 이 항목표는 걱정을 유발하는 상황, 그 상황에 의해 생성된 특정 걱정 그리고 걱정으로 인한 불안을 대처하기 위해 사용하는 안전 행동에 초점을 맞춘다.

걱정 항목표를 시작하려면, 최근 걱정 사항과 그것을 일으킨 상황에 대해 생각해 보라. 1열에는, 상황을 설명하고, 2열에는 당신의 걱정(심각한 재앙적 결과)을 나열하고, 3열에는 그 특정한 상황이나 걱정에 대한 불안을 최소화하기 위한 대처 전략을 명시하라.

걱정 항목표

상황	걱정	안전 행동

가혹한 걱정의 목소리와 씨름한 Stephan은 다음과 같이 **걱정 항목표**를 작성하였다.

Stephan의 걱정 항목표

상황	걱정	안전 행동
복통/가스.	두려움 의사들은 틀렸어. 그건 심각해.	온라인 의학 연구.
업무 마감.	놓치면 어쩌지? 해고/모욕당함.	수행할 작업을 지속적으로 나열함, 목록을 점검함, 동료로부터 안심시키는 말을 찾음.
주식시장이 하락.	폭락할까? 모든 것을 잃음.	DOW 및 S&P를 계속해서 점검; 안심시키는 말을 듣기 위해 브로커에게 전화.
새 차 구입: 뷰익(Buick).	연노란색일 거야. 그 색은 싫어.	소비자 보고서Consumer Reports를 재점검. 지연, 잦은 시험 주행(점검).
최근 대규모 총격 + 콘서트 갈 예정.	내가 죽을 수도 있을 거야. 그 콘서트가 표적이 될 수도 있어.	친구에게 안심시키는 말을 찾음, 테러범 활동에 대한 뉴스기사 점검.
미팅을 요청하는 상사.	질책을 듣거나, 해고될 거야.	동료로부터 안심시키는 말을 찾음.
체육관에서 높은 심박율.	내가 심장병에 걸렸나? 심장 발작이 온건가?	온라인 의학 연구, 맥박을 계속해서 점검.
새 지붕과 페인트가 필요한 콘도.	비용 때문에 내 집을 팔아야 할 듯/재정 문제.	콘도 가격 점검함, DOW와 S&P를 점검함.

Stephan은 때때로 같은 걱정이라도 여러 가지 안전 행동을 사용했는데, 특정 안전 행동은 대개 특정 유형의 걱정(건강 걱정, 직업 걱정, 재정 걱정 등)과 연관되었다. Stephan에게는 자신의 안전 행동들이 자신의 걱정을 유지하고 있다고 깨닫는 것과 또한 그것이 불확실성에 대해 참을 수 없게 만들었다는 것을 깨닫는 것은 매우 중요했다. 만약 그가 자신의 삶에서 걱정과 불안을 줄이려면, 그는 자신의 안전 행동을 중단해야만 할 것이다.

걱정으로 인한 안전 행동 중단시키기

걱정에 기반한 안전 행동을 중단시키기는 즉각 끊거나, 점진적인 위계질서를 통해 달성될 수 있다. 안전 행동 계획 작업지는 각 걱정-기반 안전 행동에 대한 중단 계획을 개발할 수 있는 곳이다. 첫 번째 열에서, 당신의 안전 행동(유형별로 정리)을 입력하고, 두 번째 열에서는, 대응되는 중단 계획을 입력하라. 세 번째 열의 행동 검증은 다음 절에서 다룰 것이다. 당신은 지금 그것을 처리할 필요가 없다.

안전 행동 계획 작업지

안전 행동	계획	행동 검증

Stephan은 자신의 안전 행동 목록을 걱정 항목표에서 안전 행동 계획 작업지로 옮겼다. 그가 작성한 내용은 다음과 같다.

Stephan의 안전 행동 계획 작업지

안전 행동	계획	행동 검증
점검하기:		
온라인 의학 연구.	중단.	
DOW 지수 및 S&P 지수	이틀마다 2배에서 1배로 줄인 다음, 중단.	
컨슈머 리포트	중단.	
콘도 가격.	한번 점검한 다음, 중단.	
새 승용차 드라이브.	각 모형을 한 번씩, 모두 5개 모형을 주행한 다음, 중단.	
신체 증상(맥박).	매일 2회 점검, 그다음 매일 1회 점검, 그다음 중단.	
재난 뉴스 스토리, 일반 뉴스.	중단.	
할 일 목록 작성 및 점검	매일 1회 항목 추가, 매일 1회만 점검.	
브로커(중개인), 친구, 동료로부터 안심시키는 말 찾기	분기별로 브로커에게만 자문, 친구나 동료에게 두려움 의논을 중지.	
꾸물거리기	지금 결정할 날짜 정하기.	

행동 검증

안전 행동을 극복하기 위해 취할 수 있는 추가 단계가 있다. 이 과정(행동 검증)은 안전 행동이 실제로 안전을 유지하는지 확인할 수 있는 기회를 제공해준다. 그것은 점검이나 안심시키는 말을 찾는 것과 같은 안전 행동을 하는 데 실패하면, 재앙을 초래할 것이라는 신념을 검증할 수 있게 해준다.

그것이 어떻게 작동하는지 보자. 자주 의지하고 있는 특정 유형의 안전 행동(안전 행동 계획 작업지에 나타나는 것)을 확인하라. 이제 여러 맥락이나 상황에서 이 행동을 중단하는 실험을 설정할 수 있다. 예를 들어, Stephan은 신체 증상, 재난 뉴스, 주식시장 보도에 대한 자신의 점검 행동을 중지하는 실험을 할 수 있다. 그런 다음 각 실험에 대해, 어떤 일이 일어날 것(두려운 결과)인지를 예측하였다. 안전 행동을 중지한 후에, Stephan은 실험을 완료하기 위해 실제로 어떤 일이 일어났는지 기록하였다.

Stephan의 행동 검증 순서는 다음과 같다.

예 1

검증: 내 맥박을 점검하는 것을 중단하기.

예측: 심장병일 것 같은데, 모르겠어. 다음 주에 의사를 만나면, 그가 "침묵적인 심장 발작"이라고 말할 거야.

결과: 의사는 내 심장이 괜찮다고 말했다.

예 2

검증: 주식 점검하는 것.

예측: 주식시장이 다음 주에 폭락할 거야. 팔기에는 너무 늦었는지 모르겠어.

결과: 주식시장이 실제로는 상승했어.

예 3

검증: 할 일 목록을 매일 한 번씩 점검하는 것.

예측: 나는 뭔가 중요한 일을 하는 것을 잊어버리고, 직장에서 중대한 실수를 할 거야.

결과: 이 검증을 한 지 2주 만에, 오랜 고객에게 전화하는 것 말고는 아무것도 잊지 않았어 — 별일 없었어.

각 검증을 완료하면서, Stephan은 자신의 예측과 결과를 **안전 행동 계획 작업지**의 세 번째 열에 기록했다. Stephan은 작업지에 없는 일부 다른 상황에서 안전 행동 점검하기에 대해 추가적인 검증을 하였다.

- 내 여자친구에게 우리 계획을 위한 시간이 있는지 점검하지 말 것.
- 어머니께 건강 상태를 점검하지 말 것. 무슨 문제가 있으면 말씀해 달라고 할 것.
- 분비샘이 부었는지 점검하지 말 것.

행동 검증을 통해, Stephan은 자신이 두려워하는 결과가 일어나지 않았다는 것을 알게 되었고, 시간이 흐르면서 자신의 안전 행동을 중단할 수 있었다.

걱정을 문제 해결로 전환하라

이 장에서는, 지금까지 과장된 걱정에 대해, 보다 현실적으로 다루는 방법을 배웠다. 하지만 당신이 인생의 위기나 진정한 문제가 있을 때, 자신의 걱정이 걷잡을 수 없게 되는 것을 막기 위해 무엇을 할 수 있을까? 걱정과 불안을 최소화하기 위해 취할 수 있는 세 가지 실습 단계가 있다.

1. 문제를 명확하게 정의하라.
2. 브레인스토밍을 사용하여 해결책을 찾아라.
3. 해결책을 이행하기 위해 자신과 계약을 맺어라.

걱정을 문제 해결로 전환하기 위한 다음의 단계별 모형은 Mary Ellen Copeland(1998)의 『걱정 통제 워크북』에서 각색되었다. 각 단계마다, 한 젊은 기업가가 자신의 창업에 대한 걱정을 다루기 위해 어떻게 이 문제 해결 과정을 이용했는지에 대한 예가 뒤따른다. 이 모형에 뒤이어, 당신이 이 기법에 사용할 문제-해결 작업지가 있다.

1. 정말 걱정되는 한 가지 상황을 적어라. 무엇이 문제인지 상세화하라.
   예: 나는 정말 나 자신의 사업을 시작하고 싶지만, 재원이 매우 부족하다. 나는 함정을 피할 만큼 충분히 알지 못하는데, 결국 모든 것을 잃게 될까 걱정이 된다.

2. 해결을 위한 브레인스토밍을 하라. 상황을 개선하거나 수정하기 위해 할 수 있는 가능한 일들의 목록을 만들어라.

- 다른 모험적인 사업가와 그들의 창업 경험에 관해 이야기함.
- 모험적인 사업 노력과 사람들을 지지하는 조직을 조사함.
- 작은 사업 착수를 위한 소규모 사업 대출이나 다른 가능한 자본을 얻을 가능성을 조사함.
- 몇 개의 작은 사업과 모험적인 사업 조직에 가입함.
- 친구나 가족 중에서 투자자를 찾음.
- 간접비용을 절약하고 재정적으로 나를 보호하기 위해 재택 사업을 시작함.
- 돈을 더 벌기 위해서 2년가량 추가로 직업을 가짐.
- 내 회사로 시간제 근무를 시작하면서, 현재 직업을 유지함.

3. 각 발상을 평가하라. 가능하지 않은 발상은 어떤 것인가? 그런 발상 옆에 X 표시를 하라. 이행하기 어려운 것은 어떤 것인가? 그런 발상 옆에 물음표를 하라. 지금 당장 이행할 수 있는 발상은 어떤 것인가? 그런 발상 옆에 Y 표시를 하라.

다른 모험적인 기업가와 그들의 창업 경험에 관해 이야기함.	Y
모험적인 사업 노력과 사람들을 지지하는 조직을 조사함.	Y
작은 사업 착수를 위한 소규모 사업 대출이나 다른 가능한 자본을 얻을 가능성을 조사함.	Y
몇 개의 작은 사업과 모험적인 사업 조직에 가입함	?
친구나 가족 중에서 투자자를 찾음.	Y
간접 비용을 절약하고 재정적으로 나를 보호하기 위해 재택 사업을 시작함.	?
돈을 더 벌기 위해서 2년가량 추가로 직업을 가짐.	X
내 회사로 시간제 근무를 시작하면서, 현재 직업을 유지함.	X

4. 구체적인 날짜를 정하라. 당신이 Y로 표시한 모든 것들을 행하기 위하여 자신과 계약하라.

4월 1일까지, 다른 모험적인 사업가들에게 그들의 사업 시작 경험에 관하여 말할 것이다.
4월 15일까지, 모험적인 사업 노력과 사람들을 지지하는 조직을 조사할 것이다.
5월 1일까지, 친구나 가족 중에서 가능한 투자자를 찾을 것이다.
5월 15일까지, 작은 사업 착수를 위한 소규모 사업 대출이나 다른 가능한 자본을 얻을 가능성을 조사할 것이다.

5. 당신이 Y로 표시한 모든 항목을 완료했을 때, 물음표로 표시한 좀 더 어려운 것으로 나아가라. 그것들을 하기 위해 자신과 계약하라.

6월 15일까지, 나는 몇 개의 작은 사업과 모험적인 사업 조직에 가입할 것이다.

7월 1일까지, 나는 가정 기반 사업 사무실을 만들기 위하여 뒤쪽 침실을 치워야 할 것인지를 결정할 것이다.

6. 이제 어쩌면 X로 표시한 몇 가지 항목들은 그렇게 어려워 보이지 않을 것이다. 당신이 관리할 수 있다고 생각하는 어떤 것이 있다면, 그 행동을 취하기 위하여 자신과 계약하라.

8월 15일까지, 다른 선택사항이 계획되지 않는다면, 나는 현재 직업에서 전일제 작업을 계속하면서, 내 회사로 시간제 근무를 시작할 것이다.

당신의 걱정 중 한 가지에 문제-해결 기법을 적용하기 위하여 문제-해결 작업지를 사용하라. 더 사용하려면 http://www.newharbinger.com/43348에서 내려받으면 된다.

문제-해결 작업지

실제로 당신을 걱정시키고 있는 상황을 선택하고, 이 문제해결 기법을 적용하라.

1. 실제로 당신을 걱정시키고 있는 상황을 적어라.

____

____

____

2. 해결을 위한 브레인스토밍을 하라. 상황을 개선하거나 수정하기 위해 할 수 있는 가능한 일들의 목록을 만들어라.

____

____

____

3. 각 발상을 평가하라. 가능하지 않은 발상은 어떤 것인가? 그런 발상 옆에 X 표시를 하라. 이행하기 어려운 것은 어떤 것인가? 그런 발상 옆에 물음표를 하라. 지금 당장 이행할 수 있는 발상은 어떤 것인가? 그런 발상 옆에 Y 표시를 하라.

4. 구체적인 날짜를 정하라. 당신이 Y로 표시한 모든 것들을 행하기 위하여 자신과 계약하라.

- ________ (날짜)까지, 나는 ________________________ 할 것이다.
- ________ (날짜)까지, 나는 ________________________ 할 것이다.
- ________ (날짜)까지, 나는 ________________________ 할 것이다.
- ________ (날짜)까지, 나는 ________________________ 할 것이다.

5. 당신이 Y로 표시한 모든 항목을 완료했을 때, 물음표로 표시한 좀 더 어려운 것으로 나아가라. 그것들을 하기 위해 자신과 계약하라.

- ________ (날짜)까지, 나는 ________________________ 할 것이다.
- ________ (날짜)까지, 나는 ________________________ 할 것이다.
- ________ (날짜)까지, 나는 ________________________ 할 것이다.
- ________ (날짜)까지, 나는 ________________________ 할 것이다.

6. 이제 어쩌면 X로 표시한 몇 가지 항목들은 그렇게 어려워 보이지 않을 것이다. 당신이 관리할 수 있다고 생각하는 어떤 것이 있다면, 그 행동을 취하기 위하여 자신과 계약하라.

- ________ (날짜)까지, 나는 ________________________ 할 것이다.

- ________ (날짜)까지, 나는 ________________________________ 할 것이다.
- ________ (날짜)까지, 나는 ________________________________ 할 것이다.
- ________ (날짜)까지, 나는 ________________________________ 할 것이다.

이 워크북의 서로 다른 세 개의 장들이 당신에게 삶의 문제를 다룰 수 있게 해준다는 것을 주목하라. 제16장은 목표 설정과 시간 관리, 제17장은 주장성 훈련 그리고 제18장은 직무 스트레스 관리를 다루도록 초점을 두고 있다.

마지막 생각

이 장에서 제시된 기술들을 규칙적으로 실습해나가면, 당면한 당신의 걱정과 불안은 점점 더 쉬워질 것이다. 이러한 목표들을 스스로 고려해 보라. 당신이 자신의 이완 기술을 활용하기로 선택할 때마다, 당신은 긴장을 덜 느끼게 될 것이다. 당신이 자신의 걱정에 성공적으로 도전할 때마다, 당신은 더욱 마음의 평화를 경험할 것이다. 당신이 자신의 재앙적인 심상에 체계적으로 직면할 때마다, 두려움이 더 적어질 것이다. 실생활에서 당신이 걱정하고 있는 상황에 부딪히고, 당신이 대처할 수 없는 부정적인 결과를 경험하지 않을 때마다, 당신은 좀 더 자기를 신뢰하게 되고 회복하게 될 것이다. 당신이 문제 해결에 초점을 맞출 때마다, 당신은 자신의 목표를 성취하는 데 있어서 많은 자원을 더 자각하게 될 것이다. 이 장을 통해 작업해 나가면서 스스로 인내심을 가져라, 왜냐하면 오래된 생각 및 행동 습관을 극복하고 새로운 생각 및 행동 습관을 발달시키기 위해서는 시간이 좀 필요하기 때문이다.

더 읽을거리

Barlow, D. H. 2001. *Anxiety and Its Disorders. The Nature and Treatment of Anxiety and Panic.* 2nd ed. New York: Guilford Press.

Brown, T. A., R. M. Hertz, and D. H. Barlow. 1992. "New Developments in Cognitive-Behavioral Treatment of Anxiety Disorders." In *American Psychiatric Press Review of Psychiatry,* vol. 2, edited by A. Tasman. Washington, DC: American Psychiatric Press. Out of print.

Copeland, M. E. 1998. *Worry Control Workbook.* Oakland, CA: New Harbinger Publications. Out of print.

Craske, M. G., and D. H. Barlow. 2006. *Mastery of Your Anxiety and Worry.* 2nd ed. New York: Oxford University Press.

Hayes, S. C., and S. Smith. 2005. *Get Out of Your Mind and Into Your Life.* Oakland, CA: New Harbinger Publications.

McKay, M., M. Davis, and P. Fanning. 2011. *Thoughts and Feelings: Taking Control of Your Moods and Your Life.* 4th ed. Oakland, CA: New Harbinger Publications.

O'Leary, T. A., T. A. Brown, and D. H. Barlow. 1992. "The Efficacy of Worry Control Treatment in Generalized Anxiety Disorder: A Multiple Baseline Analysis." Paper presented at the annual meeting of the Association for Advancement of Behavior Therapy, Boston.

Robichaud, M., and M. J. Dugas. 2015. *The Generalized Anxiety Disorder Workbook.* Oakland, CA: New Harbinger Publications.

White, J. 1999. *Overcoming Generalized Anxiety Disorder. Therapist Protocol.* Oakland, CA: New Harbinger Publications.

제14장

두려움과 회피 직면하기

Facing Fear and Avoidance

이 장에서는 다음과 같은 내용을 배울 것이다.

- 현재 회피하거나, 상당한 불편함으로 견뎌내는 두려움-유발 상황에 직면하기
- 두려움과 불안을 부채질하고, 소중한 일을 하지 못하게 하는 재앙적 믿음을 반증하기
- 두려움과 불안감을 대폭 줄이기

배경

회피는 위험에서 벗어나고 두려움과 불안을 빨리 줄이는 좋은 방법이지만, 두려운 경험이 진짜 위협이 아닐 때는 불필요하게 개인의 삶을 제한한다. 공포증은 거미와 같은 어떤 것이 무서운 경험의 결과(예: 한 놀이친구가 한 소녀의 셔츠에 무해한 거미를 떨어뜨리고 "거미다!"라고 소리치는 것)로서 두려운 생각, 느낌, 감각과 연결될 때 생길 수 있다. 공포증은 또한, 다른 사람들을 관찰함으로써 배울 수 있다: 어떤 어린아이는 겁에 질린 베이비시터가 바닥에 있는 각다귀를 볼 때마다 소리를 지르며 의자 위로 뛰어오르는 것을 보고, 공포증을 학습할 수도 있다.

이 **고전적 조건형성**으로 인해서, 일단 어린아이가 이전에 중립적이었던 자극을 위험과 결합하면, 거미를 맞닥뜨릴 때마다 두려움으로 반응하게 된다. 그 어린 소녀가 거미를 생각할 때면, 불안하고 걱정하게 된다. 가능한 한, 어린 소녀는 자신에게 해를 끼친다고 믿는 것을 회피하는 생활을 하게 된다.

공포증을 가진 사람은 새롭고 더 적응적인 학습을 막는, 끝없는 두려움과 회피의 고리 안에 갇힐 수 있다. 대부분의 거미가 위험하지는 않지만, 독거미가 있는 지역에 사는 사람들은 다치지 않고 그것들을 다루는 법을 학습한다. 하지만 자신이 위험하다고 생각하는 것을 회피하는 어린 소녀는 더 효과적으로 거미에 반응하는 방법을 학습할 기회로부터 자신을 차단한다. 어린 소녀는 또한, 도망치기보다는 거미 주변에서 어떤 괴로움을 견딜 수 있다는 것을 배우지 못하게 되는 것이다. 대신, 어린 소녀는 마음속으로 그것들의 위험을 부풀리고 거미를 다루는 자신의 능력을 과소평가한다. 그래서 어린 소녀는 자신의 공포증에 사로잡히게 되고, 거미를 포함한 삶의 선택들을 무의식적으로 넘나들면서, 그 어린 소녀의 세계는 더 작아진다. 어린 소녀가 두려움과 회피로 인해 자신이 소중하게 여기는 삶의 측면을 놓치게 된다는 것을 깨달았을 때, 비로소 그녀는 두려움을 마주하고 회피하는 것을 멈추는 동기를 갖게 된다.

최근까지, 두려운 회피 치료의 기본 표준은 **습관화 모형**(McKay, Skeen, & Fanning, 2017)에 기반한 노출 치료였다. 내담자들은 부정적인 결과가 없이, 거미와 같은 두려움-유발 상황을 더 이상 무서워하지 않을 때까지 반복적으로 노출되었다. 수년간, 노출 치료는 내담자들이 두려움과 각성을 완화하기 위한 대처 진술과 이완 기법뿐만 아니라, 공포증에 대한 재앙적인 믿음에 합리적으로 도전할 수 있도록 다양한 인지 행동 전략과 조합되어 왔다. 예를 들어, Wolpe(1958)의 **체계적 둔감화**는 내담자들에게 이완 기법을 가르치고 부정적인 결과가 없을 때, 가장 덜 두려운 상황에서 가장 두려운 상황까지를 포함하는 위계적 노출 연습 목록을 통해 자신을 두려움과 회피로부터 벗어나도록 도와주었다. 내담자들은 더 이상 두려운 각성을 일으키지 않을 때까지, 자신들의 위계 상에서 고통스러운 상황을 시각화하곤 했다. 일단 습관이 되면, 그들은 위계의 다음 항목으로 이동하게 되는 과정을 되풀이한다. 치료는 그들이 그들의 위계에 있는 모든 항목들을 두려움이나 각성이 거의 또는 전혀 없이 경험할 수 있을 때 성공적인 것으로 여겨졌다. 1980년대에, Edna Foa(Foa & Kozak 1986)는 이완을 제거하고 생생한 노출을 사용함으로써 습관화 모형을 확장했다.

많은 사람들이 습관화 모형에 기반한 노출 치료를 사용하여 두려움과 회피를 극복했다. 그렇지만, 이것은 시간이 오래 걸릴 수 있고, 모두에게 효과가 있는 것은 아니다. 장기 추적 검증에서, 일부 내담자들은 노출 프로그램을 성공적으로 완료한 후 재발한 것으로 나타났다. 이들 연구는 노출 회기 내 및 노출 치료 완료 시 두려움의 감소가, 치료 종료 후 어느 시점에 두려움이 다시 나타나지 않는다는 것을 보장하지 못하였다는 것을 보여주었다 (Craske et al., 2008). 이것은 인지 행동 치료자들이, 보다 효율적이고 효과적인 치료법을 찾도록 하였다.

Craske와 그녀의 동료들(2014)은 **억제 학습 모형**을 기반으로, 더 빠르고 더 효과적인 노출 프로그램을 개발하였다. 이 프로그램은 두려움과 신체적 각성을 줄이려는 목표에서 벗어나는 변화를 보이고 있다. 대신에, 이 모형은 도움이 되지 않는, 두려움에 기초한 오래된 학습을 부정하고 무시하는 (억제하는) 새로운 학습을 촉진한다.

작동 방식은 이렇다. 내담자가 스스로에게 두 가지 질문을 한다: *만약 내가 회피하고 있는 상황을 경험한다면, 일어날 수 있는 최악의 결과는 무엇일까? 그리고 나는 이 기대가 일어날 가능성이 얼마나 된다고 생각하는가?* 그러고 나서 내담자는 자신의 재앙적인 기대를 검증하기 위해 노출 연습을 고안한다. 각각의 노출 실습에 대한 결론에서, 내담자는 끔찍한 결과에 대한 그의 기대를 실제 일어나는 일과 비교한다. 앞으로 일어날 일과 실제로 일어날 일에 대한 그의 재앙적인 기대 사이의 차이가 클수록, 그의 놀라움이 더 커지고 기회가 더 커질수록 새롭고 좀 더 적응적인 것을 배우게 될 것이다. 사람들은 변화하기 전에 위험에 대한 자신들의 믿음에 대한 부당성을 확인할 필요가 있다. 이러한 믿음에 대해 합리적으로 논박하는 것만으로는 충분하지 않다(McKay, Skeen, & Fanning, 2017).

결과에 대한 내담자의 두려운 기대와 노출 연습 중에 실제로 발생하는 것 사이의 불일치를 경험하면서 오는 놀라움과 새로운 학습의 힘을 보존하는 것이 중요하다. Craske와 동료들(2014)은, 내담자가 실제로 일어났던 일의 의미와 그의 두려운 기대치를 고려할 때, 노출 연습 후 논리 및 사실(예, 합리적 정서 치료)을 강조하는 이완 연습과 인지 중재를 절약할 것을 조언한다.

이 노출 프로그램은 확인이 필요하다. 어떤 사람들은 이 프로그램 직후에 두려움에 떨고 있을 상황에 용기 있게 직면한다. 그들이 그렇게 할 때, 그들은 자신들의 두려운 기대가 사실이 아니라는 것을 알고, 기분 좋게 놀라고, 자신들의 두려움과 회피는 가라앉는다. 어떤 사람들은 덜 어려운 노출 회기에서 더 어려운 노출 회기로 점차 이동하면서, 자신만의 속도로 이러한 두려운 상황에 접근할 필요가 있다. 이것은 시간이 더 걸리지만, 그들은 용기와 노력에 대한 보상을 받는다. 그들은 만약 두려운 상황에 직면하는 것 만이 너무 무섭다면, 친구나 치료자의 지지로 이 노출 프로그램을 할 수 있는 선택권을 가지고 있다.

증상-완화 효과

연구들은 다른 형태의 인지 행동 치료와 비교했을 때, 억제 학습의 개념에 기반한 노출 치료가 두려운 상황과 관련된 잘못된 믿음을 교정하고 회피 행동을 극복하며 불안과 생리적인 각성을 줄이는 데 가장 빠른 효과가 있다는 것을 보여준다. 그리고 이러한 결과는 오래 지속된다(Craske et al., 2014; McKay, Skeen, & Fanning 2017).

숙달 시간

두려움과 회피 평가 양식을 작성하는 데 한두 시간이 걸릴 수도 있다. 그런 다음 노출 프로그램이 세 단계로 구성되어 있다: 노출 회기 계획, 노출 회기 경험, 그리고 새로운 학습이 통합되는 동안 노출 회기의 사후보고. 이 세 단계는, 당신의 두려움과 회피가 당신이 확신하는 수준으로 줄어들고, 당신의 두려운 기대가 일어날 가능성이 매우 낮으며, 당신이 이전에 회피하거나 괴로움으로 견뎌왔던 상황을 자신 있게 경험할 수 있을 때까지 반복된다. 이 노출 프로그램을 완료하는 데 필요한 시간은 며칠에서 몇 달까지이다.

지시

두려운 회피가 삶에 미치는 영향 평가하기

이 프로그램은 동기부여가 필요하다. 때때로 인생의 큰 변화는 사람에게 자극을 준다. 엘리베이터 공포증을 가진 초보 엄마 Cindy의 경우가 그랬다. 그녀는 곧 빠르게 성장하는 그녀의 아기와 모든 아기용품을 그녀의 아파트 4층까지 위아래로 옮기는 것이 피곤함을 알았다. 그녀는 엘리베이터에 대한 두려움을 극복하기 위해 이 프로그램을 이용했는데, 아파트 엘리베이터를 타면서 많은 시간과 에너지를 절약했다.

만약, 이 프로그램이 당신을 위한 것인지 모르겠다면, 이 평가 연습이, 당신이 두려워하는 상황을 회피하거나, 이러한 상황을 고통스럽게 견뎌내는 여러분의 삶에 대한 결과를 보는 데 도움을 줄 것이다. 다음 예에서 지시를 읽은 후 두려움과 회피 평가 양식을 작성하라.

Helena의 두려움과 회피 평가 양식

1. 당신이 회피하거나 견뎌내는 괴로움은 무엇인가요? 이 연습에 해당하는 두려운 상황 중 하나를 고르라. 당신이 여러 상황을 두려워하는 경우, 두려움과 회피 평가 양식을 사용하라.

나는 거미, 대중 연설, 비행, 엘리베이터 타는 것을 최대한 두려워하고 회피해요. 먼저 대중 연설부터 작업하겠어요.

2. 두려운 상황에 직면했을 때 일어날 수 있는 최악의 결과가 무엇이라고 생각하는가? 여기서 강조되는 것은 당신이 어떤 일이 일어날 것이라고 믿는 것인데, 다른 사람들(전문가들조차)이 당신에게 말하는 합리적으로 일어날 수 있는 일을 말하는 것이 아니다.

청중들 앞에서 연설하는 것이 너무 긴장되어서 정신이 멍해지거나, 말을 할 수 없거나, 말을 더듬을 것 같다. 청중들이 나를 아주 멍청이로 생각할 것 같고, 일어나서 걸어 나가 버리거나, 날 비웃고 무시해 버릴 것 같아 걱정이다. 만약 내 상사가 관중석에 있다면, 그건 내 책임이다!

3. 이 두려운 기대 때문에 회피하거나 괴로워하며 견뎌내는 상황의 예는 무엇인가? 당신 삶의 다양한 영역에서 이 질문에 대해 생각할 시간을 가져보라. 예를 들어, 우정, 가족, 일, 교육, 건강/자기-돌봄, 즐거움/오락, 삶의 목표, 타인에 대한 봉사 및 낭만적 관계가 있다(McKay, Skeen, & Fanning, 2017).

나는 직장에서 가능하면 팀에게 현황 보고를 하거나 경영진에게 혹은 컨벤션에서 프레젠테이션할 때마다 회피한다. 가족 모임이나 친구들과 함께 있을 때, 나는 전체 집단에게 말하는 것을 즉시 회피한다. 수업 시간에, 봉사클럽에서 그리고 아파트 조합 모임에서, 나는 요청받지 않는 한, 절대 질문을 하거나 의견을 나누지 않는다.

4. 회피하는 것 외에, 이러한 예들 각각에 대한 두려움을 최소화하는 다른 방법은 무엇인가? 이러한 안전 행동의 예로는 미루기, 산만함, 차단, 다른 사람들로부터 안심시키는 말 찾기, 목록 만들기, 점검 및 재점검, 연기, 과도한 준비, 완벽주의 그리고 마약 또는 알코올 사용이 있다(McKay, Skeen, & Fanning, 2017).

만약 내가 직장에서 어떤 단체에 연설해야 한다면, 우선 내가 말하고자 하는 것에 대해 많은 안심시키는 말을 구하려고 노력한다. 나는 가능한 한 오랫동안 이야기를 미룬다. 내가 연설을 해야 한다면, 나는 할 수 있는 한 빨리 읽어서, 절대로 누구와도 눈을 마주치지 않는다. 간단히 말해서, 나는 청중을 차단한다. 가족 모임이나 친구들과 함께 외출할 때, 나는 긴장을 풀기 위해 알코올을 사용한다. 아파트 회의나 수업 시간에, 나는 항상 뒤에 조용히 앉아있다. 전화가 오면, 짧게 대답하거나 "모르겠어요"라고 말한다.

다음의 세 가지 질문(5, 6, 7)에 대한 응답을 아래의 차트에 입력하라.

5. 두려운 기대가 없다면 무엇을 하고, 경험하고, 성취하고 싶은가? 이것은 핵심 질문인데, 왜냐하면 당신이 높게 값을 매기는 무언가를 하기 위해 어떤 괴로운 것을 견뎌낼 가능성이 훨씬 크기 때문이다.

6. 1부터 5까지의 척도에서, 1은 "전혀 없다"를 의미하고, 5는 "매우"를 의미하는데, 당신은 이 경험들 각각에 어느 정도의 값을 매기겠는가?

7. 1에서 100까지의 등급으로 볼 때, 1은 "전혀 그렇지 않은"이고, 100은 "매우 괴로운"이라면, 각각의 두려운 상황을 경험하는 것이 얼마나 괴로울 것 같은가?

5. 행하고 싶고, 경험하거나 성취하고 싶은 일	6. 값	7. 괴로움 수준
새로운 게임에 대한 나의 아이디어를 내 작업팀에 제출.	5	80
프로젝트 업데이트를 경영진에게 제공하고 눈을 마주침.	5	95
컨벤션에서 새로운 게임을 시연하고 질문에 응답.	5	100
내 가장 친한 친구 결혼식에서 건배함.	5	90
내 봉사클럽에서 질문하고 내 의견을 말함.	3	60
내 아파트 조합 모임에서 큰 소리로 말함.	4	70
수업 시간에 질문하고 질문에 답함.	4	65
점심시간에 친구들과 긴 이야기를 하거나 농담을 함.	5	60
성대한 가족 만찬에서 모순된 의견을 표현함.	5	65

8. 이러한 질문들에 대한 답변을 검토하면서 무엇을 배웠는가?

나는 항상 대중 연설에 문제가 있다는 것을 알고 있었지만, 이 연습은 내가 나의 경력을 발전시키고 싶다면, 대중 연설에 대한 두려움을 극복할 필요가 있다는 것을 고통스럽게 분명히 보여준다. 나는 또한, 내가 업무 외에 속해 있는 그룹에서 목소리를 높일 수 있기를 바란다. 나는, 대중 연설을 할 때 얼어붙는 것에 대해 걱정하고, 사람들이 나를 무능하거나 멍청하다고 판단하고, 나를 거부하는 것에 대해 걱정하는 것에 신물이 난다. 나는 좋은 아이디어가 많고, 나의 사생활뿐만 아니라 직장에서도 그것들을 표현하고 싶다.

9. 이 노출 프로그램을 사용하여 재앙적인 기대를 검증하는 동안, 더 이상 회피하지 않고 두려움에 직면할 의향이 있는가?

나는 대중 연설에 대한 악몽 같은 기대에 도전하기 위해서, 기꺼이 나의 두려움에 맞서서 노출 작업을 할 용의가 있다.

이제 당신의 삶에서 두려움과 회피의 영향을 평가하기 위해 빈 양식을 작성하라. 이 양식을 내려받으려면 http://www.newharbinger.com/43348을 방문하라.

두려움과 회피 평가 양식

1. 당신이 회피하거나 견뎌내는 괴로움은 무엇인가요?

____

____

2. 두려운 상황에 직면했을 때 일어날 수 있는 최악의 결과가 무엇이라고 생각하는가?

____

____

____

____

3. 이 두려운 기대 때문에 회피하거나 괴로워하며 견뎌내는 상황의 예는 무엇인가?

____

4. 당신이 두려움을 최소화하기 위해 하는 행동의 예는 무엇인가?

다음의 세 가지 질문(5, 6, 7)에 대한 응답을 차트에 입력하라.

5. 두려운 기대가 없다면 무엇을 하고, 경험하고, 성취하고 싶은가?

6. 1부터 5까지의 척도에서, 1은 "전혀 없다"를 의미하고, 5는 "매우"를 의미하는데, 당신은 이 경험들 각각에 어느 정도의 값을 매기겠는가?

7. 1에서 100까지의 등급으로 볼 때, 1은 "전혀 그렇지 않은"이고, 100은 "매우 괴로운"이라면, 각각의 두려운 상황을 경험하는 것이 얼마나 괴로울 것 같은가?

5. 행하고 싶고, 경험하거나 성취하고 싶은 일	6. 값	7. 괴로움 수준

8. 이러한 질문들에 대한 답변을 검토하면서 무엇을 배웠는가?

9. 이 노출 프로그램을 사용하여 재앙적인 기대를 검증하는 동안 더 이상 회피하지 않고 두려움에 직면할 의향이 있는가?

당신의 첫 번째 노출 연습 계획하기

두려움과 회피 평가 양식을 작성함으로써, 당신은 이미 첫 번째 노출 회기를 계획하고 수행하는 데 필요한 대부분의 배경 작업을 완료한 것이다. Helena가 어떻게 이 단계를 밟았는지, 예와 함께 다음 지시를 읽어보자. 그런 다음 당신의 노출 연습 계획 양식을 작성하여, 첫 번째 노출 연습을 하고, 당신의 노출 연습 사후보고 양식을 작성하라.

1. 당신의 첫 번째 노출 연습에 대하여, 두려움과 회피 평가 양식의 질문 5~7에 대한 답변을 검토한 후, 당신이 값을 매긴 두려운 상황(5점 척도에서, 4 또는 5)의 예를 고르고, 또한 가장 낮은 괴로움 평정 중 하나를 고르라, 이상적으로는 100점 척도의 경우 60~70이다.

2. 이 두려운 상황에서 일반적으로 사용하는 안전 행동을 확인하라.

3. 이 두려운 상황에서의 노출 연습을 할 때 발생할 수 있는 부정적인 결과에 대한 두려운 기대는 무엇인가? 당신이 재앙적인 기대를 확정하거나 불확정하기 위한 증거로 삼을 수 있는 관찰 가능한 행동과 사건들로 가득찬, 일어날 수 있는 걱정에 대해 간략하게 서술하라. 두려움을 느낄 거라고 예측하지 마라. 발생할 수 있는 실제 사건만 예측하라. 이것은 당신이 실습한 만큼 더 쉬워질 것이다.

다음은 당신이 시작할 수 있는 세 가지 예이다. 수줍은 한 남자는 "Don의 파티에서 처음 본 매력적인 여자에게 나를 소개할 때, 너무 긴장해서 말을 꺼내기가 힘들 거예요. 그녀는 인상을 찌푸리고, 물러설 것이고, 가능한 한 빨리 내게서 도망치기 위해 변명을 할 거예요"라고 적었다. 고소 공포증이 있는 한 남성은 이렇게 적고 있다: "친구들과 함께 시에라 산맥에 있는 산을 오를 때, 나는 경치를 둘러보고, 어지러워지고, 균형을 잃고, 내 죽음을 알아채게 될 거예요." 개를 무서워하는 한 젊은 여성은 이렇게 썼다: "공원에서 조깅을 하는 동안, 큰 개가 나를 공격해 여러 번 물어뜯어서, 출혈을 멈추기 위해 응급실에 가서 내 상처를 봉합해 달라고 부탁하게 될 것이다."

4. 1~100의 척도로 노출 연습을 할 때, 재앙적인 기대가 발생할 것이라고 얼마나 강하게 생각하는가? 논리나 사실이 아닌, 느낌에 근거해서 대답하라.

5. 당신의 노출 연습을 계획하라. 당신이 당신의 두려움 상황에 직면했을 때. 부정적인 결과에 대한 기대를 반증하기 위하여, 노출 회기에서 수행, 경험 및/또는 달성하고자 하는 바를 간략하게 요약하라. 상세하게 하라. 정확히 무엇을 할 것인가? 당신은 어떤 안전 행동을 기꺼이 포기할 것인가? 두려운 상황에서 재앙적인 기대를 검증하는데 시간이 얼마나 필요한가? 거리가 문제라면, 두려운 상황에 얼마나 근접해야 하는가? 과학자처럼 생각하라. 당신의 가설(재앙적 예측)을 가장 잘 검증하기 위해 실험(노출 연습)을 어떻게 설정해야 하는가?

당신이 두려워하는 상황에 자신을 노출시킬 때 일어날 수 있는 재앙적인 기대와 실제로 일어나는 일 사이의 차이가 클수록, 당신의 새로운 적응 학습은 더 크다는 것을 기억하라. 그래서, 당신의 모든 안전 행동을 한 번에 떨어뜨리는 것은 당신의 재앙적인 기대가 일어나지 않을 때 당신에게 가장 큰 놀라움을 줄 것이다. 하지만 만약 당신이 이것이 너무 압도적이라고 생각한다면, 몇 가지 점진적으로 더 까다로운 노출 연습에서, 한 번에 하나의 안전 행동을 제거할 수 있다. 두려움 상황과 함께 같은 방에 있어서 수행할 준비가 되어있지 않은 경우라면, 점진적으로 더 도전적인 노출 회기에서 실제적인 것을 시도하기 전에, 밖에 서 있거나 심상, 서면 설명, 사진 또는 비디오로 시작하라.

당신의 노출 연습이 언제 끝날지 결정하라. 시간이 다 될 때까지 아무리 불안하거나 긴장해도 노출에 머물러라. 한 시간이면 충분하다. 하지만 노출 연습에 한 시간이 너무 길게 느껴진다면, 두 번의 30분 회기로 연습을 나누어라. 예를 들어, 고소 공포증이 있는 여성은 친구 아파트 발코니 난간 옆에 서서, 두려움이나 신체적 각성과 상관없이 6층 아래의 정원을 30분 동안 두 번 내려다볼 계획을 하였다. 또 다른 선택권은 행동 목표를 설정하는 것이다. 예를 들어, 고속도로 운전 공포증이 있는 한 남자는 그의 집 근처의 고속도로를 타고 세 번째 출구에서 나가기로 계획을 한 다음, 고속도로를 다시 타고 집으로 돌아가기 위해 블록을 돌아 운전한다. 만약 당신이 노출 연습을 하고 있고, 당신의 재앙적인 기대가 일어나지 않을 것이고, 당신의 두려움 수준이 약 15 이하로 급격히 떨어졌다는 것을 깨닫는다면, 당신은 멈출 수 있고, 당신의 사후보고를 할 수 있다.

당신의 노출 연습 체험하기

일단 계획을 작성했으면, 노출 연습을 하러 가라. 노출 회기를 체험하면서, 당신과 다른 사람들이 무엇을 하고 있는지, 어떻게 느끼고 있는지 그리고 무슨 일이 일어나는지에 대한 세부사항에 주의를 기울여라. 두려움을 느끼는 것은 당연하다. 당신의 감정과 신체 감각을 수용하라. 계획을 실행할 때, 그것들의 썰물과 밀물의 흐름을 알아차리라. 재앙적인 기대가 일어나지 않을 것이라고 확신하거나 특정 행동 또는 시간 목표를 달성하였다고 확신할 때까지 주어진 노출 회기를 계속하라.

노출 후 사후보고

노출 연습을 마치는 대로, 체험을 요약하고 노출 연습 사후보고 양식을 작성하여 배운 내용을 생각해 보라.

예를 들어, Helena는 노출 실습의 세 단계, 즉 노출 연습 계획하기, 실제 노출 수행 및 사후보고를 수행했다. 그녀는 두려움과 회피 평가 양식에서의 5번에서 7번 질문까지에 대한 자신의 응답을 다시 살펴보는 것으로 시작했다. 그녀는 자신에게 중요했지만, 첫 노출 연습에서는 그리 괴롭지 않았던 두려운 상황의 예를 선택했다.

Helena의 노출 연습 계획 양식

회피하거나 괴로움을 견뎌내고 있는 두려운 상황을 선택하라:

수업 시간에 질문하고 질문에 대답하기.

값(1~5): 4 **괴로움 수준(1~100):** 65

안전 행동:

나는 교실 뒤에 앉아서, 눈을 마주치지 않고, 말을 걸지 않는 한 아무 말도 하지 않는다. 직접 질문을 받는다면, 내 대답은 가능한 한 짧거나 "모릅니다"라고 대답한다.

결과에 대한 재앙적인 기대:

내가 자진해서 질문에 대답하거나 질문을 하면, 너무 불안해서 내가 한 말이 더듬거릴까 봐 두렵다. 그래서 내가 하는 말은 말도 안 되는 소리처럼 들릴 것이고, 반 친구들과 선생님은 나를 비웃거나 비판적인 말을 할 것이다.

결과 발생에 대한 재앙적인 기대 가능성: 65%

노출 연습 계획:

다음 수업에서, 나는 앞에 앉아 선생님을 보고 적어도 한 번은 자세하게 대답하고, 최소한 한 가지 질문을 할 것이다. 비록 내가 매우 불안하더라도, 나는 당당하게 말할 것이고 나의 의도된 답변 또는 질문을 끝낼 것이다.

Helena는 자신의 노출 연습 계획을 철저히 따랐고, 수업이 끝난 직후 노출 연습 사후보고 양식을 작성하였다.

Helena의 노출 연습 사후보고 양식

당신이 가장 걱정했던 일이 일어났는가? 아니요(X) 예( )

당신이 어떻게 아는가? 두려운 결과가 발생했거나 발생하지 않았음을 알려주는 구체적인 증거를 나열하라.

내가 긴장하고 있는 동안, 앞에 앉아서 선생님의 눈을 바라보았다. 내가 처음으로 질문에 대답했을 때, 나는 두근거리는 심장이 내 목구멍에 있는 것 같아서 말을 어렵게 하였다. 내가 말을 한 번 더듬었지만, 간신히 의미는 통했고, 그리고는 정확하고 상세하게 대답했다. 나는 두 번째 질문에 여전히 긴장했으나, 더듬지 않고 대답했다. 나는 또한 몇 주 동안 궁금했던 것을 질문도 했다. 모두가 공손히 경청했고, 아무도 나를 비웃지 않았다.

이 노출 연습을 하면서 무엇을 배웠는가?

비록 나는 무서웠고, 심장이 두근거렸지만, 나는 연설할 때 나 자신을 이해할 수 있었다.

아무도 내가 연설할 때 긴장한다고 나를 판결하고, 거부하는 것 같지 않다. 생각했던 것 보다는 더 쉬웠지만, 앞으로 있을 수업 시간에 더 자신감을 갖기 위해서는 계속 답하고 질문을 해야겠다.

다음번에 이 두려운 상황에 처하게 될 때, 재앙적인 기대가 발생할 가능성(퍼센트 확률)을 얼마나 느끼는가? 25%

1에서 100까지의 척도로 볼 때, 노출 연습 전후에 이 두려운 상황에 대한 당신의 괴로움은 얼마나 심했는가?

이전: 65 이후: 30

지금 무엇을 배울 필요가 있는가?

수업 시간에 질문하고 대답할 때 평가받고 거절당하는 것에 대한 두려움은 줄어들었지만, 수업 시간과 다른 상황에서 이런 행동을 더 많이 실습하고 싶다. 이제 봉사 클럽, 가족 저녁 식사 그리고 친구들과 어울리는 외출에서 유사한 노출 연습을 하는 방법을 알게 되었다.

Helena는 자신의 봉사 클럽에서 가족과 친구들과 함께, 사회적 상황에서 연설하는 실습을 했다. 그러고 나서 그녀는 직장에서 프레젠테이션을 해야 하는 긴급한 문제에 눈을 돌렸다. 그녀는 또 다른 노출 연습 계획 양식을 작성하였다.

Helena의 노출 연습 계획 양식

회피하거나 괴로움을 견뎌내고 있는 두려운 상황을 선택하라.

우리 팀에 나의 새로운 게임 아이디어를 프레젠테이션하는 것.

값(1~5): 5 **괴로움 수준(1~100):** 85

안전 행동:

내 프레젠테이션을 문자 그대로 빨리 읽고, 눈을 마주치지 않고, 청중을 차단한다.

결과에 대한 재앙적인 기대:

다음 주에 새로운 게임에 대한 내 아이디어의 개요를 우리 팀에게 발표할 때, 나는 집중력을 잃고, 더듬거리기 시작할 것이고, 심지어 설계의 기본조차 설명할 수 없을 것이다. 결과적으로, 그들은 그것이 바보 같은 아이디어라고 생각하고, 비판적인 질문을 많이 할 것이다.

결과 발생에 대한 재앙적인 기대 가능성: 80 %

노출 연습 계획:

나는 나의 새로운 게임 아이디어를 내 팀 정기 회의에서 프레젠테이션할 것이다. 이 회의에서 나는 설계 기본에 대해 다룰 것이다. 연설문을 쓰지는 않겠다. 내가 다루고 싶은 짧은 요점 목록이 있는 노트 카드를 쓰겠다. 내가 그것을 볼 필요가 없다면, 보지 않을 것이다. 나는 청중들 모두와 눈을 마주치고 천천히 연설할 것이다. 프레젠테이션을 마치면, 질문에 대답하고, 설계를 개선할 수 있는 방법을 제시할 것이다.

Helena는 다음 팀 회의에 미리 가서, 노출 연습을 했다. 그녀는 회의 직후 노출 연습 사후보고 양식을 작성했다.

Helena의 노출 연습 사후보고 양식

당신이 가장 걱정했던 일이 일어났는가? 아니요(X) 예( )

당신이 어떻게 아는가? 두려운 결과가 발생했거나 발생하지 않았음을 알려주는 구체적인 증거를 나열하라.

내 두근거리는 심장, 마른 입, 땀에 젖은 겨드랑이 그리고 처음에 내가 말을 버벅거렸음에도 불구하고, 나는 우리 팀에 내 새로운 게임 아이디어를 설명할 수 있었다. 나는 단지 잠시 메모를 바라보았으며, 눈을 마주칠 수 있었다. 나는 프레젠테이션이 진행되면서 내 몸이 진정되는 것을 알아차렸다. 그들이 내 새로운 게임 아이디어를 즉각 거절하기보다는, 우리는 그것의 장점과 더 나은 방법에 대해 활기찬 교환을 하면서 마쳤다. 우리는 다음 회의에서 그 문제를 좀 더 깊이 논의하기로 합의했다. 나는 깜짝 놀랐다!

이 노출 연습을 하면서 무엇을 배웠는가?

나는 비판에 대한 두려움과 두려움에 대한 나의 신체적 감각에도 불구하고, 우리 팀에 새로운 아이디어를 제시할 수 있다는 것을 배웠다. 받은 피드백을 사용하여 다음 팀 회의까지 게임 설계를 강화할 수 있을 것이다. 나는 적어도 내 동료들과 함께라면, 두려움이 나의 요점을 이해하거나 내 아이디어에 대한 열정을 불러일으킬 수 없다는 것을 의미하지 않는다는 것을 배웠다. 우리의 다음 회의 때는 더 쉬울 것으로 생각한다.

다음번에 이 두려운 상황에 처하게 될 때 재앙적인 기대가 발생할 가능성(퍼센트 확률)을

얼마나 느끼는가? 40 %

1에서 100까지의 척도로 볼 때, 노출 연습 전후에 이 두려운 상황에 대한 당신의 괴로움은 얼마나 심했는가?

이전: 85 이후: 40

지금 무엇을 배울 필요가 있는가?

나는 여전히 팀원들이 새로운 게임에 대한 나의 아이디어를 거절할 것이라는 두려움을 가지고 있다. 내가 그 게임의 영웅을 흠이 있는 캐릭터로 만들고 싶다고 언급할 때, 그들은 더 비판적일 것이다. 나는 그것에 대해 어느 정도 반대하게 될 것이라는 것을 알고 있고, 그것이 좋은 아이디어라는 것을 그들에게 납득시킬 수 없을 정도로 불안해질지도 모르겠다.

Helena가 팀원 중 일부는 좋아하지 않을 것을 알고서, 동료들에게 기꺼이 무언가를 말하고자 하는 것에 주목하라. 이것은 그녀가 형편없이 수행하여서 평가받고, 거절당할 것이라는 그녀의 두려운 기대를 검증할 수 있는 더 좋은 기회를 주었다. 그녀의 사후보고에 영감을 받아, Helena는 즉시 그녀의 다음 노출 연습 계획 양식을 작성했다. 알고 보니, 그녀의 다음 팀 회의에서 그녀의 두려움 각성은 노출 회기가 끝날 무렵, 그녀의 괴로움 척도상에서 40에서 15로 떨어졌다. 그녀는 강한 반대에도 불구하고, 자신의 흠이 있는 영웅적 아이디어를 방어할 수 있었다. 그녀는 이 두려운 상황에서 재앙적인 결과를 예상할 가능성이 40%에서 10%로 떨어졌다고 추정했다. 그녀는 비난을 받고 거절당할 걱정 없이 계속해서 자신의 팀에 프레젠테이션을 할 수 있을 만큼 충분히, 자신의 팀이 편안해졌다고 느낀다는 것을 알고 있었다.

Helena는 자신의 두려움과 회피 평가 양식의 5번 질문으로 돌아가서, 그녀가 하고 싶거나 경험하거나 성취하고 싶은 또 다른 두려운 상황을 선택할 준비가 되어있었다. 거기서부터 그녀는 노출 연습의 세 가지 단계인 계획, 노출 및 사후보고를 다시 한번 수행할 것이다. 이 시점에서 그녀는, 자신이 평정한 상황이 아무리 괴롭더라도 유용한 것을 가르쳐 줄 수 있다고 생각되는, 그녀의 목록에서 매우 두려운 상황 중 몇 가지에 뛰어다닐 만큼 자신감이 있었다.

연구는 가장 낮은 두려움-유발 상황에서부터 가장 높은 두려움-유발 상황으로 이동하기보다는 도전을 무작위로 하는 것이, 실제로 더 빠르고 오래 지속되는 결과를 만든다는 것을 보여주었다(Craske et al. 2014). 하지만 만약 당신이 무작위 노출에 너무 스트레스를 많이 받는다면, 그 아래의 두려움 상황에 직면하는 것을 배울 때까지, 더 어려운 두려움 상황으로 가지 말고, 두려움 상황 목록에서 가장 덜 괴로운 두려움 상황에서 가장 괴로운 두려움 상황으로 이동해 나아가라. 노출이 충분히 어려운 경우, 이전에 수행한 두 개의 노출을 결합하여 도전적인 노출을 할 수 있다. 낮은 도전의 노출 연습 직전에, 당신이 두려워하는 것들에 대한 기사를 읽거나 비디오를 보라.

이제 노출 연습 계획 및 사후보고 양식을 사용하여 첫 번째 노출 연습을 계획하고 수행할 시간이다. 이들 양식을 http://www.newharbinger.com/43348에서 내려받을 수 있다.

노출 연습 계획 양식

회피하거나 괴로움을 견뎌내고 있는 두려운 상황을 선택하라.

____

____

값(1~5): __________ 괴로움 수준(0~100): _______

안전 행동:

____

____

____

____

결과에 대한 재앙적인 기대:

____

____

____

____

결과 발생에 대한 재앙적인 기대 가능성: _______%

노출 연습 계획:

____

____

____

____

노출 연습 사후보고 양식

당신이 가장 걱정했던 일이 일어났는가? 아니요( ) 예( )

당신이 어떻게 아는가? 두려운 결과가 발생했거나 발생하지 않았음을 알려주는 구체적인 증거를 나열하라.

____

____

____

이 노출 연습을 하면서 무엇을 배웠는가?

____

____

____

다음번에 이 두려운 상황에 처하게 될 때 재앙적인 기대가 발생할 가능성(퍼센트 확률)을 얼마나 느끼는가?: _______%

1에서 100까지의 척도로 볼 때, 노출 연습 전후에 이 두려운 상황에 대한 당신의 괴로움은 얼마나 심했는가?

이전: ______ 이후: ______

지금 무엇을 배울 필요가 있는가?

____

____

____

특별 고려사항

두려움 상황 목록의 모든 예에 대한 노출 연습을 성공적으로 완료한 후에는 가끔씩 효능촉진 회기를 수행하는 것이 권장된다. 효능촉진 회기는 노출 연습 계획 양식 작성, 노출 연습 체험, 노출 연습 사후보고 양식 작성으로 구성된다. 만약 당신이 한때 두려워하고 회피했던 것이, 비행기를 타거나 바다에서 수영하는 것과 같은 실용적인 이유로 거의 하지 않는 것이라면, 이것은 특히 그렇다. 만약 당신이 무서운 경험을 하거나, 자신의 오래된 회피하는 습관으로 다시 미끄러져 들어가는 것을 발견하게 된다면, 효능촉진 회기는 또한 좋은 아이디어이다.

연구에 따르면 여러 상이한 맥락에서 두려움에 직면하는 실습은 더 나은 결과를 가져온다(Craske 등 2014). Helena는 운 좋게도 이 노출 프로그램을 성공적으로 완료한 후, 대중 연설을 계속 실습할 수 있는 몇몇 집단에 속했다. 그녀는 컴퓨터 컨벤션에서 많은 청중에게 연설을 해야 했을 때 여전히 긴장했지만, 그녀는 이것을 당연한 것으로 받아들였다. 그녀는 이해될 만큼 충분히 자신의 생각을 잘 전달할 수 있다는 자신감을 느꼈고, 자신의 불완전한 행동으로 인해, 더 이상 평가되거나 거절당할 것에 대해 걱정하지 않았다. 그녀는 일 때문에 여행을 하기 시작했고, 그것은 그녀가 비행에 대한 두려움과 씨름하기 위해 자신의 두려움과 회피 평가 양식으로 돌아가게 해주었다. 그녀는 삶의 모든 스트레스와 마찬가지로, 두려움과 회피에 대처하는 것은 여행이지 목적지가 아니라고 말했다.

더 읽을거리

Craske, M. G., K. Kircanski, M. Zelikowsky, J. Mystkowski, N. Chowdhury, and A. Baker. 2008. "Optimizing Inhibitory Learning During Exposure Therapy." *Behaviour Research and Therapy* 46 (1): 5–27.

Craske, M. G., M. Treanor, C. Conway, T. Zbozinek, and B. Vervliet. 2014. "Maximizing Exposure

Therapy: An Inhibitory Learning Approach." *Behaviour Research and Therapy* 58: 10–23.

Foa, E. B., and M. J. Kozak. 1986. "Emotional Processing of Fear: Exposure to Corrective Information." *Psychological Bulletin* 99 (1): 20–35.

McKay, M., M. Skeen, and P. Fanning. 2017. *The CBT Anxiety Solution Workbook: A Breakthrough Treatment for Overcoming Fear, Worry, and Panic.* Oakland, CA: New Harbinger Publications.

Wolpe, J. 1958. *Psychotherapy by Reciprocal Inhibition.* Palo Alto, CA: Stanford University Press.

제15장

분노 예방접종
Anger Inoculation

이 장에서는 다음과 같은 내용을 배울 것이다.

- 분노 유발 상황에서 긴장하기보다는 이완하기
- 분노 촉발 인지를 통제하기 위한 대처 생각 개발하기
- 새로운 대처 기술을 연습하고 스스로 분노에 맞서 예방접종 하기 위한 심상자극을 사용하기
- 상황 특유적인 분노 대처 계획을 세우기

배경

분노 예방접종(McKay & Rogers, 2000)은 Jerry Deffenbacher(Deffenbacher & McKay, 2000)이 개발한 분노 관리 프로토콜에 기반한다. 분노 예방접종 이면에 있는 생각은, 만약 당신이 점진적으로 점점 더 분노를 유발하는 상황에 대한 기억에 스스로를 노출 시킨다면, 대처 기술을 사용하면서 당신은 분노 반응 관리를 배우리라는 것이다. Raymond Novaco(1975)는 처음으로 이 기법을 활용했고, 그의 연구는 분노를 추동하는 공격성을 감소

시키는 데 효과가 있음을 보여주었다. Deffenbacher 등(1987)은 Novaco의 원래 발견을 확장하였는데, 이완과 대처 생각의 조합이 유의하게 분노를 통제할 수 있다는 것을 보여주었다. 먼저 분노 예방접종으로, 당신은 첫 번째 유발 신호에 이완하고, 당황으로부터 당신을 평온하게 해주고, 그것과 떼어 놓을 의도가 있는 생각에 대하여 분노 촉발 생각에 직면하는 것을 배우게 된다. 이 훈련은 분노를 느낄 수 없도록 만드는 것이 아니라, 당신에게 효과적인 대처 전략을 제공함으로써 당신은 버럭 화를 내지 않고 당신의 인간관계에 피해를 주지 않으면서 유발 자극에 직면할 수 있는 자신감을 얻을 것이다.

분노 예방접종은 4단계를 포함한다. 단계는 다음과 같다.

1. **이완 기술.** 당신이 필요할 특정 이완 훈련(예: 복식 호흡, 점진적 이완, 단지 풀어주기만 하는 이완, 단서에 의해 통제된 이완 및 특별한 장소 시각화)은 이 책의 다른 장에서 이용 가능하다.

2. **대처 생각.** 당신은 당황을 촉발하는 왜곡된 생각과 싸우게 해주는 자신만의 분노 대처 생각을 창조할 것이다.

3. **예방접종.** 당신은 다섯 수준의 강도로 분노를 유발하는 기억을 시각화하면서, 이완과 인지적인 대처 기술을 실습할 것이다.

4. **실생활 대처.** 당신은 특정한 유발 자극을 위해 설계된 분노 관리 계획으로, 가장 효과적인 대처 기술을 조합할 것이다.

증상-완화 효과

Novaco(1975), Hazaleus와 Deffenbacher(1986), Deffenbacher 등(1987) 그리고 Deffenbacher와 Sabadell(1990)은 당신이 여기에서 배울 분노 예방접종 절차가 분노 반응을 통제하는 데 효과가 있음을 여러 연구에서 입증하였다. 이 프로그램으로 특성 분노와 분노 사건 모두에서 유의한 감소를 얻을 수 있었다.

숙달 시간

당신은 3주에서 4주 이내에 핵심적인 이완 기법을 습득할 수 있다. 특정한 분노 상황에 대한 대처 생각 개발하기는 몇 시간이 걸릴 것이다. 당신이 유발 자극 기억을 시각화하는 분노 예방접종 과정은, 각 수준에 두 가지 분노 심상이 있는 다섯 수준의 강도를 사용한다. 이 작업은 3주에서 4주 걸린다. 실생활 대처 계획 개발은 각각의 특정 계획에서 한 시간이나 두 시간이 걸릴 수 있다.

지시

1단계 — 이완 배우기

도전 또는 도주 반응은 분노의 가장 중요한 요소이다. 비록 분노 생각이 반응을 촉발할 수도 있지만, 분노 생각을 유발하고 더 나아가 당신의 생리적 각성을 자극하는 어떤 일이 발생할 때면, 종종 우리는 교감 신경계 각성의 높은 수준에 이미 놓여 있다. 물론 이것은 그다음에 더 많은 분노 생각을 유발한다. 이것에 대한 너무나 평범한 예는 당신이 하루 종일 일을 하고 난 뒤에 심한 교통 체증 속에서 집으로 운전을 해가고 있을 때 일어나는데, 이런 긴장성 두통으로 고통스러운 상황에서 누군가가 어떤 무모한 짓을 한다는 것이다. 이미 긴장이 되어서, 당신은 폭언을 퍼부을 수도 있다.

당신의 분노 주기에 개입할 수 있는 한 가지 방법은, 규칙적인 깊은 호흡 기법의 실습을 통해 당신의 전반적인 교감 신경계 각성을 낮추는 것이다. 그러나 그것은 또한 당신이 당황을 느끼기 시작하자마자 빠른 호흡 기반 이완 전략을 사용하게 해준다. 그래서, 당신의 억눌린 긴장을 풀어주기 위해 소리를 지르거나 당신의 차 경적을 울리고 펄쩍펄쩍 뛰는 대신에 여러 차례 횡격막 호흡을 한다.

당신이 분노를 관리하기 위해 필요한 핵심 이완 기술은 모두 이 책에 있다. 그것들은 여기에 목록(당신이 배워야 하는 순서대로)으로 되어 있다. 먼저 점진적 이완 및 단지 풀어주기만 하는 이완을 배우지 않고 단서에 의해 통제된 이완을 숙달하기는 어렵기 때문에, 순서를 따라야 한다.

자극 유발 상황에서, 몇 가지 이완 기술들은 빠른 완화를 얻기 위해 신속하게 사용될 수 있다. 다른 이완들은 오직 일반적인 스트레스 완화제로만 유용한데, 당신이 화가 난 그 순간에는 도움이 되지 않는다. 각 기법은 '빠른 완화'나 '일반적인 스트레스 완화'로 명명된다.

당신이 필요로 하는 기술은 다음과 같다:

• 횡격막 호흡(제3장) — 빠른 완화
• 점진적 이완(제4장) — 전반적인 스트레스 완화
• 긴장하지 않는 이완이나 단지 풀어주기만 하는 이완(제7장) — 전반적인 스트레스 완화
• 단서에 의해 통제된 이완(제7장) — 빠른 완화
• 특별한 장소 시각화(제6장) — 전반적인 스트레스 완화

빠른 완화전략이 즉시 이용 가능할 수 있도록 이들 이완 기법을 숙달하거나 과잉 학습할 필요가 있을 것이다. 일반적인 스트레스 완화 기법들은 당신에게 2분에서 3분 내로 깊은 완화를 제공한다. 당신이 컴퓨터에 입력하거나 자동차를 운전하는 것과 똑같은 무의식적 협응으로 이완될 수 있도록 해야 한다. 즉시 실습을 시작하라. 당신이 이들 각각의 이완 기술을 숙달하기 전에는 3단계(분노 예방접종)로 나아가지 마라.

2단계 — 분노 대처 생각 개발하기

당신의 생각은 당신의 분노에 미치는 막대한 영향과 분노를 진정시키기 위한 능력을 가지고 있다. 분노 촉발 생각은 다음과 같은 가정을 기반으로 한다.

1. 당신이 피해를 입거나 희생되었다는 신념
2. 도발하는 사람이 의도적으로 당신을 해칠 것이라는 신념
3. 도발하는 사람이 당신에게 해를 입혔기 때문에 잘못된 것이며, 다르게 행동해야 했다는 신념(Mckay & Rogers, 2000)

스트레스를 많이 받는 동안에, 당신을 의도적이고 주의를 기울이지 않는, 피해에 대한 희생자로 그리는 생각은 분노 반응을 즉시 점화시킬 것이다. 그리고 당신이 그러한 생각을 하면 할수록, 당신은 더 많이 분노한다.

❙ 분노 왜곡

분노 촉발 생각은 흔히 현실을 왜곡한다. 전형적으로 분노를 격양시키는 여섯 가지 주요 인지적 왜곡이 있고, 그중에서 하나 이상은 당신의 많은 분노 경험들의 요인일 수 있다. 여기에 여섯 가지 왜곡이 있다.

1. **책임 전가.** 이것은 어떤 다른 사람이, 당신의 고통에 책임이 있고 당신이 그것에 관해서 할 수 있는 것이 아무것도 없다는 신념이다. 다른 사람들에게 책임을 전가함으로써, 당신이 상황을 변화시킬 수 있는 선택을 할 수 있는 힘이 있다는 것을 잊어버린다. 당신이 무엇인가를 하기 전까지, 당신은 결국 무력감을 느끼고 (그 상태로 머물러 다른 누군가가 이것을 해결해 주기를 기다리면서) 갇혀 버린다. 책임 전가의 또 다른 문제는 사람들이 자신의 욕구를 충족할 수 있는 가장 최선의 선택을 하려고 하면서 인생을 살려는 것이다. 당신이 그들의 행동 때문에 다른 사람들에게 책임을 전가하는 경우, 당신은 그들이 알고 있는 최선의 방법으로 그들 스스로를 돌봐야 한다고 그들에게 책임을 전가하고 있다.

2. **과장.** 이것은 어떤 것을 불편하거나 불쾌하게 여기고, 매우 좋지 않은 것으로 보는 경향이다. '역겨운', '지독한', '끔찍한', 또는 '무시무시한'과 같은 단어들은 자극을 유발하는 상황에 대한 영향력을 과장하기 때문에 당신을 더 분노하게 한다.

3. **포괄적인 이름 붙이기.** 이들 왜곡은 전반적인 판단을 휩쓸어서 당신의 분노에 불을 붙이는 데 사용된다. 이들은 다른 사람을 완전히 나쁘고, 아주 가치가 없는 것으로 그린다. '패배자', '바보', '나쁜 년', '이기적인 돼지', '나쁜 놈' 등과 같은 욕설은 보통 전형적인 포괄적 이름 붙이기이다. 분노는 당신이 화를 내는 인간 존재에 대한 전체 실존을 무시하고, 그 사람을 단일한 부정적인 용어로 격하시키는 것이다.

4. **오귀인.** 이 왜곡은 억측과 독심술을 포함한다. 당신은 악의적인 의도를 추측하고; 자신에 대한 사람들의 동기와 느낌을 알고 있다고 생각한다. 당신은 다른 사람의 마음을 꿰뚫어 볼 수 있어서, 그들이 행동한 이유를 정확하게 안다고 상상한다. 당신은 너무 당황스럽기 때문에 질문하지 않거나 직접적인 피드백을 구하지 않으며, 그래서 당신

은 계속해서 다른 사람들을 읽으려고 추측하거나 시도하는데, 당신이 추측한 대부분은 잘못된 것이다.

5. **과잉 일반화.** 이 왜곡은 '절대', '항상', '아무도', '누구나' 등과 같은 단어를 사용한다. "그녀는 항상 늦어." "그는 절대로 돕지 않을 거야." 과잉 일반화는 때때로 발생하는 것을 항상 일어나는 사건처럼 느끼게 한다. 과잉 일반화는 모든 것을 견딜 수 없도록 느끼게 만들고 분노 반응으로 돌아가게만 한다.

6. **요구하기/명령하기.** 이 왜곡은 당신의 개인적인 욕구나 선호를 불변의 법칙으로 여기는데, 사람들이 당신의 선호를 무시할 때, 당신은 마치 그들이 십계명의 하나를 어기는 것처럼 느낄 수도 있다. 이것은 흔히 당신에게, 그들을 정말로 맹비난하기 위한 권리를 주는 것처럼 보인다. 하지만, 요구하기/명령하기에는 한 가지 큰 문제가 있다. 흔히, 다른 사람들은 적절한 행동 규칙에 대한 우리들의 정의에 동의하지 않는다. 그들은 그들 자신만의 규칙을 가지거나, 적어도 규칙에 대한 그들만의 해석을 가지는데, 그것은 당신에게 그들이 잘못되었다고 생각하게 하지만, 그들에게는 책임이 없다고 느끼게 한다. 요구하기/명령하기는 정말로 당신과는 아주 상이한 가치와 욕구를 가질 수도 있는 다른 사람들에게 당신의 가치와 욕구를 부과하는 것밖에 안된다.

❙ 대처 생각

각 분노 유발 왜곡은 그것의 효과를 상쇄시키려고 특별히 고안된 대처 생각을 필요로 한다. 아래에, 이들 대처 생각을 개발하기 위한 몇 가지 기본적인 지침이 있다(McKay & Rogers, 2000에서 각색함).

1. **책임 전가**

- 스스로 문제를 해결하기 위한 대처 계획을 만들어라.
- 사람들은 그들 대부분이 자신의 목표와 욕구를 충족시키기 위해 그들이 할 수 있는 최선을 다하고 있다는 것을 스스로에게 상기시켜라.

대처 생각 예:

내가 무력하게 느끼는 것만 책임 전가하기 — 이 상황을 바꾸기 위해서 내가 할 수 있는 것은 무엇인가?

이 상황을 바꾸기 위한 내 계획은 ______________________________ 이다.

나는 이것에 관해서 당황스럽지만, 그 사람은 그 상황에서 할 수 있는 최선을 다하고 있다. 그들은 그들이 해야 할 일을 하고 있다. 나는 내가 해야 할 일을 할 것이다.

2. **과장**

- 현실적으로 부정적이어라(예를 들어서, 이 상황은 실망스럽거나 좌절스러운 것이지, 지독하거나 무시무시한 것은 아니다).
- 이 질문에 대답하라: 이것이 정말로 얼마나 나쁜가?
- 매우 정확한 언어를 사용하여 재진술하라.
- 스스로 전체적인 그림을 상기하라. 부정적인 것뿐만 아니라 긍정적인 것도 주목하라.

대처 생각 예:

큰 도식에서 보면, 이것은 큰 문제가 아니다.

이것은 두더지가 판 흙 두둑 정도의 문제이다. 나는 이것을, 보다 크게 만들 필요가 없다.

이것은 짜증 나지만, 다음 주에는 과거 역사가 되어버릴 것이다.

3. 포괄적인 이름 붙이기

- 상세화하라.
- 그 사람 전체가 아닌, 행동을 기술하라.

대처 생각 예:

특히 나를 귀찮게 하는 것은 ______________________ 이다.

언짢게 만들지 말고, 단지 문제를 있는 그대로 진술하라. 사실에 충실하라.

그것은 그냥 문제에 불과하다. 그 사람을 괴물로 만들 필요가 없다.

4. 오귀인[2)]

- 당신은 동기에 관하여 추측하고 있다는 것을 스스로에게 상기시켜라, 당신은 모른다.
- 문제 행동에 대한 대안적인 설명들을 찾아라.
- 당신을 도발시키는 사람에 대해, 당신의 가정을 점검하기 위한 계획을 세워라.

대처 생각 예:

나는 하나의 가능성을 추측하고 있다, 그러나 아마도 ____________ 의 행동에 대한 다른 이유가 있을 것이다.

화를 내는 것은 나에게 무슨 일이 일어나는지 알아내는 데 도움이 되지 않는다. 나는 더 많은 사실들을 필요로 한다.

이런 행동에 대한 몇 가지 다른 가능한 이유는 ________________ 이다.

5. 과잉 일반화

2) 어떤 환경이나 기분이 기억을 왜곡해 저장함으로써 나중에 시간, 장소, 관련자 등을 착각하는 것(역자 주).

- 당신의 촉발 생각이 '항상', '모두', '모든' 및 '결코'와 같은 단어를 포함시키지 않도록 그것을 개정하라.
- 오직 구체적이고 정확한 기술을 사용하라.
- 예외를 살펴보라. 사람들이 가끔 자신들의 경향과는 어떻게 매우 다르게 행동하는지를 회상하라.

대처 생각 예:

나는 단지 사실들에 초점을 맞출 것이고, 화를 터트리지 않고 끝낼 것이다.

정확하게 하라. 얼마나 자주 이러한 일이 실제로 일어나는가?

항상 이런 식으로 발생하지는 않는다. 예외가 많이 있다.

6. **요구하기/명령하기**

- 당신의 욕구와 선호에 초점을 두어라. "해야만 한다"가 아니다. "너는 해야만 한다"가 아닌 "나는 선호한다"를 생각하라.
- 다른 사람이 그의 행동을 충족시키는 데 무엇이 필요한지를 알아내라.

대처 생각 예:

나는 내가 원하는 것을 얻지 못했지만, 세상이 끝나는 것은 아니다.

상황이 달라지기를 바라지만, 나는 그것을 끝낼 것이다.

사람들은 자신들이 하고 싶은 것을 하지, 내가 필요로 하는 것을 하지 않는다.

나는 이것이 일어나지 않기를 바라지만, 그것과 더불어 살아갈 수 있다.

일반화된 대처 생각 목록

당신이 당신 자신의 대처 생각을 개발하는 것이 어렵다고 여겨진다면, 아래에 도움이 될 수도 있는 분노를 다루는 대처 생각 목록이 있다. 많은 이러한 대처 진술문은 매우 효과적이라고 입증된 분노 관리 프로그램에서 개발되었다(Novaco, 1975).

- 심호흡하고 이완하라.
- 흥분하는 것은 도움이 되지 않는다.
- 단지 침착을 오래 유지하는 것만으로도, 조절될 수 있다.
- 성급히 굴지 말라. 화를 냄으로써 얻는 것은 아무것도 없다.
- 나는 그 사람이 나를 괴롭히지 않게 할 것이다.
- 나는 분노로 그를 변화시킬 수 없다. 나는 스스로 흥분할 뿐이다.
- 나는 내가 원하는 것을 화 내지 않고 말하는 방법을 발견할 것이다.
- 평온을 유지하라. 비아냥거리지 않으면, 공격도 없다.
- 나는 평온과 이완을 유지할 수 있다.
- 이완하고 내려놓아라. 당황해서 안달복달할 필요는 없다.
- 옳은 사람도 없고 그른 사람도 없다. 우리는 단지 욕구가 다르다.
- 침착을 유지하고, 판결하지 마라.
- 무슨 말을 하더라도 나는 내가 좋은 사람이라는 것을 알고 있다.
- 나는 합리적으로 유지할 것이다. 분노는 어떤 것도 해결 해주지 않는다.
- 그들을 흥분되고 어리석다고 보자. 나는 평온하게 행동할 수 있고 통제될 수 있다.
- 그 사람의 의견은 중요하지 않다. 나는 침착함을 잃지 않을 것이다.
- 요점은, 나는 통제되어 있다. 나는 무언가 멍청하다고 말하거나 행동하기보다는 그것에서 빠져나올 것이다.
- 잠깐 중지하라. 냉정하라, 그런 다음 되돌아와서 그것을 다루어라.
- 어떤 상황은 좋은 해결책을 갖고 있지 않다. 이것을 그것들 중에 하나와 같다고 바라보라. 그것에 관해서 화를 내는 것은 아무런 소용이 없다.

- 깨뜨려라. 분노는 흔히 모든 것을 참는 데서 온다.
- 분노하라, 그러나 멍청한 짓이라고 말하는 것을 숨겨둬라. 그것이 진전이다.
- 분노는 이완하고 대처할 때라는 것을 의미한다.
- 그들이 내가 화를 내기 원한다면, 나는 그들을 실망시킬 것이다.
- 나는 사람들이 내가 원하는 방식으로 행동하도록 기대할 수 없다.
- 나는 이것을 매우 심각하게 받아들이지 않는다.
- 당신이 그것을 그런 식으로 바라본다면, 그것도 재미있다.

3단계 — 분노 예방접종

이제 작업을 할 시간이다. 당신이 지난 몇 주 동안 투쟁해온 다섯 가지 분노 상황을 다시 생각해 보고 기록하라. 일기나 종이에 그것들을 목록으로 만들어라. 당신이 명명한 각각의 분노 사건 아래에, 다음을 확인하기 위해 공간을 남겨 두어라.

A. 당신의 분노 촉발 생각
B. 당신의 촉발 생각에 새겨져 있을 수도 있는 어떤 분노 왜곡
C. 왜곡을 상쇄시킬 수도 있는 역반응 전략(대처 생각에 관한 이전 절 참조)
D. 하나 이상의 도움이 되는 대처 생각(촉발 생각이 더 정확해지도록 개정하는 것을 포함)

I 예

Nancy는 40세의 교사인데, 그녀의 집과 학급 모두에서 분노 유발 사건을 목록으로 만들었다. 아래에 그것들 중 세 가지가 있다:

상황 1. Julian은 Rebecca의 의자를 그녀가 막 앉으려고 할 때 뺀다. 그녀는 뒤로 넘어진다.

분노 촉발 생각: 그는 항상 이렇게 형편없어. 그 애는 비열해.

분노 왜곡: 과잉 일반화, 포괄적인 명칭 붙이기.

역반응 계획: '항상' 이라는 단어 사용을 중지하기, 구체화하기, 예외 찾기, 행동에 초점 두기, 놀리지 않기.

대처하기 또는 촉발 생각 수정: "Julian은 하루에 한 번쯤 말썽을 일으켜. 주로 바보 같은 일로 누군가를 다치게 하지 않아. 그리고 그 애는 뇌성마비를 지닌 소년에게는 꽤 친절해. 나는 그 애가 나를 괴롭히도록 놔두지 않을 것이야."

상황 2. 나에게 이제 2주 연속 운동장 근무가 배정되었다.

분노 촉발 생각: 그들은 내가 불평하지 않기 때문에 항상 나를 이용해. 그들은 이 일을 견딜 수 없게 만들어.

분노 왜곡: 과잉 일반화, 오귀인, 책임 전가, 과장.

역반응 계획: '항상' 이라는 단어 사용을 중지하기, 구체화하기, 대안적인 설명 찾기, 정말 얼마나 나쁜 일인가?

대처하기 또는 촉발 생각 수정: "내가 2주 연속으로 해야만 하는 것은 1년에 단지 두 번

이야. 그것은 나에게뿐만 아니라 다른 선생님들에게서도 발생해. 아마도 그건 Hilda가 이번 주에 없었고, 일손이 부족했기 때문이야. 그건 단지 자질구레한 일일 뿐이며, 그 이상도 그 이하도 아니야."

상황 3. Bill은 싱크대에 접시들을 놔두고, 밤새 포커를 하기 위해 떠난다.

분노 촉발 생각: 제기랄 그는 아무 생각이 없어. 놀러 갈 거면, 먼저 일을 끝내는 게 더 좋지.

분노 왜곡: 포괄적 명치 붙이기, 요구하기/명령하기.

역반응 계획: 사람이 아닌, 행동에 초점 맞추기, "해야만 한다"가 아니라 나의 욕구와 선호도에 따르기.

대처하기 또는 촉발 생각 수정: "Bill은 때때로 약속이행을 잊어. 나는 그가 접시 더미를 떠나지 않기를 바라지만, 그렇다고 세상이 끝나는 것은 아니야, 그가 집에 오면 그렇게 할 수 있을 거야."

다음 페이지에는 당신 자신의 대처 생각을 창조하기 위한 작업지가 있다. 이 작업지를 http://www.newharbinger.com/43348에서 내려받으면 된다. 그래서 분노 생각에 대한 대처 생각을 창조하기 위해 각 단계를 따를 수 있다. 분노-촉발 생각은 당신의 분노 반응을 유발하게 하는 생각들이다.

대처 생각 창조 작업지

1. 나의 분노에 불을 붙이는 촉발 생각

   a. ______________________________

   b. ______________________________

   c. ______________________________

2. 나의 촉발 생각에 기저하고 있는 분노 왜곡

   a. ______________________________

   b. ______________________________

   c. ______________________________

3. 나의 촉발 생각들에 대한, 각각의 역반응 계획(예를 들면, 예외 살펴보기, 대안적 설명, 해야만 한다가 아닌 선호하기 등). 촉발 생각 수정은 각각의 역반응 계획을 기반으로 한다.

   a. 역반응 계획: ______________________________

   ____

   촉발 생각 수정: ______________________________

   ____

   b. 역반응 계획: ______________________________

   ____

   촉발 생각 수정: ______________________________

   ____

   c. 역반응 계획: ______________________________

촉발 생각 수정: ____

____

4. 도움이 되는 대처 생각(이 장 앞부분에 있는 일반화된 대처 생각 목록 참조)

a. ____

b. ____

c. ____

Mckay와 Rogers(2000)에 의해 개발됨.

I 분노 장면을 시각화하기

분노 장면에 대한 강도 증가를 시각화하면서, 당신의 새로운 대처 기술(이완 및 분노 대처 생각)을 실습할 때이다. 당신이 지금까지 배웠던 것을 연습하게 해주는 열 가지 전형적인 분노 사건들을 선택함으로써 시작하라.

점진적으로 더 화를 돋우려는 분노 장면에 대한 위계를 수립하기 위해, 당신은 **분노 단위**Anger Units(AU)라고 불리는 척도를 사용할 수 있는데, 100AU는 당신의 삶에서 느꼈던 것 중 최악의 격렬한 분노이며, 0AU는 전혀 분노가 없는 것이다. 아래에 제공되어 있는 공란에 기록하라.

- 경미한 분노 장면에서 중간 정도의 분노 장면까지 두 가지(40에서 50AU)
- 중간 정도의 분노 장면 두 가지(50에서 60AU)
- 중간 정도의 분노 장면에서 높은 분노 장면까지 두 가지(60에서 75AU)
- 높은 분노 장면 두 가지(75에서 85AU)
- 극단적인 분노 장면 두 가지(85에서 100AU)

다음에 나오는 워크시트에 자신의 분노 장면의 묘사를 적으면서, 신체적 환경 그리고 분노를 유발시키는 사람들이 말하고 행동하는 것을 포함해 세부적인 것들을 포함하라. 또한, 자신의 촉발 생각, 느낌, 신체적 반응들을 묘사하라.

여기 Nancy의 중간 정도의 분노 장면에서 높은 분노 장면까지의 한 가지 예가 있다. "교장이 교직원 회의를 주재하고 있다. 그것은 열 받는 일이고, 내 얼굴이 확 붉어지는 느낌이다. 그녀는 내 교실을 빗자루를 넣어두는 장 정도의 작은 교실로 바꿀 필요가 있다고 공표하였다. 그녀는 겉치레로, 미안해하는 척하면서 웃고 있다. 나는 독서 시범 사업을 하지 않겠다고 하였기 때문에, 내 교실을 교장이 마음대로 한다고 생각하고 있다. 못된 여자 같으니라고! 나는 땀을 흘리고 있고, 내 뱃속은 배배 꼬였다. 나는 정말 화가 나고, 그 여자를 이기고 싶었지만, 그 말을 억누르고 있다."

당신의 분노 장면 위계

경미한 정도에서 중간 정도까지(40에서 50AU)

장면 1: ______________________________

____

____

장면 2: ______________________________

____

____

중간 정도(50에서 60AU)

장면 1: ______________________________

____

____

장면 2: ______________________________

____

____

중간 정도에서 높은 정도까지(60에서 75AU)

장면 1: ______________________________

____

____

장면 2: ______________________________

____

____

높은(75에서 85AU)

장면 1: ____

____

____

장면 2: ____

____

____

극단적인(85에서 100AU)

장면 1: ____

____

____

장면 2: ____

____

____

❙ 경미한 정도 분노 장면에서 중간 정도 분노 장면까지 그리고 중간 정도 분노 장면을 위한 분노 예방접종 프로토콜

1. 대처 생각 작업지를 작성하라. 각 장면을 시각화하기에 앞서, 몇 가지 분노 대처 생각을 개발하라.
2. 단서에 의해 통제된 이완 및 특별한 장소 시각화를 사용하여 이완하라. 만약 당신 몸에 긴장이 남아있는 특정한 부위가 있다면, 점진적 근육 이완 또는 단지 풀어주기만 하는 이완을 시도하라.
3. 당신이 일단 이완했다면, 경미한 수준에서 중간 정도 수준에 있는 첫 분노 장면을 시각화하라. 가능한 한 더 상세하게 보려고 시도하고, 무엇이 말해지건 경청하라. 당신의 촉발 생각에 대한 분노 반응을 심화시켜라. 거기에서 유지시키고, 가능한 한 당신의 분노가 올라오도록 내버려 둬라. 30초간 당신의 마음에서 그 장면을 지속시켜라.
4. 이제 그 장면을 지우고 당신의 이완 기술을 다시 사용하라. 또한, 당신의 분노 대처 생각을 회상하라. 당신이 다시 평온을 느낄 때까지 이것을 계속하라(0AU).
5. 전체 순서를 다시 반복하는데, 두 번째 분노 장면을 시각화하라(경미한 수준에서 중간 정도 수준까지).
6. 두 장면 사이를 앞뒤로 번갈아 가면서 각각 네 번에서 여섯 번 반복하라. 그런 다음, 이들 똑같은 두 장면을 사용하여, 며칠 뒤에 두 번째 실습 회기를 가져라.
7. 이제 두 개의 중간 정도의 분노 장면으로 나아가라.

❙ 중간 정도 분노 장면에서 높은 정도 분노 장면까지 그리고 극단적인 분노 장면을 위한 분노 예방접종 프로토콜

이들 높은 수준의 분노 장면에서, 당신은 절차상 한 가지 중요한 변화를 만들 수 있다. 30초 후에 장면을 지우는 것 및 대처를 시작하는 것 대신에(이완 및 대처 생각과 함께), 당신은 당신의 분노 장면을 시각화하는 것을 지속하는 동안 대처 기술을 사용할 수 있다. 당신이 단서에 의해 통제된 이완을 실습하고, 혹시라도 당신의 몸의 특별한 부위에 있는 긴장을 풀면서 그와 동시에 화를 돋우려는 심상을 그대로 두어야 한다. 당신은 당신의 새로운 대처 생각 또는 촉발 생각의 개정된 버전을 사용하는 동안에도 심상을 유지해야 한다. 당신이 완전히 평온함을 느낄 때까지(0AU) 이 과정에 머물러라.

당신이 특정한 분노 수준의 첫 장면에서 0AU로 내려간 후에, 그 장면을 끝내고, 약간의 단서에 의해 통제된 호흡을 하고, 두 번째 장면을 상상하는 것을 시작하라. 각 장면을 네 번에서 여섯 번 정도 앞뒤로 바꾸는데, 장면을 바꾸기 전에 0AU를 얻을 수 있도록 항상 기다려라. 당신은 각각의 분노 수준에서 4~6번씩 각각 장면을 전환하는 두 개의 실습 회기를 하는 것이 권장된다.

한 번에 두 가지 일을 하는 것은 어렵다(분노 장면을 발견하여 거기에 머무는 동시에 대처하는 것). 그러나 실습을 하면, 당신은 그렇게 하는 것을 배울 수 있다. 당신은 곧 이완 및 분노 관리 생각에 대한 시각화를 균형 잡을 수 있을 것이다. 다음을 기억하라. 실생활 자극 유발에 대처하는 것은 이 동일하게 균형 잡힌 행동을 요구하게 될 것이다. 당신은 그 순간에 어떻게 일이 되어가는지를 다룰 필요가 있을 것이고, 당신의 대처 기술을 사용할 필요가 있을 것이다. 그래서 당신이 지금 하는 모든 실습은 당신이 실제 혼란스러운 것을 다루는 훨씬 더 좋은 위치에 있게 해줄 것이다.

| 예

이제 교장에 대한 Nancy의 분노 장면('빗자루를 넣어두는 장' 크기의 교실에 배정받고 있었던 장면)으로 되돌아가 보자. Nancy는 자신의 특별한 장소 시각화(Yosemite 공원에 있는 Tuolumne Meadows)와 약간의 단서에 의해 통제된 이완으로 이완함으로써 시작한다. 그녀는 자신의 몸에 있는 긴장을 느끼는 어떤 부위를 알아차리고, 의도적으로 그 부위를 이완시킨다. 이제 그녀는 그 교직원 회의의 장면을 시각화하기 시작한다. Nancy는 교장이 자신에게 새 교실 배정에 관하여 말했을 때, 교장의 겉치레 웃음을 기억한다. Nancy는 그 교실이 얼마나 열 받게 느껴졌는지 그리고 자신의 신체에서 뜨거운 느낌을 받았는지를 회상한다. Nancy는 '못된 여자 같으니라고!' 라고 생각한다. 그리고 교장이, 시범 사업을 하는 것에 대한 Nancy의 거절에 대하여 복수를 하고 있다고 가정한다.

이제 Nancy는 정말 증기를 내뿜는 것처럼 울분을 느낀다. 이 교실 배정은 고의적인 모욕이었다. 그녀의 분노가 중간 정도에서 높은 수준까지 도달함에 따라, Nancy는 대처하기 시작한다. 그녀는 단서에 의해 통제된 호흡을 한다. Nancy는 교장이 자신을 실망도 시켰고 호의도 베풀었다고 스스로에게 상기시킨다. Nancy는 더 작은 교실이, 내년에 학생 수가 더 적을 것으로 예상되는 3학년 학급을 반영한 것일 수도 있다고 생각한다. 교직원 회의 및 교장의 겉치레 웃음의 장면을 유지하면서, Nancy는 스스로 '속상해한다고 해서 변화시킬 수 있는 것은 아무것도 없어, 냉정을 유지하자' 라고 자신에게 상기시킨다. 그녀는 몇 차례 더, 단서에 의한 통제된 호흡을 한다.

Nancy는 자신의 분노가 완벽하게 사라졌을 때만, 장면의 스위치를 꺼버렸다. 이제 그녀는 자신의 두 번째 중간 정도의 분노 장면에서 높은 분노 장면까지 시작하기 전에, 잠시 동안 그녀의 Yosemite Meadows로 되돌아온다. Nancy는 자신의 두 번째 중간 정도의 분노 장면에서 높은 분노 장면까지를 네 번에서 여섯 번 앞뒤로 번갈아 바꾸기를 계속한다.

4단계: 실생활 대처

당신이 유발 자극에 대해 실생활에서 실습을 계획할 수 없다고 하더라도, 당신은 그것들에 대해 준비를 할 수 있다. 당신은 잘 연습 된 대처 생각을 준비할 수 있고, 당신의 몸과 마음의 초기 분노 경고 신호에 대해 기민한 상태에 머무를 수 있다. 당신이 단서에 의한 통제된 이완과 대처 생각으로 중재를 더 빨리할수록, 당신이 통제를 유지할 가능성이 더 커질 것이다.

만약 당신이 당신의 분노를 점화시키기 쉬운 어떤 상황에 있게 될 것을 안다면, 당신의 대처 생각을 미리 준비하고 단서에 의해 통제된 이완과 함께 대처 생각을 사용하여 스스로 전념하라. 실습을 한다면 이것은 실천하기 더 쉬워질 것이고, 이윽고 더 자동적으로 될 것이다. 만약 당신이 당신의 대처 기술 사용을 잊어버리거나, 그것들을 사용하기 시작한 다음에 그만 흥분해서 포기한다면, 그 장면을 나중에 시각화하고 당신이 분노 예방접종 연습을 행하고 있을 때, 당신이 했던 것과 똑같이 대처를 실습하라.

이완 및 대처 생각에 더하여, 자신의 가장 좋은 대처 행동을 계획하는 것이 언제나 도움이 될 것이다. 분통을 터트리지 않고 상황을 진정시키거나 상황을 끝내기 위하여 당신이 말하거나 행동할 수 있는 것은 무엇인가?

당신의 분노 계획

당신이 새로운 기술들을 사용하는 것을 모두 잊어버리게 만드는 각 유발 자극에 대하여, 분노 계획을 작성해보자. http://www.newharbinger.com/43348에서 분노 대처 계획 작업지를 내려받을 수 있다.

분노 대처 계획 작업지

촉발시키는 사건:

분노-촉발 생각:

분노 왜곡:

대처 생각/수정된 왜곡:

이완 전략(신체 긴장 점검, 단서에 의한 통제된 호흡, 횡격막 호흡 등):

대처 행동(10까지 세기, 상황으로부터 자신을 면제, 타협을 제안, 양쪽의 관점을 모두 인증 등):

____

____

____

특별 고려사항

1. 만약 당신이 이완 프로토콜을 따라 하는 게 어렵다면, 당신은 아마 이완 절차를 녹음해서 그것을 가지고 실습할 수도 있다.

2. 만약 당신이 분노 장면의 심상을 형성하는 데 어려움이 있다면, 더 많은 감각 인상을 포함하라. 예를 들어, 만약 당신의 심상이 주로 시각적인 것이라면, 청각, 후각 또는 촉각에서의 감각을 가져오도록 시도하라. 장면에 대한 가능한 한 많은 감각 요소를 추가하라.

3. 만약, 당신이 명료하게 상상할 수 있지만, 그것이 분노를 거의 일으키지 않는다면, 분노 촉발 생각에 더 초점을 맞추어라. 만약 그것이 효과가 없다면, 그 장면을 버리고, 분노를 더 유발하는 장면을 개발하라. 또는 잘되기 위해서는 더 높은 수준의 분노 장면을 가져와라.

4. 만약 당신이 불필요한 고통을 촉발하는 비합리적인 생각에 대해 더 배우고 싶다면, 제12장 「비합리적인 생각을 논박하기」를 참조하라.

더 읽을거리

Deffenbacher, J. L., and M. McKay. 2000. *Overcoming Situational and General Anger.* Oakland, CA: New Harbinger Publications.

Deffenbacher, J. L., K. McNamara, S. Stark, and P. M. Sabadell. 1990. "A Combination of Cognitive, Relaxation, and Behavioral Coping Skills in the Reduction of General Anger." *Journal of College Student Development* 31 (4): 351–58.

Deffenbacher, J. L., D. A. Story, R. S. Stark, J. A. Hogg, and A. D. Brandon. 1987. "Cognitive-Relaxation and Social Skills Interventions in the Treatment of General Anger." *Journal of Counseling Psychology* 34 (2): 171–76.

Hazaleus, S., and J. L. Deffenbacher. 1986. *"Relaxation and Cognitive Treatments of Anger." Journal of Consulting and Clinical Psychology* 54 (2): 222–26.

McKay, M., and P. D. Rogers. 2000. *The Anger Control Workbook.* Oakland, CA: New Harbinger Publications.

Novaco, R. 1975. *Anger Control: The Development and Evaluation of an Experimental Treatment.* Lexington, MA: D.C. Health.

제16장

목표 설정과 시간 관리

Goal Setting and Time Management

이 장에서는 다음과 같은 내용을 배울 것이다.

- 다중처리의 한계 이해하기
- 가치를 두고 있는 일을 분명히 하고, 목적을 정의하며, 목표에 도달하기 위한 계획 세우기
- 현재 어떻게 시간을 사용하고 있는지 평가하기
- 우선순위에 맞춰 시간을 재조직하기
- 일 미루는 버릇과 싸우기
- 시간 관리를 위한 간편한 방법 활용하기

배경

많은 사람들은 시간 관리라는 주제를 하나의 주요한 질문과 함께 접근한다. "적은 시간에 더 많은 일을 하기 위해서는 어떻게 해야 하는가?" 만일 여러분이 이러한 사람들 중 한 사람이라면, 여러분은 아마도 이미 빡빡한 당신의 일정에 이 책의 다른 장에서 설명하고 있는 연습

들을 어떻게 끼워 넣어야 하는지 의아해할 수도 있다. 당신은 자신의 많은 삶의 요구와 모든 세부사항들을 돌보는 것에 심한 압박감을 느껴서, 죄책감 없이 즐길만한 자유 시간이 거의 없을 수도 있다. 또는, 여러분은 자유 시간은 많이 있지만, 가장 만족을 주는 일을 할 시간은 내지 못할 수도 있다. 비효율적인 시간 관리와 관련된 기타 문제들로는 항상 서두르기, 자주 늦는 것, 낮은 생산성, 에너지 및 동기, 좌절, 조급함, 선택 상황에서 만성적으로 갈팡질팡하기, 목표 설정 및 달성에서의 어려움, 일 미루기, 초점과 목적의 결여, 그리고 비생산적인 다중처리가 있다.

우리는 비록 개인마다 하루에 24시간을 가지고 있는데, 어떻게 어떤 사람들은 시간이 전혀 없는 것처럼 느끼는 반면, 어떤 사람들은 업무를 마친 후에도 여전히 스스로 즐길 수 있는 충분한 시간을 남겨 놓을 수 있는가? 시간을 효과적으로 관리하는 사람들은 가장 중요한 일에 대부분의 시간과 에너지를 집중하고 가치를 두지 않는 활동들에 소모하는 시간은 최소화하기 위하여, 그들의 삶을 구조화하는 법을 배운 사람들이다. 이들은 모든 일을 조금씩 하기 위하여 시간을 찾으려 하기보다는, 소수의 일만을 잘할 때 자신들의 삶의 질이 향상됨을 깨닫고 있다.

효과적인 시간 관리의 목표를 깨닫기 위해서, 여러분은 자신의 삶에서 어떻게 균형을 성취할 수 있는지를 살펴보는 것이 또한 중요하다. 효과적인 시간 관리는 특히 여러분이 자신의 삶에서 균형을 창조하기 위해 활용할 때, 스트레스 수준을 더 낮추는 강력한 방법이다.

다중처리의 한계

오늘날 정보 과부하의 세상에서, 사람들은 종종 전화, 이메일, 문자 메시지 그리고 더 많은 것을 처리하기 위해, 컴퓨터 작업 등 두 가지 이상의 일을 동시에 곡예 하듯 할 수 있다고 생각한다. 불행하게도, 당신이 초소형 헤드폰을 통해 가장 좋아하는 밴드를 들으면서, 아침 산책과 같은 기계적인 것을 하지 않는 한, 다중작업은 한때 생각했던 것만큼 효율적이지 않다. 당신은 단순히 걷는 일을 당신의 발에 위임하고 있지만, 반면에 주의의 대부분은 음악에 있다. 하지만 한 번에 두 개 이상의 복잡한 작업을 수행하려고 하면, 다중작업으로 인해 속도가 느려지고, 실수하게 된다. 보고서를 쓰거나 새로운 정보를 배우는 것이 얼마나 스트레스가 되는지 생각해 보면서, 동시에 잦은 방해에도 대응해야 한다. 이것은 당신의 주의가 매우 다른 두 작업 사이에서 빠르게 왔다 갔다 해야 하기 때문이다. 한 작업을 중단하고 다른 작업을 시작할 때마다, 다른 작업에 맞는 사실에 초점을 맞추고 작업을 시작해야 한다. 그러는 동안, 첫 번째 작업에서 어디에 있었는지 잊어버릴 수 있으므로, 다시 시작하기 전에 방향을 바꾸는 데 시간이 걸리게 된다. 하루 중 일부 중단은 불가피하지만, 이런 끊임없는 변화는 시간을 낭비하고 오류의 가능성을 증가시킬 뿐만 아니라, 스트레스도 가중시킨다.

그래서, 당신은 다음과 같을 때 정말로 생산적이고 안전한가?

- 운전하면서 휴대전화로 대화할 때?
- 당신이 중요한 고객과 통화하면서 컴퓨터의 E-mail을 읽을 때?
- 공구를 사용하면서 여행 계획을 짤 때?
- 회의에 참석하는 동안, 당신의 컴퓨터에서 메신저에 반응할 때?
- 당신이 중요한 보고서를 준비하고 있거나 중요한 결정에 집중하면서, 자신을 방해받도록 허락할 때?

이들 시나리오에 대한 대답은 명백하게 "아니오"다. 다중작업을 하려고 하기보다는, 매일 한 가지 일에 집중하고 방해받지 않고 일을 하기 위해 시간을 비워두면, 당신은 더 효율적이고 스트레스를 덜 받을 것이다.

2004년 저서 『**온전한 참여의 힘**The Power of Full Engagement』에서, 저자인 Loehr와 Schwartz는 과부하의 시대에 균형에 대한 중요성에 대해 논의한다. 그들은 이렇게 말한다, "완전히 몰두하는 것은 당신이 지금 하고 있는 임무에 몰두할 수 있다는 것을 의미하는데, 그것이 직장에서 창조적인 도전으로 고군분투하는 것이든, 집단의 사람들을 관리하는 것이든, 사랑하는 사람들과 시간을 보내는 것이든, 또는 단순히 즐기는 것이든 스스로를 몰두하게 하는 것이다"(5).

진정한 열쇠는 우선순위를 설정하고, 순간 자신이 성취해야 할 필요가 있는 것에 집중하는 것이다. 이것은 하루 중 어떤 때에 당신이 가장 많은 에너지를 가지고 있는지를 알고, 그 때에 계획을 세우는 것이 필요하다. 이것은 일상적인 과제를 행하는 것을 포함하는데, 예를 들면 낮은 에너지 시간대 동안에는 E-mail이나 정원 가꾸기를 하고, 더 높은 에너지 시간대 동안에는 계획하기, 글쓰기, 회의를 주재하기 그리고 새로운 기술이나 내용을 배우기가 포함된다.

80-20 원리

'내가 책임져야 할 것들은 모두 중요해. 단지 내가 즐기는 일을 하기 위해 이 일들 중 어떤 것을 빼놓고 할 수는 없어'라고 생각한다면, 80-20 원리를 생각해 보라. 이탈리아 경제학자 Vilfredo Pareto는 우리가 얻을 수 있는 것의 80%는 우리 노력의 20%로부터 온다는 것을 주목하였다. 역으로, 우리 노력의 80%는 단지 가치의 20%만 생산한다. 경험적 연구들은 반복적으로 이것이 진실이라는 것을 보여준다. 이 원리는 인생의 다양한 영역에 적용될 수 있다. 예를 들어, 신문의 약 20%만이 여러분이 읽을 가치가 있다. 나머지 부분은 그냥 대충 읽고 지나가는 것이 더 좋다. 대부분 사람들의 편지 중 약 80%가 스팸메일로 전혀 읽지 않아도 되는 것들이다. 이것은 E-mail에서도 적용될 수 있는데, 대개 20%는 당신의 즉각적인 반응을 요구한다. 집안일 중 약 80%는 거의 무기한으로 연기할 수 있지만, 그중 20%에 해당하는 일들은, 만일 그 일을 하지 않는다면 곧 살 수 없게 만들 수 있는 일들이다.

「시간이 없을 때 시간 관리하기」라고 불리는 2008년 인터넷 기사에서, 미국 직업 조직

협회 회장인 Barry J. Izsak은 효과적인 시간 관리를 위한 다음의 전략을 목록화하였다.

1. 우선순위에 집중하라.
2. 시간에 (수동적으로) 반작용하지 말고, (적극적으로) 주도하라.
3. 하루를 계획하라.
4. 업무 일정표를 짜라.
5. 자신의 시간과 에너지에 적합한 업무를 계획하라.
6. 미루지 말라.
7. 완벽주의자가 되지 말라.

증상-완화 효과

효율적인 시간 관리 기술은 마감 시한 불안, 집중 부족, 일 미루기 및 업무 피로를 최소화시켜 줄 수 있다.

숙달 시간

최소한 한 시간 동안 자신의 삶에서 가장 중요한 것이 무엇인지 명료화하는 것에서부터 시작한 후, 부가적인 생각이 떠오르면 이 중요한 과제로 다시 되돌아올 수 있다. 당신의 목표 정의하기는 적어도 몇 시간이 걸릴 수 있다. 그렇지만 한 시간 안에 당신 목표 중 하나에 대한 행동 계획을 만들 수 있을 것이다. 시간 일지를 완성하는데 최소 3일이 필요할 것이다.

당신의 우선순위와 목표에 대하여 실제로 어떻게 시간을 보내고 있는지를 평가하고, 자신의 이상과 목적에 더 밀접하게 부합되도록, 시간을 사용하고 있는 방법을 어떻게 변경시켜야 할지 결정하기 위해 최소 몇 시간 동안 생각하라. 비록 일주일 이내에 당신이 일 미루기와 싸우고, 당신의 시간을 더 효율적으로 조직하기 위해 비법을 사용하기 시작할 수 있을지라도, 이 기법이 습관적으로 되기 위해서는 아마도 몇 달 동안 의식적으로 노력해야 할 것이다. 만일, 이 모든 것이 너무 큰 투자인 것처럼 생각된다면, 지금 당신이 사용하고 있는 시간이 미래에 더 많은 에너지와 자유 시간을 제공해 줄 것을 생각하라.

지시

이 장에서 당신은 다음의 여섯 가지 과제를 수행할 것이다.

1. 가치를 두고 있는 것 명료화하기.
2. 목표 설정하기.
3. 행동 계획 세우기.
4. 시간을 어떻게 사용하고 있는지 평가하기.
5. 일 미루기와 싸우기.
6. 시간 조직화하기.

각 단계는 이전 단계를 토대로 하기 때문에, 1단계부터 시작하여 마지막 단계까지 철저하게 하라.

가치를 두고 있는 것을 명료화하기

효율적인 시간 관리를 위한 첫 번째 단계는 어떤 것이 당신에게 가장 가치가 있는 것인지, 또는 가장 바람직한 것인지 결정하는 것이다. 사람들이 일반적으로 우선순위를 두고 있는 일들로는 직업, 건강, 가정, 가족, 영적 활동, 재정, 여가 활동, 학습, 창조적 활동, 행복, 마음의 평화 및 의사소통과 같은 일들이 있다. 당신에게 가장 가치 있는 것을 아는 것은 인생의 방향을 제공해 준다. 당신은 대부분의 시간과 에너지를 덜 중요한 것에 집중하기보다는 그 가치를 추구하는데 집중할 수 있다. 대안적인 것들 사이에서 선택해야만 할 때, 결정하게 해주는 우선순위를 살펴볼 수 있다.

자신의 최고 우선순위를 규명하기

다음의 두 가지 짧게 안내된 판타지는 혼자서도 할 수 있고, 또는 가족 구성원이나 친구와 함께할 수 있다. 그것들은 당신의 최고 우선순위를 규명하게 해줄 것이다.

1. 눈을 감고, 심호흡을 몇 번 하고 이완하라. 당신이 잠시 동안 생각할 수 있는, 좋아하는 장소에 있다고 상상하라. 상상하는 시간은 지금으로부터 몇 년이 흐른 후이다. 당신은 오랫동안 충실한 삶을 살아왔다. 이 성숙한 관점에서 여러분의 인생을 회상해 보라. 어떤 것을 경험하고, 행하는 것이 가장 즐거웠는가? 어떤 것을 성취하고 가졌을 때 가장 좋았는가? 이 아래 공간이나 다른 종이에 당신의 응답을 적어보라.

   ____

   ____

   ____

2. 이완된 자세로 돌아가서 다시 좋아하는 장소에 있는 자신을 상상하라. 이번에는, 여러분은 여전히 현재 나이에 있다고 생각하라. 당신은 아무런 증상도 나타나지 않는 희귀한 질병에 걸려서 여섯 달 안에 죽게 될 것이라는 사실을 막 알게 되었다. 살 시간이 단지 반년밖에 남지 않았다고 가정할 때, 당신은 무엇을 경험하고, 바꾸고, 행하고, 성취하고, 갖고 싶은가? 아래 공간이나 다른 종이에 당신의 응답을 적어보라.

____

____

____

두 가지 상황에서의 응답을 비교해 보라. 두 응답이 같은가, 아니면 다른가? 실제로 삶을 위협하는 질병에 직면한 대부분의 사람들은 자신들의 우선순위가 바뀜을 발견한다. 한때 매우 중요하다고 믿었던 것들이 덜 중요해지고, 한때 간과했던 것들이 새로운 의미를 지니게 된다.

자신이 가치를 두고 있는 것 순위 매기기

이전 연습에서 개발한 두 가지 목록을 가져와서, 가장 중요한 가치부터 가장 덜 중요한 가치 순으로 순위를 매겨라.

1.	5.
2.	6.

3.	7.
4.	8.

당신은 이 목록이 두 개 이상의 대안적인 것들 사이에서 선택하는 것이 어려울 때, 편리하게 사용될 수 있음을 알게 될 것이다.

다음은 홀로 아이를 키우는 직장 여성인 Alice가 중요도 순으로 어떻게 자신의 가치를 목록화하였는지를 보여주고 있다.

1. 가족	5. 즐거운 가정
2. 재정적 안정	6. 친구
3. 건강	7. 여행
4. 창의성	8. 정직

Alice는 그녀가 디자인한, 아직 완성되지 않은 초안을 중단하라고 상사들이 압력을 가하고 있기 때문에 힘들어하고 있다. 그녀가 거절하면, 그들은 그녀의 서명란을 공란으로 넘겨 버릴 것이다. 그녀는 회사의 이러한 위반 행위를 노동위원회에 보고할 것인지 아니면 보복을 피하기 위해 침묵할 것인지 사이에서 주저하고 있다. 가치 목록을 검토한 후, 그녀는 말하지 않는 것이 정직하지 못한 것임을 깨달았다. 그러나 그녀는 또한 정직이 중요하긴 하지만, 그녀의 가치 목록 중 가장 낮은 우선순위에 해당하고, 그녀의 다른 가치 목록들은 모두 일을 할 때만 성공적으로 충족됨을 깨달았다. 이러한 통찰의 결과, 그녀는 자책하는 것을 그만두고, 다른 회사에서 일자리를 찾을 때까지 이전 고용주의 비리를 보고하는 것을 유보하였다. 이런 식으로 그녀는 삶의 다른 중요한 측면들을 위험에 처하지 않게 하였다.

목표 설정하기

효율적인 시간 관리의 두 번째 단계는 목표 설정하기이다. 가치는 이상적인 것이다. 당신이 인생에서 갖게 될 가능성이 가장 높은 가치들은 사물, 경험, 질적인 것 및 원칙이다. 목표는 실제적이고 구체적인 것이다. 목표는 자신의 시간 및 기타 자원들의 제약을 고려하여 여러분이 성취하고자 하는 목적이 있다. 예를 들어, 가장 마음에 드는 희망이, 카레이스 우승자가 되는 것일 수도 있다. 당신의 목표는 먼저, 지금부터 3년 안에 인디애나폴리스 500 자동차 경주대회의 결승점을 통과하는 것이 될 수도 있다. 당신이 가장 가치가 있다고 생각하는 것과 당신의 인생을 보다 밀접하게 일치시키기 위해, 당신의 목표를 규명하는데 당신을 안내해 줄 당신의 가치 목록을 활용해 보라.

효율적인 목표 설계하기

다음은 효율적인 목표를 설계할 때, 여러분 스스로에게 질문해야 하는 다섯 가지 중요한 질문이다.

1. **이 목표는 정말로 많은 시간과 에너지를 들여서라도 달성하고자 하는 목표인가?** 아니면 하고 싶기는 하지만, 그 목표를 위해 노력하고 싶지는 않은 단지 꿈일 뿐인가? 많은 사람들이 세계 여행을 하고 싶다고 생각하지만, 여행에 필요한 돈을 기꺼이 저축하지는 않는다.

2. **이 목표는 여러분의 가장 높은 가치와 일치하는가?** 목표를 달성하지 못하는 한 가지 이유는 당신에게 가장 중요한 것과 맞지 않기 때문이다. 당신이 교육에 가치를 두고 있다면, 당신의 목표는 다음 해에 대학을 마치는 것이지만, 가장 높은 우선순위가 가

족과 친구와의 교제라면, 여러분의 가족과 친구에게 무관심하지 않도록 이 목표를 달성하는데 더 많은 시간을 투자하고자 할 수도 있다.

3. **이 목표는 달성 가능한가?** 목표를 언제쯤 달성할 수 있는지 알 정도로 충분히 구체적인가? 여러분 스스로를 위하여 설정할 수 있는 한정된 시간 내에 달성 가능한 것인가? 이 목표를 달성하기 위해, 필요한 자원에 접근할 수 있는가? "풍족한 수입과 함께 은퇴"하고 싶다고 말하기보다는, 은퇴 날짜를 설정하고, 여러분이 현실적으로 벌 수 있는 금액과 하고자 하는 생활 양식을 유지하기 위해 필요한 저축 금액을 상세화하라. 새로운 정보를 얻게 되면 당신의 목표를 수정할 수 있다는 것을 주목하라.

4. **이 목표는 긍정적인가?** 당신은 목표를 성취하기 위해 회피하기보다는 목표를 향해서 나아가야 한다. 예를 들면, 더 이상 과식하지 않기라는 부정적인 목표를 설정하는 대신에 하루 세끼의 균형 잡힌 식사와 같은 긍정적이고 객관적인 설정을 하여라.

5. **당신의 목표는 균형 잡혀 있는가?** 당신의 목표 대부분은 당신의 직업 및 재정적 목표는 포함되어 있는데 건강, 관계 또는 즐거움과 관련된 당신의 목표는 없거나 거의 없지는 않은가? 균형의 결핍은 스트레스의 주요 근원이다. 만일 당신이 혼자서 하루 종일 컴퓨터 앞에 앉아서 일하는 사람이라면, 유용하며 성취하려고 너무 애쓰지 않아도 되는 단기 목표는 다른 사람들과 정기적으로 밖에서 운동하는 것이 될 수도 있다.

목표 균형잡기

당신은 거의 동등한 수의 단기, 중기 및 장기 목표를 가지고 있는가? 어떤 사람들은 정말로 원하는 방식대로 살기 위하여, 은퇴할 때까지는 기다리는 계획을 세우기도 한다. 어떤 사람들은 지금 여기에서 즐길 수 있지만, 지연된 만족을 수반하는 목표 달성에는 불리할 수 있다. 단기, 중기 및 장기 목표의 혼합은 목표를 향해 나아가는 것에서 의미를 발견하게 해주는 목적을 제공해 줄 뿐만 아니라, 여기 지금에서의 만족도 제공해 줄 수 있다.

단기 및 중기 목표가 장기 목표와 모순되지는 않는가? 만일 당신이 노년이 되어서 오래된 친구와 세계 여행을 하고자 한다면, 단기 및 중기 목표에는 당신의 건강을 돌보고, 우정을 돈독히 하며 돈을 버는 것이 포함될 필요가 있다.

그 목표를 여전히 원하고 있는지 확인하기 위하여, 자신의 목표를 주기적으로 재평가하는가? 목표를 향해 나아가면서, 여러분은 새로운 정보와 통찰을 얻는다. 목표 균형잡기의 일부분으로, 삶에서 늘 일어나는 변화에 대해, 그것들을 조정하는 것이 포함된다. 융통성을 발휘하고, 당신의 목표를 반영하고, 그것을 새롭게 하는 것 모두에 시간을 허락하라.

다음은 전자회사 간부인 41세의 Erick이, 인생 목표를 설정하기 위해 자신을 안내하는 가치 목록을 활용한 예이다. 먼저 그는 자신의 가치 목록을 작성하였다.

1. 가족: 그들과 즐기고, 돌보고 부양하기.
2. 건강: 80대까지 즐기는 좋은 건강을 유지하기.
3. 재정적 안정: 가족, 여가 생활, 여행의 꿈 및 은퇴를 준비하기 위해 충분한 돈 벌기.
4. 직업적 성공: 내 회사의 부사장 되기.
5. 자연: 매년 야생 지역에서 시간 보내기. 동물 행동에 대해 더 많이 배우기.
6. 친구: 그들과 귀중한 시간을 함께 보내면서 즐기고 도와주기.
7. 영적 활동: 더 큰 힘과 나의 연결을 유지하고, 내 자녀들에게도 이에 대한 기회를 주기.
8. 여행: 시간과 돈이 허락하는 한, 자주 해외로 가기.
9. 의사소통: 다른 사람들에게 개방적으로 되고, 정직해지고, 그들이 나와 함께 있을 때 개방적이고 솔직해짐을 느끼기.
10. 자기: 내 삶을 돌아보는 시간을 허락하고, 나에게 가장 중요한 것에 집중을 새로 하기.

다음은 Erick이 자신의 가치 목록에 근거하여 개발한 목표이다.

장기 목표(5년 이상):

1. 어렸을 때 여름을 보냈던 호숫가에 집을 구입해서 살기.
2. 규칙적인 운동, 다이어트, 휴식 및 건강 검진으로 건강을 최적화하기.
3. 3명의 자녀를 양육하고 교육하기.
4. 55세에 은퇴하여 호숫가에서 살며 여행할 수 있도록, 충분한 돈을 저축하고 투자하기.
5. 내 야생 지역에서의 경험을 토대로 하이킹 관련 책 출간하기.

중기 목표:

1. 4년 안에 회사의 부사장이 되기.
2. 2년 이내에, 커져가는 우리 가족을 수용할 수 있는 새로운 집 구입하기.
3. 가족 모두가 동의하는 교회를 찾고, 적극적으로 참가하기.
4. 출퇴근할 때, 개인적인 자산 운용 및 투자에 대한 오디오 테이프 듣기.
5. 지금부터 1년 6개월 후에 친구들과 Lost Coast로 배낭여행 가기.

단기 목표:

1. 다음 달 연휴에 부인과 단둘이 캠핑가기.
2. 이번 주 목요일부터, 매주 가족의 밤 만들기.
3. 일주일에 최소 한번, 친구들과 즐거운 저녁 시간 보내기.
4. 일주일에 3번 아침에 조깅하고, 한 달에 최소 한번 가족과 친구와 함께 도보 여행하기.

5. 퇴근하기 전에 1분 동안 명상하기.
6. 스트레스를 주는 상황에 직면하였을 때, 몇 차례 심호흡하고 근육을 이완시켜야 함을 기억하기.
7. 가족, 친구 또는 혼자 재충전하거나 하이킹하는 시간을 보내기 위하여, 분기별로 한 번씩 업무에서 최소한 일주일 휴가 갖기.

목표 작성하기

자신의 각 우선 사항에 대한, 하나 이상의 구체적인 목표를 적어보라. 다음의 세 가지 범주에 자신의 다양한 목표를 목록화하는 것이 도움이 될 수 있다.

1. 장기 목표(달성하는 데 5년 이상이 걸리는 목표).

____
____
____
____
____
____

2. 중기 목표(1년에서 5년 사이에 달성할 수 있는 목표).

____
____
____

3. 단기 목표(1주일에서 1년 이내에 달성할 수 있는 목표).

행동 계획 세우기

세 번째 단계는 당신의 각 목표를 달성하기 위해 필요한 구체적인 단계를 규명하는 것이다. 사람들이 목적을 달성하지 못하는 가장 흔한 이유는 지금 그들의 상황에서부터 목적을 달성하는 과정에 필요한 모든 사항들을 단계별로 기술한 행동 계획을 가지고 있지 않다는 것이다. 행동 계획이 없으면, 여러분의 목표는 너무 크고 너무 먼 것처럼 보일 수도 있다. 먼저 무엇을 해야 할지 모르고 있다면, 결코 꿈꾸는 단계 이상을 넘어설 수 없다.

효과적인 행동 계획에는 다음이 포함된다.

- 사려 깊고 구체적인 목표
- 필요한 모든 자원과 그러한 자원에 접근할 수 있는 방법에 대한 기술

• 반드시 필요한 각 단계를 정확하게 순서로 나열하기:
  - 진행 상황을 탐지할 방법
  - 왜 미루고 있는지 그리고 그 일을 어떻게 처리할 것인지에 대한 가장 적절한 이유
  - 스스로 동기를 고양시키기 위해 사용할 보상의 종류

다음은 활동 계획을 만들기 위한 두 가지 대안적인 전략이다.

이미 자신의 목표를 달성했다고 상상하기

한 가지 전략은 이미 자신의 목표를 달성했다고 상상하는 것이다. 어떻게 느끼고, 보고, 행동하고 들을 것인가? 주변 사람들이 당신에게 어떻게 반응할 것인가? 일단 당신이 원하는 것에 대한 분명한 그림을 가지고 있고, 그 그림이 당신에게 불러일으키는 좋은 느낌을 느꼈으면, 공상하였던 그 심상으로부터 거꾸로 작업을 시작하라. 자신의 목적을 달성하기 위해서 반드시 취해야 하는 단계는 무엇이 있는지 스스로에게 물어보라. 어떤 자원을 활용했는지 주목하라. 새로운 기술을 개발할 필요가 있었는가? 외부 자원을 사용했는가 아니면 단지 개인적 자원에 의존하였는가? 시간은 얼마나 걸렸는가? 두려움, 변명 및 당신의 시간에 대한 다른 사람들의 요구와 같은 장애물들은 어떻게 처리하였는가? 목표를 계속 추구하기 위해 어떻게 스스로를 동기화하였는가? 당신의 현재 상황에서부터 목표를 달성하기까지의 모든 과정들을 마음속에 영화처럼 상영해 보라. 당신이 취한 단계들을 순서대로 적어보라.

영어 수업을 듣는 대학생인 Tom은 다음과 같은 접근을 사용하였다. 그의 목표는 창작 작문 수업 시간에, 리포트에서 A를 받는 것이었다. 먼저 그는 겉표지에 A라고 적힌 자신의 리포트를 교수가 돌려주는 장면을 시각화하였다. 기쁨과 흥분을 음미하고 친구들의 축하장면을 상상하며 즐긴 후, 그는 그 목표에 도달하기 위해 취할 수 있는 모든 단계들을 생각하면서 계속하였다. 다음은 그가 생성한 단계 목록의 원본이다.

1. 혼자 힘으로 리포트의 주제를 떠올리기 위해 산책한다.
2. 산책하는 동안, 지난여름에 용돈을 벌었었던 알래스카에서의 연어 낚시에 대한 단편 소설을 써야겠다는 멋진 아이디어가 떠오른다. 나는 그 경험을 회상한다. 리포트 쓰는 것이 흥분된다.
3. 내 소설의 개요를 쓴다.
4. 내 소설의 초고를 쓴다.
5. 초고를 살펴보고, 더 다듬는 개정판을 쓴다.
6. 친구에게 리포트를 읽어보게 한다. 그녀의 긍정적 평가에 용기를 얻는다.
7. 내 친구들의 제안을 검토하고 내용에 포함시킨다.
8. 리포트의 최종본을 작성한다.
9. 늦지 않게 리포트를 제출한다.

그의 행동 계획을 생각해 본 후에, Tom은 이러한 계획이 하나의 친숙한 장애물(가족과 친구들에 의해 옆으로 새는 그의 경향)을 다루지 않았음을 깨달았다. 그는 친구들과 많은 시간을 보내기 위해, 일단 초고를 쓴 다음 자신에게 얼마간의 시간을 보상으로 주는 최상의 전략을 갖기로 결정하였다. 그런 다음 자신의 목표 달성을 다시 시각화함으로써, 자신의 프로젝트로 다시 되돌아오기로 했다.

브레인스톰

행동 계획을 세우는 두 번째 방법은 빈 종이 위에 여러분의 목표를 적은 후, 목적을 달성하기 위해 당신이 알 필요가 있는 그리고 행해야 하는 모든 것을 스스로에게 무선적으로 질문하는 것이다. 브레인스토밍을 끝내면, 당신의 현재 상황에서부터 목표에 도달하기까지 필요한 모든 단계들을 구체적으로 다시 작성하라.

Angela의 목표는 자신을 위해, 현재 진행 중인 에어로빅 연습을 수립하는 것이었다. 그녀는 자신에게 다음과 같은 질문을 하는 것에서부터 시작하였고, 그런 다음 그것들에 응답하는 것이었다.

1. 왜 나는 운동을 원하는가?
   나는 건강하고, 몸매를 유지하고, 균형 잡혀 있고, 튼튼하게 보이고 싶고, 그렇게 느끼고 싶다. 내 장기 목표 중 하나는 노년기에 건강을 유지하는 것이다.

2. 내가 원하는 결과를 얻기 위해서 나는 얼마나 자주 그리고 얼마나 오랫동안 에어로빅 운동을 해야 하는가?
   이 질문에 답하기 위해서는 운동에 관해 더 많은 조사를 할 필요가 있다. 운동 경험에 대해 친구들과 이야기할 수도 있다. 나는 더 읽을 수 있다. 점진적으로 시작하고 싶고, 내가 더 튼튼해짐에 따라 더 도전적인 목표를 설정하고 싶다.

3. 나는 어떤 종류의 운동을 좋아하는가? 나는 어떤 종류의 운동을 할 수 있고, 그러한 운동을 지속적으로 할 시간과 자원은 가지고 있는가?
   걷기, 수영, 조깅, 자전거 타기, 그리고 에어로빅댄스 비디오 운동은 모두 따라하기 좋은 후보 운동들이다.

4. 운동을 안전하게 하기 위해서 필요한 것은 무엇이 있고, 방해받지 않을 시간은 있는가?
   나는 차가 필요 없고 대중교통을 이용할 수 있는 형태의 운동이 필요하다(그래서 수영과 자전거 타기가 제외되었다!). 집 근처에 안전한 산책로가 있다. 집에 DVD도 있고 에어로빅댄스 테이프도 살 수 있다. 신발을 제외하고는 춤추고, 걷고, 조깅하는 데 필요한 충분한 옷을 이미 가지고 있다.

5. 어떤 운동 비디오를 사야 하는가?

친구에게 추천할만한 비디오가 있는지 물어보거나, 비디오를 몇 개 대여해서 어떤 비디오가 가장 좋은지 알아본다. 가게에 가서 내가 가장 좋아하는 것을 산다.

6. 어떤 종류의 신발을 신어야 하고 그 신발은 어디에서 구할 수 있는가?

동네 스포츠용품점에 가서 직원에게 도움을 요청한다. 신발에 대해 조사하기 보다는, 친구에게 물어보는 것이 나을 것 같다.

7. 언제 운동을 할 것인가?

퇴근하고, 집에 오자마자, 다른 일을 하기 전에 할 것이다.

8. 이 프로그램을 지속하기 위해, 어떻게 나 스스로를 동기화시킬 것인가?

친구와 함께 조깅할 수 있다. 우리 지역의 경주에 참여할 수 있다. 얼마 동안 규칙적으로 운동을 하였을 때, 얼마나 더 좋게 느껴졌는지 살펴보기 위해 주의를 기울일 수 있다. 새로운 운동복과 비디오테이프 그리고 금색 별로 스스로에게 보상을 줄 수 있다. 심지어 날씨가 나쁘거나 밖이 어두울 때도 에어로빅댄스는 너무 즐겁기 때문에, 나는 그것을 항상 할 수 있다.

9. 진행 상황은 어떻게 탐지할 것인가?

내가 무엇을 달성하고자 하는지 알고 있고, 나에게 매우 지지적인 친구인 Stacey와 함께 2주에 한 번씩, 내 달력에 있는 금색 별을 검토함으로써 진행 상황을 알아볼 것이다.

다음은 Angela가 자신의 답변을 읽고 재구성한 후 개발한 실행 계획이다:

1. 나의 구체적인 운동 목표를 정하고, 규칙적으로 운동하는 목적이 무엇인지 마음속으로 다짐한다.

2. 얼마나 자주 그리고 얼마나 오랫동안 운동할 필요가 있는지 알아보기 위해, 에어로빅 운동에 대해 더 읽어본다.

3. 조깅, 적당한 신발 및 에어로빅댄스 비디오에 관해 친구와 이야기한다.

4. 조깅 파트너를 찾는다(이것은 선택사항 단계이다. 내 프로그램을 시작하는 데 필수적이지는 않음).

5. 동네 스포츠용품점의 직원에게 자문을 구해보고, 필요한 운동에 적합한 편안한 운동화를 산다.

6. 먼저, 에어로빅 비디오를 대여하거나 빌려서 사용해 본다.

7. 동네 레코드 가게, 서점 또는 비디오 가게에서, 마음에 드는 에어로빅 비디오를 산다.

8. 퇴근하고 집에 오자마자 먼저, 조깅하거나 에어로빅댄스 비디오를 따라한다.

9. 운동한 요일에 금색 별을 붙여서, 내 진행 상황을 탐지한다. 매일 볼 수 있도록 부엌에 있는 달력을 이용한다.

10. Stacey와 함께 내 진행 상황을 평가한다.

11. 새로운 운동복 사기, 지역 경주대회에 참가하기, 새로운 비디오 사기를 통해, 스스로에게 보상을 준다. 나는 살펴볼 수 있고 느낌도 매우 좋다!

진행 상황 평가하기

진행 상황을 추적하기 위해 확인하는 한 가지 방법이, 자신의 행동 계획의 한 부분이어야 한다. 한 가지 강력한 접근법은 2주마다 당신을 지지해 주는 사람과 함께, 당신의 목표 중 어떤 것을 달성했는지를 살펴보는 계획을 세우는 것이다. 당신이 시도하고 있는 것을 이해해 주고 인정해 주는 지지적인 사람을 선택하라. 그 사람은 긍정적인 제안과 격려를 제공해 줄 수 있어야 할 뿐만 아니라, 게을러졌을 때 지적할 수 있는 사람이어야 한다.

두 번째 격주 진행평가 시간이 되면, 몇몇 긍정적인 결과를 볼 수 있어야 한다. 성공은 프로그램을 계속하게 해주는 강력한 강화물로 기여할 수 있지만, 처음으로 얻은 성과로 인해 마음이 해이해져서는 안 된다. 오래된 습관은 쉽게 사라지지 않고, 새로운 습관이 형성되기 위해서는 세 달 이상이 걸릴 수 있다.

긍정적인 결과를 보지 못하고 있거나, 계획을 따르지 못한 것에 대해 변명하는 자신을 발견한다면, 자신을 너무 가혹하게 대하지는 말아라. 대신, 원래 목표를 재평가하라. 그 목표가 정말로 원하는 것이었는가? 만일 그렇지 않다면, 목표를 수정하라. 만일 목표가 원하는 것이었다면, 그 목표를 향해 나아가도록 당신의 행동 계획을 수정할 수 있는 방법을 고찰해 보라.

시간을 어떻게 사용하고 있는지 평가하기

이제 당신은 매일 시간 일지를 계속함으로써, 효과적인 시간 관리에 대한 네 번째 단계를 시작할 수 있다. 하루를 채우고 있는 다양한 활동들에 얼마만큼의 시간을 보냈는지를 추정하기 위해, 그것을 밤에 시도하기보다는 실제 시간에 기록하라. 대부분의 사람들은 자신들의 다양한 업무를 하는데 얼마나 긴 시간을 보냈는지에 대해 상당히 과소평가하고, 그날 갑자기 발생한 계획하지 않은 활동들은 간과하거나 잊어버리는 경향이 있다.

정말로 여러분 자신에 대해 무언가 새로운 것을 알고자 한다면, 하루 중 깨어 있는 동안 한 시간에 한 번씩 멈추어서, 그 시간 동안 했던 각 활동들이 얼마나 걸렸는지를 기록하라. 최소한, 점심과 저녁 식사 후에 그리고 자기 전에 노트를 꺼내고, 당신이 참여했던 모든 활동들을 기록하라. 각 활동에 걸린 시간의 양을 기록하라. 활동들을 모두 기록하였다면, 모든 활동들의 시간의 총합은 여러분이 깨어 있던 시간의 총합과 매우 비슷할 것이다. 여기에 나오는 **시간 일지**를 사용할 수 있다. http://www.newharbinger.com/43348에서 작업지를 내려받으면 된다.

이 시간 일지 항목에 따라 당신의 모든 활동을 최소한 3일간 기록해 보라. 직장에서의 활동 범주에는 다음이 포함될 것이다: 서류작업, E-mail이나 메신저, 전화 통화, 직접 얼굴을 마주하는 사교 활동, 회의, 다중처리, 낮은 우선순위의 업무, 집중 생산 작업, 방해받음, 식사 및 전화회담. 업무와 관련되지 않은 전형적인 활동들은 다음과 같다: 개인적 위생관리, 몸단장하기, 옷 입기, 요리하기, 먹기, 낮잠자기, 공상하기, 자녀 돌보기 및 양육, 쇼핑, 집안 허드렛일 및 집 보수, 출퇴근하기, 볼일을 보기위해 이동하기, 사적 전화 통화, 직접 얼굴을 마주하는 대화, TV보기, 취미나 독서 참여, 스포츠에 참여하기, 운동하기 및 기타 여가활동. 당신에게 적합하도록 범주들을 수정하거나 추가하라.

이 시간 일지는 당신이 자신의 시간을 사용하는 다양한 방법에 필요한 만큼, 면밀하게 세분화되거나 검토할 수 있게 설계해서, 당신이 나중에 이들 각 활동에 참여하는데 더 많이 또는 더 적게 시간을 보내길 원하는지 결정할 수 있도록 하라.

매일 **시간 일지**를 작성하기 전에, **Samantha의 시간 일지**를 보는 것도 좋을 것 같다. 라디오 방송국 시사 기자인 Samantha는 3일의 시간 평가 중 첫 번째 날에 다음과 같이 기록하였다.

시간 일지

활동	시간
일어나서 점심때까지	
점심 후 저녁때까지	
저녁 후 잠잘 때까지	

Samantha의 시간 일지

활동	시간
일어나서 점심때까지	
일어나려고 하면서 침대에 누워서 뒤척이기	20분
샤워	20분
몸단장 및 옷 입기	25분
아침 식사 요리하기	5분
아침 식사 및 신문 읽기	10분
전화 통화(가족)	10분
출근 및 뉴스 청취	45분
아침 스텝 회의(10분 지각)	40분
일상적인 업무 — 다음을 검토하고 응답해주기	60분
전화 메시지	
E-메일	
메모 기록	
우편물	
백일몽	5분
사교 활동(친구)	15분
회의(15분 지각)	45분
생산적 업무(인터뷰 준비)	40분
친구와 점심(15분 지각)	75분
점심 후 저녁때까지	
생산적 업무(인터뷰 준비)	95분
전화 통화(친구)	5분
백일몽	10분
낮은 우선순위 업무(동료 도와주기)	65분
동료와 사교 활동	15분
전화 통화(업무 관련)	30분
퇴근 및 뉴스 듣기	45분
쇼핑	40분
우편물	10분

전화 통화(사적) 이웃 방문 전화 통화(업무 관련) TV 뉴스를 들으며 요리하기 식사	25분 20분 30분 60분 20분
저녁 후 잠잘 때까지 부엌 청소하기 전화 통화(사적) TV 시청(다큐멘터리) 소설 읽기 불 끔(30분 늦음)	 15분 10분 60분 25분

시간 일지 평가하기

이제 당신은 실제로 당신이 시간을 어떻게 사용하고 있는지 알게 되었으므로, 자신이 작성한 항목표와 자신의 실제 우선순위를 비교할 준비가 되었다. 그것으로부터, 당신은 현재 일정표를 가장 중요한 가치와 목표에 더 가깝게 맞추기 위해, 어떤 변화가 필요한지를 결정할 수 있게 되었다. 다음은 이러한 비교를 하도록 당신을 안내해 주는 몇 가지 질문이다.

1. 시간 일지에서 어떠한 활동들이 당신의 가치와 목표에 부합하는가?

이러한 활동들에 별표를 붙여보라.

Samantha는 '신문 읽기'와 '뉴스 듣기'에 별표를 하였는데, 이러한 활동들은 최신 뉴스에 정통하기라는 그녀의 우선순위를 반영하기 때문이다. 그녀는 라디오 인터뷰를 준비하는 직장에서의 생산적인 시간에 별표를 했는데, 이는 성공적인 라디오 기자 되기라는 그녀의 우선순위를 반영하기 때문이다. 그녀는 '친구와 전화 통화하기'에 별표를 했는데, 그녀의 우선순위 중 하나가 친구와 시간 보내기이기 때문이다.

2. 시간 일지에서 어떤 활동들이 당신의 가치와 목표에 부합하지 않는가?

이러한 활동들에 동그라미를 하라.

Samantha는 이날 식사 준비하고, 먹고, 식사 후 치우는 데 너무 많은 시간을 사용하였음을 발견하고 놀랐다. 그녀는 업무와 관련하여 전화 통화, E-메일과 문자 메시지를 읽고 응답하는 데 너무 많은 시간을 보내고 있다고 느꼈다. 그녀는 또한 아침에 침대에서 미적거린 시간과 긴 샤워로 30분을 낭비하였다는 것을 깨달았다. 그녀는 제시간에 맞춰 가는 도중에, 예기치 못한 전화 통화와 사교적 활동을 허용하고 있음을 인식하였다. 그녀가 자신의 업무 패턴을 분석하였을 때, 가장 생산적인 시간은 점심때임이 분명해졌다 — 또한 이러한 시간의 한 가운데에 있는 점심시간이 매우 큰 방해물임도 분명해졌다. 목록상에 동그라미를 한 항목들을 살펴보고, 당신의 일상에서 낮은 우선순위의 활동들의 일정을 재조정하고, 감소시키고 또는 제거하기 위해서는 어떻게 해야 할지 기록하라.

____

____

____

____

3. 시간 일지의 활동들 중, 당신의 가치를 침해하는 것이 있는가?

이러한 활동들에 X표 하라.

당신의 가치에 반하는 활동들을 수행하게 되면, 죄책감, 수치심, 불안, 우울, 분노 또는 기진맥진함을 느끼게 된다. Samantha의 지각 문제는 마음의 평화와 성공적인 라디오 기자라는 그녀의 우선순위에 반하는 것이었다. 회의에 늦었을 때 그녀는 다급함, 불안, 죄책감 및 당혹감을 느꼈다.
X표 한 항목들을 살펴보고 그러한 항목이 더 이상 당신의 가치를 침해하지 않도록, 당신의 행동을 어떻게 적극적으로 변화시킬지를 기록하라.

____

____

____

____

4. 당신의 가치와 목표 중 간과되거나 무시되고 있는 것은 없는가?

간과된 가치와 목표를 반영하는 행동들은 당신의 삶의 균형을 맞추기 위하여 확장시키거나 증가시킬 필요가 있는 바로 그 행동들일 수 있다. 한편 이러한 간과된 가치들은 당신의 인생에서 실제로 현재 다른 가치들보다 더 낮은 우선순위를 가지고 있고, 그러한 가치와 연관된 활동들을 연기하는 것에 대해 괜찮다고 느끼는 것을 깨달을 수도 있다.
Samantha는 친구, 가족 및 건강과 관련된 우선순위가 시간을 어떻게 보냈는지에서 잘 나타나지 않음에 주목하였다. 그녀는 간단한 전화 통화를 제외하고는, 가족과 대화하지 않았다. 부모님과 자매들이 다른 주에 살고 있고, 최근에 그들을 방문했기 때문에, 이러한 제한된 접촉은 지금 당장은 그녀에게 괜찮았다. 그녀는 친구들과 더 많은 시간을 보내고 자신의 몸을 더 잘 돌보고 싶어 했다. 그녀는 앉아서 일하는 그녀의 생활 양식과 식습관으로 인해 체중이 증가하게 되었다.

당신이 간과하고 있는 가치 및 목표와 일치될 수 있도록 하기 위하여, 당신의 행동을 어떻게 적극적으로 변화시킬 수 있는지를 기록하라.

____

____

____

____

____

____

Samantha는 시간 활용에서 다음과 같은 즉각적인 변화를 적극적으로 하기로 결심하였다:

1. 요리할 필요가 없이 빠르게 만들 수 있는 아침 먹기.

2. 예기치 못한 전화에 응답하거나 기타 낮은 우선순위의 활동들보다, 시간을 지키는 것에 우선순위 두기.

3. E-메일을 읽고 응답하는 데 하루에 두 번으로 제한하기.

4. 점심 식사를 한 시간으로 제한하고, 하루 중 가장 생산적인 시간의 이득을 취하기 위해 점심시간을 뒤로 미루기.

5. 30분 안에 간단한 저녁 식사를 준비하기.

6. 대부분의 업무 관련 통화는 10분으로 제한하기.

7. '반드시 알아야 할' 그리고 '반드시 응답해야 할' 정보에 대한 서면 의사소통 훑어보기.

8. TV 시청이나 독서보다, 제시간에 잠자는 것에 우선순위 두기.

9. 알람이 울릴 때 일어나고, 샤워는 10분으로 제한하기.

10. 일주일에 4일간, 저녁에 체육관에 가서 친구와 운동하기.

비록, 여러분의 가치와 목표를 반영하는 모든 것을 매일 하고자 하는 것은 불가능하지만, 주간 또는 월간 단위로 시간 계획을 작성하면, 당신은 자신의 모든 가치와 대부분의 목표를 자신의 활동 속으로 통합시킬 수 있다. 자신의 목표를 분명하게 정의하고, 자신의 진행 정도를 평가하고, 스스로에게 보상을 해주는 행동 계획을 준비하기 위하여, 이 장의 앞에서 배운 도구들을 계속해서 사용하라.

일 미루는 버릇과 싸우기

더 효과적으로 시간을 관리하는 다섯 번째 단계는 당신 스스로를 갇히지 않게 하는 것이다. 당신이 회피하고 있는, 싫어하는 활동은 무엇인가? 이를 당신의 가치와 비교하라. 이 활동이 당신의 우선순위 중 하나를 침해하는가? 만일 그렇다면, 태도를 명확히 하고 그러한 활동을 하지 않겠다고 선언할 준비가 되었는가? 만일 그렇지 않다면, 더 이상 여러분의 가치 중 하나를 침해하지 않도록, 앞으로 여러분의 환경을 변화시키기 위해 무엇을 할 수 있는가? 당신의 목표 중 한 가지와 연결된 활동을 회피하고 있다면, 이 장에 있는 효과적인 목표 설정하기 절을 다시 보아라. 만일 어디부터 시작할지 모르겠다면, 활동 계획을 세워라. 단지 더 잘 조직해야 할 필요가 있다면, 시간 조직화를 다루고 있는 이 장의 마지막 여섯 번째 단계를 참조하라.

다음은 여러분이 일을 미루고 있음을 발견했을 때 사용할 수 있는 10가지 부가적인 제안들이다.

1. **걱정 멈추기.** 여러분은 아마도 단지 그것을 함으로써 시간을 보내기보다는, 하고 싶지 않은 귀찮은 일에 관해서 걱정하는데 더 많은 시간을 보낼지도 모른다. 이 점을 스스로에게 예시하기 위해서, 각각의 하기 싫은 과제를 완성하는 데 얼마나 많은 시간이 걸렸는지를 추적해 보아라.

2. **작은 것부터 시작하기.** 일단 하기 싫은 과제를 시작하고 나면, 당신은 그 과제가 예상했던 것보다 나쁘지는 않음을 발견할 수도 있다. 작지만 관련된 과제부터 하면서, 하기 싫은 일을 시작하라. 예를 들어, 만일 당신이 잔디밭을 깎아야만 한다면, 제초기의 기름탱크를 채우고, 잔디밭 가장자리의 바깥쪽까지 그 제초기를 끌고 가기로 결정하라.

3. **비용 계산하기.** 여러분이 회피하고 싶어 하는 활동을 할 때의 불쾌한 측면들을 모두 목록으로 작성한 후, 그러한 활동들을 미뤘을 때의 결과들을 두 번째로 목록화하라. 그것을 행하는 것에 대한 불쾌감 대 지연의 비용을 공정하게 살펴보고, 스스로에게 어떤 목록이 더 큰 불쾌의 정도를 포함하고 있는지를 물어보라. 그 일을 행하기 위한 의욕을 고취시키기 위해 이 정보를 사용하라.

4. **숨겨진 보상 살펴보기.** 하기 싫은 일을 하지 않음으로써, 어떠한 이득을 받게 되는지 살펴보라. 예를 들어, 일을 미룸으로써 당신은 불안한 느낌이나 실패 가능성에 직면하는 것을 회피할 수도 있다. 또한, 과제를 완수하는 것에 뒤따를 수도 있는 어떤 변화를 회피하는 것의 이점을 검토해 보라. 예를 들어, 성공은 당신에게 충고하거나 당신의 처지를 동정해 주고 있는 사람들로부터, 현재 받고 있는 관심을 잃는 것을 의미할 수도 있다.

5. **부정적 신념 직면하기.** 여러분이 해야만 하는 일을 방해하고 있는 신념에 직면하기 위해서, 제12장 「비합리적 생각을 논박하기」를 읽어보라. "나는 절대로 이것을 할 수 없어. 불공평해", "나는 완벽하게 그 일을 해야만 해", "삶은 편안해야만 해", "낯선 사람들 앞에서 발표하는 것에 대해 생각만 해도 참을 수 없어", "내가 만일 성공하면 어떻게 되지? 그들은 나에게 더 많은 걸 기대할 거야" 또는 "심지어 실패할 건데 왜 그걸 해?"와 같은 진술들을 스스로에게 말해주고 있지는 않은가.

6. **저항을 두 배로 늘리기.** 과제 시작을 미루게 하는 자신의 행동이 무엇이든, 과장하고 강도를 강하게 하라. 아침에 출근하지 않고 거울에 비친 자신의 모습을 응시하고 있다면, 더 오랫동안 길게 응시하라. 실제로 자신의 땀구멍 하나까지 살펴보고, 얼굴의 사분면을 1분에 각각 하나씩 관찰하라. 그 일이 정말로 지루해져서 일하는 것이 더 매력적인 대안처럼 보일 때까지 관찰을 계속하라.

7. **매번 지연할 때마다 책임지기.** 자신의 귀중한 시간을 낭비하는 것은 바로 여러분 자신이다. 각각의 지연 또는 도피 활동들의 목록을 작성하고, 그러한 행동들이 각각 얼마나 걸렸는지를 주목하라. 총합을 계산하고 그 일을 단순히 시작하고 끝마쳤었다면, 그 시간에 자신이 할 수 있었을 모든 긍정적인 일들의 목록을 작성하라.

8. **하기 싫은 활동을 앞으로 할 활동과 결합시키기.** 예를 들어, 운동하기를 싫어한다면, 퇴근하는 도중에 들릴 수 있는 운동 센터를 찾아보거나, 사무실에서 20분 거리에 있는 음식점으로 점심 식사하러 걸어가는 것으로 운동 계획을 세워라.

9. **하기 싫은 활동을 한 것에 대해, 스스로 보상하기.**

10. **일 끝마치기.** 현재 과제의 특정 부분을 완수하기 전에는 새로운 과제를 시작하지 말라. 무언가 끝마치는 경험은 그 자체로 훌륭한 보상이 된다.

시간 조직하기

더 효과적인 시간 관리를 위한 마지막 여섯 번째 단계는 더 잘 조직화하는 법을 배우는 것이다. 다음은 당신의 시간을 구조화하고 당신이 선택한 삶을 만들도록, 자신의 관심을 집중하기 위한 11가지 제안이다.

1. **전화, 태블릿 또는 컴퓨터에서 전자수첩 앱을 사용하거나, 노트북 전자수첩을 구입하기.** 매일, 매주 및 매월의 달력이 들어있는 전자수첩을 찾아내어서 사용하라.

2. **매일 목표 목록과 달력에 장기, 중기 및 단기 목표가 반영되어 있는지 확인하기.** 당신은 이완 기법을 연습하거나 실습하기 위하여, 매일 시간을 조정할 수 있다. 사랑하는 사람과 좋은 시간을 보내는 것이 높은 우선순위에 해당한다면, 이를 위해 달력에 정기적으로 시간을 비워놓고 이 시간을 여러분의 매일 할 일 목록에 포함시켜라. 만일 주간 또는 월간 단위로도 활동 계획을 세운다면, 당신은 모든 중요한 목표들을 수행할

시간이 있음을 발견할 것이다.

3. **효율적으로 계획 세우기.** 운동, 다림질 또는 설거지를 하면서, 좋아하는 TV 쇼를 보는 것과 같이 동시에 할 수 있는 활동들을 묶어라. 좋아하는 TV 쇼를 녹화하기 위하여 비디오나 디지털 레코더를 사용하고, 그것들을 당신이 편리한 시간에 시청하라. 당신은 시간을 절약하도록 활동들을 배열할 수 있다. 과제들을 자신의 다양한 에너지 수준에 맞게 맞추어라. 일반적으로 하루 동안 에너지 수준이 다를 것으로 예상하고, 그에 따라 계획을 세웠을지라도, 때때로 당신이 예상했던 것보다 더 일찍 에너지가 다 소모될 수 있다. 만일 그렇다면, 에너지와 기민함을 필요로 하는 활동들을 최고로 효율적으로 수행할 수 있는 시간대로 재조정하길 원할 수도 있을 것이다.

4. **시간 낭비 최소화하기.** TV, 인터넷으로 시간 보내기, 전화로 인한 방해, 갑작스러운 손님, 비생산적인 회의, 비효과적인 일 떠맡기, 위기, 목적 없는 활동들 그리고 지나치게 야심적인 목표들은 줄여라. 예상할 수 있는 시간 낭비는 가능한 많이 줄이는 방향으로 계획을 세워야 하지만, 예기치 못하게 방해받는 것에 대해서도 약간의 시간을 배정할 정도로 충분히 현실적으로 일정을 세워라.

5. **'아니오'라고 말하는 것을 배우기.** 당신이 다른 사람을 위해 기꺼이 할 수 있는 일의 정도를 제한하라. 이렇게 하는 것이 어렵다면, 제17장 「주장성 훈련」을 보라.

6. **기다리는 동안 할 일의 목록 작성하기.** 좋은 후보 목록으로는, 이완 연습하기, 내일의 목표 목록 계획하기, 우선순위와 목표 검토하기, 책 읽기 또는 손톱 다듬기 등을 들 수 있다.

7. **조용한 시간을 위해, 매일 몇 차례 약간의 시간을 비워놓기.** 깊은 이완 기법 실습을 위해 이 시간을 활용하라. 이는 다른 사람들의 요구에 반응하기 위하여 더 빠르게 서두르기보다는 자신에게 가장 중요한 것이 무엇인지 깨닫게 해줄 것이다.

8. **높은 우선순위 활동을 할 때, 모든 주의를 그 활동에 집중하기.** 일상적으로 주의를 산만하게 하는 것의 목록을 작성하고, 그들 각각을 어떻게 하면 막을 수 있는지 계획을 세우라. 예컨대, 일을 해야만 할 때, 백일몽에 빠져있는 자신의 모습이 흔히 발견된다면, 조용한 시간 중에 시각화 회기나 심상을 활용할 수 있는 다른 방법을 하도록 일정을 세우라.

9. **주변 환경이 당신의 가치와 목표를 지지하도록 조정하기.** 당신의 우선순위가 주의집중이 필요하다면, 책을 읽거나 글을 쓰고, 깊은 이완을 실습하거나 자신의 계획을 생각할 수 있는 조용한 방이나 한적한 구석이 있어야 함을 명심하라.

10. **똑같이 매력적이거나, 중요하지 않은 선택 상황에서 결정하는 데 시간을 낭비하지 않기.** 이러한 상황에서 선택해야 하는 난처한 상황에 처했을 경우, 그냥 동전을 던져서 결정하라.

11. **시간 관리가 향상된 것에 대해, 스스로에게 보상하기.** 효과적인 시간 관리에 대한 가장 큰 보상 중 하나는, 여러분의 인생에서 중요한 것을 달성하기 위해 서두를 필요가 없어진다는 것이다. 자신의 활동에 대한 우선순위를 매기고 계획을 세움으로써, 당신은 더 여유롭게 일상을 살아갈 수 있다.

하루 일정 조직화하기

매일 단위로 시간을 관리하는 것은 즉각적인 우선순위를 설정하고 그것들을 충실히 지키는 것을 필요로 한다. 매일을 시작하면서, 필수 과제뿐만 아니라 당신의 목표를 반영하는, 할 일 목록을 개발하라. 매일의 목록에 있는 활동들을 다음 범주로 분류하여 우선순위를 정해야 한다.

1. **제일 중요한 목록.** 이 활동들은 가장 필수적이고 가장 원하는 항목들이다.

2. **중간 정도로 중요한 목록.** 이러한 활동들은 잠시 미룰 수는 있지만, 여전히 중요한 것들이다.

3. **덜 중요한 목록.** 이러한 과제들은 아무런 문제 없이 쉽게, 무기한 미룰 수 있는 것들이다.

목록을 살펴보고 이 등급에 따라 각 항목에 상, 중 또는 하 표시를 하라.

이제, 하루를 시작할 때 자신의 시간을 어떻게 배분할지 청사진을 갖게 되었다. 먼저 제일 중요한 목록의 항목으로 시작하고, 그런 다음 목록의 아래쪽으로 내려가면서 작업하라. 제일 중요한 목록의 항목들을 모두 마쳤을 때만, 중간 정도로 중요한 목록의 항목들로 나아가라. 하루에 끝마치기에는 제일 중요한 목록 과제들이 너무 많이 있을 경우, 당신은 너무 많은 일에 높은 우선순위를 두고 있는 것이다. 절대로 미룰 수 없고, 미룰 경우 부정적 결과가 나타나는 과제에만 제일 중요한 목록 등급을 부여하라.

당일 높은 우선순위의 항목들을 모두 끝마치지 않는 한, 덜 중요한 목록의 항목들은 고려하지 말라. 덜 중요한 목록의 항목들의 정의는 미룰 수 있는 항목이라는 것이다. 요구하는 사람이 당신의 직장 상사가 아닌 한, 덜 중요한 목록의 항목에서 당신의 시간을 낭비하게 하는 약속은 하지 말라. 이러한 요청을 받았을 때 "시간이 없는데요"라고 말할 준비를 하라. 만일 덜 중요한 목록의 과제를 해야만 하는 상황이라면, 다른 사람에게 부탁해 보라. 도우미나 청소하는 사람 또는 당신의 자녀에게 부탁하라.

하루를 보내면서, 높은 우선순위 과제에 계속 집중하고, 일을 미룰 기회를 제한해야 함을 명심하라. 백일몽은 일정표에 있는 이후의 시간으로 미루고, 일을 충분히 끝마칠 때까지 사교 활동을 연기하고, 잡무나 덜 중요한 용무에 매달리는 것을 피하고, 아이스크림이나 다른 유혹적인 간식거리를 먹기 위해 밖으로 나가고 싶은 충동에 저항함으로써, 도피할 수 있는 길을 차단하라.

하루가 끝날 무렵에, 당신의 할 일 목록을 검토하라. 계획한 대로 끝낸 항목들을 점검하고, 마음속으로 스스로를 칭찬해 주어라. 자신이 한 행동 중, 원목록에 있지 않았던 행동들을 모두 추가하라. 그것이 상, 중, 하 우선순위 항목이었는지 주목하라. 당신이 완료하지 못한 중요한 일들은 내일로 옮길 수 있다. 하루의 목표 목록을 준비하기 좋은 시간은 전날 밤이나 아침에 일어난 직후이다. 두 경우 모두, 당신은 활기차게 다른 일들에 우선하여, 우선순위에 맞추어 시작할 수 있다.

방해를 추적하고 다루기

당신은 얼마나 타인에 의해 자신을 방해받도록 허락하는가? 당신은 얼마나 자주, 당신의 제일 중요한 목록에 있지 않은 새로운 업무를 맡는가? 방해받는 것으로는 전화 통화, 당신의 사무실이나 집에 불쑥 들르는 사람들 혹은 누군가의 협의 사항이나 우선순위에 그날 자신을 관여시키는 것일 수도 있다.

얼마나 당신이 자신을 매일의 방해로 주의 산만하게 만드는지를 알아보기 위하여, 휴대하기 편한 노트북을 지녀라. 그리고 이런 일이 발생하면, 당신이 어떻게 반응했는지, 앞으로 어떻게 다르게 할 수 있는지를 추적하기 시작하라.

아래에 당신의 하루에서, 방해를 다루는 방법에 관한 몇 가지 팁이 있다.

- 당신의 하루 중, E-메일, 음성 메일, 전화 통화, 방문자 접대에 기울이는 시간을 계획하라.

- 그러한 요구들이 우선순위가 되기 전에, 요구를 평가하고 예견하는 절차를 거침으로써 (예를 들어, 중요한 고객, 직원 또는 늙은 부모로부터 정기적인 상태를 보고 받아라), 개인적인 관계나 업무적 관계를 파악하는 데 주도적으로 되라. 이러한 절차는 면 대 면 미팅 대신에 전화, E-메일 또는 문서로 이뤄질 수 있다.

- 당신이 방해받았을 때, 시간이 조금밖에 없으면, 나중에 특정한 시간에 그 사람에게 다시 연락할 수 있다는 것을 분명히 해두라.

당신은 균형, 집중 및 재충전 에너지가 당신의 가치, 우선순위 및 목표를 명료하게 해주는 유일한 세 가지 이득이라는 것을 발견할 것이다. 당신의 시간을 효율적으로 관리하는 것은 당신의 삶에서 통제감과 목적을 되찾는 데 도움이 되는 길이다. 당신의 새로운 여행을 즐겨라!

더 읽을거리

Covey, S. R. 2004. *The 7 Habits of Highly Effective People.* Revised ed. New York: Simon & Schuster.

Griessman, B. E. 1994. *Time Tactics of Very Successful People.* New York: McGraw-Hill.

Izsak, B. 2008. "Managing Your Time When You Don't Have the Time." https://www.selfgrowth.com/articles.

Loehr, J., and T. Schwartz. 2004. *The Power of Full Engagement: Managing Energy, Not Time, Is the*

Key to High Performance and Personal Renewal. New York: Simon & Schuster.
Manhart, K. 2004. "The Limits of Multitasking." *Scientific American Mind* 14 (15): 62–67.
McCorry, K. J. 2005. *Organize Your Work Day in No Time.* New York: Que Publishing.
Morgenstern, J. 2004. *Never Check E-Mail in the Morning: And Other Unexpected Strategies for Making Your Work Life Work.* New York: Fireside.
Rubinstein, J. S., D. E. Meyer, and J. E. Evans. 2001. "Executive Control of Cognitive Processes in Task Switching." *Journal of Experimental Psychology: Human Perception and Performance* 27 (4): 763–97.
Stautberg, S. S., and M. L. Worthing. 1992. *Balancing Acts! Juggling Love, Work, Family, and Recreation.* New York: Master Media.

제17장

주장성 훈련

Assertiveness Training

이 장에서는 다음과 같은 내용을 배울 것이다.

- 자신의 현재 의사소통 양식을 평가하기
- 공격적인 의사소통, 수동적인 의사소통, 및 주장적인 의사소통 양식을 구분하기
- 잘못 알고 있는 전통적인 가정들과 자신의 주장적 권리를 조사하기
- 자신의 느낌과 의견을 표현하고, 한계를 정해서 변화를 시작하기
- 비언어적 주장적 의사소통 사용하기
- 주장적으로 경청하기
- 조종을 피하기

배경

Andrew Salter(1949)는 처음으로 주장성을 성격 특성으로 기술했다. 그것은 외향성이나 인색함과 같이, 어떤 사람들은 가지고 있고, 어떤 사람들은 가지고 있지 않다고 생각되었다. 그

러나 Wolpe(1958)와 Lazarus(1966)는 주장성을 "개인적인 권리와 느낌을 표현하기"로 재정의하였다. 그들은 거의 모든 사람들이 어떤 상황에서는 주장적일 수 있으나, 다른 상황에서는 전체적으로 영향을 미치지 않는다는 것을 발견했다. 주장성 훈련의 목표는 주장 행동이 가능한 상황의 수와 다양성을 증가시키고, 수동적인 의기소침이나 적대적인 폭발의 경우를 감소시키는 것이다.

당신은, 다른 사람의 권리를 침해하지 않는 한도 내에서 자신의 권리를 내세울 때 주장적이다. 단지 자신의 권리를 요구하는 것을 넘어서, 주장성은 당신이 자신의 기호와 관심을 자발적으로 표현할 수 있고, 자의식적으로 되지 않으면서, 자신에 관해서 말할 수 있고, 편안하게 칭찬을 받아들일 수 있고, 공개적으로 어떤 사람에게 동의하지 않고, 분명한 입장을 밝힐 수 있고, '아니오'라고 말할 수 있는 것을 의미한다. 요약하면, 당신이 주장적인 사람이 될 때, 당신은 대인관계 상황에서 더욱 이완할 수 있게 된다.

어떤 사람들은, 주장성 훈련이 다정한 사람을 성을 잘 내는 불평하는 사람 혹은 자신의 이익을 위해 다른 사람을 이용하는 사람으로 변하게 한다고 생각한다. 하지만, 그렇지 않다. 어떤 것이 정당하지 않은 것처럼 보일 때, 자신을 보호하는 것은 자신의 권리이다. 당신은 자신의 불편 정도와 중요한 욕구를 가장 잘 이해하는 사람이다.

당신이 사람들과 어떻게 상호작용하느냐가, 주된 스트레스원이 될 수 있다. 주장 훈련은 자신의 정당한 권리를 지속시키기 위해, 다른 사람을 괴롭히지 않거나 다른 사람이 당신을 괴롭히도록 내버려 두지 않게 가르침으로써, 그 스트레스를 감소시킬 수 있다. 당신은 갈등을 감소시키고 강하고 지지적인 관계를 수립하기 위하여 주장적인 의사소통을 사용할 수 있다.

이 장을 더 읽기 전에, 당신은 다음과 같은 문제 상황에서 전형적으로 어떻게 반응하는지를 기록해 보라.

1. 당신은 마켓에서 쇼핑을 끝내고, 밖으로 걸어 나와서야, 거스름돈이 3달러 부족하다는 것을 발견했다.

나는: ____________________

____

____

2. 당신은 덜 구워진 스테이크를 주문했는데, 중간 정도로 구워진 스테이크가 나왔다.

나는: ____________________

____

____

3. 당신은 친구를 태우고 모임에 가기로 했다. 친구는 한 시간 반 동안 꾸물거리고 있고, 당신은 그 모임에 자신이 늦게 도착할 것을 알게 된다.

나는: ____________________

____

____

4. 당신이 특정한 영화를 보기 위해서 그 일주일 내내 정말 기대하고 있었는데, 당신의 동료는 다른 영화를 보자고 말한다.

나는: ____________________

____

____

5. 당신은 길고 힘든 하루를 보내고 난 후에, TV를 시청하면서 이완하고 있다. 당신의 배우자가 불쑥 들어와 메모지를 손에 쥐여주면서, "나는 당신이 이러고 있지 않았으면 해요. 빨리 이것들을 가게에 가서 사오세요"라고 말한다.

나는: ______________________________

____

____

6. 당신은 점원이 당신 앞의 손님과의 일이 끝나기를 기다리고 있는데, 또 다른 손님이 들어왔고, 점원은 당신보다 그의 일을 먼저 처리하고 있다.

나는: ______________________________

____

____

당신은 이러한 문제 상황에서 자신이 어떻게 할 것인지를 적은 후에, 자신의 반응들을 챙겨두라. 그것들은 잠시 후에 활용될 것이다.

Jakubowski-Spector(1973) 그리고 Alberti와 Emmons(2008)와 같은 연구자들은, 비교적 주장 행동을 거의 보이지는 않는 사람들은 자신의 느낌, 신념 또는 의견을 말할 권리가 있다는 것을 믿지 않는다는 것을 증명해 보였다. 가장 엄밀한 의미에서, 그들은, 우리는 평등하게 태어났으며, 서로 평등하게 여겨야 한다는 생각을 거부하고 있다. 그 결과, 그들은 착취나 혹사에 항의할 이유를 찾을 수 없다. 그러한 사람들은 어린아이였을 때, 자신의 지각, 의견, 느낌 및 바람이 다른 사람들의 그것보다 덜 중요하거나 덜 옳다는 것을 의미하는 어떤 전통적인 가정을 배웠을 가능성이 크다. 그런 사람들은 자신에 대해 의심하며, 다른 사람에게서

타당성과 지침을 찾으면서 성장했다.

당신이 아이였을 때는 당신이 배웠던 전통적인 가정들에 대한 선택의 여지가 없었다. 그렇지만, 이제 당신은 자신이 주장적인 성인이 되는 것을 방해하는 가정들에 따른 행동을 계속할 것인지를 결정할 선택권이 있다. 다음에 나오는 잘못된 각각의 가정은 성인으로서 당신의 정당한 권리 중의 하나를 침해하고 있다.

잘못된 전통적인 가정	자신의 정당한 권리
1. 다른 사람들의 욕구보다 자신의 욕구를 우선시하는 것은 이기적이다.	당신은 때때로 자기 자신을 우선시할 권리가 있다.
2. 실수하는 것은 부끄러운 일이다. 당신은 모든 경우에 적절한 반응을 해야만 한다.	당신은 실수할 권리가 있다.
3. 만약 당신이 다른 사람들에게, 자신의 감정이 이치에 맞다는 것을 납득시킬수 없다면, 그 감정은 잘못된 것이거나 아마도 당신은 제정신이 아니다.	당신은 자신의 감정을 최종적으로 판단해서 그것들이 합당하다고 수용할 권리가 있다.
4. 당신은 다른 사람들의 시각을 존중해야만 하는데, 특히 그들이 권위적인 위치에 있다면 더욱 그렇다. 스스로에게 의견 차이를 받아들이도록 하라. 듣고 배워라.	당신은 자신의 의견과 확신을 가질 권리가 있다.
5. 당신은 항상 논리적이고 일관적이려고 노력해야만 한다.	당신은 서로 다른 행위 과정에서, 자신의 마음과 결정을 바꿀 권리가 있다.
6. 당신은 유연하고 적응적이어야만 한다. 다른 사람들은 그들 행동에 합당한 그럴만한 이유가 있고, 그것들에 대해 질문하는 것은 예의가 아니다.	당신은 부당한 대우나 비난에 대해 항의할 권리가 있다.
7. 당신은 사람들을 결코 방해해서는 안 된다. 질문하는 것은 다른 사람들에게 자신의 어리석음을 드러내는 것이다.	당신은 명료화를 위한 질문을 하기 위해서 방해할 권리가 있다.

8. 일이 더 악화될 수 있으니, 평지풍파를 일으키지 말아라.	당신은 변화를 위해 협상할 권리가 있다.
9. 당신의 문제로 다른 사람의 귀중한 시간을 허비하게 해서는 안 된다.	당신은 도움이나 정서적인 지지를 요청할 권리가 있다.
10. 사람들은 당신이 기분 나쁘다는 것을 듣고 싶어 하지 않으므로, 그것을 누설하지 말아라.	당신은 고통을 느끼고 표현할 권리가 있다.
11. 누군가 당신에게 충고할 때면, 당신은 그것을 매우 심각하게 받아들여야만 한다. 그들은 거의 옳다.	당신은 다른 사람들의 충고를 무시할 권리가 있다.
12. 당신이 어떤 것을 잘했다는 것을 안다는 것은, 그것 자체로서 보상이다. 사람들은 자랑하는 것을 좋아하지 않는다. 성공한 사람들은 비밀스럽게 미움과 시기를 받는다. 칭찬받을 때 겸손하라.	당신은 자신의 일과 업적에 대해 공식적인 인정을 받을 권리가 있다.
13. 당신은 항상 다른 사람들과 조화를 이루도록 노력해야만 한다. 당신이 그렇게 하지 않는다면, 그들은 당신이 그들을 필요로 할 때 거기에 없을 것이다.	당신은 "아니오"라고 말할 권리가 있다.
14. 반사회적으로 되지 말라. 사람들은, 당신이 만약 그들과 함께 있는 대신에 홀로 있고 싶다고 말한다면, 당신이 그들을 싫어한다고 생각할 것이다.	다른 사람들이 당신과 함께 하기를 원한다고 하더라도, 당신은 혼자 있을 권리가 있다.
15. 당신은 항상 자신이 느끼고 행동하는 것에 대한 합당한 이유가 있어야만 한다.	당신은 다른 사람들에게 자신을 정당화시키지 않아도 될 권리도 있다.
16. 누군가 고통받고 있을 때, 당신은 그들을 도와야만 한다.	당신은 누군가의 문제에 대해 책임지지 않을 권리도 있다.
17. 당신은, 심지어 그들이 당신에게 그들이 원하는 것을 말할 수 없을 때조차, 다른 사람들의 욕구나 소망에 대해 민감해야만 한다.	당신은 다른 사람들의 욕구나 소망을 예측하지 않아도 될 권리도 있다.

18. 사람들의 좋은 면을 보는 것은 항상 좋은 방책이다.	당신은 항상 다른 사람들의 선의에 대해 늘 걱정하지 않을 권리도 있다.
19. 사람들을 기다리게 하는 것은 적절하지 않다. 질문을 받는다면, 대답을 하라.	당신은 상황에 따라 대답하지 않을 권리도 있다.

당신이 이 장을 계속 읽어가는 동안, 주장적인 의사소통은 자신의 생각, 느낌, 바람 및 행동에 대한 최상의 판단자라는 가정에 근거하고 있다는 것을 명심하라. 어느 누구도, 당신보다 당신의 유전형질, 내력 및 현재 주변 환경이 당신을 하나의 독특한 인간 존재로 어떻게 형성했는지에 관해 정보를 더 잘 제공해 주지는 못한다. 그러므로 당신은, 중요한 쟁점에 대한 자신의 입장을 표현하는데 가장 좋은 옹호자이다. 당신의 독특성 때문에, 당신 자신의 인생에서 중요한 사람들과 다른 경우가 많은 것이다. 온순한 사람에게 매우 강압적이거나 공격적인 사람에게 굴복하기보다는 오히려, 당신은 자신의 입장을 표현하고 자신의 입장 차이를 협상하려고 노력할 권리가 있다.

증상-완화 효과

주장성 훈련은 우울, 분노, 분개 및 대인 불안을 다루는 데 효과적이며, 특히 이러한 증상들이 부당한 상황에서 야기될 때, 더욱 효과적이다. 당신이 더욱 주장적으로 됨에 따라 당신은, 자신이 편안하고 스스로를 더욱 잘 보살피기 위한 권리를 주장하기 시작할 것이다.

숙달 시간

어떤 사람들은 증상을 경감시키기 위해, 주장성 기술을 단지 몇 주의 실습만으로도 충분하게 숙달한다. 다른 사람들의 경우, 중요한 변화를 경험하기 위해서는 수개월의 단계적 작업이 필요하다.

지시

1단계 — 세 가지 기본적인 대인관계 양식

주장은 학습될 수 있는 기술이지, 어떤 사람들은 가지고 태어나고 어떤 사람들은 가지고 태어나지 않는 성격 특성이 아니다. 주장 훈련의 첫 번째 단계는 세 가지 기본적인 대인관계 행동 양식을 규명하는 것이다.

- **공격적인 양식.** 이 양식에서, 의견, 느낌 및 바람은 정직하게 진술되지만, 다른 누군가의 느낌을 희생한다. 기저하고 있는 메시지는 "나는 우월하고 정당하며, 당신은 열등하고 옳지 않다"라는 것이다. 공격적인 행동의 장점은, 사람들이 종종 공격적인 개인으로부터 공격 행동을 제거하기 위해, 그들이 원하는 것을 주는 것이다. 단점은 공격적인 개인은 적을 만들고, 그들을 피할 수 없는 사람들은 대결을 회피하기 위해서 그들에게 불성실하게 행동하게 된다.

- **수동적인 양식.** 이 양식에서, 의견, 느낌 및 바람은 모두 함께 보류되거나 간접적이고, 일부분만이 표현된다. 기저하고 있는 메시지는 "나는 나약하고 열등하고, 당신은 힘이 있고 정당하다"라는 것이다. 수동적인 의사소통의 장점은 결정을 내리는 데 대한 책임

과 어떤 쟁점에 대한 개인적 입장을 취하는 데 대한 위험성을 최소화하는 것이다. 단점은 허약감, 낮은 자존감 및 다른 사람의 결정에 따라 살아가야 하는 것이다.

- **주장적인 양식.** 이 양식에서, 당신은 자신의 의견, 느낌 및 바람을 다른 사람의 권리를 침해하지 않고 분명하게 말한다. 기저하고 있는 가정은 "당신과 나는 서로 다르지만, 우리는 서로 자신을 표현할 권리가 동등하게 있다"라는 것이다. 주요한 장점은 중요한 결정을 내리는 데 적극적으로 참여하게 되고, 다른 사람과의 불화 없이 자신이 원하는 것을 얻게 되고, 감정과 생각을 서로 주고받으며, 정서적이고 지적인 충족감을 얻고 자존감이 높아지는 것이다.

대인관계 양식을 구별하는 당신의 능력을 검증하기 위해, 다음에 나오는 A라는 사람의 행동에 공격적인 양식, 수동적인 양식, 혹은 주장적인 양식이라는 명칭을 붙여보라:

❙ 장면 1

A: 차에 찌그러진 자국이 또 생겼잖아?

B: 이봐, 나는 집에 막 도착했어. 오늘은 재수 없는 날이었고, 나는 지금 그것에 관해 이야기할 기분이 아니야.

A: 이것은 나에게 중요하며, 우리는 지금 그것에 관해 이야기하려던 참이야.

B: 진정해.

A: 이제 누가 그 수리비용을 대고, 언제, 어디서 할지를 결정하자.

B: 내가 할게. 이제 나 혼자 내버려 두라, 제발!

A의 행동은 □ 공격적이다. □ 수동적이다. □ 주장적이다.

I 장면 2

A: 당신이 나를 두고 가버려서 그 파티에서 혼자였고… 나는 정말 버려진 느낌이었어.

B: 당신은 파티를 즐기지 못하더라.

A: 나는 아는 사람이 아무도 없었어. 당신은 최소한 나를 당신의 몇몇 친구들에게 소개는 해야 했어.

B: 자, 당신은 성인이야. 혼자서도 잘할 수 있잖아. 나는 당신이 내내 보살펴달라고 성가시게 해서 피곤해.

A: 그리고 난 당신이 멋대로 행동해서 피곤해.

B: 좋아, 다음에는 내가 접착제처럼 들러붙어 있을게.

A의 행동은 □ 공격적이다. □ 수동적이다. □ 주장적이다.

I 장면 3

A: 당신 잠깐 동안 내 서류작업 좀 도와줄 수 있어?

B: 나도 보고서 때문에 바빠. 다음에 도와줄게.

A: 음, 나는 당신에게 폐를 끼치기 정말 싫지만, 이것은 중요한 일이야.

B: 봐, 나는 4시가 마감 시간이야.

A: 좋아. 나도 이해해. 나도 방해받는 게 힘들다는 건 알아.

A의 행동은 □ 공격적이다. □ 수동적이다. □ 주장적이다.

I 장면 4

A: 나는 오늘 아침에 엄마에게 편지를 받았어. 엄마가 온다는데, 2주 동안 우리와 함께 보내겠대. 엄마가 온다니 정말 기뻐.

B: 안 돼, 너의 엄마는 안 돼! 그리고 너의 여동생도 따라올 거야. 도대체 우리 자신을 위해 시간을 보낸 게 언제야?

A: 글쎄, 나는 엄마가 오셨으면 해, 그러나 나는 당신이 내 가족들의 방해를 받지 않고 시간을 보낼 필요가 있다는 것도 알고 있어. 나는 한달 후에 엄마를 초대하고 싶고, 2주가 아니라 일주일 정도가 적당하다고 생각해. 당신 다른 할 말은 없어?

B: 그렇다면 안심이야.

A의 행동은 □ 공격적이다. □ 수동적이다. □ 주장적이다.

❙ 장면 5

A: 이 봐, 당신 오늘 너무 멋져 보여!

B: 농담하지마. 내 머리도 엉망이고, 내 옷은 자선 파티에 어울리지 않아.

A: 그게 당신에게 잘 맞아.

B: 그리고 나는 오늘 형편없어.

A: 그래, 나는 지금 급히 나가려던 중이었어.

A의 행동은 □ 공격적이다. □ 수동적이다. □ 주장적이다.

❙ 장면 6

파티를 하는 동안, A는 그녀의 친구에게, 남자 친구와 함께 간 고급 레스토랑과 극장이 얼마나 좋은지에 대해 이야기하였다. 그녀의 친구는 그녀가 구식이고 종속적인 여성과 같은 존재라고 비난하였다.

A: 그렇지 않아. 나는 그가 자기 직장에서 버는 만큼 내 직장에서는 벌지 못해. 우리가 간

고급스러운 곳에 들어갈 비용을 낼 여유가 내게는 없어. 현실을 생각하면, 어떤 전통들은 합리적인 면도 있어.

A의 행동은 □ 공격적이다. □ 수동적이다. □ 주장적이다.

이제 당신은 이들 장면에서, A의 반응을 '공격적이다, 수동적이다, 혹은 주장적이다'로 명칭을 붙였는데, 반응에 대한 우리들의 평가와 비교해 보라.

장면 1. A는 공격적이다. A의 단순한 것처럼 보이는 질문은 사실, 위장한 비난이다. B의 마음상태에 대하여 총체적인 비존중과 더불어 즉각적인 행동에 기반을 둔 A의 주장은 B가 철수하는 경향이 있으며, 또한 잘못되고, 방어적으로 느끼는 경향이 있다고 양극화된 갈등을 설정하고 있다.

장면 2. A는 공격적이다. 어조가 고발하고 비난하고 있다. B는 즉각적으로 방어하고 있고, 어느 누구도 이긴 사람은 없다.

장면 3. A는 수동적이다. A의 소심한 첫 말 한마디는 의기소침으로 이어진다. 이제 그 서류문제는 틀림없이 혼자서 처리해야만 한다.

장면 4. A는 주장적이다. 그 요구는 구체적이고, 적대적이지 않으며, 협상의 여지가 있다.

장면 5. A는 수동적이다. A는 의례적인 찬사도 거절당하고, B가 부정적으로 몰고 가도록 내버려 두고 있다.

장면 6. A는 주장적이다. 그녀는 그 집단의 일반적인 의견을 받아들이는 자신의 입장에 대해, 분명하고 위협적이지 않은 진술을 하고 있다.

2단계 — 주장성 질문지

주장성 훈련의 두 번째 단계는, 당신이, 보다 효과적으로 대처하기를 원하는 상황을 규명하는 것이다. 세 가지 대인관계 양식을 분명히 알았다면, 이제 이 장을 시작하면서 여섯 개의 문제 상황에 대한 당신의 반응을 재조사해보라. 당신의 반응을 일차적으로 공격적, 수동적 또는 주장적인 양식 중 어느 것인지 명칭을 붙여보라. 이것은 당신의 행동을 객관적으로 분석하기 위한 시작이며, 주장 훈련이 당신을 도울 수 있는 부분을 찾기 위한 시작이다.

더 나아가 당신이 더욱 주장적일 필요가 있는 상황에 대한, 당신의 평가를 정교화하기 위해, 다음 질문을 완성하라. 그 문항이 당신에게 적용되는 것이면 A란에 표시를 하고, 그 문항에 대해 B란에 1~5까지로 평정하라:

1. 편안한
2. 약간 불편한
3. 중간 정도로 불편한
4. 매우 불편한
5. 참을 수 없이 위협적인

(불쾌함에 대한 다양한 수준은 당신의 부적절한 반응이 적대적인지 혹은 수동적인지 여부로 표현될 수 있다는 것을 유의하라.)

	A 문항이 나에게 해당되면 체크하라	B 불편함을 1~5점으로 평정하라
나는 **언제** 비주장적으로 행동하는가?		
도움을 요청할 때		
다른 의견을 진술할 때		
부정적인 느낌을 수용하고 표현할 때		
긍정적인 느낌을 수용하고 표현할 때		
협조를 거부하는 누군가를 상대할 때		
나를 괴롭히는 어떤 것에 대해 말할 때		
모든 시선이 나에게 집중된 경우에 이야기할 때		
바가지 씌우는 것에 항의할 때		
"아니오"라고 말할 때		
부당한 비난에 대응할 때		
권위 있는 인물에게 부탁해야 할 때		
내가 원하는 어떤 것을 위하여 협상할 때		
책임을 떠맡을 때		
협조를 부탁할 때		
아이디어를 제안할 때		
질문할 때		
나에게 죄책감을 느끼게 하려는 시도에 대처할 때		
서비스를 요청할 때		
데이트나 약속을 신청할 때		
기타		

함께 있으면 내가 비주장적으로 되는 사람들은 **누구**인가?		
부모		
직장 동료들, 같은 반 친구들		
낯선 사람들		
오랜 친구들		
배우자나 연인		
고용주		
친척들		
아이들		
지인들		
판매원, 점원, 고용인		
두 사람 이상의 집단 사람들		
기타		
비주장적인 양식 때문에 내가 원하지만 성취할 수 없었던 것은 **무엇**인가?		
내가 잘했던 일에 대한 승인		
어떤 과제에 대해서 도움을 받는 것		
더 많은 관심을 받거나, 동료와 함께 하는 시간		
잘 들어주고 이해해 주기		
따분하고 좌절되는 상황을 더 만족한 상황으로 만들기		

	A 문항이 나에게 해당되면 체크하라	B 불편함을 1~5점 으로 평정하라
언제나 친절할 필요는 없음		
어떤 것이 나에게 중요할 때, 말할 수 있는 자신감		
낯선 사람들, 가게 점원들 및 기계공 등을 더욱 편안하게 대하기		
매력적인 사람에게 만나자고 말하는 자신감		
새로운 직장을 구하기 위해, 면담, 승진 등을 요청하기		
나를 감독하거나 내 밑에서 일하는 사람들과 편하게 지내기		
오랫동안 화를 내거나 괴로워하지 않기		
무기력감과 어떤 것도 실제로 변하지 않을 거라는 느낌을 극복하기		
만족스러운 성적 경험을 주도하는 것		
완전히 다르고, 새로운 어떤 것을 하기		
혼자만의 시간을 가지기		
나를 재미있게 하거나 이완하게 하는 어떤 것을 하기		
기타		
나는 **왜** 주장적이 되기를 주저하는가?		
내가 주장적이라면, 다음과 같이 보일까 봐 염려된다.		
이기적		
불완전한 또는 바보 같은		
틀린 또는 미친		
무례한		

비논리적이거나 일관성이 없는		
융통성이 없는		
어리석은		
말썽꾸러기		
투덜대는 사람		
감사할 줄 모르는		
과시적인 사람		
비협조적인		
무신경한		
둔감한		
비우호적인		
무례한		
약한*		
기타		

* 공격적인 사람들은 자신들이 약하다고 지각되면, 이용당하거나, 자신들이 원하는 것을 얻지 못하거나, 복종 당하는 것에 관하여 걱정한다.

Bower, S., and G. Bower. 2004. *Asserting Yourself: A Practical Guide for Positive Change. New York: Da Capo Press.*에서 각색함.

자신의 반응을 평가하기. 이제, 당신의 응답을 검토하고, 어떤 유형의 상황과 사람들이 당신에게 위협적인지, 전반적인 그림에 대해 분석하라. 당신이 '무엇' 목록에 체크한 구체적인 항목에, 비주장적인 행동이 어떻게 기여하고 있는가? 당신의 주장 프로그램을 구성하려면, 우선 당신이 2~3점으로 평정한 항목에 초점을 맞추는 것이 유용할 것이다. 이것들은 당신이 바꾸기 가장 쉬운 것이라고 생각하는 상황이다. 매우 불편하거나 위협적인 항목은 이후에 다룰 수 있다.

당신이 주장적이라면, 부정적 시각이 생기는 것에 대한 당신의 염려를 다루고 있는 *'왜'* 목록의 어느 문항에서든지 확인할 경우, *'왜'* 목록에 있는 문항들이 추출된 잘못된 전통적 가정 및 당신의 정당한 권리를 재검토하라. 당신이 다른 사람의 충분한 인정이나 지지를 받지 못할 때라도, 당신은 자신의 최고의 지지자이고, 또한 스스로를 돌봐야 할 책임이 있다는 것을 기억하라.

우리가 새로운 어떤 것을 행하고 있을 때 불안을 느끼는 것은 자연스럽다. 실습을 하면, 당신은 주장적으로 행동하는 것을 더 편안하게 느낄 것이다. 다른 사람들 또한 동의하지 않거나 아니라고 말할 권리를 가지고 있기 때문에, 당신이 주장적일 때 당신이 원하는 것을 항상 얻는 것은 아니다. 하지만 당신은 수동적이거나 공격적일 때보다, 주장적으로 행동할 때 훨씬 더 목표를 성취할 가능성이 클 것이다. 제12장 「비합리적인 생각을 논박하기」는 당신이 주장적으로 되어서, 당신의 불편을 초래하게 된 도움이 되지 않는 자기 대화를 검토할 수 있게 해주는 또 다른 출처이다.

3단계 — 자신의 문제 장면 기술하기

Sharon과 Gordon Bower(2004)에 의하면, 주장 훈련의 세 번째 단계는 당신의 문제 장면을 기술하는 것이다. **주장성 질문지**에서, 경미하게 불편한 상황부터 중간 정도로 불편한 상황에 해당하는 항목을 선택하라. 그 상황을 묘사해서 적는데, **누가** 관여했고, **언제** 발생했는지 (시간과 장소), **무엇**이 당신을 괴롭혔는지, 당신은 그것을 **어떻게** 다루었는지, 당신이 주장적이라면 어떤 일이 일어날 것 같아서 **두려웠는지**, 그리고 당신의 **목표**를 포함하라. 항상 구체적으로 기록하라! 일반화는 나중에 그런 상황에서 주장 행동을 가능하게 하는 각본을 작성하는 것을 어렵게 할 것이다. 다음은 장면에 대한 빈약한 묘사의 예이다.

나는 변화를 위해 나의 이야기를 들어주도록 몇몇 친구들을 설득하는 데 많은 어려움이 있다. 그들은 결코 이야기를 멈추지 않았고, 나는 한마디도 하지 못했다. 내가 만약 대화에 좀 더 참여할 수 있었다면, 나에게는 정말 좋았을 것이다. 나는 내가 대충 스쳐 지나간 것처럼 느꼈다.

이러한 묘사는 **누가** 특별한 친구이고, **언제** 이 문제가 가장 발생하기 쉬우며, 비주장적인 사람은 **어떻게** 행동하고, 주장을 하면 무슨 **두려움**이 있는지 그리고 그 대화에, 보다 더 개입하려는 구체적인 **목표**가 **무엇**인지 분명하지 않다는 것을 주목하라. 이 장면은 다음과 같이 다시 작성될 수 있다.

내 친구 Joan은,[누가] 우리가 일이 끝나고 한잔하기로 하여 만날 때,**[언제]** 종종 그녀의 결혼 문제에 대해 끊임없이 이야기한다.**[무엇을]** 나는 거기에 앉아서, 관심을 보이려 애썼다.**[어떻게]** 만약 내가 그녀를 저지한다면, 나는, 그녀가 내가 관심이 없다고 생각할까 봐 두렵다.**[두려움]** 나는 화제를 바꾸고 싶어서, 때때로 나 자신의 이야기를 하고 싶었다.**[목표]**

여기에 두 번째 빈약한 장면 묘사가 있다.

나는 여러 번 사람들과 대화를 시작하고 싶었지만, 나는 아마도 그들이 방해받고 싶어 하지 않을까 봐 걱정한다. 종종 나는 관심이 있는 누군가를 주목하지만, 나는 그들의 주의를 어떻게 끌어야 하는지 상상할 수 없다.

다시 한번, 여기에도 상세한 것이 결여되어 있다. 이 사람들이 **누구**인지, 이 경험이 **언제** 발생했는지, 비주장적 사람이 **어떻게** 행동했는지, 또는 구체적인 **목표**에 대한 분명한 진술이 없다. 묘사된 장면은 다음과 같은 요소를 포함시키게 되면 훨씬 더 유용하게 될 것이다.

항상 푸짐한 점심을 가져오는 매력적인 소녀가**[누가]** 있는데, 종종 식당에서 점심시간에**[언제]** 내 탁자에 앉는다.**[무엇이, 어디서]** 나는 조용히 식사만 하면서 책을 읽는다.**[어떻게]** 나는 매우 무정하다고 평판이 자자한 그녀의 고용주에 관해 물어보는 것으로 대화를 시작하고 싶었으나,**[목표]** 그녀가 그렇게 책에 열중해 있는데, 내가 만약 방해한다면 기분이 상할까 두렵다.**[두려움]**

세 개 혹은 네 개의 문제 장면을 작성하기 때문에, 당신은, 당신이 실제로 경험한 생각과 느낌을 회상하기 쉬울 것이다. 예를 들어, 당신은 매 문제 장면에서, 당신 자신을 부정적인 생각("나는 그것을 할 수 없어… 나는 그것을 다시 허사로 만들었어… 친구, 나 참 바보 같지")으로 매우 비난하거나, 또는 당신은 대개 위에서 긴장을 느끼고 가슴에서 숨이 가빠지는 것을 느낄 것이다. 이 워크북의 다른 장에 있는 일부 전략들은 당신이 주장적으로 행동할 때 고통스러운 습관적인 생각이나 신체적 반응에 대처하는 데 도움이 될 것이다: "비합리적 생각 논박하기", "걱정과 불안완화하기", "두려움과 회피 직면하기", "분노 예방접종", "이완훈련 응용" 그리고 "호흡"(횡격막 호흡). 그렇지만, 이 장은 문제가 되는 대인관계 상황에서 당신이 습관적으로 행동하는 방식을 변화시키는 데 일차적으로 초점을 두고 있다.

4단계 — 변화를 위한 자신의 각본

주장 훈련에서 네 번째 단계는 변화를 위한 자신의 각본을 작성하는 것이다. 각본은 문제 상황을 주장적으로 다루는 작업 계획이다. 각본에는 다섯 개의 요소들이 있다.

1. **당신의 문제를 논의하기 위해서 당신과 다른 사람이 편한 시간과 장소를 정하라.** 예를 들어, "우리는 오늘 밤 거실에서 저녁을 먹은 뒤, 룸메이트에게 거실을 깨끗하게 유지하는 것에 관해 이야기를 나눌 마음이 있는지 물어볼 것이다. 그녀가 그것을 하고 싶

지 않다고 한다면, 나는 그녀가 더 편리한 시간을 말하라고 할 것이다." 이 단계는 기다리고 있는 사람들 줄에서 당신 앞으로 어떤 사람이 끼어들 때처럼, 당신이 주장하기로 선택한 자발적인 상황을 다룰 때는 배제될 수 있다.

2. **문제 상황을 가능한 구체적으로 정의하라.** 이것은 토론에 초점을 두는데 필수적이다. 여기에서는 당신이 다른 사람을 공격하지 않고, 그들을 본 사실대로 말하고, 당신의 의견과 신념을 공유할 수 있는 기회가 된다. 예를 들면, "나는 며칠 동안 거실에 널브러진 너의 옷들, 책들, 종이들을 보고 있어. 우리는 작은 아파트에 살고 있고, 한 사람이 스스로 뒷정리를 하지 않으면, 이 장소는 빠르게 지저분해질 거야."

3. **그 쟁점이 당신에게 얼마나 중요한지를 다른 사람이 더 잘 이해하도록 당신의 느낌을 묘사하라.** 일단 당신의 느낌이 표현되면, 그것은 당신이 원하는 것, 특히 당신의 의견과 듣는 사람의 의견이 현저하게 다를 때, 당신을 도와주는 데 큰 역할을 할 수 있다. 만약 다른 것이 없다면, 듣는 사람은 그가 당신의 관점에 전적으로 동의하지 못하더라도 그 쟁점에 관한 당신의 느낌을 공감할 수 있고, 이해할 수 있을 것이다. 당신이 자신의 느낌을 공유할 때, 당신은 적을 덜 만들게 된다. 당신의 느낌을 주장적으로 표현할 때 기억해야 할 세 가지 유용한 규칙이 있다.

   a. 의견을 느낌으로 대체하지 말라("나는 네가 굼뜨고, 미성숙한 게으름뱅이라고 느껴!"). 더욱 정확한 느낌 진술은 "나는 지저분한 집에서 사는 것이 싫어. 깔끔한 거실을 갖기 위해 너를 따라다니면서 깨끗하게 치우는 것이 분해"이다.

   b. 다른 사람을 평가하거나 비난하지 말고, 자신의 느낌을 표현하는데 '나 메시지 I-messages'를 사용하라. "당신은 배려심이 없어" 혹은 "당신 때문에 나는 상처 받

았어"라고 말하는 것보다, "나는 화가 나고 좌절했어"라고 말한다.

c. 다른 사람의 특정 행동에 대한 느낌 진술을 연결하기 위해 '나 메시지[I-messages]'를 사용하라. 예를 들면, "나는, 네가 네 물건을 거실에 며칠 동안 놓았을 때, 화가 나고 좌절된 느낌이야." 이 메시지의 명료성을 다음의 모호한 비난 진술과 대조해 보라. "나는 당신이 배려심이 없어서 상처 입었어."

4. **당신이 원하는 것을 한두 개의 이해하기 쉬운 문장으로 표현하라.** 구체적이고 명확히 해라. 수동적인 개인의 경우에서처럼, 다른 사람이 당신의 마음을 읽어서 당신의 욕구를 마술적으로 충족해 주기를 기대하는 대신에 당신의 소원이나 욕구를 명확하게 진술하라. 공격적인 사람이 그러한 것처럼, 당신이 항상 정당하고 자신의 방식대로 할 권리가 있다고 가정하기보다는 자신의 바람을 명령이 아닌 좋아하는 것으로 진술하라. 예를 들어, "나는 네가 옷, 책 그리고 종이를 쓰지 않을 때는 거실에 놔두지 않았으면 좋겠어."

5. **당신이 원하는 것을 다른 사람이 당신에게 주도록 강화하라.** 최상의 강화는 긍정적인 결과를 기술하는 것이다. "우리는 더 깔끔한 거실을 갖게 될 것이고… 우리는 더 저축할 것이고… 우리는 더 많은 시간을 함께할 것이고… 나는 당신에게 등 마사지를 해줄 것이고… 어머니는 일주일만 머물 거야…. 나는 덜 피곤할 것이고 더욱 재미있을 것이고… 나는 내 일을 제시간에 끝낼 수 있을 것이고… Little Julia는 학교에서 더욱 잘 할 거야" 등등.

어떤 사례들에서는 긍정적인 결과를 기술하는 것이 비효과적일 수 있다. 만약 당신이 다루고 있는 사람이 저항적으로 보이거나 당신에게 협조하도록 동기부여 하기가 어렵다면, 협조하지 않아서 수반되는 일부 부정적인 결과를 기술하는 것을 고려해 보라. 가장 효과적인 부정적 결과에 대한 기술은, 당신의 소망이 수용되지 않는다면, 당신이 스스로를 보살필 수 있는 대안적인 방식에 대해 기술하는 것이다.

- "우리가 만약 제시간에 떠날 수 없다면, 나는 당신을 빼고 떠나야만 할 거야. 그러면 당신은 나중에 손수 운전해서 가야 할 거야."
- "만약 당신이 욕실을 청소할 수 없다면, 나는 누군가 그것을 하도록 일주일에 한 번 고용할 것이고, 그 비용을 당신에게 부과하겠어."
- "만약 당신이 자신의 옷을 개서 치우지 않는다면, 나는 그것들을 상자에 넣어버릴 거야. 당신은 입을 옷이 필요할 때마다 그 속에서 골라낼 수 있을 거야."
- "만약 당신이 이렇게 큰소리로 공격하는 식으로 계속 말한다면, 나는 떠날 거야. 우리는 내일 다시 이야기할 수 있어."
- "만약 당신이 파티에서 취해버린다면, 나는 집으로 운전해 가버릴 거야."
- "만약 당신의 수표가 다시 부도처리가 된다면, 우리는 현금 거래만 되는 곳에서 거래해야 할 거야."
- "만약 당신이 영화 보는 동안 계속 이야기한다면, 나는 직원을 여기로 오게 해서 문제를 처리하도록 할 거야."

- "만약 당신이 나에게 당신이 언제 집에 오는지 정확하게 알려줄 수 없다면, 나는 저녁 식사 요리를 하지 않을 것이고, 그것을 따뜻하게 해 놓지도 않을 거야."

이러한 예들은 위협과는 다르다는 것을 주목하라. 비협조의 결과는, 말한 사람이 자신의 관심을 스스로 처리하는 것이다. 결과는 상처를 주도록 계획된 것이 아니고 단지, 말한 사람을 보호하는 것이다. 위협은 대개 사람들을 화나게 만들기 때문에 효과가 없다. 만약 당신이 위협을 하려면("당신은 내 여동생의 결혼식에 가지 않을 거잖아? 나는 당신의 가족 모임에 가지 않겠어!"), 위협을 하기 전에 당신이 기꺼이 뒷받침할 수 있다는 것을 분명히 하라. 설사, 그것이 종종 이득보다는 해를 더욱 입게 되더라도.

변화를 위한 각본의 한 예로, Jean은 매일 이완 연습을 하는 30분 동안 방해받지 않고, 평온하고 조용하게 할 수 있는 권리를 주장한다고 해보자. Frank는 종종 질문을 하고, 교묘히 사람의 주의를 끌어서 방해한다. Jean의 각본은 다음과 같다.

상황을 논의할 시간과 장소를 정하라:

나는 Frank가 오늘 밤 집에 왔을 때, 그에게 이 문제에 대해 기꺼이 논의할 것인지를 물을 것이다. 그가 싫다고 한다면, 우리는 다음 날이나 그다음 날에 그것에 관해 이야기할 시간과 장소를 정할 것이다.

문제를 구체적으로 정의하라:

나는 이완 연습을 하는 동안 적어도 한번 그리고 때로는 그 이상, 내가 문을 잠그고 나를 위해 시간을 요청했음에도 방해를 받았다. 내 집중력을 깨뜨리면 나는 깊게 이완하기가 어렵다는 것을 알았다.

자신의 감정을 '나 메시지'를 이용해서 묘사하라:

나는 내가 혼자 있는 시간을 침범당했을 때 화가 났고, 연습이 더욱 어려워져서 좌절감을 느꼈다.

당신이 바라는 것을 단순하고 확고하게 표현하라:

나는 내 방문이 닫혀 있을 때, 긴박한 응급 상황을 제외하고는 방해받고 싶지 않다. 문이 닫혀 있는 한, 나는 여전히 연습하고 있고, 혼자 있고 싶다고 생각한다.

다른 사람이 당신에게 당신이 원하는 것을 주도록 강화하라:

만약 나를 방해하지 않는다면, 나는 나중에 들어와서 당신과 이야기할 것이다. 만약 나를 방해한다면, 나는 연습하는 데 시간이 더 많이 걸릴 것이다.

다음 예에서, Nick은 "아니"라고 말하기 위해서 변화를 위한 주장적 각본을 어떻게 사용했는지 보여주었다. Nick은 동료의 새로운 프로젝트를 돕는 것에 대해서 그의 마음이 변했다는 것을 그녀에게 말하려고 다가가는 것이 매우 꺼려지는 걸 느꼈다. Nick의 각본은 다음과 같다.

상황을 논의할 시간과 장소를 정하라:

나는 이 문제에 관해서 이야기할 시간을 요구하기 위해서, 그녀에게 내일 아침 E-메일을 보낼 것이다.

문제:

Clara, 나는 내가 당신의 새로운 프로젝트를 돕는데 동의한 걸 알고 있어요. 하지만 나는 내가 예상했던 것보다 훨씬 더 많은 시간이 걸린다는 것을 발견하였어요. 알고 보니 나는 내 일도 아직 끝내지 못했고, 그걸로 나의 상사와 큰 문제가 생길 것 같아요.

느낌:

나는 마음을 바꾸고, 당신을 실망시킨 것에 대해서 죄책감을 느껴요. 게다가 나는 마감일이 다가오면, 내 일에서 뒤떨어진다는 것에 대해 압박감과 두려움을 느껴요.

원하는 것:

저는 다음 주에 당신의 프로젝트에서 손을 떼야만 할 것 같아요. 금요일은 너무 빠른가요?

강화:

저는, 다음 달 회계연도 말 이후에 더 작은 일에서 당신을 도울 수 있을 거예요. 그동안에, Jeff가 프로젝트 사이에 있으니 그에게 당신을 도울 수 있는지 물어보는 걸 고려하세요.

(**참고:** Nick은 그의 철회를 Clara가 좀 더 수용할 수 있도록, 강화를 제공할 필요는 없었지만, 자신의 일에 지장이 없는 한 그녀를 기꺼이 돕고 싶었기 때문에 선택했고, 그는 그녀와 좋은 작업 관계를 유지하고 싶었다.)

이제, 갑자기 상황이 발생하고, 당신은 주장적이고 싶을 때, 당신이 어떻게 변화를 위한 각본을 사용할 수 있는지에 관한 예가 여기에 있다. 시간을 정하는 것은 건너뛴다. 말하기 전에, 변화를 위한 각본의 중요한 세 가지 요소를 완료하는 한 두 문장을 생각하라. 당신이 좋다면, 강화를 제공하라.

Crystal이 거실에서 TV를 보고 있는데, 그녀의 남동생이 와서 리모컨을 잡고 채널을 돌리기 시작했다. Crystal은, 그에게 "배려 없는 조그만 말썽꾸러기"라고 말하려는 처음 반응을 참고, 그에게서 리모컨을 멀리 치워버렸다. 변화를 위한 그녀의 각본에서 네 가지 기본 요소에 대해 생각한 뒤에, 그녀는 말했다. "Lenny, 나는 네가 여기에 들어와서 채널을 돌렸을 때, 내가 가장 좋아하는 프로그램을 보고 있었어.**[문제]** 나는 먼저, 네가 아무런 상의 없이 프로그램을 돌려버려서 정말로 짜증이 났어.**[느낌]** 나는 당장 내 프로그램으로 돌려주기를 원해.**[바람]** 네가 그렇게 한다면, 내 프로그램이 15분 안에 끝나면, 나머지 저녁 시간에 너에게 TV를 넘겨줄게."**[긍정적 강화]**

연습: 변화를 위한 다음의 각본을 읽고, 당신이 생각하기에 틀린 것을 적고 난 뒤에, 변화를 위한 좋은 각본에 대해 배운 것을 바탕으로, 아래에 있는 변화 각본 양식의 빈자리에 다시 적어라.

지난 두 학기 동안, Julie는 야간 도자기 공예 강의를 받고 싶었다. 그녀가 야간 수업이 있을 때마다 남편은 아이들을 돌볼 수 없어서 미안하다고 했다. 여기에 변화를 위한 Julie의 각본이 있다.

상황을 논의할 시간과 장소를 정하라:

Kevin이 오늘 밤 집에 올 때.

문제:

당신은 내가 일 년 내내 도자기 공예 수업을 받는 것을 불가능하게 만들었어. 나는 오랫동안 휘둘렸어.

느낌:

나는 당신이 이기적이고, 배려 없는 나쁜 놈처럼 구는데 질렸어.

원하는 것:

당신은 내가 수업을 듣는 동안 아이를 돌보며 고통을 받아야만 할 거야.

강화:

만약에 이게 싫다면, 당신은 이 결혼생활과 작별인사를 할 수 있어.

변화를 위한 이 각본의 문제점:

1. ______________________________

____

____

2. ______________________________

____

____

3. ______________________________

____

____

4. ______________________________

____

____

5. ______________________________

____

____

변화를 위한 Julie의 각본에서 우리가 찾은 다음과 같은 문제점들과 당신의 생각을 비교해 보라.

1. 그녀는 논의할 시간과 장소에 관한 동의를 구하지 않았다.
2. 그녀는 "불가능하게 만든다" 그리고 "휘둘렸다"와 같은 구체적이지 않고 비난하는 구절을 사용했다.
3. 그녀는 남편이 하고 있었던 것이 정확히 무슨 문제인지를 구체화하는 데 실패했다.
4. 그녀는 바람직하지 않은 남편의 특정 행동에 관한 자신의 느낌을 표현하기보다는 오히려 자신의 남편을 이기적이고 배려가 없다고 비난했다.
5. 그녀는 학기 동안, 남편이 어느 날 밤에 아이들을 돌봐야 하는지 또는 학기가 얼마나 지속될지에 대해서 구체화하지 않았다. 대신에, 매우 호소력 없는 요구를 했다.
6. 그녀는 아마 기꺼이 수행하고 싶지 않은 부정적인 결과가 초래될 거라고 위협했다.

이제, Julie가 주장적이 되도록 변화를 위한 각본을 다시 써라.

논의를 위해서 시간과 장소를 정하라:

____

____

____

문제:

____

____

____

느낌:

____

____

원하는 것:

강화:

여기에 Julie가 자신의 요구를 어떻게 했는지에 대한 예가 있다.

시간과 장소를 정하라:

나는 Kevin에게 토요일 아침 식사 후에, 나의 도자기 공예 저녁 수업 동안에 아이들 돌보기에 관해서 이야기할 마음이 있는지 물어볼 것이다. 만약에 그가 안 된다고 하면, 나는 바로 그가 언제 가능한지 시간을 말하라고 요청할 것이다.

문제:

나는 지난주 수업이 있던 저녁에, 당신이 아이들을 돌볼 수 없다고 해서 수업을 두 번 놓쳤어. 나는 일 년을 기다렸고, 이번에는 등록을 하고 싶어.

느낌:

나는 나를 이렇게 신이 나게 만드는 것을 탐구할 수 없었기에 좌절감을 느꼈어. 게다가, 나는 당신이 내가 수업을 듣게 해주기보다는 다른 일을 할 때 매우 상처받고 화가 났어.

원하는 것:

나는 당신이 수요일 저녁 6시 30분에서 9시 사이에 아이들을 돌봐줬으면 해. 수업은 1월 25일에 시작해서 6월 2일에 끝나.

강화:

당신이 나를 위해서 이 일을 기꺼이 해준다면, 나는 수요일마다 당신을 위해서 당신이 가장 좋아하는 미트로프(다진 고기, 양파 등을 함께 섞어 식빵 모양으로 만든 뒤, 오븐에 구운 것)를 만들 것이지만, 당신이 하지 않는다면, 우리는 베이비시터의 비용을 내야 할 거야.

변화를 위한 새롭고 개선된 각본에서는, 이야기할 시간이 합의되었고, 묘사된 문제 행동은 구체화 되었고, 표현된 느낌은 이제 위협적이지 않은 '나 메시지'와 특정한 행동과 연계되었고, 요구는 간단하고 구체적이다. Julie의 강화는 현실적이고 뚜렷하다. 부적인 강화는 흔히 필요하지 않고, 또한 정적인 강화는 당신이 어떤 행동 변화가 일어난다면 좋을 것 같은 가정, 그 이상으로는 요구되지 않는다. 겉만 번지르르한 약속은 대개 회피될 수 있다.

연습: 이제 당신은 당신 자신만의 변화를 위한 각본을 쓸 수 있다. 변화를 위한 다른 각본을 작성할 수 있도록 http://www.newharbinger.com/43348에서 **변화를 위한 각본 양식**을 내려받을 수 있다.

변화를 위한 각본

상황을 논의할 시간과 장소를 정하라(만약에 적절하다면).

문제를 구체적으로 정의하라.

자신의 느낌을, '나 메시지'를 사용하여 묘사하라.

자신의 요구를 간단하고 확고하게 표현하라.

다른 사람이 당신에게 당신이 원하는 것을 주도록 강화하라(당신이 좋다면).

5단계 — 비언어적인 주장적 의사소통

주장 훈련의 다섯 번째 단계는 당신의 주장적인 언어를 지지하기 위해, 신체와 어조를 사용하는 것을 배우는 것이다. 거울 앞에서나 친구와 함께, 변화를 위한 주장적인 각본을 실습하는 것은 다음의 다섯 가지 기본 규칙을 숙달하게 해줄 것이다.

1. 직접적인 눈 맞춤을 유지하라. 때때로 눈을 깜빡이거나 눈길을 돌리는 것은 자연스럽다는 것을 유의하라.

2. 곧은 자세를 유지하라.

3. 분명하게, 온화하게 그리고 확고하게 말하라.

4. 우는소리를 하거나 변명이나 적대적인 어조를 사용하지 말라.

5. 당신이 말해야 하는 것과 일치되는 강조를 위해, 제스처와 표정을 사용하라(예: 당신이 방문 외판원에게 거절하고 있을 때는 미소보다는 심각한 표정을 지어라).

연습: 거울 앞에서 주장적인 비언어적 의사소통을 사용하여, 당신이 작성한 각본을 시연하라. 스스로 코치가 되어라. 당신이 무엇을 잘하고 있는지 그리고 다음 시간에 무엇을 개선시켜야 할지 관찰하라.

연습: 당신의 주장적인 목소리를 더 다듬기 위해서 당신의 시연을 녹음하라.

연습: 다른 사람의 역할을 해줄 수 있는 친구들과 함께, 당신의 각본을 연습하라. 나중에, 실생활에서 변화를 위한 당신의 각본을 표현할 때, 당신이 잘한 것이 무엇이고 어떤 점을 더 개선시켜야 할지에 대해 당신 친구의 의견을 물어라.

연습: 실생활 상황에서 변화를 위한 당신의 각본을 사용하라. 이후에, 당신 스스로에게 무엇을 잘했고, 만약에 한 번 더 한다면 어떻게 더 잘할 수 있을지를 물어라. 당신은 다른 사람으로부터 당신이 원하는 대답을 얻었는가? 만약에 그렇지 않다면, 당신 스스로 독립적으로 되기 위한 노력을 인정하라. 끊임없이 시연하고 나서, 당신이 배운 대로 새로운 주장적 기술들을 더해서 실생활에서 변화를 위한 당신의 각본을 사용하라.

6단계 — 주장적인 경청

주장 훈련의 여섯 번째 단계에는 경청하는 방법 배우기가 포함되어 있다. 실생활 상황에서 주장성이 되는 실습을 함으로써, 당신은, 당신이 말해야 하는 것에 상대방이 초점을 둘 수 있기 전에, 상대방에게 중요한 쟁점을 다룰 필요가 있다는 것을 알게 될 것이다. 이것은 당신이 원하는 것이 오랫동안 듣는 사람의 얘기되지 않고, 채워지지 않은 욕구와 직접적으로 갈등이 될 때, 특히 그렇다.

예를 들어, 당신의 배우자가 변화를 위한 당신의 요구에 "당신은 직장에서 집으로 돌아왔을 때, 한 시간 동안의 침묵을 원하나요? 자, 나는 당신이 너무 힘들게 일하고 왔기 때문에 전에는 이렇게 말하지 않았지만, 나는 하루 종일 아이들과 보낸 후여서 머리가 깨지려고 해요. 당신도 알지만, 나는 너무나 필요한 게 많아요"라고 응답한다면, 주장적으로 경청하는 실습을 하는 것이 현명하다.

주장적인 경청에서 당신은, 말하는 사람의 의견, 느낌 및 소망을 정확하게 들을 수 있도록 다른 사람에게 주의를 집중해야 한다. 주장적인 경청은 세 단계를 포함한다.

1. **준비하기.** 당신의 느낌과 욕구를 자각하도록 하라. 당신은 경청할 준비가 되었는가? 당신은 다른 사람이 실제로 말할 준비가 되어있다고 확신하는가?

2. **경청하고 명료화하기.** 당신의 모든 주의를 다른 사람에게 기울여라. 말하는 사람의 관점, 느낌 및 원하는 것을 경청하라. 만약 당신이 이러한 세 가지 요소 중 하나에 대해서 불분명하다면, 말하는 사람에게 더 많은 정보를 명료화하도록 요청하라(예: "나는 당신이 이 상황을 어떻게 보는지 잘 모르겠어요… 그것에 대해 더 말해줄 수 있어요? 당신은 이것에 대해 어떻게 느끼나요? 나는 당신이 원하는 것을 이해하지 못하겠어요… 더 구체적으로 말해 줄 수 있어요?").

3. **인정하기.** 다른 사람에게 당신이 그들의 입장을 들었다고 의사소통하라. 예를 들어, "나는, 당신이 현재 책무에 압도되는 느낌을 받아서 따라잡기를 원하기 때문에 이 새로운 업무를 맡고 싶지 않다고 들었어요"라고 말할 수도 있다. 다른 사람의 느낌을 인정하는 또 다른 방법은, 당신이 이미 말한 것에 대하여 당신의 느낌을 공유하는것이다(예: "나 역시 압도되는 느낌을 받고 있고, 당신이 일을 더 한다면 힘들 것 같아요.").

주장적인 경청과 주장적인 표현은 함께 진행된다. 여기에 두 사람이 문제 해결을 위해 주장적인 경청하기와 표현하기 기술을 사용하는 한 장면이 있다. John은 Carmen이 그녀의 욕구를 자신에게 의사소통하는 방식에 대해 불만스러웠다.

John: 지금이 나를 약간 괴롭히고 있는 것들에 관해 이야기하기 좋은 때인가요?
[정하기]

Carmen: 좋아요.

John: 어제 당신은 나 때문에 관계가 끊기고, 일종의 버려진 느낌이었다고 말했어요.**[문제]** 나는 내가 당신에게 끔찍한 짓을 하고 있는 것처럼 느꼈어요. 나는 매우 잘못됐다고 느꼈지만, 내가 정확하게 어떻게 했는지 혼란스러웠어요.**[느낌]** 그런 개략적인 불평을 하기보다는 당신이 필요한 것 중에 내가 하지 않은 것이 무엇이며, 또는 내가 변화할 수 있는 것이 무엇인지를 말해줄 수 있겠어요?**[요청]** 그렇게 하면, 나는 더욱 잘할 수 있을 거라고 생각해요.**[강화]**

Carmen: 당신에게 더 많이 필요한 정보는 무엇이었나요?**[명료화]**

John: 그 순간에는, 당신은 내가 더 가깝게 느껴지게 해주기를 바라는 것이에요.

Carmen: 좋아요, 그래서 당신이 말하고 있는 것은, 내가 변화를 위해서 어떤 구체적인 요청도 하지 않고 내 느낌에 관해서 말하는 것은 당신을 혼란스럽게 하고 책임감을 느끼게 만들었다는 것이지요.**[인정하기]**

John: 맞아요.

Carmen: 그래요, 때때로 나는 단지 당신에게, 내가 어떻게 느끼는지 말하고 있어요, 나는 내가 왜 그렇게 느끼고 그것에 대해 무엇을 해야 할지 잘 모르겠어요. 당신에게 말하는 것은 상의하려고 하는 거예요.**[문제를 재정의하기]**

John: 알았어요. 그래서 당신은 정말로 그때 내가 할 수 있을지 확신할 수 없었군요.**[인정하기]** 당신이 확신할 수 없다고 말하고 우리가 함께 그것에 대해 할 수 있는 것이 무엇인지를 요청하는 것은 어때요? 그냥 '나'라고 하는 대신에 '우리'라고 하는 것이, 결국 나에게 많은 도움이 될거예요.**[새로운 요청]**

Carmen: 그거참 좋겠군요, 나도 그렇게 했으면 좋겠어요.

Carmen이 그녀의 입장에서 문제를 더 설명하려고 하기 전에, 명료화하고 인정하는 것에 주목하라. 그러고 나서 그녀는 비난하지 않고, 그녀가 John의 요청에 응할 수 없는 이유를 설명한다. 그래서, John은 Carmen이 말한 것을 인정하고 있다. 그러고 나서 그는 Carmen에게 더 적합한 두 번째 제안을 하기 위한 새로운 정보를 활용하고 있다.

그러나 여기에는 문제점이 있다. 당신은 다른 사람이 항상 규칙에 따라 맡은 바 역할을 다하고 있다고 기대할 수는 없다. 당신이 방어적이거나 적대적인 반응에 직면해서 주장적으로 표현하고 경청해야만 할 때가 있다. Hal과 Sara의 경우를 보자.

Sara: 나는 현금 계획에 문제가 있어요. 우리가 이야기할 수 있을까요?**[정하기]**

Hal: 무엇이든지요.

Sara: 현재 다음 세 달 동안 현금 계획이 바닥나고만 있고, 6개월에서 8개월까지의 어느 시점에 판매, 재고 및 비용이 어떻게 상호작용 될지 알 수 없어요.**[정의]** 우리가 돈이 있을지 모르기 때문에, 고액 청구권에 대해 신경이 매우 날카로워지고 있어요.**[느낌을 서술하기]** 최소한 6개월 동안 현금 계획이 가능하겠어요?**[요청을 표현하기]** 나는 우리가 모두 편해질 거라고 생각해요.**[강화하기]**

Hal: 그것은 잊어버리세요, Sara. 지금 시간이 없어요. 우리 부서에는 그와 같은 일을 할 사람이 없어요. 신경안정제Valium를 먹고 가라앉히세요.

Sara: 업무 외 일을 하는 데는 얼마나 걸리나요?**[명료화하기]**

Hal: 그것은 잊어버려요, Sara. (큰소리로) 잊어요, 알았죠?

Sara: 당신 말대로 하죠. 당신은 과로했고, 더 일할 사람도 없어요.**[인정하기]** 그러나 나는 얼마 동안 업무 외 시간 작업을 해야 하는지 알고 싶어요.**[명료화하기]**

Hal: 적어도 20시간이요. 밀어붙여요, Sara. 나는 모든 사람들의 요구에 정통해요.

Sara: 나는 당신이 얼마나 스트레스를 받고 있는지 듣고 있어요.**[인정하기]** 만약 내가 한 달에 한 번 정도, 당신을 위해 공동출자에 대한 회계 장부 전문가를 20시간 정도 불러 준다면, 처리해 줄 수 있나요?**[새로운 요청]**

Hal: 아마도요. 나에게 먼저, 업무량을 보여줘요, Sara.

빈정거림과 분노에 처해서, Sara는 Hal의 문제를 이해할 때까지 계속 명료화하고 인정하고 있다. 그녀는 적대적으로 반항하면서 미루지 않았다. 그녀는 계속해서 Hal의 스트레스와 욕구를 이해하려고 애썼고, 그 결과 그녀는 새롭고, 더욱 수용 가능한 제안을 할 수 있었다.

연습: 친구와 함께하는 주장적 경청 역할극을 하라. 당신의 친구는 방해가 되고 있는 자신만의 쟁점을 가지고 있기 때문에, 당신의 각본을 들을 준비가 되어 있지 않은 당신 실생활에서 실제 인물 역할을 당신의 친구가 하게 하라. 그가 그의 문제, 느낌 및 바람을 표현하도록 하기 위해서 주장적 경청을 이용하라. 대안적으로, 당신(주장적 경청자)과 다른 사람(표현하는 사람) 사이에서 발생할 수 있는 것을 상상해서 대화를 작성하라.

연습: 주장적 경청을 일상생활에서 변화를 위한 각본과 함께 조합하거나 조합하지 않고 실습하라. 다른 사람이 그 쟁점을 표현하고 싶은지를 확인하라.

7단계 — 실행 가능한 절충안에 도달하기

주장 훈련의 일곱 번째 단계는 실행 가능한 절충안에 도달하는 방법을 배우는 것이다. 두 사람의 관심사가 직접적인 갈등에 놓일 때, 양쪽 모두를 완전히 만족시키는 공정한 절충안은 불가능하거나, 달성하기가 어렵다. 대신에, 적어도 한동안 두 사람이 함께 살 수 있는 실행 가능한 절충안을 살펴보라. 비록 절충안이 토론에서 자연적으로 나왔다 하더라도, 때때로 당신과 다른 사람은 당신이 생각할 수 있는 대안적인 해결책 모두를 목록화할 필요가 있다. 서로 수용할 수 없는 것들은 목록에서 지워라. 끝으로, 둘 다 살 수 있는 하나의 절충안을 결정하라. 이러한 브레인스토밍 과정은 당신이 아이디어를 산출하는 동안 거침없는 상상력을 발휘한다면, 더욱 효과적이다. 실행 가능한 절충안을 검토하는 데는 한 달과 같이 구체적인 기간을 정하는 게 가장 바람직하다. 이때, 당신은 자신의 변화된 행동의 결과를 검토할 수 있다. 만약 당신은 양쪽 모두가 충분하게 만족스럽지 않다면, 당신은 재협상할 수 있고 더 잘

조율할 수 있다.

전형적인 절충적 해결책은 다음을 포함한다.

- 이번에는 내 방식, 다음에는 당신 방식.
- 나는 내가 원하는 부분을 얻고, 당신은 당신이 원하는 부분을 얻는다.
- 중간지점에서 충족시키기.
- 만약 당신이 나를 위해 ________을 해준다면, 나도 당신을 위해 ________을 할 것이다.
- 우리는 이것을 내 방식대로 할 것이지만, 우리는 ________을 당신 방식대로 할 것이다.
- 우리는 이번에 내 방식으로 시도할 것이고, 당신이 그것을 좋아하지 않는다면 당신은 다음번에 그것을 반대할 수 있다.
- 우리는 이번에 당신 방식으로 시도할 것이고, 내가 그것을 좋아하지 않는다면 다음에 나는 반대할 수 있다.
- 내가 그것을 할 때는 내 방식대로, 당신이 그것을 할 때는 당신 방식대로.

만약 당신이 브레인스토밍하기와 대안들의 목록을 만들기가 내키지 않는다면, 다음과 같은 더 간단한 접근을 시도해 보라. 누군가 당신에게 당신이 원하는 것을 주고 싶어 하지 않을 때, 반대 제안을 요구하라. 만약 반대 제안을 당신이 수용할 수 없다면, 당신 자신의 새로운 대안을 만들어라. 그러나 먼저, 그 상황에서 다른 사람의 느낌과 욕구들을 밝히기 위해 약간의 주장적인 경청을 하라. 어떤 것이 당신 둘 모두에게 실행될 때까지 반대 제안을 앞서거니 뒤서거니 제시하라.

절충안을 정하는 두 번째 루트는 이러한 질문을 하는 것이다. "내가 이것을 내 방식대로 해도 괜찮겠습니까?" 여기에 대한 대답은 당신을 놀라게 할 수도 있고 당신이 생각지도 못한 해답을 제공할 수도 있다.

연습: 당신이 또 다른 사람과 갈등상태에 놓여있는 상황에서, 실행 가능한 절충안을 어떻게 사용할지 계획하라. 그것을 변화와 주장적인 경청을 위한 당신의 각본과 조합하라.

8단계 — 조종을 피하기

주장적인 사람이 되기 위한 여덟 번째이자 마지막 단계는 조종을 피하는 방법을 배우는 것이다. 불가피하게, 당신은 자신의 주장적인 요청을 무시하려는 사람들의 책략을 저지하려는 상황에 처하게 될 것이다. 다음의 기법들은 표준적인 저지 책략을 극복하기 위해 입증된 방법이다.

같은 말을 반복하기. 당신은 대답을 하지 않거나 당신의 합리적인 요청을 반박하는 누군가를 대할 때, 당신은 반복해서 말할 자신만의 반복 진술문에 사용할 간단한 문장을 주의 깊게 선택할 수 있다. 예를 들어, 당신은 고집이 센 네 살짜리에게 말할 수 있다. "Jeff, 나는 너에게 더 이상 사탕을 주지 않을 거야." 당신은 공격적인 중고차 세일즈맨에게 말할 수도 있다. "나는 오늘 차를 사지 않을 겁니다, 나는 다만 보기만 할 겁니다." 당신은 비협조적인 가게 점원에게 "나는 이 결함 있는 라디오의 값을 환불해 주길 바랍니다"라고 말할 수도 있다. 당신은 다른 사람의 입장을 듣고 간단하게 인정하고 나서, 관련 없는 쟁점으로 벗어나지 않고, 자신의 반복하기 진술문을 침착하게 반복하라. "그래요, 하지만… 그래요, 나도 알고 있고, 내 견해는… 나는 동의해요, 그리고… 그래요 그리고 내가 말한 대로… 맞아요, 그러나 나는 여전히 관심 없어요."

내용에서 과정으로 전환. 논의의 초점을 주제에서 당신 둘 사이에 진행되고 있는 것에 대한 분석으로 전환하라. "우리 이제 입장을 바꿉시다." "우리는 낡은 쟁점에 관하여 말하는 것으로 빗나가고 있었어요." "나는 혼자 떠들고 있다고 느꼈어요. 나는 당신이 바로 지금 나에게 이야기하는 것을 편하게 느끼지 않는다는 인상을 받았어요. 내가 맞나요?"

탈융합하기. 누군가의 분노의 내용을 무시하라. 그리고 그가 진정될 때까지 더 이상 토론하는 것을 중지하라. "나는 지금 당장 당신이 매우 흥분하고 화가 나 있다는 것을 알 수 있어요. 그것은 나중에 상의합시다."

주장적인 지연. 당신이 진정되고, 더 많은 정보를 알거나, 당신이 정확하게 어떻게 반응하기 원하는지를 알 때까지, 도전적인 진술에 대하여 반응하는 것을 연기하라. "그래요… 매우 흥미롭군요… 나는 그것에 대한 판단을 바꿀 거예요… 나는 지금 그 쟁점에 대해 더 이야기하고 싶지 않아요… 나는 이번에는 그것에 대하여 말하고 싶지 않아요."

주장적인 동의. 당신이 동의할 수 있는 비난을 인정하라. 당신이 원하지 않는 한 설명할 필요는 없다. "당신이 옳습니다. 나는 그것에 대해 서투르게 말했어요." "내가 그 판매원에게 '아니오'라고 말하려고 했을 때, 내가 웃고 있었다고 지적해줘서 고마워요. 내가 그를 그만두게 할 수 없다는 것은 의심의 여지가 없었어요." "당신이 옳습니다. 사장님, 나는 한 시간 반 정도 늦었습니다… 내 차가 고장이 나서요."

둔화시키기. 누군가 당신을 개인으로서 깎아내리려 할 때, 비난에 대해 당신이 동의할 수 있는 어떤 것을 인정하고, 그 나머지는 무시하라. **부분적으로 동의하라:** "당신이 옳습니다. 나는 보고를 늦게 했어요." **확률에 동의하라:** "당신이, 내가 종종 늦는다고 한 것은 맞을 수도 있어요." **원칙에 동의하라(전제를 가지고 동의하지 않고 논리를 가지고 동의하기):** "만약 내가 당신이 말한 대로 종종 늦었다면, 틀림없이 그때에는 문제가 있었을 것입니다." 둔화시키기를 할 때, 당신이 솔직하게 의견에 합의할 수 있도록 비판자의 언어를 다시 말하라. 변화에 대한 전제 없이 동의해버린다면, 당신은 곧 당신을 비난하는 어떠한 비판적인 이유도 없어질 것이다.

주장적인 질문. 다른 사람을 실제로 괴롭히는 것이 무엇인지 찾아내기 위하여 비판을 요청하라. "어젯밤, 내가 회의를 주재한 방식이 마음에 들지 않는 것 같군요. 내 행동에서 당신을 괴롭혔던 것이 무엇인가요? 당신에게 내가 나서기 좋아한다고 느끼게 했던 것이 무엇인가요? 내가 말한 것에서 당신을 괴롭히는 것이 무엇인가요?"

자신의 주장적인 요청을 공격하고 좌절시키는데 사용될 많은 전형적인 차단 책략에 맞서도록 스스로를 준비시켜라. 다음은 가장 곤란한 차단 책략들 중 일부를 나타내고 있다.

웃어 넘기기. 당신의 주장을 농담으로 반응하는 것이다. "단지 3주 늦었어요? 이제 시간을 너무 엄격하게 지키지 말고 일해야겠네요!" 내용에서 진행과정으로 전환하기("유머는 우리를 이 관점에서 벗어나게 해요")와 같은 말 반복하기("그래요, 하지만…", "내가 말한 대로…")를 활용하라.

책략을 비판하기. 당신은 문제를 일으킨 것에 대하여 비난받는다. "당신은 저녁 식사를 준비하는데 항상 늦어요. 나는 너무나 피곤해서, 설거지를 하지 못할 거예요." 둔화시키기("그것은 그럴 수도 있지만, 당신도 자신의 약속을 여전히 어기고 있어요") 또는 단순히 동의하지 않기("8시는 설거지하기에 너무 늦은 시간은 아니에요")를 활용하라.

기습하기. 당신의 주장이 개인적인 공격에 대해 반응적이 되는 것이다. "당신을 방해할 사람이 어디 있겠어요? 당신은 이 부근에서 가장 잘난 체하는 사람이에요." 사용할 수 있는 가장 최상의 전략은 같은 말 반복하기와 연결된 주장적인 반어법("고마워요")이나 탈융합하기("나는 당신이 지금 당장 화가 난 것을 알겠어요. 회의가 끝난 후에 그것에 관해 이야기해요")이다.

책략을 지연하기. 당신의 주장은 "지금은 안돼요. 나는 지금 너무나 피곤해요" 또는 "아마도 다른 시간이 좋겠어요"와 부합된다. 같은 말 반복하기를 활용하거나 문제를 논의할 수 있는 특정 시간을 정하도록 주장하라.

"왜"를 사용하는 책략. 모든 주장 진술문은 "당신은 왜 그렇게 느꼈습니까?… 나는 당신이 왜 가고 싶어 하지 않는지를 여전히 잘 모르겠어요… 당신은 왜 마음을 바꿨어요?"와 같은 일련의 **"왜"**라는 질문으로 차단된다. 최상의 대답은 내용에서 과정으로 전환하기(**"왜**는 핵심이 아니에요. 문제는 내가 오늘 밤 나가기 싫다는 것이에요")나 같은 말 반복하기를 활용하는 것이다.

자기-연민 책략. 당신의 주장은 눈물과 부합되거나, 당신이 가학적인 사람이 되고 있다는 은밀한 메시지와 부합된다. 주장적인 동의("나는 이것이 당신에게 고통을 준다는 것을 알고 있지만, 나는 이렇게 해결할 수밖에 없군요")를 활용하여 자신의 각본을 계속해서 진행해 보도록 하라.

어물쩍 넘기기. 다른 사람은 당신이 느끼는 것에 대한 정당성이나, 그 문제의 중대성 등에 관하여 당신과 논쟁하기를 원한다. 당신의 방식대로 느낄 권리가 있다는 것을 주장하면서, 내용에서 과정으로 전환하기("우리는 지금 어물쩍 넘기고 있고, 주요 관심사를 벗어나고 있어요")를 활용하라.

위협. 당신은 "당신이 이처럼 같은 말로 계속해서 나에게 되뇌고 있으면, 다른 남자 친구가 필요할 거예요"와 같은 진술문으로 위협받는다. 주장적인 질문("당신을 괴롭히는 내 요청이 뭔데요?")뿐만 아니라, 내용에서 과정으로 전환하기("이것은 위협으로 보이는데요") 또는 탈융합하기를 활용하라.

부인하기. 당신은 "나는 그렇게 하지 않았어요" 또는 "당신은 나를 정말 오해하고 있어요"라고 한다. 당신이 관찰하고 경험한 것을 주장하면서 둔화시키기("당신과 같이 볼 수도 있으나, 나는 …를 관찰했거든요")를 활용하라.

한 연습으로, 위에 열거된 능숙한 처리의 각 유형에 대해, 당신의 삶에서 적어도 하나의 예를 적어라. 당신이 필요하다면 예를 만들거나 빌려라. 능숙한 처리의 각 예를 따라서, 그것에 대한 주장적인 반응을 적어라.

그런 다음 당신이 실제 삶에서 표현하기가 가장 꺼려지는 변화를 위한 당신의 각본을 만들 수 있게 해주는 가능한 최악의 반응을 상상하거나, 친구와 역할극을 하도록 하라. 그것을 직면함으로써 가능한 '악몽' 반응에 둔감하게 되어라. 그리고 난 뒤 당신의 대책을 준비하라. 당신이 준비되면, 실제 삶에서 당신의 각본을 표현함으로써 따라가도록 하라.

실생활에서 수시로 변화를 위한 당신의 각본을 계속해서 쓰고, 시연하고, 표현하라. 시간이 지나면, 가장 도전적인 상황을 제외하고는 쓰기 및 시연하기는 사라질 수 있을 것이다. 이 장에서 배운 다른 주장적 기술과 조합하거나 분리해서 사용하라. 학습된 모든 행동과 마찬가지로, 당신의 주장성 기술은 향상될 것이고 당신의 자신감은 실습과 함께 커질 것이다.

더 읽을거리

Alberti, R. E., and M. Emmons. 2008. *Your Perfect Right.* 9th ed. San Luis Obispo, CA: Impact

Publishers.

Bower, S., and G. Bower. 2004. *Asserting Yourself: A Practical Guide for Positive Change.* New York: Da Capo Press.

Butler, P. E. 1992. *Self-Assertion for Women.* Revised ed. New York: HarperCollins.

Gabor, D. 1994. *Speaking Your Mind in 101 Different Situations.* New York: Conversation Arts Media.

Jakubowski-Spector, P. 1973. "Facilitating the Growth of Women Through Assertiveness Training." *The Counseling Psychologist* 4 (1): 75–86.

Lazarus, A. 1966. "Behavioral Rehearsal Vs. Nondirective Therapy Vs. Advice in Effecting Behavior Change." *Behaviour Research and Therapy* 4 (3): 209–12.

McClure, J. S. 2003. *Civilized Assertiveness: Communication with a Backbone, Not a Bite.* Denver, CO: Albion Street Press.

Paterson, R. J. 2000. *The Assertiveness Workbook: How to Express Your Ideas and Stand Up for Yourself at Work and in Relationships.* Oakland, CA: New Harbinger Publications.

Phelps, S., and N. Austin. 2002. *The Assertive Woman.* San Luis Obispo, CA: Impact Publishers.

Salter, A. 1949/2002. *Conditioned Reflex Therapy: The Classic Book on Assertiveness That Began Behavior Therapy.* Gretna, LA: Selfhelpbook.com (A Division of the Wellness Institute, Inc.).

Smith, M. J. 2011. *When I Say No, I Feel Guilty.* Reissue ed. New York: Bantam Books.

Wolpe, J. 1958. *Psychotherapy by Reciprocal Inhibition.* Palo Alto, CA: Stanford University Press.

제18장

직무 스트레스 관리
Work-stress Management

이 장에서는 다음과 같은 내용을 배울 것이다.

- 당신이 현재 직무 스트레스에 어떻게 반응하는지 규명하기
- 당신의 직무 스트레스를 통제하기 위한 목표 설정하기
- 자신의 직무에 대한 스트레스적인 생각을 상쇄시키기
- 갈등에 부딪혔을 때 협상하기
- 내 속도에 맞춰 균형감 있게 일하기

배경

고전적인 직무 소진 증상에는 비관주의, 불만족 증가, 장기 결근 및 직무 비능률이 있다. 직무 소진 상태까지는 아니더라도, 당신은 직무가 스트레스를 준다고 보고하는 대다수 미국인들 중 한 사람일 수도 있다. 직무 스트레스는 개인적인 불행 중 상당한 양을 설명해 주는데 이로 인해 생산성, 임금 및 의료비와 관련하여 매년 수십억 달러가 손실되고 있다. 미국인들

은 직무 스트레스 관리가 개인 및 재정적인 의미를 갖는다는 사실을 알고 있다.

직무 소진을 야기하는 것은 무엇인가?

모든 직무에는 작업자가 적응하기 위해 지불해야 하는 고유의 어려움이 있다. 직무 곤란만으로는 소진이 발생하지 않는다. 오히려 불확실감, 실패감, 동기 감소, 피로, 생산성 감소 및 궁극적인 소진으로 이르게 하는 것은 직무 상황에 대한 작업자의 통제감 부족이다. 다음은 직무 소진을 가져올 수 있는 기타 요인들이다.

- 만성적인 과도한 일
- 부당한 대우
- 상사의 불가능한 기대
- 지지하지 않거나 적대적인 동료
- 불충분한 훈련
- 인정 또는 보상의 부족
- 당신의 가치와 당신의 회사, 상사 또는 동료의 가치와의 갈등
- 불쾌한 직무 환경
- 우선순위에 관한 명료한 방향 결핍

심지어 당신의 통제를 벗어난 사소한 요인들조차도 스트레스를 강하게 줄 수도 있다. 하루를 보내는 동안 발생하는 예기치 못했던 많은 방해들을 생각해 보자. 갑작스러운 회의, 이메일, 전화, 예기치 못한 사람들의 방문 및 장비 고장. 일을 처리해야 하는데 관료주의적 절차들에 부딪혔다고 생각해 보자. 고장 난 에어컨 또는 계속해서 나는 기계 소음, 엘리베이터

음악 및 사람들의 목소리에 대해 생각해 보자. 당신의 일상 통근 수단 역시 아마도 당신이 그날 받았던 스트레스에 또 다른 스트레스를 추가시킬 것이다.

과도한 스트레스만이 생산성을 낮춘다고 생각하는 것은 흔한 오류이다. 스트레스 과소부하Stress Underload는 직무가 너무 쉽거나 도전 의식을 불충분하게 북돋울 때 발생한다. 일찍이 1908년에, Robert Yerkes와 John Dodson은 스트레스 과소부하 증상이 스트레스 과부하Stress overload 증상(효율성 감소, 과민성, 시간 압박감, 동기 감소, 판단력 저하 및 사고)과 매우 유사함을 지적하였다. 우리 모두는 우리의 에너지, 동기, 의사결정 및 생산성을 자극시켜주고 관리할 수 있는 스트레스를 경험하는 독특한 수행 영역을 가지고 있다.

소진은 단지 당신의 직무에서 너무 많은 스트레스를 받기 때문에 발생하지는 않는다. 만일 당신의 직무가 당신에게 어떤 요구도 하지 않는다면, 당신은 지루함을 느낄 것이다. 일반적으로 스트레스 관리와 마찬가지로 직무 스트레스 관리에도 당신의 흥미와 수행을 촉진시켜줄 정도로 과도하지 않은 적절한 유형과 양의 도전을 발견하는 것이 포함된다. 그것은 또한 당신의 직무에서 어쩔 수 없이 스트레스를 받을 수밖에 없는 직무 영역을 관리하는 것이 요구된다. 마지막으로, 직무 스트레스 관리에는 여가와 업무 관련 활동들이 서로를 보완해줄 수 있도록 균형을 맞추는 것이 포함된다. 직무 스트레스 관리는 개인적 통제력을 발휘할 수 있는 역동적 과정이다.

증상-완화 효과

직무 스트레스 관리는 직장에서의 통제감을 향상시키는 데 효과적이다. 개인적 통제감 증가는 죄책감, 과민성, 우울, 불안 및 낮은 자존감 등의 직무 관련 증상들을 개선시켜 준다. 직무 스트레스 관리는 또한 불면, 피로, 위궤양, 두통, 섭식 장애 및 감염에 대한 면역력 저하와 같은 직무 관련 정신신체 증상들을 감소시켜 준다.

숙달 시간

다음 며칠 동안, 당신은 당신의 특정한 직무 스트레스원에 현재 어떻게 반응하는지 규명할 것이고, 그런 다음 당신은 변화를 위한 몇 가지 목표를 설정할 수 있다. 직무 스트레스에 더 효과적으로 반응하는 방법을 학습하는 데에는 최소한 한 달이 걸릴 것이다. 효과적인 직무 스트레스 관리 습관을 당신의 일상생활에 통합시키기 위해서는 두 달에서 여섯 달 정도가 걸릴 수 있다.

직무 스트레스 관리를 위한 5단계

1단계 — 구체적인 직무 스트레스원에 어떻게 반응하는지 규명하기

당신의 구체적 직무 스트레스원은 무엇이고 당신은 그 스트레스원에 어떻게 반응하는 경향이 있는가? 다음 며칠 동안, 직장에서의 크고 작은 모든 스트레스에 당신이 어떻게 반응하는가를 관찰하라. 또한, 당신이 직무 스트레스원에 가져야만 했던 어떤 고통스러운 반응을 회상하고 규명하기 위해서 직장에서의 당신의 최근 경험들을 돌아보아라.

당신의 구체적인 스트레스 리스트를 작성하기 위하여 구체적인 직무 스트레스원에 대한 나의 반응 양식을 사용하여, 스트레스가 발생한 날의 느낌, 그것에 관해 스스로에게 말한 것, 그리고 그것에 대한 반응으로 당신이 행한 것을 기록하라. 먼저 컴퓨터 프로그래머인 Patty가 자신의 업무에서 구체적인 스트레스원과 그 스트레스원에 어떻게 반응하는지를 다음과 같은 간단한 방식으로 기술하였다.

Patty의 구체적인 직무 스트레스원에 대한 반응

당신의 직무 스트레스원	당신의 느낌	당신의 생각	당신의 행동
프로그래밍	따분한, 무감각한	"쉬지 않는 프로그래밍은 Patty를 둔감한 아가씨로만 만들어!"	느릿느릿한, 비효율적인, 사탕을 먹거나 커피를 마심.
마감시간	불안	"제시간에 결코 끝낼 수 없을 거야!"	더 빠르고, 오래 일함, 실수함.
회의	짜증, 조급함	"시간 낭비야, 난 할 일이 있어."	제안에 대해 비판적이고, 저항함.
모호한 감독자	불안정, 혼란스러운, 짜증	"이 얼간이를 기쁘게 하려면 뭐가 필요하지?"	그가 뭘 원하는지 추측, 불평함.
말 많은 동료	분노	"왜 내 말을 가로막지? 그는 정말 사려 깊지 못해!"	점잖게 대응하고, 내 일로 돌아옴.
비협조적인 행정보조자	분노, 실망, 불만족	"그녀는 게으르고, 느리고, 전혀 쓸모가 없어."	그녀에게 말 걸기를 거부함.
사생활 없음	짜증	"집중하기 힘들어."	근육 긴장(목과 허리 통증)
단말기에서 작업하기	긴장, 피곤	"이 일을 하고 싶지 않아."	눈의 피로, 두통
(컴퓨터)고장 시간	실망, 재충전	"젠장, 자료가 날아갔네!"	식사, 커피 마시기, 사교활동
승진 못 함	분노, 좌절	"이보다는 더 좋은 대우를 받아야 해!"	심하게 불평함.

이제 구체적인 직무 스트레스원을 기입하고, 그 스트레스원에 어떻게 대응하는지를 기술하라. 필요에 따라 세부사항을 적게 또는 많이 사용하라.

구체적인 직무 스트레스원에 대한 나의 반응

당신의 직무 스트레스원	당신의 느낌	당신의 생각	당신의 행동

이제 당신의 구체적인 직무 스트레스원과 그 스트레스원에 전형적으로 어떻게 반응하는지 기록한 후에, 그 목록을 검토하고 어떤 골칫거리가 나타나는지 살펴보라.

예를 들면, Patty는 직무 스트레스원에 대한 자신의 반응에서 다음과 같은 양식을 발견하였다:

1. 지루함이나 좌절감에 대해 나는 지나치게 먹고, 커피를 많이 마시기로 반응한다.
2. 오랜 시간 컴퓨터 모니터 앞에서 일하고, 사생활 결핍에도 불구하고 집중하는 것이 다양한 신체적 및 정서적 스트레스 증상을 야기한다.
3. 나는 내 감독자에게 질문하거나, 내 사무실 동료들에게 '아니오' 라고 말하거나 확고하게 행정보조자의 도움을 요청할 정도로 충분히 주장적이지 못해서 시간을 낭비한다.
4. 나는 나 자신, 타인들 그리고 내 환경에 대해서는 매우 비판적인 경향이 있지만, 내 상황을 개선하려는 어떠한 건설적인 행동도 거의 하지 않는다. 나는 내가 왜 직장에서 만성적으로 과민감과 긴장감을 느끼는지 알 수 있다.

직무 스트레스원에 대한 당신의 대응에서 나타나는 패턴을 기록하라.

직무 스트레스원에 대한 나의 문제적 반응

1. ______________________________

____

____

2. ______________________________

____

____

3. ____

____

____

4. ____

____

____

2단계 — 직무 스트레스원에 더 효과적으로 반응하기 위해 목표 설정하기

이제 직장에서의 당신의 스트레스 양식을 규명하였으면, 당신이 예상할 수 있는 이들 스트레스원에 반응하는 데 더 효과적인 계획을 세우기 시작할 수 있다. 아마도 당신은 이들 중 일부는 완전히 피할 수도 있다. 당신은 이러한 스트레스가 발생했을 때 그 상황에 더 잘 준비되어 있을 수도 있다. 이 작업 단계의 이름은 더 많은 통제감 갖기인데, 여기서부터 당신이 시작하는 것이다.

당신은 아마도 다음의 일반적인 영역 중 하나 이상에서 변경시키고 싶어 할 수도 있다.

1. 외적 스트레스원을 변경시키기(직장 그만두기, 과도한 업무를 주지 말라고 상사에게 주장적으로 말하기, 규칙적으로 휴식 시간 갖기, 당신의 시간 재조직하기).
2. 생각 바꾸기(집에 있을 때 일에 관한 생각 잊는 방법을 배우기, 완벽주의적인 태도 바꾸기, 다른 사람의 문제에 자신의 책임이 있다는 가정을 그만두기, 애매한 걱정거리 혹은 오래된 부당함에 대해 곱씹는 것을 멈추기).
3. 신체적으로 바꾸기(이완하기, 운동하기, 적당히 먹기, 충분히 자기).

스스로를 위한 목표를 설계할 때, 다음의 지침을 기억하라. 유용하고 달성할 수 있는 목표는 다음과 같다는 것을 기억하라.

- 구체적임
- 관찰 가능함
- 특정 시간 내에 달성 가능함
- 작은 중간 단계들로 나누어짐
- 장기 목표와 모순되지 않음
- 간단한 자기 계약서에 기술됨
- 세분화된 시간 간격으로 재평가됨
- 달성했을 때 보상받음

예를 들어, Patty는 목표로 자신의 네 가지 스트레스 양식 각각에 대한 새롭고 더 효과적인 반응을 설정하기로 결정했다. 그 목적을 달성하기 위해서, 그녀는 다음과 같은 자기-계약서를 작성하였다.

10월 10일

나 Patty Bowers는 스트레스에 반응하는 나의 오래된 네 가지 양식을 다음과 같이 바꾸는 것에 동의한다.

양식 1과 2: 나는 지치거나 지루하거나 낙담했을 때 먹거나 커피 마시기보다는, 한 시간에 한 번씩 간단한 이완 연습을 하거나 일어나서 걸어 다니며 사람들과 대화할 수 있는 규칙적인 휴식 시간을 가질 것이다. 나는 자율 근무 시간제를 이용해서 일주일에 3일은 에어로빅 수업에 가고, 일주일에 2일은 개인적인 용무도 볼 것이다. 나는 간단한 식사 대신, 하루 세 번의 영양가 있는 식사를 할 것이다.

양식 3: 나는 일일 주장 훈련 워크숍을 받고 내 감독자가 원하는 것이 무엇인지 확실히 알 때까지 감독자에게 더 많은 질문을 할 것이다. 나는 또한 수다스러운 동료에게 내가 일어나서 주변을 돌아다닐 때 외에는 잡담으로 내 일을 방해하지 말아 달라고 말할 것이다. 나는 행정보조자에게 도와달라고 주장적으로 요청할 것이다.

양식 4: 나는 내 비판적 사고를 하나씩 건설적인 행동 사고로 전환시킬 것이다. 예컨대, 회의에 대해 "일을 해야 하는데, 시간 낭비야"라고 말하기보다는, "휴, 프로그래밍을 잠시 쉴 수 있겠구나! 나는 이완 연습을 할 수 있어. 나는 뭔가 흥미로운 것을 배울 수 있을 거야. 또한, 나는 회의에 뭔가 기여할 수 있을 거야"라고 말할 것이다.

나는 일주일마다 내 각 목표에 대한 진척 상황에 대해 재평가할 것이다. 한 달 후에 나는 이 네 가지 양식을 변화시켰을 경우 보상으로 지방 온천에서 주말을 보낼 계획이다.

Patty Bowers

다음 쪽에 있는 **자기-계약서** 양식을 사용하여, 당신의 직장 생활에서 존재하는 구체적인 스트레스에 대한 몇 가지 반응을 수정하기 위한 당신의 목표를 기록하라.

자기-계약서

날짜:___________

나, ___________는 스트레스에 반응하는 오래된 네 가지 방식을 다음과 같이 바꾸는 것에 동의한다.

1. ____
____

2. ____
____

3. ____
____

4. ____
____

나는 매 ___________ (기간)마다 나의 진행 과정을 탐지할 것이다. 나는 나 자신에게 ____________________________로 보상을 줄 것이다.

서명: ___________

당신이 무엇을 하고 있는지 상기시키기 위하여, 이 계약서를 매일 이것을 볼 수 있는 자리에 붙여라. 만일 당신이 좋다면, 당신의 계획을 다 끝낼 수 있도록 이 계약서를 당신을 고무하고 지지할 수 있는 친구 또는 동료와 공유하라. 당신은 각 목표에 대한 당신의 진척 상황을 매주 그 사람에게 보고할 수 있다. 당신이 목표를 달성했을 때 스스로에게 보상을 주는 것을 기억하라.

3단계 — 생각 바꾸기

직무 스트레스는 당신의 생각이 고통스러운 정서 반작용을 촉발시키기 때문에 발생하기도 한다. 여기에 당신을 도울 수 있는 세 가지 일반적인 생각이 있다.

1. "나는 (특정 과제를) (완벽하게) (제시간에) (내 상사의 마음에 들도록) 해야 한다. 그렇지 않으면 (무언가 고통스러운 일이) 발생할 거야."

2. "그들이 나에게 하고 있는 일은 공평하지 않아."

3. "나는 여기서 생각의 덫에 빠졌어."

첫 번째 생각은 불안을 야기하고, 두 번째 생각은 분노를 촉발시키며, 세 번째 생각은 우울하게 만든다. 당신은 이러한 생각들에 대해 그리고 그러한 생각이 불러일으키는 직무 스트레스에 대해 무언가를 할 수 있다. 지금 바로, 당신의 직업에 대해 당신 자신에게 말한 것 중, 위의 세 가지 범주 각각에 맞는 목록을 작성하라.

범주 1:

____

____

____

범주 2:

____

____

____

범주 3:

____

____

____

다음은 이러한 스트레스 유발 생각들에 대처할 수 있는 방법이다.

1. 그 과제를 제시간에 하지 않거나, 완벽하게 하지 않거나, 상사를 아주 기쁘게 하지 않으면 정확하게 무엇이 발생할 것인지에 대한 현실적인 평가를 하라. 현실적인 평가란 과거에 과제를 늦게 했거나, 실수했거나 등등의 상황에서 당신이나 다른 사람에게 무엇이 발생했는지 살펴보는 것을 의미한다. '현실적'이라는 말은 또한 구체적이 된다는 것을 의미한다. 끔찍한 일이 일어날 것이라는 모호한 생각은 떨쳐버릴 때이다. 정확하게 상사가 당신에게 무엇이라고 말할 것 같은가? 어떤 일이 일어난다면, 정확하게 무엇이 일어날 것 같은가?

예: 만일 내가 금요일 마감기한을 맞추지 못한다면, 내 상사가 고객과의 월요일 미팅까지 이 보고서를 작성하기 위해 나에게 주말에도 나오라고 할 가능성이 있어. 나는 내 쇼핑가는 것을 미뤄야 할 거야. 실망스럽지만, 나는 그것을 조절은 할 수 있어.

연습: 이제 당신 차례다. 다음 문장의 빈칸을 채움으로써 당신의 모호하고, 파국적인 생각들을 재작성하라.

"만일 (어떤 과제를) (완벽하게, 제시간에, 온전히 받아들일 수 있게), (현실적인 무언가가) 일어날 것 같다. 나는 그것을 조절할 수는 있어."

모호하고 끔찍한 결과에 대한 파국적인 생각에 사로잡혀 있을 때마다 이 대처 진술문을 마음으로 반복하라. **참고:** 만일 무엇이 일어날지에 대해서 전혀 모르겠다면, 알아내라. 예를 들면, 당신은 이렇게 말할 수 있다. "부장님, 만일 그 보고서를 하루 늦게 제출하면, 문제가 될까요?"

2. 당신의 직무 스트레스에 대해 누군가를 비난하는 것은 절대로 좋지 못하다. 비난하는 것은 난처하고, 무기력해지고 덫에 빠지는 느낌을 갖게 한다. 당신은 스스로를 대안도 없고 선택할 힘도 상실한 희생자로 보게 된다. 비난하기는 당신의 에너지를 고갈시키고 결국 당신의 건강을 손상시키는 아드레날린 같은 분노와 스트레스 호르몬을 촉발시킨다.

   제12장 「비합리적 생각을 논박하기」에서 언급된 바와 같이, "어떤 일이나 사람들이 그렇지 않았더라면 이라는 상황은 존재하지 않는다…. 사건들은 일련의 긴 인과적 사건의 결과로 현재 존재하는 것이다…." 환경이나 다른 사람을 탓하기보다는 상황을 개선하기 위해 할 수 있는 일에 집중하는 것이 더 효과적이라는 것을 알게 될 것이다.

   당신의 직무에 대해서 당신을 돌봐주거나 보호해 줄 수 있는 사람은 어느 누구도 없는 것으로 여겨진다. 당신의 동료들과 감독자들은 모두 자기 일을 돌보고 보호하기 위해 바쁘다. 이는 자연스러운 것이다. 이는 직장 생활에서 피할 수 없는 사실이다. 그러면 당신은 비난하기와 분노에 당신의 에너지를 더 이상 낭비하지 않기 위해 스스로에게 무엇을 말할 수 있는가?

연습: 이 질문에 답하기 위해서 스스로에게 다음과 같은 질문을 하라. "내가 좋아하지 않는 상황을 변화시키기 위해 내가 취할 수 있는 조치는 무엇인가?"

A. ____

____

B. ____

____

C. ____

____

만일 당신이 직장에서 좋아하지 않는 상황을 바꾸기 위한 방법을 생각할 수 없다면, 당신은 두 가지 합리적인 선택을 할 수 있다. 당신은 그 상황에 적응하고 받아들이거나 아니면 다른 직장을 알아봐야만 한다.

연습: 만일 당신이 현재 상황을 받아들이기로 결정하였다면, 다음 대처 진술문의 빈칸을 채워라. "__________은 그가 해야만 하는 바 그대로 행동하고 있다. 그가 이러한 방식으로 행동하는데 필요한 상황이 (그의 욕구와 그 욕구를 충족시키기 위한 대처 전략, 과거 성공과 실패 경험, 두려움, 우리의 관계에 대한 태도) 존재하고 있고, 이것이 그 사람이 나에게 __________하는 이유이다."

3. 당신은 덫에 빠져 있지 않다. 선택하기 어려울 수는 있지만, 덫에 빠진 것은 아니다. 지금 당장은 당신의 직무 고통이 다른 가능한 선택과 연관된 고통보다 작아 보인다. 이 말은 정말로 사실인가? 여기에 변화를 위한 당신의 선택사항을 탐색해 보고 그것을 아무것도 선택하지 않는 사항과 비교해 볼 기회가 있다.

연습: 당신의 직무에서 발생하는 주요한 스트레스원을 변화시키기 위해 당신이 취할 수 있는 구체적인 조치에는 무엇이 있는가?

____

____

____

이러한 변화를 시도하기 위해 어떠한 위험을 감수할 수 있는가?

____

____

____

직무를 완전히 변화시키기 위해 취할 수 있는 조치로는 무엇이 있는가?

____

____

____

이러한 변화를 시도하기 위해 어떠한 위험을 감수할 수 있는가?

____

____

____

기꺼이 변화를 시도할 수 있도록 위험에 대한 당신의 지각을 변화시키기 위해 어떠한 조치를 취할 수 있는가?

전형적으로, 여기에는 변화를 만드는 도전에 대처할 수 있다는 자신감을 더 높여 주도록 부가적인 정보를 얻는 것이 포함된다. 예를 들어, 직업을 바꾸는 데 있어서 위험 요인으로 당신의 나이가 너무 많은 것을 생각하였다면, 정말로 나이가 문제가 되는지 당신이 원하는 유형의 위치에 있는 당신 연령대의 고용된 사람에게 물어보는 것을 목표로 설정할 수도 있다. 만일 당신이 현재 다니는 회사에서 새로운 자리를 위해 면접을 볼 위험을 감수할 수 있다고 생각한다면, 당신은 면접 수업을 받는 것을 목표로 설정할 수도 있다.

만일 당신이 변화를 위해 필요한 일을 할 준비가 되어있지 않다면, "나는 덫에 빠졌어"라고 말하기보다는 스스로에게 말해줄 수 있는 더 정확한 말은 "지금 당장은 (변화를 가져오는 데 필요한 조치를 아래 빈칸에 작성하라)을 하는 것보다 덜 고통스러워 보이기 때문에 이 직무에 현재 상태대로 머물러 있기를 선택했어. 미래에는 다르게 선택할 수 있을 거야"라는 말이다.

4단계 — 갈등에 부딪히면 협상하기

당신의 급료에 대해 사장과 의견이 일치하지 않거나 누가 커피를 만들기로 되어있었는지에 대해 동료와 의견이 일치하지 않을 경우, 당신은 당신의 위치를 제시하고 당신이 받아들일 수 있는 절충안에 대해 협상할 필요가 있다.

변화에 대해 협상할 때 당신의 의견, 느낌 및 원하는 바를 표현하는 방법을 배우기 위해 제17장 「주장성 훈련」을 읽어보라. 최소한, **7단계: 실행 가능한 절충안에 도달하기**를 읽어보라. 다음은 상호 수용 가능한 결과에 도달하기 위하여 당신의 감독자나 동료와 특정 문제를 논의하고자 할 때 따를 수 있는 4단계 모형이다.

다음을 진술하라.

1. 문제(스트레스의 원인이라고 지각하는 것)
2. 그 문제에 대해 어떻게 느끼는지
3. 그 문제가 당신의 생산성과 동기부여에 어떻게 영향을 주는지
4. 양쪽 모두에게 좋은(윈-윈) 해결책(갈등의 양쪽 당사자가 당신의 해결책으로부터 긍정적인 무언가를 얻는 것)

예를 들어, 창조적인 고등학교 선생님인 Randy는 새로운 교과 과정을 개발하기 위해 그가 들인 시간에 대한 수당을 거절당했다. Randy는 교장에게 "교과 과정을 개발하는 작업을 해도 수당을 받을 수 없다는 것을 안 순간부터, 가르치는 것에 대한 내 열정이 저하되었습니다. 내 학생들이 나의 새로운 특별한 수업에서 매우 값진 것을 얻었다고 생각합니다. 그들은 현재 내 동기 상실로 인해 손해를 보고 있습니다. 새로운 교과 과정을 계속해서 창조하는 것은 저에게 그리고 학교에 중요하고 이러한 작업에 대해 어떤 식으로든 보상을 받는 것이 저에게는 중요합니다. 수당이 불가능하기 때문에 시간으로 보상받는 것으로 만족하겠습니다. 새로운 교과 과정을 개발하기 위해 한 학기에 매일 수업 한 시간을 배정해 준다면 그것으로 저와 학교에 도움이 될 것입니다"라고 말하였다. 교장은 다음과 같이 대답하였다. "매일 한 시간씩은 안 되고, 일주일에 세 시간이라면 동의합니다." Randy는 이 실현 가능한 절충안을

받아들였다.

서로 수용 가능한 결과를 협상하기 위하여 다음의 연습을 활용하라.

연습: 당신에게 협조하기 위한 다른 누군가를 납득시키기 위해 당신이 직장에서 원하는 어떤 것을 생각하라. 다음의 빈칸을 채워라.

"내가 보았을 때 문제는 ______________________________

나는 이 문제에 대해서 ______________________________ 을 느낀다.

이것은 나의 생산성 혹은 동기부여에 ______________________________

______________________________ 라는 점에서 영향을 준다.

나는 우리가 양쪽 모두에게 좋은 다음과 같은 해결책을 제안한다. ______________

____

____."

상황에 맞게 말을 바꾸어도 좋다. 당신의 짧은 각본을 기억하고, 그런 다음 이것을 당신이 협력하고자 하는 그 사람과 공유할 수 있는 적절한 순간을 찾아라. 그 사람의 관점을 개방적으로 경청해야 한다는 것을 기억하고 모두에게 이익을 줄 수 있는 실행 가능한 절충안을 살펴보라.

5단계 — 자신의 속도에 맞춰 균형감 있게 일하기

직장에서 당신의 속도에 맞춰 일하는가? 만일 당신이 단거리 주자라면, 경주할 때 모든 것을 던질 수 있을 것이다. 이는 짧은 시간 동안 빠르게 뛰고 나면 그 집중적인 노력 후에 회복할 수 있는 충분한 시간이 있음을 알기 때문에 가능하다. 그렇지만 대부분의 직무는 당신이 쓰러지지 않고 적절한 시간에 결승점을 통과하기 위해 스스로 보조를 맞춰야만 하는 마라톤 선수와 더 비슷하게 될 것을 요구한다. 마라톤 선수처럼, 당신은 어떤 놀라운 사건이 일어났을 때뿐만 아니라 도로를 달릴 때 필요할 것으로 예상되는 충분한 에너지를 보존하는 것을 기억할 수 있도록 즉각적인 직무 요구로부터 어느 정도 거리를 유지할 필요가 있다.

다음은 당신의 속도에 맞추어 균형감 있게 일하기 위한 여덟 가지 팁이다.

1. 언제 가장 최적의 수행을 하는지 알아보기 위하여 당신의 자연스러운 리듬에 주의를 기울이고, 그 시간에 가장 어려운 과제를 수행할 계획을 세워라.

2. 즐거운 과제와 좀 더 어려운 과제들 사이를 왔다 갔다 할 수 있도록 하루의 일정을 세워라. 힘든 일을 한 후에는 즐거운 무언가를 하는 일정을 세우도록 노력하라.

3. 아주 생산적이지는 않지만 즐거움을 줄 수 있는 업무 관련 과제를 위해 하루의 일정을 계획하라. 이러한 시간이야말로 신성한 것이다. 몰아치는 느낌을 받을 때도 그렇게 하도록 노력하라.

4. 스트레스 반응을 유보시켜 줄 수 있는 일들을 하기 위해 커피 휴식 시간과 점심시간을 이용하라. 예를 들어, 조용한 장소에 가서 이완 연습을 하라. 10분간의 활기 있는 산책은 커피 한 잔 못지않게 에너지를 줄 것이다. 동료와의 가벼운 잡담도 긴장을 풀어줄 것이고 당신을 힘들게 하는 문제에 대한 신선한 관점을 갖게 해줄 수도 있다.

5. 융통성 있게 일정표를 짜도 괜찮을 정도로 좋은 직장을 가지고 있다면, 유산소 운동, 이완 훈련 또는 개인적인 용무를 보기 위해 낮 동안에 긴 시간의 휴식 시간을 갖는 것도 생각해 보라.

6. 긴장과 스트레스 증상을 감소시키거나 예방하기 위해 하루 중 잠깐씩 휴식 시간을 가져라. 이러한 휴식 시간은 몇 분 이상일 필요도 없는데, 이로 인해 맑은 정신과 생산성의 향상이라는 보상을 얻게 될 것이다. 짧은 휴식의 적절한 연습에 대해서는 제10장 「간편 조합 기법」을 참조하라.

7. 당신의 직무 특유의 스트레스와 균형을 이루는 여가 활동을 선택하라.

만일 당신의 직무가 다음을 요구한다면:	**다음과 같은 보완적인 여가 활동을 생각해 보라:**
앉아 있는 시간이 많거나 정신적 집중	유산소 운동
정신을 집중하지 않아도 되는 단순 반복	지적으로 도전적인 취미와 관심사
통제된 환경	자연에서의 하이킹(모험)
지루한 과제 또는 인정받지 못하는 일	경쟁적이거나 성취 지향적인 활동
사람들의 요구에 대응하는 일	혼자 할 수 있는 활동
갈등을 다루는 일	화목한 활동
혼자서 일하기	사교적 활동

8. 기운을 되찾게 해주는 효과를 최대화하기 위하여 휴가의 시기와 유형을 주의 깊게 계획하라.

연습: 직장에서 당신의 속도에 더 잘 맞출 수 있고 자신의 삶을 더 균형감 있게 해주는 적어도 세 가지 방법을 작성하라.

1. ______________________________

____

2. ____

____

3. ____

____

마지막 생각

당신 직무의 어떤 측면 때문에 가끔 스트레스를 받을 것이라고 예상할 수 있다. 이 장은 그 스트레스가 제거되지 않는다면 줄이기 위한 긍정적인 변화를 만들 힘을 얻는 방법을 보여주고 있다. 이제 당신의 힘을 사용하는 것은 당신에게 달려있다. 주장성 훈련과 비합리적인 생각 논박하기 장 외에도 목표 설정과 시간 관리 장 또한 직무 스트레스를 감소시켜 줄 것이다.

더 읽을거리

Arden, J. B. 2002. *Surviving Job Stress: How to Overcome Workday Pressures.* Franklin Lakes, NJ: Career Press.

Bailey, K., and K. Leland. 2006. *Watercooler Wisdom.* Oakland, CA: New Harbinger Publications.

Dolan, S. L. 2007. *Stress, Self-Esteem, Health and Work.* London: Palgrave Macmillan.

Dunn, G. 2016. *Revivement: Having a Life After Making a Living.* Novato, CA: Having a Life Now Publishers.

Maddi, S. R., and D. M. Khoshaba. 2005. *Resilience at Work: How to Succeed No Matter What Life Throws You.* New York: Amacom Books.

Stranks, J. 2005. *Stress at Work: Management and Prevention.* Oxford, UK: Elsevier Butterworth-Heinemann Publications.

Yerkes, R. M., and J. D. Dodson. 1908. "The Relationship of Strength of Stimulus to Rapidity of Habit Formation." *Journal of Comparative Neurology and Psychology* 18 (5): 459–82.

녹음 자료

Morgenstern, J. 2004. *Making Work Work: New Strategies for Surviving and Thriving at the Office* (Abridged Audio CD). New York: Harper Audio.

제19장

영양과 스트레스

Nutrition and Stress

이 장에서는 다음과 같은 내용을 배울 것이다.

- 자신의 현재 식습관 평가하기
- 건강을 최적화하고 스트레스를 관리하기 위한 균형 잡힌 식사하기
- 만성적인 질병을 예방하고 최소화하기 위한 식사하기

배경

당신은 균형 잡히고 영양가 있는 식사를 하는 것이 건강에 좋다는 것에 동의할 것이다. 하지만 많은 일상의 의무들 또는 심지어 하나의 중요한 도전의 압박 아래 있을 때, 당신은 아마 자신이 알고 있는 것만큼은 잘 먹지 못할 것이다. 당신은 심지어 끼니를 거르기도 하여, 배고파서 나중에 과식할 수도 있다. 식료품점, 패스트푸드점, 자동판매기에서 나오는 준비된 음식은 빠르게 먹는 것을 쉽게 해준다. 불행히도, 이러한 맛있고 칼로리가 높은 옵션은 종종 지방, 설탕, 소금으로 가득 차 있다. 사람들은 이것이 미국 식단의 세 가지 주요 음식 그룹

이라고 농담을 한다. 농담할 일이 아닌 것은 미국인들이 자신들의 1인분을 과장하려는 경향이 있다는 것이다. 운동 부족과 함께 식사를 제대로 하지 못하는 것은 퇴행성 관절 질환, 고혈압, 당뇨병, 심혈관 질환과 같은 우리나라의 높은 건강 문제의 원인이 된다. 성인 비만율은 1980년 인구의 15%에서 최근 35%에서 41%로 증가했다.

제1장에서 여러분은 급성 스트레스 동안, 몸이 **도전-또는-도주** 반응을 촉발하는 호르몬을 분비하고, 먹는 것과 같은 꼭 필요하지는 않은 신체적인 과정이 보류된다는 것을 배웠다. 그렇지만 만성 스트레스 중에는 코티솔과 같은 호르몬이 식욕을 자극하는데, 특히 지방과 설탕이 많이 함유된 음식에서는 더욱 그렇다. 만약 그것이 에너지로 즉시 사용되지 않는다면, 이 음식은 미래에 필요할 때까지 체지방으로 저장된다. 만약 여러분이 식량 부족이 빈번한 스트레스를 받는 시대에 살게 된다면, 이것은 정말 좋은 것이다. 게다가. 이러한 음식들은 사실 스트레스 반응의 많은 부정적인 효과들을 억제하는 데 도움을 주기 때문에 '위안을 주는 음식'이라는 표현이 나온 것 같다. 불행히도, 식량이 풍부한 사회에서는, 당신이 가장 좋아하는 위안을 주는 음식을 갈망하는 것은 스트레스로 인한 과식을 야기할 수 있고, 이것은 다른 건강 문제와 함께 원치 않는 체중 증가의 위험을 가중시킨다.

영양가 있고 균형 잡힌 식사를 준비하고 먹는 것은 스트레스를 받는 동안 건강에 좋지 않은 식습관을 극복하는 데 도움이 될 것이다. 당신의 몸에 영양을 공급하는 기회일 뿐만 아니라, 식사 시간은 혼자 혹은 다른 사람들과 함께 휴식을 취할 기회가 될 수 있다. 큰 그림을 생각해 보라. 모든 문화권의 사람들이 휴일과 인생행로를 축하하고, 맛있는 음식을 준비하고 나눈다. 식사 시간은 사회적 유대감의 필수적인 부분이 될 수 있고 삶에 기쁨과 의미를 줄 수 있다. 이러한 사회적 연계는 매우 귀중한 지원을 제공하고, 스트레스를 받는 문제에 대처하는 것을 더 견딜 수 있게 해준다.

이 장은 당신이 좋을 때나 나쁠 때 당신의 식습관을 개선하기 위한 목표를 설정하는 데 사용할 수 있는 건강한 식단에 대한 지침을 제공한다. 당신은 영양가 있고 균형 잡힌 식사를 만들고 즐기기 위해 미식가 셰프가 될 필요는 없다.

증상-완화 효과

건강한 신체는 건강하지 않은 신체보다 불가피한 생활 스트레스에 더 적절하게 반응하는데, 좋은 영양은 좋은 건강의 핵심적인 구성요소이다. 잘 먹는 것은 고혈압, 심장 질환, 소화불량, 변비, 저혈당, 당뇨병 및 비만을 예방하고 조절하는 데 도움을 줄 수 있다. 좋은 식습관은 또한 과민성, PMS(월경 전 증후군), 두통 및 피로를 감소시킬 수 있다.

숙달 시간

3일 동안 음식 섭취량을 추적하기 위한 계획을 세워라. 건강한 식이요법을 위한 지침을 읽은 후, 그것을 자신의 식습관과 비교하고, 당신의 식이요법에서 자신이 어떤 변화를 만들고 싶은지 결정할 수 있을 것이다. 당신은 이 장에 제시되어 있는 시간상의 문제에 대한 권고를 적용하기 시작할 수 있다. 당신의 식이요법에 지속적인 변화를 위해서, 최소한 한 달 동안 충실하게 지킬 수 있도록 한 번에 아주 작은 변화를 조금씩 점차적으로 도입하는 계획을 세워라.

건강한 섭식 12단계

건강한 식사를 위한 이 12단계는 여러분이 오늘 기분이 좋아지고 내일을 위해 건강하게 지낼 수 있도록 도와줄 것이다. 이 지침은 미국 **보건 및 인간 서비스부**(HHS)와 미국 농무부(USDA)가 공동으로 발간한 「**2015~2020 미국인을 위한 식단 지침서**」에서 발췌한 것이다. 이 지침서는 좋은 식습관이 어떻게 건강을 증진시키고 주요 만성 질환의 위험을 줄일 수 있는지에 대한 권위 있는 조언을 제공하며, 건강한 음식 준비와 건강한 식사에 대한 팁을 제공한다.

12단계는 모든 식품군으로부터 현명한 선택을 하는 것, 먹는 것과 신체 활동 사이의 올바른 균형을 찾는 것, 자주 평온한 식사를 하는 것, 미리 계획하는 것, 칼로리의 영양적 가치를 최대화하는 것, 지방과 설탕을 줄이는 것, 나트륨 제한, 체중 달성 또는 유지, 카페인과 알코올의 제한하기, 그리고 비타민 섭취 등을 포함하고 있다.

USDA는 **식품 피라미드 지침**을 **나의 접시**[MyPlate]로 대체했다. 접시와 글라스가 있는 배치 이미지는 균형 잡힌 식사(USDA 2018)에서 다섯 가지 식품군의 건강한 1인분을 보여준다. 단백질은 접시의 약 4분의 1을 차지한다. 야채와 과일이 접시의 약 절반을 차지한다. 곡물들이 접시를 완성하고, 유제품 1**서빙**[Serving 3)]이 식사 의 일부이다. **나의 접시**와 당신의 전형적인 식사는 얼마나 가까운가?

3) 서빙(Serving)은 각 영양소 및 음식에 따른 칼로리, 컵, 조작, 그램(g)과 같은 다양한 측정 단위를 하나로 통일한 단위이다. 음식에 따른 일일 서빙 양이 권장되고 있다(역자 주).

1. 다양한 음식을 섭취함으로써 현명한 음식 선택을 하라

각 식품군에서 당신이 좋아하는 음식 중 몇 가지만으로 제한하지 않는 것이 중요하다. 최적의 건강을 위해서는 40개 이상의 영양소가 필요하다. 불행히도 완벽한 음식은 없다. 심지어 아기 식단의 기초를 제공하는 우유도 비타민 C나 철분을 공급하지 않는데, 이것이 우리가 아기의 첫 번째 음식에 과일과 시리얼을 포함시키는 이유이다. 심지어 건강을 염려하는 많은 사람들이 선호하는 자연식품도 자연적으로 독성 성분을 함유할 수 있다. 예를 들어, 감자는 낮은 용량에서는 안전하지만 높은 용량에서는 독성이 있는 비소와 솔라닌의 흔적을 포함하고 있다(Croco, 1981). 식단을 다양하게 하면 영양소를 극대화하고 독성 물질이나 오염 물질에 대한 노출을 최소화할 수 있다.

당신은 어떻게 자신이 체중을 유지하기 위해, 필요한 것보다 더 많은 칼로리를 소비하지 않고 다섯 가지 식품군의 다양한 음식을 먹을 수 있는지 궁금할 수도 있을 것이다. 답은 당신이 먹는 것과 마시는 것의 서빙 크기에 주의를 기울이는 것이다. 1서빙은 측정된 음식의 양이다. **2015년 식단 지침서**는 각 식품군 내에서 선택하는 식품의 수와 크기를 권장하고 있다. 아래의 권장 사항은 하루 식단이 2,000kacl인 사람을 위한 것이다. 그것들은 여러분이 하는 음식 선택의 영양적 가치를 극대화하기 위한 제안들을 포함하고 있다.

곡물 전체를 절반으로 줄여라. '생명의 양식'으로 잘 알려진, 빵, 밥, 시리얼 및 파스타 제품들을 포함하여 6서빙의 곡물을 매일 섭취하라. 적어도 이 선택 중 세 가지는 당신의 식단에 섬유질을 추가하기 위해서 반드시 통곡물빵 또는 파스타와 같은 통곡물이어야 한다. 강화 곡물 제품은 제분으로 소실될지도 모르는, 알려진 영양분을 보충해 준다. 정제된 식품을 살 때는 제분하면서 소실된 비타민 B와 철분을 보충하기 위해 영양가를 보강하였는지를 확인하라. 6서빙은 너무 많은 것 같지만, 실제로는 그렇지 않다. 많은 사람들이 아침에 2서빙의 시리얼을 먹는다. 샌드위치 하나는 최소한 2서빙 이상의 빵을 제공하며, 스파게티 한 접시는 2서빙의 파스타를 쉽사리 제공한다. 빵 한 조각, 반 컵의 쌀, 곡물이나 파스타는 1서빙이다.

야채를 다양하게 하라. 야채는 하루 총 2컵 반이 이상이 되도록 목표를 세워라. 최적의 건강을 위해 요구된 모든 영양소 및 항산화제를 얻기 위한 여러 가지 색깔의 야채들을 선택하는 것을 확실히 하라. 주별로 적어도 3컵의 짙은 녹색의 야채들, 2컵의 오렌지색 야채들, 그리고 3컵의 녹말질의 야채들이 권장된다.

과일에 초점을 두어라. 과일 주스를 마시는 대신에 신선한 과일을 섭취하라. 매일 총 2컵의 양을 시도하라. 예를 들어, 작은 바나나 1개, 큰 오렌지 1개, 그리고 말린 살구 반쪽 6~8개. 말린 과일은 쉽고, 영양분이 풍부한 스낵을 만들어 준다. 말린 과일은 말리기 전의 과일과 동일한 칼로리를 갖는다는 점을 기억하라, 따라서 당신이 하나의 신선한 배를 먹었다면, 두 개의 말린 배 반쪽을 먹을 필요가 없다.

칼슘이 풍부한 음식에 집중하라. 3컵분의 저지방 또는 무지방 우유를 매일 소비하라. 28g의 치즈 또는 1/2컵의 코티지치즈 또는 1잔의 우유에 해당하는 1컵의 요거트로 대체하라. 강화된 콩 음료는 칼슘의 원천이 될 수 있다.

단백질을 섭취하라. 매일 150g의 단백질을 소비하라. 라벨을 읽고 서빙당 3g 이하의 지방이 함유된 고기를 선택하라. 식단에 콩이나 콩과 식물을 자주 이용하는 것은 단백질을 높이고, 지방을 낮추게 해줄 것이다. 1/2컵의 콩, 렌틸콩, 또는 대두 제품은 28g의 고기와 맞먹는다. 저밀도 콜레스테롤을 조절하게 해주는 오메가-3 지방산을 위해 생선을 선택하라. 어떤 생선은 사실 기름기 없는 붉은색 육류보다 더 지방이 많으며, 또한 붉은색 육류는 대부분의 여자들이 필요로 하는 철분을 함유하고 있다는 것을 자각하라. 지방을 줄이기 위해서는 오븐에 굽거나 불에 굽고 또는 통구이를 하여라. 닭 가슴에 있는 껍질에만 5g의 지방이 있으므로 요리하기 전에 닭 껍질을 벗겨라. 2015년에 달걀에 대한 제한이 완화되었는데, 식이성 콜레스테롤이 혈중 콜레스테롤과 직접적인 관계가 없다고 결정되었기 때문이다. 달걀은 비싸지 않고, 고품질의 단백질, 오메가-3 지방, 그리고 많은 비타민과 철분을 제공한다. 달걀은 좋은 간식이며, 휴대성이 좋다. 매주 7개의 달걀이 건강한 식단에 허용된다. 달걀 한 개는 단백질 1온스와 같다.

오일과 지방. 하루에 최대 6티스푼의 단일 불포화 지방산 오일이나 지방을 목표로 하라. 서랍에서 티스푼을 꺼내서 티스푼의 지방이 얼마나 되는지 시각화하라. 단일 불포화 오일에는 올리브오일, 아보카도, 땅콩, 카놀라오일이 포함된다. 코코넛오일과 버터 같은 트랜스지방과 포화 지방을 최소화하라. 포화 지방은 하루에 22g을 초과해서는 안 된다. 제품의 지방 함량을 확인하려면 라벨을 확인하라.

자율재량의 칼로리. 이것은 당신의 호화로운 음식 선택이며 지방과 당을 추가하는 것이다. 당신의 칼로리의 10% 미만이 설탕 첨가에서 나와야 한다. 2,000kcal 식단의 경우, 이것은 200kcal라는 것이다. 오트밀 쿠키는 좋은 선택일 수도 있다.

녹말을 제공하는 곡물, 과일 및 야채를 섭취하는 것은 당신의 웰빙을 더해줄 것이다. 당신은 복합 탄수화물 식품과 섬유질 식품이 포만감과 만족감을 준다는 것을 알게 될 것이다. 탄수화물 식품은 또한 먹을 수 있는 진정제로서 기능을 할 수 있는데, 왜냐하면 탄수화물 식품은 뇌의 세로토닌 산물을 자극하는 아민 산화물인 트립토판을 함유하고 있다. 세로토닌은 긴장을 완화시키고, 나른하게 하여 마음을 차분하게 하는 효능이 있다. 이것이 풍성한 스파게티 저녁 식사가 주는 행복한 충만감에 대한 설명이 되는가? 다양한 신선한 과일과 야채를 먹는 것은 또한 마음의 평화에 좋은데, 왜냐하면 이러한 열량 식품들은 비타민, 미네랄 및 섬유질을 포함하고 있는데, 제2형 당뇨, 암, 심장병, 고혈압, 신장결석, 뼈 손실, 그리고 눈과 소화기 문제를 포함한 건강 문제의 위험을 낮출 수 있기 때문이다(USDA 2016; Harvard School of Public Health 2018).

식이 섬유질(섬유소, 점성, 펙틴, 리그닌)은 건강한 식단의 필수적인 성분이라는 증거가 계속 쌓이고 있다. 섬유질은 대변의 양을 늘리고, 대변 운반 시간을 줄여주어서 변비를 예방하거나 감소시키는 데 도움을 준다. 더 짧은 운반 시간은 대장암과 게실염의 위험을 줄여준다. 통곡물의 섬유질은 혈류로 탄수화물 방출을 느리게 함으로써 혈당을 조절하는 데 도움을 준다. 섬유질은 지방질을 결합시켜 몸에서 제거함으로써 혈액 지방질을 감소시킨다.

권장 섬유질 섭취량이 매일 25~40g임에도 불구하고, 평균적으로 미국인들은 단지 5~10g만 소비한다. 우리 대부분에게 있어, 신선한 과일과 야채, 통곡물 그리고 콩류는 일상적인 식단의 주요한 섬유질원이다. 당신은 콩류와 브랜 시리얼을 더 많이 섭취하거나 집에서 만든 식품에 쌀겨 제품을 추가하여 섬유질 섭취를 보충할 수 있다. 급격한 증가는 부종과 헛배를 유발할 수 있으므로, 섬유질을 점차 증가시킬 계획을 세워라.

일반 식품 속의 식이 섬유

식품군	식이 섬유 함량
콩류	서빙당 2.6~8.8g
브랜 시리얼	서빙당 2.5~6.5g
과일과 채소류	서빙당 2.8~5.0g
곡물 및 전분	서빙당 1.0~3.3g
견과류	서빙당 5.0~9.5g

여러 자료에서 저자가 편집함.

2. 음식과 활동의 균형을 맞추어라

기분이 좋아지고 건강을 유지하기 위해서는 건강한 식사와 규칙적인 운동을 병행하는 것이 중요하다. 일주일에 5일 적당한 에어로빅 활동은 상당한 건강상의 이점을 제공하며, 성인들은 일주일에 적어도 2시간 30분 운동을 해야 한다. 제20장에서는 운동의 가치와 오랜 시간 동안 계속할 수 있는 운동 프로그램을 만드는 방법에 대해 논의한다. 당신이 필요한 일일 칼로리의 수는 자신이 얼마나 활동적인지에 달려 있다. 칼로리는 단순히 음식의 에너지 함량을 측정하는 단위이다. 현재의 체중을 유지하기 위해서, 당신은 섭취하는 만큼의 칼로리를 소모할 필요가 있다. 평균적인 여성은 체중을 유지하기 위해 하루에 2,000kcal가 필요한 반면, 평균적인 남성은 2,500kcal가 필요하다(Gunnars 2018b). 당신은 www.choosemyplate.gov/myplateplan에서 현재 몸무게를 유지하거나 시간이 지남에 따라 건강한 몸무게에 도달하기 위해 하루에 얼마나 많은 칼로리가 필요한지 계산할 수 있다. 또한 성별, 연령, 활동 수준 및 일일 칼로리 수준에 따라 각 식품군에 대해 매일 권장되는 양을 제공한다.

만약 여러분이 특정한 시간 내에 건강한 몸무게에 도달하는 것에 관심이 있고 여러분의 목표를 달성하기 위해 주간 운동 약속과 함께 추천하는 일일 칼로리 수치를 계산하고 싶다면 www.choosemyplate.gov/body-weightplanner를 방문하라. 이 모든 수치는 단지 추정치일 뿐이고, 당신의 개인적 취향, 신진대사, 그리고 건강에 대한 관심에 따라 식단과 운동 프로그램을 조정할 필요가 있다는 것을 명심하라.

아래에는 2015년 식단 지침서에서 권장하는 각 식품군의 일일 서빙 횟수를 요약한 것이다. 추천하는 일일 칼로리 수준을 찾기 위해 차트를 살펴본 다음, 각각의 식품군의 음식에서 당신의 일일 서빙 수를 낮추도록 하라.

건강에 좋은 1인분 점검표

각 식품군으로부터의 일일 음식량									
식품 계획 칼로리/일	1,200	1,400	1,600	1,800	2,000	2,200	2,400	2,600	2,800
과일	1컵	1.5컵	1.5컵	1.5컵	2컵	2컵	2컵	2컵	2.5컵
야채	1.5컵	1.5컵	2컵	2.5컵	2.5컵	3컵	3컵	3.5컵	3.5컵
곡물	2컵	2.5컵	2.5컵	3컵	3컵	3.5컵	4컵	4.5컵	5컵
육류/가금류/달걀/콩/호두/씨앗	3온스[4]	4온스	5온스	5온스	5.5온스	6온스	6.5온스	6.5온스	7온스
우유/유제품	2.5컵	2.5컵	3컵	3컵	3컵	3컵	3컵	3컵	3컵
오일	4티스푼	4티스푼	5티스푼	5티스푼	6티스푼	6티스푼	7티스푼	8티스푼	8티스푼
자율재량	100	110	130	170	270	280	350	380	400

3. 자주, 편안한 식사를 하라

빠르게 돌아가는 우리 사회는 황급히 음식을 먹는 것을 장려한다. 스트레스에 대처하기 위해, 식사나 간식을 준비하고, 먹는 동안 이완하는 시간을 가져라. 혈당은 자동차용 휘발유와 같은데, 우리 모두는 연료탱크가 비어있으면 차가 운행하지 않을 것을 알고 있다. 하루에 세 끼에서 다섯 끼의 작은 식사를 하는 것은 혈당 수준을 균일하게 유지하는 데 도움이 된다.

---

4) 1온스=약 28.3g(역자 주).

직장에서, 식사나 간식을 먹으면서 앉아서 이완할 수 있는 편안한 장소를 찾아라. 가능하다면, 쉬는 동안 혼자 이완하고, 성찰하는 시간을 가져라. 음식의 맛, 질감, 색깔을 음미하는 법을 배워라.

4. 이번 주 식사 계획을 작성하라

시간을 절약하고 찬장과 냉장고에 간단한 식사 재료가 있는지 확인하기 위해 주간 메뉴와 식료품 목록을 식단에 표시하라. 요리할 때, 추가 식사나 간식을 충분히 준비하라. 전자레인지로 무언가를 다시 데우는 것이 패스트푸드를 사러 달려가는 것보다 더 싸고, 더 빠르고, 더 쉽고, 건강에 좋다.

남은 음식을 사랑하라 직장에서 점심으로, 건강에 좋은 남은 음식을 먹거나 통밀빵에 샌드위치를 가지고 오라. 물, 무설탕 음료 또는 저지방 우유를 마시고 후식으로 과일 한 조각을 가져가라. 이것은 델리[5]에서 먹는 것보다 더 싸고 건강에 좋다.

심부름이나 운전기사 노릇을 하거나, 출퇴근 할 때, 얇게 썬 과일, 미니 당근, 스트링 치즈 또는 생아몬드를 가지고 가라.

만약 당신이 처음부터 식사를 준비할 시간이 없다면, 식료품점의 신선 및 냉동식품 코너에서 구매할 수 있는 맛있고 영양가 있는 많은 편리한 음식들을 확인하고, 그 재료를 읽어보라. 식료품점에서 미리 구워진 닭고기는 또한 몇 끼의 기본을 제공할 수 있다. 만약 당신이 식사를 계획하고 준비하는 데 약간의 창의력을 사용한다면, 시간을 절약하고 좋은 영양 섭취에 집중할 수 있다. 이러한 활동들은 당신에게 통제감을 주고 스트레스를 줄이는 데 도움을 줄 것이다.

---

5) 조리된 육류나 치즈, 흔하지 않은 수입 식품 등을 파는 가게(역자 주).

5. 칼로리의 영양을 최대화하고 설탕을 제한하라

매일 다양한 영양가가 풍부한 음식을 선택하는 것은 중요하다. 비타민, 미네랄, 섬유질, 그리고 다른 미세 영양소가 가득한 음식을 선택하라. 신선한 과일, 통곡물 그리고 저지방 유제품을 고르라. 영양 라벨을 보고 당신의 칼로리를 계산하라. 서빙당 400kcal 이상의 음식 제품은 칼로리가 너무 높다.

당분은 많은 칼로리의 원인이 되는데, 만약 영양분이 있다고 하더라도 당신에게 아주 조금의 섭식 영양분이 되기 때문에, 당분이 적게 첨가된 음식을 사용하라. 당분은 자당, 포도당, 과당, 고 과당 옥수수 시럽, 옥수수 시럽, 꿀 그리고 메이플 시럽을 포함한다. 미국인들은 단 음식을 좋아한다. 만약 당신이 해외로 나간다면, 미국식 디저트는 세계의 다른 어떤 나라보다도 매우 단 경향이 있다는 것을 알게 될 것이다. 식탁 위의 설탕, 청량음료 안에 있는 당분, 통조림류 식품, 제과 그리고 기타 단 음식들을 포함하여, 보통 미국인들은 현재 매일 19.5티스푼의 설탕을 먹는다. 과도한 설탕 섭취는 흔한 일이다. 그것은 비만, 제2형 당뇨병과 전당뇨병, 그리고 심장병을 포함한 다양한 생활양식과 관련이 있었다(Gunnars 2018a).

아동기에 우리는 편안한 위안을 얻기 위해 단 음식을 먹었다. 그래서 어른이 되어도 여전히 스트레스를 받으면 쿠키, 캔디 또는 단맛이 나는 것들에 여전히 손이 간다. 여성들은 남성들보다 단맛에서 위안을 찾는 경향이 더 많다고 한다. 단맛을 내는 음식들은 행복감을 일으키는, 인체에서 자연스럽게 분비되는 아편제인 엔도르핀을 방출하도록 촉발하는 것으로 알려져 있다. 설탕이 일시적으로 기분을 고조시키기는 하지만, 그것은 또한 그 설탕을 처리하기 위해 인슐린을 분비하도록 췌장을 자극한다. 췌장은 때때로 과잉 반응하여 인슐린을 과잉 분비한다. 그 결과는 저혈당증이 될 수 있는데, 이것은 다시 신속하게 다른 단것을 먹게 만들 수도 있는 현기증, 과민성, 메스꺼움 및 공복통으로 특징지어지는 상태이다. 단맛에 대한 갈망은 과일 한 조각으로도 만족된다. 과일은 설탕에 없는 다당류, 섬유질 그리고 비타민을 제공한다.

설탕을 줄이기 위한 길잡이:

- 설탕을 더 적게 사용하도록 하고, 정제하지 않은 설탕, 꿀, 옥수수 또는 메이플 시럽을 이용하라.
- 캔디, 쿠키, 청량음료와 같은 설탕을 함유한 음식을 가능한 한 적게 먹어라.
- 신선한 과일 또는 과즙으로 통조림 된 과일 또는 진한 시럽보다는 가벼운 시럽을 선택하라.
- 피해야 될 첫 번째 성분으로 자당, 포도당, 맥아당, 덱스트로제, 유당 또는 과당이 함유된 식품을 피하라.

6. 지방을 줄여라

최근 몇 해 동안, 지방에 대한 모든 혹평에도 불구하고, 평균 미국인들은 **2015년 식이요법 지침서**에서 권장되는 20~30% 이하보다는 (37~42%까지) 지방으로 얻는 칼로리를 훨씬 더 많이 섭취한다. 지방을 줄이겠다고 말은 하지만, 우리는 배가 고프게 되면 많은 다른 음식들이 있음에도 불구하고, 고지방 기호 음식으로 손이 간다. 식품 업계는 당신을 변화시키는 생산물인 수십 종의 저지방 스낵과 쿠키를 새롭게 생산하고 있지만, 과일 스틱이나 야채 스틱이 여전히 가장 좋은 저지방 간식의 하나이다. 서점, 잡지 그리고 웹사이트에는 맛 좋고 창의적인 요리 메뉴를 제공하는 저지방 요리 레시피들로 가득 차 있다. 지방이 없는 샐러드드레싱과 향기로운 식초는 여전히 식단에서 지방을 감소시키는 하나의 매력적인 방법을 제공하고 있다. 요리할 시간이 없는 사람은 '기름기가 적은' 또는 '건강한' 냉동 요리 제품에 의지할 수 있다. 라벨을 점검하고 매 서빙당 3g 이하의 지방이 함유된 품목을 확실히 선택하도록 하라.

세 가지 종류의 지방이 있다. 포화 지방은 실온에서 고체 상태이며, 일반적으로 동물성이다. 예로는 눈에 보이는 육류 지방, 닭 껍질, 버터 등이 있다. 크리스코[Crisco]는 트랜스지방, 또는 매우 포화되거나 수소가 첨가된 기름의 한 예이다. 미국 식이요법 지침서는 매일 칼로리 섭취의 10% 이하로 포화 지방을 유지하고 트랜스지방을 가능하면 적게 할 것을 제안한다. 옥수수기름과 홍화씨유와 같은 고도 불포화 지방은 냉장 시에도 여전히 액체 상태이다. 불포화 즉 단일 불포화 지방은 실내 온도에서는 액체 상태지만, 냉각하면 굳어진다. 카놀라유나 올리브유 같은 단일 불포화 지방유는 현재 고도 불포화 지방유 대신 권장된다. 지방과 고혈압 및 심장 질환과의 직접적인 관계는 여전히 논쟁의 여지가 있음에도 불구하고, 가장 널리 받아들여지고 있는 이론은 포화 지방이 체내 콜레스테롤 수치를 증가시켜 심장병과 뇌졸중의 원인이 되고 있다는 것이다. **2015년 식이요법 지침서**는 포화 지방 섭취가 총열량 10% 이하, 일반 지방 섭취가 총열량의 20~35%, 그리고 일일 2,000kcal의 식단에서는 400~700 지방과 오일 칼로리를 섭취하도록 권장했다.

대부분의 지방은 튀긴 음식, 구운 제품, 스낵 음식, 그리고 다른 가공식품들을 통해 우리의 식단에 스며든다. 이러한 음식들을 제한하는 것은 지방을 줄이고 칼로리도 줄이는 가장 좋은 방법이다. 감자 칩과 또르티야 칩은 1서빙당 7~10g의 지방을 함유하고 있는데, 1서빙에 멈추는 것은 어렵다! 크래커는 1서빙당 약 5g의 지방을 가지고 있다. 프레첼은 보통 지방이 없다. 구운 제품, 특히 설탕을 입힌 제품은 지방 함량이 높다. 물론 튀긴 음식은 식단에 지방을 기여하고 있다. 켄터키 프라이드치킨의 오리지널 레시피 닭가슴살은 28g의 지방과 6g의 포화 지방을 함유하고 있다.

지방 섭취를 줄이거나 대체하는 식이요법 제품들은 시중에서 널리 구할 수 있지만, 그것들이 건강에 미치는 영향에 대한 장기간 연구는 아직 존재하지 않는다. 몰리 맥버터Molly McButter는 저지방 버터 대체식품이다. 오메가-3 지방을 포함한 제품들은 트라이글리세라이드 및 콜레스테롤 수준을 줄이는 데 도움이 된다. 올레스트라와 같은 지방 대체재는 화학적으로 변형되어 흡수되지 않은 채로 인체를 통과하는데, 지용성 비타민과 함께 섭취하게 된다.

당신의 지방 섭취는 몇 점인가?

채점표에 나열된 음식물들을 당신이 얼마나 자주 선택하거나 또는 제한했는지에 대해서 가장 잘 나타내고 있는 숫자에 동그라미로 표시하여 아래 질문에 답해보라. 총점을 내기 위해 당신이 표시한 숫자들을 더하라.

당신의 지방 점수: 당신은…?	드물게	가끔	언제나
기름기 없는 육류, 닭고기 또는 생선을 선택하는가?	1	5	10
베이컨, 가공육, 소시지 같은 고지방 육류를 먹는가?	10	5	1
생선을 일주일에 두 번 먹는가?	1	5	10
매 서빙당 3g 이하의 지방이 함유된 음식을 선택하는가?	1	5	10
저지방 또는 무지방 유제품을 선택했는가?	1	5	10
튀긴 음식을 제한하는가?	1	5	10
아침 식사로 도넛, 크루아상, 달콤한 롤빵을 선택하는가?	10	5	1
지방이 적은 제품이나 무지방 제품을 선택하는가, 아니면 지방을 제한하는가?	1	5	10
올리브 오일이나 카놀라 오일을 자주 사용하는가?	1	5	10
고지방 저녁 식사에 저지방 아침 식사와 점심 식사로 균형을 잡는가?	1	5	10

당신의 지방 섭취 점수를 기입하라: ____________

채점: 만약 당신이 10점에서 59점 사이라면, 당신은 더 잘할 수 있다. 60점에서 79점 사이라면 나름대로 잘하고 있으며, 80점 이상이라면 아주 잘하고 있으니 계속해서 잘하기를!

7. 나트륨 섭취를 줄여라

비록 나트륨이 필수 미네랄이지만, 미국의 대부분의 성인들은 권장 나트륨 요구량보다 더 많은 양을 섭취한다. 권장되는 USDA의 식이 기준 섭취Dietary Reference Intake(DRI)의 나트륨 일일 섭취량은 성인의 경우 1,300mg에서 1,500mg 또는 하루에 소금 1티스푼 이하이다. 소금 1티스푼은 2,300mg의 나트륨을 함유하고 있다. 일반적으로, 성인 남성은 하루 평균 4,200mg 이상, 여성은 평균 3,300mg 이상 섭취한다. 나트륨은 체액을 조절하고, pH 균형을 유지하며, 신경과 근육의 활동을 조절한다.

우리의 주요 나트륨 공급원은 식탁용 소금(40% 나트륨 및 60% 염화물 함유)과 가공식품이다. 나트륨은 우유, 치즈, 고기, 빵의 천연 성분이다. 라벨을 확인하라, 그리고 만약 어떤 음식 서빙이 500mg 이상의 나트륨을 포함하고 있다면, 소금 함량이 너무 높은 것인데, 왜냐하면 그것은 하루 총량 중 20% 이상을 제공하기 때문이다. 고혈압이 가족력인 경우, DASHDietary Approaches to Stop Hypertension(고혈압을 막기 위한 식이요법 접근법) 식사 계획을 따라 나트륨을 제한할 수 있는데, 이것은 **2015년 식이요법 지침서**에 권장되는 식이요법이다. 이 계획에 대한 정보는 인터넷 또는 서점에서 구할 수 있다. 만약 당신이 심각한 고혈압을 가지고 있다면, 식이요법 지침서는 나트륨을 매일 1,500mg으로 제한하는 것을 제안한다. 반드시 의사와 상의하라.

나트륨 과다 섭취는 고혈압과 뇌졸중을 증가시킬 위험과 상관이 있다. 스트레스 또한 이러한 상태를 더욱 악화시키기 때문에, 소금 섭취를 감소시키는 것이 현명할 것이다. 소금은 또한 월경 전 증후군의 스트레스를 가중하는 과도한 체액의 축적인 부종을 증가시킨다. 다량의 과일과 채소를 통해 칼륨을 많이 섭취하는 것은 나트륨이 혈압에 미치는 영향을 상쇄시킨다.

소금 습관을 고치기 위한 팁:

• 칩, 프레첼, 견과류와 같은 짭짤한 간식은 피하라.

• 간장, 피클, 치즈와 같은 짠 조미료의 섭취를 제한하라.

- 절인 육류, 소시지 및 베이컨의 이용을 제한하라.
- 향신료와 허브로 대체하여 소금이 적은 음식을 음미하라.
- 소금을 넣어서 요리하지 말고 식탁 위에 있는 소금을 약간 넣거나, 넣지 마라.
- 라벨을 주의 깊게 읽어라. 처음 세 개나 네 개의 성분에 나열된 소금이나 나트륨이 들어간 식품을 피하라.

8. 체질량지수를 알아라

이제 체질량지수(BMI)는 체중을 평가하기 위해 자주 사용되는 측정치이다. BMI는 몸무게-키 비율에 근거한 숫자로 당신의 체중 관련 건강 위험들을 나타내 준다. 그것은 체지방을 측정하는 것이 아니며, 성별 또는 연령을 고려하지 않는다. 18.5에서 24.9의 BMI는 체중 관련 건강 문제에 대한 낮은 위험을 가리킨다. 25~29.9의 BMI는 체중 관련 건강 문제에 대한 약간의 위험을 가리키며, BMI 30 이상은 체중 관련 건강 문제의 심각한 위험을 가리킨다. 당신은 http://choosemyplate.gov/tools-BMI에서 BMI를 쉽게 계산할 수 있다.

당신의 건강 위험을 평가하기 위한 또 다른 방법은 허리둘레 측정이다. 만약 당신의 BMI가 건강 위험을 가리키고 당신의 허리가 여성의 경우 35인치 이상 또는 남성의 경우 40인치 이상이라면, 당신의 허리 치수가 증가한 만큼 당신의 건강 위험도 증가한다(HHS 2018; Mayo Clinic 2018b). 연구는 또한 사과 모양의 몸을 가진 사람들이 엉덩이와 허벅지에 체중을 실어 나르는 배 모양의 몸을 가진 사람들보다 더 많은 건강 위험 요인을 가지고 있다는 것을 보여준다(American Heart Association News 2018).

9. 건강한 체중을 유지하라

체중 감량을 위한 수천 가지의 다이어트 방법이 있음에도 불구하고, 가장 좋은 체중 조절 전략은 일생 동안 감각적으로 지각할 수 있는 식습관이다. 최근의 연구는 요요 다이어트 yo-yo dieting가 건강을 손상시키며, 계속적인 체중 감량을 하기 위한 시도를 더 어렵게 한다는 것을 보여준다.

다이어트는 대부분의 다이어트하는 사람들이 다이어트 목표에 도달하지 못하기 때문에 효과가 없다. 어쨌든 다이어트는 음식 박탈인데, 그것은 대부분의 사람들을 정서적으로 어렵게 한다. 더구나 당신의 신체는 다이어트 섭식을 기아로 해석하고 박탈이 신체에 미치는 영향을 감소시키기 위해 전반적인 신진대사율을 감소시킨다. 더 혹독한 다이어트를 할수록, 당신의 신체는 더욱 체중을 잃지 않으려고 저항할 것이다. 상당한 체중 감소를 한 사람들의 경우, 95% 이상이 일 년 정도도 감소된 체중을 유지하지 못했으며, 결국 다시 다이어트를 그만두게 된다. 이것은 요요 현상을 일으키고, 새로운 다이어트를 시도할 때마다, 신체는 조금씩 더 유지하는데 필요한 에너지를 떨어뜨리고, 그만큼 체중 조절은 점점 더 어려워진다.

반복해서 동일한 4.5kg을 감량시키기 위해 계속해서 다이어트 하기보다는 약간 과체중이 되는 것이 더 좋다. 간단하게 계산해 봐도 체중이 증가하는 것을 피하기 위해서 당신이 섭취하는 것보다 더 많은 칼로리를 소비해야만 한다는 것이다. 체중 감량을 위한 이상적인 조합은 조금 적게 먹고, 조금 더 운동하는 것이다. 만약 당신이 식품에서 지방 함유량만 줄인다면, 당신은 같은 양의 음식을, 또는 그 이상을 먹을 수 있다.

체중 조절을 위해 가장 좋은 접근법은 매일 100kcal 음식 섭취를 줄이고 운동을 증가시켜서 매일 100kcal 이상을 태우는 것이다. 이것은 매일 빵 한 조각을 덜먹고, 당신이 지금 걷는 것보다 하루에 1.6km 이상을 더 걷는 것을 의미하며, 당신은 지금부터 1년 약 9kg 더 가볍게 될 것이다!

다이어트는 일시적으로만 빠르게 조정되고, 체중 조절은 일생 동안 해야 하는 생활 양식이다. 이 습관을 다루는 것은 일생 동안 지방을 낮춰서 요리하는 방법을 배우고, 지속적으로 저칼로리, 저지방 음식을 선택하고, 그리고 더 작은 양에도 만족하겠다는 약속을 의미한다.

좋은 영양 교육과 현실적인 운동 목표를 제공하는 프로그램은 일생 동안의 약속에 도움이 될 수 있다. 예를 들면, 가장 평판이 좋은 프로그램의 하나인 Weight Watchers는 채소를 많이 먹고, 지방을 줄이며, 반면에 운동을 증가시킬 것을 주장한다. 이 프로그램은 또한 행동 수정 프로그램을 제공하며 지지한다. 대부분의 도시에 Weight Watchers 지부가 있다. 교육과 지지 프로그램을 제공하고 있는 다른 조직들로는 Overeaters Anonymous, YMCA와 YWCA뿐만 아니라 많은 건강 보험 프로그램, 지역 대학 및 지역사회 센터가 있다.

좋은 체중 조절 프로그램은 다음과 같은 행동 변화를 강조하고 있다.

- 천천히 먹어라. 조금씩 먹으며, 진실로 그 음식의 색깔과 맛과 감촉을 즐겨라. 식사가 끝난 후에, 시상하부(식욕과 배고픔을 조절하는 뇌의 영역)가 당신이 배가 부르다는 것을 등록하고 뇌에 배가 부르다는 그 피드백을 제공하는 데 20분이 걸린다는 것을 기억하라.
- 먹는 것에 집중하라. 마음챙김으로 먹어라. 먹는 동안에는 읽거나 TV를 보지 마라. 맛과 색깔과 분할된 크기를 자각할 수 있도록 주요 활동인 먹는 것을 즐겨라.
- 규칙적으로 먹어라. 하루에 세 번 내지 다섯 번 소량의 식사를 하는 사람들이 그들의 식욕과 체중의 조절을 성공적으로 하고 있다는 것을 보여주는 연구들이 있다. 이것은 그들이 지나치게 배고프지 않고, 그래서 과식하지 않았기 때문일 수 있다. 아침 식사를 하는 사람들은 적은 칼로리를 소비하고, 더 건강한 체중을 유지하고 심장 질환의 위험을 감소시켰다. 연구들은 또한 건강한 아침 식사를 하는 사람들은 매일 더 적은 총 칼로리를 소모한다는 것을 보여주었다(Duyff, 2012).
- 1인 분량을 조절하라. 1인분은 일반적으로 반 컵이다. 당신은 1인분을 4온스(약 113g)의 파이렉스 커스터드 컵에 맞추는 한 당신이 원하는 것은 무엇이든 먹을 수 있다.
- 지루하고 따분할 때 먹지 마라. 산책, 친구와 전화하기 또는 취미 생활에 몰두하는 것과 같은 다른 즐거운 활동으로 대체하라.
- 화가 날 때 먹지 마라. 화를 나게 한 사람에게 편지를 써라(보내지는 말고) 또는 조깅을 하거나 정원을 손질하라. 만약 뭔가 씹어야 한다면, 당근이나 무설탕 껌이 있는지 확인하라.

- 피곤할 때 먹지 마라. 잠을 자거나, 따뜻한 목욕을 하라. 당신은 산책이나 자전거를 타는 것이 당신에게 다시 활력을 줄 수도 있다는 것을 알게 되면 놀라게 될 것이다.
- 불안하거나 우울할 때 먹지 마라. 신체적인 활동에 몰두하고, 영화를 보러 가고, 친구와 대화를 나누거나 혹은, 불안이나 우울에 기여하는 주제를 처리하는 방법을 알아내라.

10. 카페인 섭취를 고려하라

미국인들은 커피, 차, 초콜릿, 콜라에 들어있는 카페인으로부터 얻는 효능 촉진을 좋아한다. 어떤 약들은 카페인 함량도 높다. 불행하게도, 카페인은 과민성, 신경증, 수면 장애, 위장 장애에 기여할 수 있다. 카페인은 6시간 또는 그 이상 동안 당신의 몸에 머무른다. 그러므로 만약 당신이 이러한 문제 중 하나를 가지고 있다면, 그것을 이용하는 것을 제한하거나, 점심 후에 그것을 마시지 않거나, 아예 중단하는 것을 고려하라.

보통 커피를 마시는 경우(즉, 디카페인이 아닌 경우), 일일 한도로 400mg의 카페인, 즉 커피 4잔을 섭취하는 것이 **2015년 식이요법 지침서**의 권장 한도이다. 카페인 제한은 지난 몇 년간 길러졌지만, 여전히 초조감을 주거나 짜증 나게 할 수도 있다. 만약 그렇지 않다면, 커피를 즐겨라, 하지만 설탕과 지방이 많이 들어있는 슈퍼 모카치노 라떼는 마시지 마라. 최근의 연구결과는 커피가 많은 항산화제를 가지고 있고 당뇨병과 파킨슨병을 예방할 수 있다는 것이다(Shmerling 2017). 위험이나 부작용은 적당히 감소하기 때문에 커피와 카페인 섭취를 절제하는 것이 바람직하다.

음료 및 초콜릿의 카페인 함량

음료 또는 초콜릿	서빙 크기	카페인 함량
레귤러 커피, 브루드	8온스	80~135mg, 평균 110mg
디카페인 커피, 브루드	8온스	5~10mg
인스턴트커피	8온스	65~100mg
블랙 티, 브루드	8온스	40~120mg
인스턴트 티	8온스	15mg
녹차	12~16온스	15~30mg
캔 아이스 티	12온스	9~50mg
스내플 아이스 티	12온스	42mg
콜라	8온스	35~55mg
핫 초콜릿	8온스	5~15mg
다크 초콜릿 캔디	1온스	5~35mg
밀크 초콜릿 캔디	1온스	5~10mg

여러 자료에서 저자가 편집함. 양조 음료는 매우 다양함.

11. 술을 적당하게 마시거나 전혀 마시지 말라

일부 연구들이 하루 한 잔은 수명을 연장할 것이라고 밝히고 있지만, 매일 일상생활을 하면서 알코올에 의지하는 것은 위험한 습관이다. 알코올성 음료는 칼로리는 높고 영양가는 낮다. 지나치게 마시면, 알코올은 비타민 B를 고갈시키며, 혈당을 변하게 하며, 혈압을 상승시키고, 관계를 붕괴시킨다. 만약 당신이 술을 마신다면, 여성이면 한 잔, 남성이면 두 잔으로 제한하라.

12. 매일 종합 비타민제를 복용하라

1990년대 초반에, 국립 과학 아카데미 음식 및 영양 위원회는 **식이 허용 권장량**Recommended Dietary Allowances(RDA)을 개정하는 과제에 착수하였는데, **식이 섭취량 기준**Dietary Reference Intakes(DRI)이 탄생했다. DRI는 **식이 허용 권장량**(RDA), **적정 섭취량**Adequate Intake(AI) 그리고 참을 수 있는 **허용 가능 상한 섭취량 수준**Tolerable Upper Intake Level(UL)을 포함한다. DRI는 나이와 성별에 따라 일일 영양 권장 사항이고, 건강한 개인의 욕구에 맞는 수준에서 설정된다. 권장 사항은 개인 변이에 맞춘 허용량이 포함된다. 당신은 또한 RDA를 기반으로, 비타민과 영양 표시에 사용되는 **일일 값**Daily Values(DV)을 볼 수 있다.

우리는 매일 권장량에 따라 모든 것을 먹을 수 없기 때문에 종합 비타민제가 보험 정책으로 제공된다. 그렇지만, 비타민 복용은 잘 먹는 것으로는 대체될 수 없다. 음식물에는 신진대사에서 비타민과 미네랄의 적절한 기능에 대해 영양상으로 중요한 부가물이지만 아직까지 확인하지 못한 화합물이 틀림없이 있다.

비타민과 미네랄은 소량으로 필수적인데, 대사 과정에 필요하다. 비타민 A, E, C는 항산화제이며, 이러한 비타민을 보충제로 섭취하는 것은 몇몇 암에 대해 아직 효과가 입증되지는 않았지만, 예방 효과가 있을 수 있다. '스트레스 정제' 또는 '스트레스 처방제'로서 판매되는 비타민들은 심리적인 스트레스가 아닌 신체적인 스트레스를 위한 것이다. 비타민과 미네랄을 보충할 때 과한 것은 더 좋지 않다는 것에 주목하라.

지용성 비타민들은 간에 축적되기 때문에 독이 될 수 있다. 수용성 비타민 또한 유독성이 될 수 있다는 것을 보여주는 새로운 증거들이 있다. 하루에 비타민 C를 3g 이상 지속적으로 복용하면 신장 결석의 위험이 증가된다는 것을 우리는 알고 있다. 비타민과 미네랄의 기능은 서로 관련되어 있다. 비타민 C는 철분 흡수를 높이며, 비타민 D, 칼슘 및 인은 골격을 이루는 대사 작용에 함께 작용하고 있다. 그리고 비타민 B는 신체 에너지원이 되는 음식물로서 포도당을 연소시키는 데에 필수적이다. 왜냐하면, 비타민과 미네랄은 서로 관련이 되어 있어, 한 종류의 미네랄 섭취를 증가시키면 종종 어딘가 다른 것과의 불균형을 야기할 수 있다. 보조제로 인한 독성의 위험으로 인해 각 요소에 대해 **허용 가능 상한 섭취량 수준**Tolerable Upper Intake Level(UL)을 초과하지 않아야 한다.

식이 섭취량 기준(DRI) (개인 권장량)

	남성		여성	
나이	31~50	51+	31~50	51+
지용성 비타민				
비타민 A (μg/d)[6]	**900**	900	700	700
비타민 D (μg/d)	15	15	15	15
비타민 E (μg TE/d)	**15**	15	15	15
비타민 K (μg/d)	120	120	90	90
수용성 비타민				
비타민 C (mg/d)	90	90	75	75
티아민 (mg/d)	1.2	1.2	1.1	1.1
리보플라빈 (mg/d)	1.3	1.3	1.1	1.1
니아신 (mg/d)	16	16	14	14
엽산 (μg/d)	400	400	400	400
비타민 B_{12} (μg/d)	2.4	2.4	2.4	2.4
미네랄				
칼슘 (mg/d)	1000	1000	1000	1200
구리 (μg/d)	900	900	900	900
요오드 (μg/d)	150	150	150	150
철분 (mg/d)	8	8	18	8
마그네슘 (mg/d)	420	420	320	320
인 (mg/d)	700	700	700	700

6) (μg/d)=1일 마이크로 그램, 굵은 활자체=RDA(식이 허용 권장량), 표준 활자체=AI(적정 섭취량)

셀레늄 (μg/d)	55	55	55	55
아연 (mg/d)	11	11	8	8

여러 DRI 차트(National Academy of Sciences, 2018)에서 저자가 편집함.

자기-평가

일일 음식 일지

만약 당신이 자신의 식습관에 유의한 변화를 만드는 데 관심이 있다면, 3일 동안 먹고 마시는 모든 것을 기록하는 것이 가치가 있을 것이다. 1인분 크기를 주목해야 한다. 이렇게 함으로써, 당신은 어떤 식품군들을 얼마나 많이 무시하며, 그리고 다른 것들을 얼마나 많이 탐닉하는지를 정확하게 발견하게 될 것이다. 당신은 설탕과 지방이 당신의 식단 곳곳에 얼마나 숨어있는지 알면 놀라게 될 것이다. 당신은 먹고, 마시는 환경, 느낌 그리고 일상의 음식물 간에 중요한 연결을 확인할 수 있을 것이다. 당신은 더 영양적으로 균형 잡힌 식사를 위해 계획을 세우도록 이 장에 제시된 지침들과 당신의 음식 일지 기록을 비교할 수 있다. 당신은 자신의 진행 상황을 주기적으로 측정하기 위해 이 연습을 반복하기를 원할 수도 있다.

시작하기 전에, Sharon의 일일 음식 일지 견본을 살펴보자. Sharon은 적당히 활동적이고, 77kg의 몸무게, 170cm의 키, 마흔 살의 준법률가이다. 그녀가 자신이 먹은 모든 것을 기록한 것에 더해서, 또한 그녀가 먹은 장면과 먹는 동안에 어떻게 느꼈는가를 주목한 것을 눈여겨보라.

일일 음식 일지의 음식 그룹 서빙 열을 채우려면 Sharon의 일지와 건강에 좋은 1인분 점검표를 참조하라. Sharon의 예는 서빙을 어떻게 계산하는지 보여주고 있다. 여기 명심해야 할 몇 가지 구체적인 지침들이 있다.

- 저지방 우유는 우유 한 서빙과 지방 한 서빙으로 계산된다는 것을 유의하라. 왜냐하면, 탈지 우유는 권장된 우유 서빙이기 때문이다. 과일이 첨가된 요거트의 설탕 함량을 피하기 위해 플레인 요거트나 라이트 요거트를 먹어라.
- 모든 알코올, 쿠키, 케이크, 도넛, 아이스크림 또는 달콤한 롤빵은 자율재량으로 계산하고 그 칼로리를 기록하라. 지방이나 설탕이 첨가된 모든 간식은 자율재량 군으로 계산된다.
- 프렌치프라이는 최소한 3티스푼(3서빙의 지방에 맞먹는다)의 기름을 함유하고 있다는 것을 주목하라.
- 샐러드드레싱은 1개에서 2개의 테이블스푼 각각이 한 서빙의 지방이다. 건강한 드레싱을 위해 올리브오일과 식초를 사용하라.

http://www.newharbinger.com/43348을 방문하여 **일일 음식 일지**Daily Food Diary 양식을 내려받고, 최소 3일 동안 음식 섭취량을 기록하라. 당신이 먹는 장소와 시간, 그때의 장면과 당신과 함께 하고 있는 사람들, 그리고 느낌을 확실히 기록하라. 먹는다는 것은 흔히 내적 단서와 외적 단서에 연결되어 있으며, 이러한 정보를 계속 추적하는 것은 당신이 왜 그렇게 먹는가에 대한 단서를 줄 수 있다.

Sharon의 일일 음식 일지

식사	음식	양	식품군 서빙	장면	느낌
아침	오트밀 저지방 우유	½컵 1컵	1곡물 1우유 + 1지방	부엌, 혼자	배고픔, 서두름
간식	도넛 조각 커피/설탕	1 2컵 2티스푼	240칼로리 2카페인 설탕: 36칼로리	커피룸	행복한, 사교적
점심	마요네즈를 곁들인 통밀 참치 샌드위치 다이어트 콜라 사과	3온스 2조각 1테이블 스푼 12온스 5온스	2육류, 생선 2곡물 3지방 1카페인 1과일	혼자 책상에서, 일하면서	바쁜, 압박감을 느낌
간식	포도	중간 송이	1과일	커피룸	긴장감, 두통
저녁	토마토와 상추, 마요네즈를 넣은 통밀빵 햄버거 프렌치프라이	6온스 1빵 2티스푼 4온스	6육류 2곡물 1채소 2지방 1채소 3지방	집에서 가족과 함께	피곤한, 심술난
간식	로키 로드 아이스크림	½컵	250칼로리	TV, 혼자	피곤, 따분한

일일 음식 일지

식사	음식	양	식품군 서빙	장면	느낌
아침					
간식					
점심					
간식					
저녁					
간식					

음식 일지 요약하기

당신이 수집한 데이터로 **음식 일지 요약**에 기입하라. 당신은 Sharon의 **일일 음식 일지**의 예를 참조할 수 있는데, 여기에 그녀는 3일 동안 자신이 수집한 정보를 요약했다. 음식 일지를 기록한 각 요일에, 각 식품군에서 총 서빙 수를 합산하고, 해당 번호를 **음식 일지 요약**의 해당 칸에 그 수를 기록하라. 3일 동안 각 식품군의 결과를 평균하라. 각 식품군에 대해 하루 평균을 입력하라. 마지막 열의 맨 위에 있는 **나의 접시**MyPlate 칼로리 계산기에서 음식 계획 칼로리를 기입하라. 그런 다음, **건강에 좋은 1인분 점검표**를 참조하여, 각 식품군의 건강에 좋은 서빙 숫자를 그 열에 기입하라. 그런 다음 각 식품군에 대한 하루 평균을 마지막 열에 나열된 건강에 좋은 1인분과 비교할 수 있다.

Sharon의 음식 일지 요약

식품군 서빙	제1일	제2일	제3일	하루 평균	하루 2,000kcal 건강한 1인분
빵과 곡물 1서빙은 빵 1조각, 1/2컵 쌀밥, 시리얼 또는 파스타와 같다.	5서빙	6서빙	7서빙	6서빙	6서빙
과일 1서빙은 1/2컵 또는 작은 사과, 오렌지와 같다.	1컵	1컵	2컵	1.3컵	2컵
야채 1서빙은 1/2컵 또는 한 개 4온스 (약 113g) 감자와 같다.	1컵	3컵	2컵	2컵	2.5컵
우유, 치즈, 요거트 1서빙은 우유 1컵 또는 1온스(약 28g) 하드 치즈와 같다.	1컵	2컵	3컵	2컵	3컵
육류, 가금류, 생선, 달걀, 콩, 렌틸콩, 콩 제품 1서빙의 육류, 생선 또는 닭고기는 2에서 3온스와 같다. 달걀 2~3개는 1서빙이다. 4온스(약 113g)의 콩, 렌틸콩 또는 콩 제품은 1온스 (약 28g)의 육류와 같다.	9온스 (약 255g)	6온스 (약 170g)	8온스 (약 227g)	8온스 (약 227g)	5.5온스 (약 156g)
지방 및 오일 1서빙은 1티스푼 오일 또는 1테이블스푼 샐러드드레싱과 같다.	7티스푼	4티스푼	6티스푼	5.6티스푼	6티스푼
카페인 1서빙은 8온스(약 227g)와 같다.	3컵	2컵	4컵	3컵	0~4서빙
자율재량 칼로리(알코올 포함)	526	350	450	442	270kcal 0~1서빙

음식 일지 요약

식품군 서빙	제1일	제2일	제3일	하루 평균	하루 2,000kcal 건강한 1인분
빵과 곡물 1서빙은 빵 1조각, 1/2컵 쌀밥, 시리얼 또는 파스타와 같다.					6서빙
과일 1서빙은 1/2컵 또는 작은 사과, 오렌지와 같다.					2컵
야채 1서빙은 1/2컵 또는 한 개 4온스 (약 113g) 감자와 같다.					2.5컵
우유, 치즈, 요거트 1서빙은 우유 1컵 또는 1온스(약 28g) 하드 치즈와 같다.					3컵
육류, 가금류, 생선, 달걀, 콩, 렌틸콩, 콩 제품 1서빙의 육류, 생선 또는 닭고기는 2에서 3온스와 같다. 달걀 2~3개는 1서빙이다. 4온스(약 113g)의 콩, 렌틸콩 또는 콩 제품은 1온스 (약 28g)의 육류와 같다.					5.5온스 (약 156g)
지방 및 오일 1서빙은 1티스푼 오일 또는 1테이블스푼 샐러드드레싱과 같다.					6티스푼
카페인 1서빙은 8온스(약 227g)와 같다.					0~4서빙
자율재량 칼로리(알코올 포함)					270kcal 0~1서빙

자신의 영양 웰빙을 책임지기

이 지침은 일일 음식 선택 목표를 제공해 준다. 음식 일지 요약을 검토하여, 오른쪽 끝 열에 있는 좋은 1인분에 반하는 각 식품군에 대한 당신의 평균 서빙을 비교하라. 당신이 권장량 이하에 있는 식품군의 여백에 체크(V)를 하라. 권장량을 초과하는 식품군 다음의 여백에는 별표(☆)를 하라.

이 장에 제시된 사실들을 검토한 후, 당신의 식이요법은 전형적인 미국식 식이요법인가 아니면 **나의 접시**MyPlate 권장량에 가까운가? 당신의 식단에서 지방과 설탕이 좀 많고, 과일, 채소, 곡물, 빵, 시리얼이 너무 적다면 좋은 기회이다.

Sharon은 자신의 요약 일지를 재검토해 본 후에, 앉아서 자신의 목표 설정 차트를 작성하였다. 그녀가 개발한 해결책은 당신이 취할 수 있는 일부 긍정적인 단계들을 시사한다.

Sharon의 목표 설정 차트

식품군	문제점	해결방법
과일	목표에 조금 부족.	밤에 아이스크림 대신에 과일 먹기.
야채	나는 야채를 싫어해서 3컵 목표를 달성하지 못했고, 녹색이나 밝은 색깔의 야채도 선택하지 않았다.	샐러드 더 먹기, 매달 새로운 채소 하나씩 추가하기.
육류, 생선, 달걀	1인분 양이 너무 많음.	일주일 동안 무게를 재거나 양을 잰다.
카페인	카페인 민감성, 때로는 초조함.	허브차로 바꾸거나, 초조감을 줄이기 위해 휴식 시간에 걷는다.
자율재량 칼로리	맛있는 것이 너무 많음.	아침 휴식 시간에 과일이나 가벼운 요거트를 먹는다.

이제 당신 자신의 긍정적인 식습관을 발전시킬 때이다. 일일 음식 일지로 돌아가 당신이 먹은 장소를 검토하라. 건강에 좋지 않은 섭식 행동의 원인이 될 수도 있는 이들 장소에 대한 모든 정보를 주목하라. 예를 들어, Sharon의 일지 견본에서 볼 때, 그녀의 책상에서 혼자 먹는 것은 일에서부터 휴식을 가져다주지 못하였는데, 이것이 효율성을 떨어뜨려서 그녀의 긴장 수준이 오후에 올라갔다는 사실을 분명하게 볼 수 있다.

친구들과 점심을 먹거나, 적어도 다른 지역에서 점심을 먹으면 장면의 변화를 가져다주었을 수 있다. 그녀는 커피룸에서 휴식하는데, 거기에는 고지방, 설탕이 많이 첨가된 스낵이 항상 유혹하고 있다. 그녀가 커피룸에서 과일과 라이트 요거트를 먹을 계획을 세운다면, 여전히 사교적인 이득을 얻을 수 있으면서도 뚜렷하게 휴식 시간의 영양가를 향상시킬 것이다.

개인적인 긍정적 섭식 목표를 지금 설정하기

당신이 먹고 있는 장면에 관해 어떤 변화나 개선이 이루어질 수 있겠는가?

____

____

____

이제 당신의 **일일 음식 일지**에서 기록했던 느낌들을 검토하라. 건강에 해로운 섭식행동에 기여하고 있는 느낌에 주목하라. 예컨대, Sharon의 음식 일지를 보면, 당신은 그녀가 부정적인 느낌이나 감각(긴장, 두통, 따분함, 피로) 이 들 때 더 나은 기분을 느끼기 위해 위안이 되는 음식을 이용하고 있다는 것을 알 수 있었을 것이다. 유산소 운동, 사교 활동 또는 이완 연습이 이러한 증상을 감소시키기에는 더 효과적일 것이다. 그녀는 또한 그녀가 기분이 가라앉는 것 같을 때 이용할 수 있는 좋아하는 저칼로리 대체식품을 먹기로 미리 계획을 세워 놓을 수 있을 것이다. 잠자리에 일찍

드는 것이 밤에 지루하거나 피곤함을 느낄 때, 그녀가 원하는 스낵을 먹는 것을 예방하는 데 도움이 될 것이다. 만약 이른 잠자리가 아침에 더 일찍 일어나게 한다면, 그녀는 또한 덜 서두르는 아침 식사 시간이나 운동 시간을 가질 수 있을 것이다.

당신의 느낌은 당신의 음식물 섭취에 어떻게 기여하고 있는가? 당신은 어떤 변화를 취할 수 있겠는가?

____

____

____

당신의 식습관을 변화시키는 것은 어느 정도의 시간이 걸릴 것이다. 최소 한 달 동안, 한 번에 1개 또는 2개의 목표에만 집중하라. 이들 새로운 식습관을 일상생활에 통합시켰다면, 1개 또는 2개 목표를 다 설정하라. 얼마나 많은 습관을 변화시키고 싶은지에 따라, 당신은 한 달에서 여섯 달 안에 더 건강한 생활양식을 즐길 수 있을 것이다. 한 번에 너무 많이 변화시키려 하는 것은 스트레스를 받을 수 있으므로, 서서히 진행하는 것으로 성공을 확실하게 하라. 당신의 식단에 주는 변화는 또한 맛있는 것일 필요가 있다는 것에 유의하라. 그렇지 않으면 당신은 박탈감을 느끼게 되어 당신의 계획을 끝까지 고수하는 데 어려움을 갖게 될 것이다.

마지막 생각

당신은 자신의 식습관을 책임질 힘을 가지고 있으며, 책임을 진다는 것은 긍정적인 차이를 만들게 될 것이다. 긍정적인 12단계를 마음속에 간직하고, 점차 자신의 음식 선택을 변화시켜라. 늘 상기시킬 수 있도록 냉장고에 **나의 접시**MyPlate 사본을 붙여 놓고, 장을 볼 때 그것을 염두에 두라. 과일과 야채에 초점을 맞춘 새로운 저지방 요리법을 온라인에서 확인하라. 서점에서 새로운 건강에 좋은 요리책을 찾아보라. 만약 당신이 개인적인 영양 계획이 필요하다면, 지역 병원에 등록된 영양사에게 자문하거나 지역 자원을 온라인으로 찾아보라. 만약 당신이 영양에 대해 질문이 있다면, 미국영양학회의 영양학 웹사이트는 시작하기에 좋은 곳이다.

음식은 삶에서 필수적이며 즐거움을 주는 것이므로, 긍정적이고 건강한 선택을 하라!

더 읽을거리

American Heart Association News. 2018. “Waist Size Predicts Heart Attacks Better than BMI, Especially in Women.” *Heart Insight Magazine.* Summer. http://heartinsight.heart.org/Summer-2018/Waist-size-predicts-heart-attacks-better-than-BMI-especially-in-women/.

CDC (Centers for Disease Control). 2018. “Adult Obesity Facts.” Overweight and Obesity. US Department of Health and Human Services. https://www.cdc.gov/obesity/data/adult.html.

Croco, S. 1981. “Potato Sprouts and Greening Potatoes: Potential Toxic Reaction.” JAMA 245 (6): 625. Available at https://www.accessdata.fda.gov/scripts/plantox/detail.cfm?id=6537.

Duyff, R. 2012. *The American Dietetic Association Complete Food and Nutrition Guide.* 4th ed. Hoboken, NJ: John Wiley & Sons.

Editors of Cooking Light. 2013. *Cooking Light the Fresh Food Fast Cookbook: The Ultimate Collection of Top-Rated Everyday Dishes.* New York: Time Inc. Books.

Gunnars, K. 2018a. “Daily Intake of Sugar—How Much Sugar Should You Eat Per Day?” June 28. https://www.healthline.com/nutrition/how-much-sugar-per-day#section1.

______. 2018b. “How Many Calories Should You Eat Per Day to Lose Weight?” July 6. https://www.healthline.com/nutrition/how-many-calories-per-day.

Harvard Health Publishing. 2018. “Why Stress Causes People to Overeat.” Harvard Mental Health Letter. First published February, 2012; updated July 18, 2018. https://www.health.harvard.edu/staying-healthy/why-stress-causes-people-to-overeat.

Harvard School of Public Health. 2018. “Vegetables and Fruits.” https://www.hsph.harvard.edu/nutritionsource/what-should-you-eat/vegetables-and-fruits.

HHS (US Department of Health and Human Services). 2018. Classification of Overweight and Obesity by BMI, Waist Circumference, and Associated Disease Risks. National Heart, Lung, and Blood Institute, National Institutes of Health. https://www.nhlbi.nih.gov/health/educational/

lose_wt/BMI/bmi_dis.htm.
HHS (US Department of Health and Human Services) and USDA (Department of Agriculture). 2015. *2015–2020 Dietary Guidelines for Americans*. Published jointly by the Department of Health and Human Services and the Department of Agriculture.
Mayo Clinic. 2018a. "Exercise Intensity: How to Measure It." https://www.mayoclinic.org/healthy-lifestyle/fitness/in-depth/exercise-intensity/art-20046887.
_____. 2018b. "Is It True That Waist Size Can Be a Predictor of Life Expectancy?" Mayo Foundation for Medical Education and Research. June 9. https://www.mayoclinic.org/healthy-lifestyle/weight-loss/expert-answers/waist-size-and-life-expectancy/faq-20348574.
National Academy of Sciences. 2018. Dietary Reference Intakes Tables and Application. Health and Medicine Division. Updated January 16. http://nationalacademies.org/hmd/Activities/Nutrition/SummaryDRIs/DRI-Tables.aspx.
National Cancer Institute 2017. "Antioxidants and Cancer Prevention." Reviewed February 6. https://www.cancer.gov/about-cancer/causes-prevention/risk/diet/antioxidants-fact-sheet.
Shmerling, R. 2017. "The Latest Scoop on the Health Benefits of Coffee." *Harvard Health Blog*. September 25. https://www.health.harvard.edu/blog/the-latest-scoop-on-the-health-benefits-of-coffee-2017092512429.
USDA (Department of Agriculture). 2016. "Why Is It Important to Eat Vegetables?" Updated January 12. https://www.choosemyplate.gov/vegetables-nutrients-health.
_____. 2018. "What Is MyPlate? Updated July 19. https://www.choosemyplate.gov/MyPlate.

웹사이트 및 기타 자료원

American Academy of Nutrition and Dietetics: www.eatright.org
BMI Calculator: https://www.nhlbi.nih.gov/health/educational/lose_wt/BMI/bmicalc.htm
Choose MyPlate: www.choosemyplate.gov
DASH diet: www.nhlbi.nih.gov/health/public/heart/hbp/dash/new_dash.pdf
Estimated Calorie Needs Per Day Based on Physical Activity: https://www.cnpp.usda.gov/sites/default/files /usda_food_patterns/EstimatedCalorieNeedsPerDayTable.pdf
Get Your MyPlate Plan: https://www.choosemyplate.gov/MyPlatePlan
Just Enough for You: About Food Portions: https://www.niddk.nih.gov/health-information/weight-manage ment/just-enough-food-portions
Mayo Clinic: www.mayoclinic.com
Weight Watchers: (800) 651–6000

제20장

운동

Exercise

이 장에서는 다음과 같은 내용을 배울 것이다.

- 운동이 스트레스 반응을 어떻게 감소시키는가
- 자신을 위한 균형 잡힌 운동 프로그램을 만드는 방법
- 운동에 대한 자신의 반응을 안전하게 탐지하는 방법
- 운동 프로그램을 시작하고 전념하기 위한 동기부여 방법

배경

인체는 움직임을 위하여 설계되어 있다. 그러나 평균적인 미국인은 전자 기기를 사용하여 주로 앉아서 일하는 직업에서 하루 9.3시간 동안 앉아 있으며, 늘어나는 불안 증상을 보고하고 있다(Teychenne, Costigan, & Parker, 2015). 우리는 좋은 건강을 유지하기 위해 필요한 것보다 몸을 덜 움직인다. 연구는 스트레스와 불안감을 포함한 몇 가지 건강 문제를 장시간 앉아 있는 것과 연관시켰다(Laskowski 2018). 앉는 시간을 줄이고 움직이는 것이 전반

적인 건강 증진에 기여한다. 운동은 스트레스 관리의 가장 간단하고 효과적인 수단 중 하나이며 프로작 또는 행동 치료만큼 효과적으로 우울증을 감소시킬 수 있다(American College of Sports Medicine 2014). 이제 Mayo Clinic, Cleveland Clinic, Johns Hopkins 및 Kaiser Permanente와 같은 주요 의료 기관들은 정기적으로 스트레스를 관리할 것을 권장한다. 이 장에서는 어떻게 하면 신체적으로 더 활동적이고, 당신의 삶을 더 균형 있게 유지하는지를 보여줄 것이다.

증상-완화 효과

지난 10년 동안의 연구는 스트레스와 불안 증상의 효과적인 완화를 위해 당신의 일상 식단에 규칙적인 신체 활동을 추가하는 것을 지속적으로 지지하고 있다. 운동은 엔도르핀, 도파민, 세로토닌의 화학적 방출을 만들어 내는데, 이것은 스트레스를 자연 발생적으로 완화시키는 데 최고 수준으로 작용한다(Anderson and Shivakumar, 2013). 운동의 다른 이점으로는 근육 긴장 감소, 집중력 향상, 힘, 자세 및 유연성 향상, 에너지 수준 증가, 수면 개선, 체중 감소, 그리고 몸 컨디션과 전반적인 건강 향상 등이 있다.

건강을 유지하는 것은 나이에 상관없이 활동적으로 되는 것을 포함한다. 규칙적인 유산소 운동은 신체적, 심리적 스트레스원에 대한 교감 신경계 반응성을 낮춘다(Anderson and Shivakumar, 2013). 저항력 운동 훈련은 체력을 유의하게 향상시키고, 우울 증상을 유의하게 감소시킨다(Gordon et al., 2018). 요가 실습에 대한 리뷰는 불안과 우울증 모두에 대한 당신의 스트레스 반응을 조절하는 데 도움이 될 수 있는 자기 진정 기법으로서 그것의 역할을 뒷받침한다(Harvard Health Publishing, 2018). 자세한 연구 결과는 이 장의 끝에 있는 자료원 목록을 참조하라.

숙달 시간

- 자신의 현재 활동을 평가하고, 운동 기회를 찾고, 운동을 하지 않은 이유를 인정하는 데 일주일
- 점차적으로 운동 프로그램을 구축하는 데 8주
- 균형 잡힌 운동 프로그램을 수행하는 습관을 확립하는 데 12주

지시

더 읽어 나가기 전에, 운동 조사 목록표를 기입하라. 당신의 대답은 자신의 능력, 환경, 관심사에 대한 맞춤 운동 프로그램을 어떻게 만들 것인지 생각하는 데 도움을 줄 것이다.

운동 조사 목록표

1. 당신은 지금 얼마나 체력이 튼튼한가? 1에서 10까지의 척도로 당신에게 가장 적합한 숫자를 동그라미 하라(1은 '나는 진짜 건강이 안 좋다'를 의미하고, 5는 '나는 가끔 운동한다'를 의미하고, 10은 '나는 아주 건강하다'를 의미한다).

1 2 3 4 5 6 7 8 9 10

2. 운동하는 데 얼마나 많은 시간을 기꺼이 쓸 것인가?

매일? ______________________________

매주? ______________________________

3. 하루 중 몇 시에 운동하는 것을 더 좋아하는가? ______________________________

4. 얼마나 멀리까지 운동하러 기꺼이 갈 의향이 있는가? ______________________________

____

5. 운동하는데 얼마나 많은 돈을 기꺼이 쓰거나 쓸 수 있는가?

운동 장비에는 얼마? ______________________________

수업료는 얼마? ______________________________

클럽 회원권은 얼마? ______________________________

6. 과거에 어떤 운동/활동을 해 보았는가? ______________________________

____

7. 어떤 활동을 가장 즐겼는가? ______________________________

____

8. 어떤 활동이 가장 재미가 없었는가? ______________________________

____

9. 운동을 하게 하는 동기는 무엇인가? ______________________________

____

10. 경쟁 우위(예: 경쟁 스포츠)가 필요한가? ______________________

단체로 운동하는 것(예: 수업이나 등산 단체), 친구와 운동하는 것(예: 체육관이나 걷는 동안), 아니면 혼자 운동하는 것(예: 가정 내 운동이나 장비) 중 어느 것을 선호하는가?

____

____

11. 실내 활동을 선호하는가, 야외 활동을 선호하는가? ______________________

12. 현재 일정에 운동을 어떻게 맞출 건가? ______________________

____

13. 규칙적인 운동을 추가하기 위해 주중이나 주말에 일과를 변경해야 하는가?

____

운동 기회 활용하기

바라건대, 지금쯤이면, 당신은 운동의 많은 이점의 진가를 알아보게 되었을 것이다. 당신은 운동을 더 해야 할 필요가 있다는 것을 알고 있지만, 충분한 시간, 기회, 또는 동기가 없는 것처럼 보인다. 아마도 운동의 가장 큰 장벽은 지루함에서 너무 피곤함, 너무 건강하지 못한 것에 이르기까지 당신이 운동을 하지 않는 것에 대해 자신에게 주는 모든 이유는 당신의 머리를 통과하는 이유일 것이다. 그것들은 매우 강력해서 당신이 자신의 기본적인 요구 중 하나를 충족시키지 못하게 하는 데 성공하였다.

다음 연습을 통해 당신의 활동 패턴을 더 자세히 평가하고, 당신이 운동하는 것을 막는 것에 맞서라. 당신의 변명을 직시하는 것은 비활동적인 생활 양식을 극복하기 위한 필수적인 단계이다. 매일 운동 기회 일지를 쓰는 것은 당신이 규칙적으로 운동할 수 있는 시간을 자신의 일정에서 발견하는 데 도움이 될 것이다.

다음은 견본 일지이다.

Angela의 운동 기회 일지

시간	운동 기회	운동을 하거나, 하지 않은 이유
오전 7:45	마당에서 개가 뛸 수 있게 해줌.	개를 산책시킬 수는 있지만, 늦어지고 있어.
오전 8:15	직장으로 운전.	자전거로 출근할 수도 있지만, 너무 멀어서 갈 수가 없어. 왜냐하면, 내 자전거가 펑크 났기 때문이야.
오전 10:00	세 블록 거리에 있는 특별 회의에 동료와 함께 운전하고 감.	걸어갔을 텐데, 태워준다는 친구의 제안에 거절할 수가 없었어.
오후 12:00	점심 식사하러 운전.	시간을 절약하고 싶어. 게다가 비가 올 것 같아.
오후 1:00	같은 건물의 다른 층에서 근무하는 사람에게 전화.	전화하는 게 더 효율적이야.
오후 3:00	우체국으로 걸어감.	다리를 스트레칭시킬 필요가 있어.
오후 5:00	집에서 소파에 쓰러지듯이 앉음.	조깅을 할 수도 있지만, 크리스마스에 체중이 2kg이나 늘어서 너무 피곤하고 몸도 안 좋아.
오후 7:30	소파에 드러누움.	개를 산책시킬 수는 있지만, 어두워서 안전한 동네가 아니야. 두통도 있어. 아마도 내일은….

http://www.newharbinger.com/43348을 방문하여 운동 기회 일지를 내려받고, 향후 며칠 동안 작성할 3부를 프린트하라. 최소한 10분 이상 자유롭게 산책하거나, 다른 종류의 운동을 할 수 있는 시간이 있을 때마다 일지에 메모를 하라. 당신이 운동할 때를 주목하고, 운동에 대한 이유를 적어라. 또한, 자신을 뒤로 물러서게 하거나 운동을 하지 않는 것에 대한 핑계를 대는 자신에게 하는 말을 적어라.

운동 기회 일지

시간	운동 기회	운동을 하거나, 하지 않은 이유

Angela는 자신의 일지를 검토하였을 때, 운동하지 않으려고 했던 이유에 대해 아주 면밀히 살펴보았다. 이러한 이유들이 자신에게 필요한 그리고 하고 싶어 했던 일들을 하지 못하도록 만든 장애물이었음을 알았기 때문에, 그녀는 이러한 장애물들을 극복하는 방법에 대해 작성하는 시간을 가졌다.

운동을 하지 않은 이유에 대한 Angela의 반응

운동을 하지 않은 이유	반응 또는 해결책
늦어서… 개를 산책시켜 줄 수 없다.	나는 개와 산책해도 괜찮을 정도로 이른 시간에 일어나지 않기 때문에 아침에 개와 산책할 시간이 거의 없다. 알람을 15분 일찍 맞춰놓고 알람이 울리자마자 일어난다.
펑크가 나서… 직장에 자전거를 타고 갈 수 없다.	이것은 '할 수 없다'는 문제가 아니다. 나는 단지 직장에 자전거를 타고 가길 원하지 않았다. 그러나 교외에서 자전거 타기를 즐기는 시간인 주말에 자전거를 탈 수 있도록 펑크를 고칠 수 있다.
친구의 탑승을 거절할 수 없다.	이건 사실은 아니다. 분명히 나는 '아니오'라고 말할 수 있지만, 때로 나는 그렇게 하지 않기로 선택한다. 앞으로는 친구에게 같이 걸어서 회의에 가자고 요청할 것이다.
운전하고 점심 식사하러 가면 시간이 절약된다.	한 시간은 걸어서 점심 식사하러 가서 먹고, 다시 걸어서 돌아오기에 충분한 시간이다.
비가 올 것 같아서 운전하고 점심 식사하러 갔다.	이것은 가장 바보 같은 변명이다! 날씨가 흐리면 어떤가? 날씨 때문에 그렇게 걱정이 된다면, 우산을 가지고 가거나 아래층의 간이음식점에서 식사할 것이다.
전화하는 것이 더 효율적이다.	사실이긴 하지만, 면-대-면 만남이 가치가 있다. 그리고 직접 사람들을 만나러 갈 시간이 있다.

너무 지치고, 몸 상태가 좋지 않고 조깅하기에 너무 몸무게가 나간다.	이것들은 모두 운동 부족의 징후이고, 내가 조깅을 해야 하는 바로 그 이유들이다.
이 동네는 어두워지면 안전하지 못하다.	남편에게 같이 산책하자고 요청하거나, 또는 어떤 실내 운동을 하거나, 또는 헬스클럽에 가입하거나, 또는 조금 더 이른 시간에 운동할 계획을 세울 것이다.
두통이 있다.	운동 부족과 스트레스 축적의 또 다른 가능한 징후.
아마 내일이면….	내가 가장 좋아하는 운동 회피 전략! 당장 개와 함께 산책할 것이다!

운동을 하지 않은 이유에 대한 나의 반응

Angela의 예에 따라, 운동을 하지 않은 당신의 반응을 작성하라. 당신이 운동을 하지 않은 모든 이유에 대해서, 그 문제점을 어떻게 해결할 수 있을지를 생각해 보라.

운동을 하지 않은 이유	반응 또는 해결책

운동의 유형

운동에는 크게 네 가지 범주가 있다.

- 지구력 또는 유산소 운동: 호흡과 심장 박동율을 증가시키는 활동
- 근력 및 탄력 운동: 강한 근육과 뼈를 형성하는 운동
- 균형 운동: 낙상 예방 및 추락으로 인한 장해 예방에 도움이 되는 운동
- 스트레칭 및 유연성 운동: 더 자유롭게 움직일 수 있는 운동

각 유형의 운동에 대한 몇 가지 일반적인 권장 사항과 함께 심층적으로 살펴보도록 하자.

지구력 또는 유산소 운동

유산소 운동은 반복적이고 율동적이다. 여기에는 신체의 대근육, 특히 다리와 팔의 근육을 지속해서 사용하는 것이 포함된다. 유산소 운동의 목표는 심혈관계의 강화와 전반적인 체력을 높이는 것이다. 유산소 운동은 당신의 표적 심박률에 도달할 때 더 군살이 없는 체질량을 발달시킴으로써 몸의 구성요소들을 향상시켜줄 수 있다. (**참고:** 표적 심박률을 알아내는 것에 대한 지침은 이 장의 뒷부분에 나와 있다).

인기 있는 유산소 운동에는 달리기, 조깅, 활발한 걷기, 수영, 자전거 타기, 그리고 춤추기가 있다. 이러한 폭넓은 선택은 모든 라이프 스타일과 다양한 신체적 조건에 맞는 대안을 제시한다. 걷기, 계단 오르기, 집 청소, 쇼핑, 정원 가꾸기, 잔디 깎기 등 일상적인 일상 활동의 걸음 수 등 매일 얻어지고 있는 운동량을 보행 측정기, 피트니스 트래커(건강 추적기) 또는 피트니스 트래커가 있는 휴대폰 앱을 이용해 측정할 수 있다.

만약 당신이 하루에 2마일(3.2km) 이하로 걷는다면(약 2천 걸음은 1마일에 해당한다), 자신을 비활동적인 사람이라고 생각하고, 자신의 운동 프로그램을 천천히 시작하라. NIH는 "평상시의 일상 활동에 주 2~3회, 5~15분과 같은, 작고 편안한 보행량을 더하면 근골격계 부상

위험이 낮아지고, 갑작스럽고 격렬한 심근경색이 발생한다는 위험도 알려진 게 없다"라고 보고하고 있다(Physical Activity Guidelines Advisory Committee 2018, C-26). 길이에 관계없이 신체 활동을 추가하는 것도 건강에 좋다.

지구력이나 유산소 운동 프로그램을 만들기 위해서는 빈도, 지속시간, 강도를 고려해야 한다. **빈도**는 하루 또는 일주일에 적당한 운동에서 격렬한 운동까지를 하는 회기 수이고, **지속 시간**은 회기 당 소비되는 시간의 양이다. **강도**는 회기 당 소비되는 에너지 비율로, 일반적으로 분당 MET^metabolic equivalents of task^(과제의 대사량 추정치), 심박률(분당 박동) 또는 지각된 힘 발휘율로 측정된다. 미국 국립보건원(NIH)의 신체활동지침 자문위원회^Physical Activity Guidelines Advisory Committee^(2018)는 주 7일 중 5일 30~60분 정도의 중간 정도로 강도 높은 신체 활동을 권장하고 있다. 강도를 높이기 전에 빈도와 기간을 늘리는 것이 더 좋다. Mayo Clinic(2018)은 "활발한 걷기, 수영 또는 잔디 깎기 같은 적당한 유산소 활동을 적어도 주 150분 혹은 달리기, 에어로빅 춤과 같은 격렬한 유산소 활동을 주 75분 이상 할 것"을 권장하고 있다.

근력 및 탄력 운동

근력 훈련은 근육과 뼈의 전체적인 근력, 지구력, 힘을 유지하거나 향상시키는 것을 포함한다. 눈 삽질, 계단 오르기, 어린이나 애완동물 들어 올리기 등의 일상 활동도 근력 이점을 제공하지만, 보통은 무중력이나 기계로 제공되는 저항을 극복하는 것이 전부다. 당신은 목표를 설정하고 프로그램을 설계할 때 저항(강도), 반복 횟수(내구성), 움직임 속도(힘)를 고려해야 할 것이다. 달리기, 점프, 춤과 같은 충격 활동은 보다 직접적으로 뼈 건강을 목표로 한다. 탄력 운동은 더 높은 반복과 더 낮은 체중을 이용하여 단단하게 하는 것이 필요한 근육을 표적으로 한다. 복부 근육의 경우 크런치, 허벅지 근육의 경우 스쾃, 종아리 근육의 경우 발뒤꿈치 들어 올리기, 팔과 가슴 근육의 경우 팔굽혀펴기가 본보기이다. 근육 강화와 벌크^bulk^업은 더 큰 무게와 반복 횟수가 적을 때 발생한다.

근육을 강화하고 탄력 있게 만드는 세 가지 방법이 있다: 동심성 운동, 등척성 운동, 이심성 운동.

동심성 운동은 일련의 운동을 통해서 저항에 대항하는 근육을 축소시키는 것이 포함된다. 프리 웨이트, 저항 밴드 또는 저항력 있는 웨이트 기구 사용하기가 가장 대중적인 동심성 운동의 형태이다. 동심성 강화는 근육의 크기를 키우거나 단순하게 근육을 탄력 있게 하기 위해 활용될 수 있다. 근육이 크다는 것은 힘, 지구력 및 속도가 더 많음을 의미할 수 있다. 탄력 있는 근육은 더 단단해 보이는 신체를 만들어 내고 관절을 보호하는 데 중요하다. 동심성 강화는 신체의 무지방 신체를 얻거나 유지하기 좋은 방법인데 이것은 당신의 신체가 일상의 스트레스를 이겨내도록 도와준다.

등척성 운동은 근육 섬유 길이의 어떠한 변화 없이, 저항에 대항하여 근육을 수축시키는 것을 포함한다. 예를 들어, 가슴 높이에서 두 손을 벽에 대고 밀면 가슴 근육이 팽팽해지는 것을 느낄 것이다. 등척성 운동은 근육을 크게 만들지는 않지만, 근육 강도를 증가시켜준다.

이심성 운동은 일련의 운동을 통하여 저항에 대항하는 근육을 신장시키는 것을 포함한다. 예를 들면, 계단을 걸어 내려오는 것은 대퇴부의 사두근(허벅지 앞쪽)의 이심성 신장을 필요로 하는 반면에, 이들 동일한 근육이 계단을 걸어 올라가기 위해서는 동심성으로 축소되어야 한다.

점진적 근육 강화 운동은 일주일에 2~3일 연속하지 않고, 모든 주요 근육군(다리, 엉덩이, 등, 복부, 가슴, 어깨, 팔)을 대상으로 해야 효과가 있다는 증거에는 대체로 공감대가 형성돼 있다. 일반적으로 8~12회 반복으로 이루어진 1세트는 도전적인 저항력에 대한 피로에서 수행되며 근력 향상에 효과적이다(Physical Activity Guidelines Advisory Committee 2018).

균형 운동

균형 운동은 중력에 대항하여 신체의 자세 시스템을 테스트하는 위치, 움직임, 지표면으로 구성된다. 앉아서 운동하는 것이 서는 것보다 쉽고, 걷는 것보다 쉽다. 눈을 감거나 팔을 몸 가까이에서 움직이면서 팔을 가슴 위로 교차시킬 때 균형 운동을 더욱 어렵게 만들 수 있다. 마찬가지로, 여러분의 발을 더 가까이 함께 붙이거나, 한 발을 다른 발 앞에 서거나, 한 발로 서는 것은 당신의 균형 중심과 자세 시스템에 대한 도전을 증가시킨다. 마지막으로, 여러분이 딱딱한 지표면이 아닌 카펫, 거품, 풀과 같은 순응적인 표면에 서 있을 때, 여러분의 몸은 표면에서 발을 통해 미세한 무게 변화에 반응하여 자연스럽게 흔들리게 될 것이다. 이러한 모든 위치, 움직임 및 지표면은 테스트를 변화시키고, 균형을 향상시킨다. 강한 코어와 강한 다리 근육을 갖는 것은 당신의 전체적인 균형을 더 지지하고 향상시킬 것이다.

스트레칭 및 유연성 운동

스트레칭과 유연성 운동은 근육과 관절의 유연성을 증가시키기 위해 사용된다. 그것들은 운동 프로그램을 시작하는 좋은 방법이고 스트레스와 불안을 마음챙김하는 가장 쉬운 방법이다. 스트레칭 운동은 앉아서 생활하거나 몸 상태가 좋지 않은 사람에게도 탁월하다. 스트레칭과 유연성 운동은 몸을 다시 깨우고, 유산소 운동, 근력 운동, 균형 운동의 이점을 시험하는 것을 시작하는 준비에 도움이 된다.

유연성 운동은 근육뿐 아니라 관절의 힘줄과 인대가 안전하게 긴장을 풀고 스트레칭을 할 수 있도록 천천히 지속할 필요가 있다. 유연성 운동은 최소한 30초 동안 튀지 않고 안정되게 유지할 때 가장 효과적이다. 리듬감 있는 호흡은 몸이 이완하는 것을 관찰하는 데 도움을 줄 수 있다. 스트레칭은 근육의 긴장을 감소시키고 순환을 개선하며, 유산소 운동 전후에 준비 운동이나 정리 운동, 근력 운동, 또는 균형 운동을 하는 동안 부상을 예방하는 데 도움이 된다. 스트레칭은 당신의 몸이 스트레스를 받거나, 긴장하거나, 뻣뻣하거나, 피곤할 때마다 하는 것이 좋다. 그리고 잠자리에 들기 전에 스트레칭을 하는 것은 몸을 이완하고 숙면을 준비하는 데 도움이 된다.

목표 설정 및 성공적인 프로그램 개발

균형 잡힌 운동 프로그램은 이전 절에서 논의한 네 가지 운동 유형을 각각 포함한다. 대통령 직속 체육 · 체력 · 영양 자문위원회(President's Council on Sports, Fitness, and Nutrition, 2017)는 성인의 경우 하루 30분, 어린이의 경우 하루 60분, 주 5일 이상 신체 활동을 권장하고 있다. 이것이 압도적으로 보인다면, 다음과 같이 시도해 보라.

1단계: 당신의 일상생활 일부로 신체 활동을 증가시키기 위해 매일 무언가를 하기 시작하라. 할 수 있는 일의 몇 가지 좋은 예로 운동 기회 일지를 참조하라. 직장이나 식료품 가게 입구에서부터 더 멀리 떨어진 곳에 주차하는 것만큼 간단할 수 있다. 일주일 동안 이것을 시도해 보라. "운동…그리고 대개, 전반적인 건강에 관한 한 약간의 각별한 주의를 기울이기 시작하는 것이 결코 다치는 일은 없을 거야. 그리고 별로 안 걸릴 거야"라고 안심시켜라(Northwestern Medicine, 2018). "5분 정도 유산소 운동을 하면 항불안 효과를 활성화시킬 수 있다"(Anxiety and Depression Association of America, 2018).

2단계: 지구력을 기르기 위해 일주일에 두세 번 5분에서 15분을 걷기 시작하라. 이것을 3주 동안 해 보라.

3단계: 일주일에 30분 이상 간단한 스트레칭, 탄력 운동, 균형 잡기 활동을 추가하라. 이러한 활동을 3주 더 추가하고 2단계에서 시작한 걷기 프로그램을 계속 진행하라.

4단계: 걷기 프로그램을 계속할지 아니면 자전거나 수영과 같은 다른 에어로빅 활동을 추가하거나 대체할지 결정하라. 지금은 또한 당신이 아마추어 스포츠를 하고 싶은지도 고려해야 할 때이다. 일주일 중 대부분 날에 숨을 가쁘게 쉬게 하는 유산소 운동을 적어도 30분 이상 하라.

5단계: 원하는 것과 다소 일치하는 운동으로 구성된 주 3회 이상의 운동 회기로 주간 일정을 설정하라. 앞으로 8주 동안 이 일정을 고수할 것을 약속하라.

만약 당신 스스로 이 다섯 가지 단계를 한다는 생각이 여전히 부담스러워 보인다면, 당신은 누군가에게 자신의 계획을 말하고 그 사람에게 당신의 운동 파트너가 되어달라고 부탁하거나 당신에게 책임을 묻는다면 더 쉬울지도 모른다. 자료원이 있는 경우 개인 트레이너에게 자문을 받을 수 있는데, 특히 EIM 자격 증명이 있는 트레이너라면 더 좋다(기타 자료원 참조).

장기적으로 스트레스와 불안감을 다스리는 데 도움이 되겠다는 의도라면, 어느 정도 목표를 설정하고 하루 동안 운동량을 늘리는 계획을 세워야 할 때다. 목표를 설정하고 그것을 작성하는 것은 당신이 시작하는 데 도움이 될 것이다. 먼저 운동 조사 목록표의 질문에 대한 답변을 검토하고 시작할 운동 유형에 대해 생각해 보라. 다음으로 다음 절에 자세히 설명되어 있는 SMART 목표를 설정하라.

SMART 목표

SMART 목표는 구체적이고specific, 측정 가능하며measurable, 달성 가능하고attainable, 관련이 있어야 하며relevant, 시간에 기반을 둔time based 것이다. 전반적인 건강, 현재 건강 수준, 나이, 사용 가능한 자원, 시간제한, 개인적 관심사 및 의사의 조언을 반드시 고려하라. 당신의 목표를 작성해서 당신이 매일 볼 수 있는 장소에 게시하라. 만약 당신이 당신의 일정과 일치한다면, 당신은 일이 잘 될 것이고, 조정할 필요가 있을 것이라는 사실을 감안하게 되어서, 성공하게 될 것이다. 완벽은 목표가 아니다. 현실적으로 되라. 성공적인 시작을 보장하기 위해, 매주 단 하나의 단기 목표를 설정하는 것이 도움이 될 수 있다. 몇 가지 예를 들어 보자.

예 1: 초보자. Bob은 몇 년 후에 정규 프로그램 없이 다시 운동을 시작하고 싶어 한다. 그는 하루 일과에서 열심히 일하며 변화하는 업무 환경의 요구를 충족시켜야 하는 스트레스를 느낀다. 그는 일과가 끝나면 너무 피곤해서 운동할 수 없다. 그는 또한 성장하는 가족을 위해 부양해야 하는 불안감을 느끼고, 주말에는 휴식을 취하며 그들과 시간을 보내고 싶어 한다. 그는 운동 프로그램을 시작할 시간을 찾을 수 없는 것 같다. 여기 규칙적인 운동 프로그램으로 돌아가려는 Bob의 계획이 있다. 그는 건강을 위해서 하는 운동을 더 흥미롭게 하기 위해, 파코스Parcourse[7]를 포함시키기로 결정했다. 이 파코스는 일련의 스테이션을 갖추고 있는 야외 운동 코스로, 도중에 멈춰 서서 특정한 운동을 할 수 있다.

운동 목표	빈도 (횟수/주)	기간 (분/회기)	강도 (가벼운, 중간, 격렬한)
1. 직장 맨 끝에 주차	이번 주 5일	걸어서 출근 5분	가벼운-중간 속도로 걷는다.
2. #1 목표를 계속하고, 점심시간 동안 걷기를 계속한다.	3일/주 (3주 동안)	10+분/회기	중간 속도로 걷는다.
3. #1 & #2 목표를 계속하라. 파코스를 포함하라.	4~5일/주 (3주 동안)	30+분/회기	중간-격렬한 속도로 걷는다; 파코스 가벼운-중간 속도

예 2: (규칙적인 운동으로 몸이) **꽤 건강.** Sheila는 지역 체육관에서 일주일에 두 번 줌바 수업을 듣고 있으며, 몇 년 동안 대부분의 근무일 점심시간에 30분 동안 산책했다. 그녀의 의사는 그녀의 운동 프로그램과 낮고-정상적인 혈압에 대해 두 엄지손가락을 치켜세운다. 하지만, 50

7) 운동 시설을 배치한 산책로 · 조깅 코스(역자 주).

번째 생일 이후, 그녀는 중력이 그녀의 체격에 미치는 영향에 의해 크게 실망했다. 그리고 그녀는 골다공증에 걸릴 위험이 있다는 충고를 받았는데, 이것은 그녀가 이미 바쁜 삶에서 경험하는 스트레스와 불안감을 가중시킬 뿐이다. 따라서, 그녀는 근력 운동, 스트레칭, 균형잡힌 식이요법을 추가하고 싶지만, 스스로 연구하고 설계하기에는 너무 벅차다. 그녀는 자신의 체육관에서 자문하는 물리치료사/개인 트레이너(PT)의 전문지식에 돈을 지불해야 할 때라고 결정했다. 다음은 Sheila의 운동 프로그램을 한 단계 끌어올리려는 계획이다.

운동 목표	빈도 (횟수/주)	기간 (분/회기)	강도 (가벼운, 중간, 격렬한)
1. PT와 협력하여 무중력 전신 프로그램 개발	3회/주 (3주 동안)	60분/회기	중간 정도
2. PT 프로그램을 계속하고, 줌바를 태극권으로 대체한다.	PT 3회/주 태극권 2회/주 (계속 진행)	60분/회기	중간$^{+}$ 정도
3. #2 목표를 계속하고, 살사댄스 수업을 추가한다.	저녁에 살사 1~2회/주 (계속 진행)	살사 수업은 60분/회기 자유 춤을 1시간 더 추가	중간$^{-}$ 격렬한

SMART 목표 설정

다가오는 8주 동안의 세 가지 활동-운동 목표를 작성하라. 아이디어를 얻으려면 이 절의 시작 부분에 있는 1단계부터 5단계를 다시 참조하라.

운동 목표	빈도 (횟수/주)	기간 (분/회기)	강도 (가벼운, 중간, 격렬한)

장벽은 당신이 허락한 만큼 강력할 뿐이다. 만약 당신이 장벽의 이름을 지어 줄 수 있고, 그것들을 핑계로 받아들일 수 있다면, 당신은 그것들을 길들일 수 있다. 자각은 비활동적인 생활 방식을 극복하는 데 있어 첫 번째 필수적인 단계이다. 현재의 운동 프로그램을 개선하고 보다 구체적이고 도전적으로 만드는 데 도움이 필요하다면, 주저하지 말고 도움을 요청하라. 수업을 듣거나 지역 체육관이나 커뮤니티 센터에서 개인 트레이너와 약속을 잡거나 온라인 또는 지역 도서관에서 당신의 질문을 조사하는 것을 고려해 보라. 스트레스와 걱정을 관리하는 것이 당신에게 중요한 우선순위라면, 당신은 장벽을 극복하고 운동할 시간을 만드는 방법을 찾을 수 있을 것이다.

당신의 일상에 대해 호기심과 관찰력을 갖게 되고, 운동할 기회를 알아보는 시간을 가져 보라. 예를 들어, 카풀이나 대중교통을 기다리는 동안, 그 몇 분 동안 제자리에서 행진하거나, 어깨를 둥글게 하거나, 한쪽 다리로 균형을 잡도록 해 보라. 그리고 바보짓 하는 것을 두려워하지 말고, 그것들을 하는 동안 즐겨라. 당신에게 합류하려고 대기 중인 다른 사람들을 초대하라.

운동 프로그램의 성공을 추구할 때 몇 가지 유용한 힌트:

- 당신이 중년이고, 다소 과체중이거나 상대적으로 활동이 적은 경우, 걷기는 시작하기에 가장 좋은 방법일 수 있다.
- 수영은 상당히 과체중이거나 뼈나 관절에 문제가 있는 사람에게 좋다.
- 하루 종일 사람들과 함께 일한다면, 걷기, 자전거 타기, 수영과 같이 혼자서 할 수 있는 운동을 선호할 수 있다.
- 하루의 대부분을 혼자서 일에 몰두하면서 보낸다면, 운동이나 수업에 참여하기 위해 친구들과 데이트하는 것을 선호할 수 있다.
- 긴장감이 일상생활의 정상적인 부분이라면, 킥복싱이나 무술과 같은 울분을 발산하는데 도움이 되는 운동이나, 혹은 농구나 테니스와 같은 경쟁 스포츠가 유익할 수 있다.
- 근무가 끝날 때쯤 공허하거나, 저기압을 느낀다면 요가, 기공, 태극권 같은 운동을 중심으로 하는 것이 필요할 수도 있다.

만약 자신에 대한 부정적인 시각이 자신을 제지하고, 앉아 있는 생활방식에 계속 갇히게 한다면, 당신은 혼자가 아니라는 것을 알아라. 그러한 믿음은 우리들 중 누구도 우리 스스로 운동 프로그램을 시작하는 것을 어렵게 만든다. 부정적인 자기 이미지에 대항하는 한 가지 방법은 이미 규칙적으로 운동을 하고 있는 신뢰할 수 있는 친구와 함께 모이는 것이다. 이 친구는 당신의 동맹이자 치어리더가 될 수 있다. 당신을 격려하고 프로그램을 시작하고, 계속 고수하도록 해준다. 또 다른 옵션은 지속적인 지원, 지침 및 예측 가능한 일상을 제공하는 운동 집단 또는 수업에 합류하는 것이다. 운동은 중요하고, 모든 나이, 크기, 그리고 몸매에 이용 가능하다는 것을 기억하라.

만약 당신이 다칠까 두려워한다면, 우선 1차 진료 제공자의 허가를 받아야 한다. 경험이 풍부한 전문가는 안전하고 효과적인 운동 프로그램을 설계하는 데 도움을 줄 수 있다. 마찬가지로, 많은 책과 수업들은 어떻게 안전하게 운동할 것인가, 당신이 진행하면서 무엇을 기대할 것인가, 그리고 당신이 부딪히는 어떤 어려움에도 어떻게 대처할 것인가에 대한 정보를 제공할 수 있다. 또한, 이 장의 끝에 유용한 자료원 목록이 있다.

특별 고려사항

운동 프로그램 시행을 준비할 때 다음과 같은 몇 가지 실용적인 팁이 있다.

- 하루 중 시간은 온도와 주의산만 측면에서 서로 다른 장점과 단점을 제공한다.
- 추운 날 야외에서 운동할 때는, 반드시 여러 겹의 옷, 벙어리장갑 및 장갑, 모자 등을 착용하여 열 손실을 방지하라.
- 춥고 비 오는 날씨는 저체온증의 위험을 증가시킬 수 있다. 심한 떨림, 조정력 부족, 어둔한 말, 극심한 피로 등의 증상에 주의하라.
- 햇빛 아래에서 운동할 때는 물을 더 많이 마신다. 수분을 유지하는 것은 필수적이다. 탈수 증상으로는 땀 부족, 쪼글쪼글해지고 건조한 피부, 근육 경련, 안구건조증 또는 시야 흐려짐, 두통이나 혼란 또는 방향감각 상실, 극심한 피로 등이 있다.
- 덥고 습한 날에는 땀을 많이 흘리는데, 물을 많이 마셔야 한다. 땀이 멈추면 체온이 위험할 정도로 높아질 수 있다.
- 현기증이나 약한 어지럼증, 나약함 또는 근육 경련, 욱신거리는 두통, 붉은/뜨거운/건

조한 피부, 빠른 심장 박동, 빠른 얕은 호흡 등의 열사병 증상을 숙지한다.

- 도시 거리에서 야간 운동을 해야 하는 경우, 반드시 반사복을 입고, 조명이 잘 들어오는 거리를 이동하며, 신분증, 소리가 큰 호루라기, 휴대전화를 소지해야 한다. 이러한 준비가 되면, 친구와 함께 하는 야간 운동은 멋지다.
- 식사 전 또는 마지막 식사 후 최소 2시간 후에 운동을 계획한다.
- 친구, 가족, 동료들에게 운동 계획에 대해 알려주면, 친구들이 당신의 활동을 원활하게 할 수 있도록 지원 및 격려를 제공할 수 있다.
- 다양성은 삶의 향신료이므로, 지루할 가능성을 최소화하기 위해 하나 이상의 운동 활동 유형, 심지어 재미있는 활동을 선택해야 한다.

몸을 따뜻하게 하고 운동을 준비하라

몸과 관절에 불필요한 스트레스를 주지 않도록 항상 부드러운 준비 운동으로 시작하라. 준비 운동은 신진대사와 체온을 높인다. 근육, 심장, 폐로 가는 혈액의 흐름과 산소의 증가는 당신의 몸이 더 활발한 운동을 할 수 있도록 준비하는 데 도움을 준다. 준비 운동은 또한 당신의 부상이나 경련의 가능성을 감소시키고 전체적인 근육통을 낮출 수 있다. 운동을 시작하기 전에 10분간의 스트레칭으로 시작하라. 만약 당신의 몸이 그것을 좋아하고, 원한다면(그리고 당신이 그럴 시간이 있다면), 더 많이 하라. 부드럽게 상기시켜라. 각각의 스트레칭을 30초간 유지하라.

표적 심박률 범위 내에서 유산소 운동하기

유산소 운동을 하다 보면, 큰 골격근들이 리듬감 있게 긴장하고 이완하면서 동맥, 정맥, 심장, 폐를 통해 흐르는 혈류를 자극한다. 당신의 심박률이 특히 중요하다. 자동차의 속도계가 당신이 얼마나 빨리 가고 있는지 탐지하는 데 도움이 되는 것처럼, 당신의 심박률은 당신이 얼마나 열심히 일하고 있는지 그리고 유산소 운동 동안 더 열심히 해야 하는지 말아야 하는지 말해준다.

일반적인 휴식 맥박은 당신의 체력 수준에 따라 분당 40에서 100 박동 사이일 수 있다. 유산소 운동으로부터 이득을 얻기 위해서, 당신의 심장은 최소한 20분 동안 당신의 표적 심박률 구역으로 알려진 범위 안에 도달하고 머물러야 한다. 이것은 당신이 운동하는 동안 당신의 심장에 가장 안전한 운동 범위이다. 이 페이스로, 이완 반응이 자극되어서, 스트레스와 불안 관리에 도움이 된다.

많은 운동 기계는 운동할 때 심박률을 보여주는 심박률 모니터를 가지고 있다. 맥박을 재기만 하면 심장이 얼마나 빨리 움직이는지도 알 수 있다. 심박률 모니터링이 익숙하지 않다면 조용히 앉아 맥박을 재면서 실습을 시작하자. 오른손 손바닥을 몸쪽으로 돌려라. 왼손 집게손가락과 가운뎃손가락 끝을 엄지손가락과 손목에 연결하는 뼈 근처 오른쪽 손목에 단단히 고정시킨다. 맥박이 느껴질 것이다. 1분 동안 심장 박동 수를 측정하려면, 10초 동안 맥박을 짚고 그 수를 6으로 곱하라.

미국 심장 학회 American Heart Association(2018)는 표적 심박률 범위 내에서 유산소 운동을 할 것을 권장한다. 220에서 당신의 나이를 빼서 당신의 최대 심박률을 계산하라. 그러고 나서 목표 심박률 구역을 찾기 위해 당신의 최대 심박률을 50%와 85%까지 곱하라. 이 범위 내에서 운동하는 것은 당신의 심장에 적당한 스트레스를 주면서 진행하는데 안전한 방법을 제공한다. 이 스트레스는 긍정적인 스트레스로 여겨지고 심장 근육을 강화시켜 효율을 높이는 스트레스로 여겨진다. 운동 중 심박수를 모니터링하고 표적 심박수와 비교함으로써, 당신은 운동을 너무 많이 하거나 너무 적게 하는지에 대한 즉각적인 피드백을 받게 될 것이다. 심장 박동이 표적 속도보다 크면 속도를 늦추고, 심장 박동이 표적 속도보다 낮으면 속도를 올린다.

유산소 운동 후 정리 운동

운동을 마친 후에는 당신의 몸이 안전하게 정상 상태로 돌아오게 하라. 정리 운동 기간은 당신의 신진대사와 체온을 감소시키고 당신의 심박률을 낮춘다. 마찬가지로, 정리 운동 기간은 근육이 욱신거리는 것을 예방해 준다. 조깅하거나 달리기를 할 때는, 항상 5분 동안 천천히 걸으면서 끝마쳐라. 길고 보폭을 크게 하여 다리를 스트레칭하라. 팔을 느슨하게 흔들리도록 하고 손을 세게 흔들어라. 당신이 준비 운동에서 사용한 스트레칭과 탄력 운동이 마찬가지로 정리 운동으로 사용할 수 있다. 운동 후에 스트레칭을 하는 데 약 10분을 보내라.

상해를 피하기

여기에 상해를 감소시키기 위한 몇 가지 제안이 있다.

- 신체 건강 검진을 하라. 규칙적인 운동 프로그램을 시작하기 전에, 자신의 의사나 일차 건강관리 제공자에게 확인받아라. 이것은 당신이 만약 나이가 많거나, 몸매가 엉망이거나, 뚱뚱하거나 심각한 질병이나 수술로 회복 중이거나 또는 정기 건강 검진에 필요한 약물 치료를 받고 있다면 특히 중요하다.
- 의사 또는 건강관리 제공자에 의해 제안된 어떤 특별한 예방조치를 따르라.
- 천천히 시작해서 점차 증가시켜라. 한결같은 속도로 진행하라.
- 현실적인 목표를 세우고 과정을 탐지하라.
- 주말에만 운동하는 주말 전사가 되기보다는 주중에 운동을 확산시키라.
- 당신이 정한 표적 심박률 범위 내에서 운동하라. 일반적인 경험으로 말하면, 적당한 비율로 운동하면서 걷고 말하는 것이다. 적당한 운동과 격렬한 운동을 하기 전에 항상 준비 운동을 하고 그 후에 마무리 운동을 하라.
- 활발한 운동 동안에는 소비하는 만큼 충분한 물을 마셔라.

- 만약 아프다고 느껴지면 운동하지 말라. 당신의 몸이 회복하기 위하여 휴식을 필요로 하는 것이다.
- 과식한 후에 운동하지 말라, 왜냐하면 대근육으로 피가 흐르는 게 제한되기 때문이다.
- 만약 당신이 등의 통증 또는 무릎 또는 발목 문제가 있다면 발목이나 팔에 많은 부담을 주지 말라. 이것은 당신의 등과 관절에 스트레스를 가할 수 있다.
- 당신의 발과 발목을 지탱하기에 적당한 편안한 신발을 신어라. 일반적으로 운동화를 매 650km에서 950km 또는 6개월마다 다른 것으로 교체하는 것이 권장된다.
- 편하고, 가볍고, 헐거운 옷을 입어라. 당신이 준비 운동을 하고 유산소 운동을 하는 동안 체온이 상승하면 옷을 벗고, 마무리 운동을 하면서 체온이 떨어지면 옷을 입을 수 있게 준비하라.
- 자신의 신체에 귀 기울여라. 처음 몇 차례 운동 후에 쑤시는 것을 경험할 수 있다고 하더라도, 급성 통증이나 심한 통증을 경험하지는 않는다.

만약 당신이 다음의 증상들의 어떤 것이라도 발견된다면 운동 프로그램을 시작할 때 한 번쯤 의사나 일차 건강 관리 제공자와 접촉하라.

- 심박률이 고르지 못하게 되고 박동이 건너뛰기 시작한다.
- 심박률이 잦아드는 데 15분보다 더 오래 걸린다.
- 가슴, 어깨, 팔 또는 목에 팽팽함, 압박 또는 통증을 느낀다.
- 현기증이나 메스꺼움을 느낀다.
- 단지 경미한 신체 운동 후에 극단적인 헐떡거림을 느낀다.
- 운동 회기가 끝난 후에 오랫동안 기진맥진함을 느낀다.
- 운동할 때마다 몸의 어떤 곳에서든 극심한 또는 날카로운 통증을 경험한다.

고수하기

운동 프로그램을 시작할 때 극복해야 할 두 가지 주요한 장애물이 있다. 첫 번째는 그냥 시작하는 것이다. 두 번째는 그것을 유지하는 것이다. 만약 당신이 앞의 절에 나온 지시를 따른다면, 당신은 첫 번째 허들은 뛰어넘은 것이다. 두 번째는 더욱 어려워질 수도 있을 것이다. 당신이 즐겨하는 운동 활동을 두 가지 이상 하기 원한다면, 두 가지 이상의 운동에 익숙하도록 훈련하라. 성공을 시각화하고 그것이 당신의 삶의 규칙적인 일부가 될 때까지 운동 프로그램을 유지하라.

다음 운동 일지가 도움이 될 수 있다. 몇 주 동안 매일 작성하면, 당신은 운동을 자신의 삶의 규칙적인 부분으로 포함하는 것의 이점을 잘 인식하게 될 것입니다. 매일 운동하는 동안 활동, 장소, 거리 또는 기간, 그리고 운동이 완료된 후 가지고 있는 의견, 생각 또는 느낌을 입력하라. 이 운동 일지 양식을 내려받으려면 http://www.newharbinger.com/43348을 방문하라.

운동 일지

_______________ 주

표적 심박률: __________________________

친절한 조언: 준비 운동과 마무리 운동을 하라.

요일	활동	장소	거리 또는 기간	논평, 생각, 느낌
월요일				

화요일				
수요일				
목요일				
금요일				
토요일				
일요일				

축하합니다! 바쁘시지요? 그런데 당신은 운동을 선택하고 있어요! 운동은 특히 일상생활의 압박을 완화시키는 중요한 발산 수단입니다. 운동이 없다면, 매일의 스트레스에 대처하는 우리의 능력은 위태로워질 것입니다. 운동은 우리의 몸을 건강하고, 유연하고, 강하게 해줄 뿐만 아니라, 우리에게 에너지를 주고, 우리를 깨어있게 하고, 우리에게 생기는 어떠한 스트레스도 우리가 감당할 수 있도록 필요한 균형과 회복력을 제공해 줍니다.

더 읽을거리

American College of Sports Medicine. 2014. "Exercise Is Medicine Fact Sheet." http://exerciseismedicine .org/assets/page_documents/EIMFactSheet_2014.pdf.

American Heart Association. 2018. "Know Your Target Heart Rates for Exercise, Losing Weight, and Health." http://www.heart.org/en/healthy-living/fitness/fitness-basics/target-heart-rates.

Anderson E., and G. Shivakumar. 2013. "Effects of Exercise and Physical Activity on Anxiety." *Frontiers in Psychiatry* 4: 27.

Anxiety and Depression Association of America. 2018. "Exercise for Stress and Anxiety." https://adaa.org /living-with-anxiety/managing-anxiety/exercise-stress-and-anxiety#.

Gordon, B. R., C. P. McDowell, M. Hallgren, J. D. Meyer, M. Lyons, and M. P. Herring. 2018. "Association of Efficacy of Resistance Exercise Training with Depressive Symptoms: Meta-Analysis and Meta-Regression Analysis of Randomized Clinical Trials." JAMA Psychiatry 75 (6): 566–76.

Harvard Health Publishing. 2018. "Yoga for Anxiety and Depression." Published April 2009. Updated May 9. *Harvard Mental Health Letter.* https://www.health.harvard.edu/mind-and-mood/yoga-for-anxiety-and-depression.

Johns Hopkins Medicine. 2018. "Stressed Out? Five Ways for Women to Stay Heart Healthy." https://www .hopkinsmedicine.org/health/healthy-woman/mind-mood/stressed-out-5-tips-for-women-to-stay-heart-healthy.

Laskowski, E. R. 2018. "What Are the Risks of Sitting Too Much?" Mayo Clinic Healthy Lifestyle, Adult Health. https://www.mayoclinic.org/healthy-lifestyle/adult-health/expert-answers/sitting/faq-20058005.

Mayo Clinic. 2018. "Exercise Intensity: How to Measure It." https://www.mayoclinic.org/healthy-lifestyle/ fitness/in-depth/exercise-intensity/art-20046887.

Northwestern Medicine. 2018. "Four Ways to Alleviate Anxiety." http://www.nmbreakthroughs.org/emotional-health/4-ways-to-reduce-anxiety.

Physical Activity Guidelines Advisory Committee. 2018. "2018 Physical Activity Guidelines Advisory Committee Scientific Report." Washington, DC: US Department of Health and Human Services.

President's Council on Sports, Fitness, and Nutrition. 2017. "Ways to Be Active." US Department of Health and Human Services. https://www.hhs.gov/fitness/be-active/ways-to-be-active/index.html.

Teychenne, M., S. A. Costigan, and K. Parker. 2015. "The Association Between Sedentary Behaviour and Risk of Anxiety: A Systematic Review." BMC *Public Health* 15: 513.

기타 자료원

많은 그룹이 신체 활동과 운동에 관한 정보를 가지고 있다. 아래의 자료원 목록은 당신이 시작하는 데 도움이 될 것이다.

AMERICAN COLLEGE OF SPORTS MEDICINE
Phone: 317–637–9200
http://www.acsm.org

AMERICAN COUNCIL ON EXERCISE
Phone: 888–825–3636
http://www.acefitness.org

CENTERS FOR DISEASE CONTROL AND PREVENTION
Phone: 800–232–4636
TTY: 888–232–6348
http://www.cdc.gov

CLEVELAND CLINIC STRESS MEDITATIONS
Offers a meditation app with relaxation techniques.
https://my.clevelandclinic.org/mobile-apps/stress-free-now-app

EXERCISE IS MEDICINE
Lists qualified exercise professionals with the EIM (Exercise Is Medicine) credential.
http://www.exerciseismedicine.org

KAISER PERMANENTE THRIVE
Online Health Encyclopedia for over four thousand health topics.
http://kp.org/stressmanagement

MAYO CLINIC
Website offers tips on stress management and relief.
https://www.mayoclinic.org/healthy-lifestyle/stress-management/basics/stress-relief/hlv-20049495

MEDLINEPLUS
National Library of Medicine
http://www.medlineplus.gov

NATIONAL COUNCIL ON AGING
Phone: 571–527–3900
http://www.benefitscheckup.org

NATIONAL INSTITUTE ON AGING
Go4Life offers free, evidence-based resources for older adults in one convenient place.
https://www.nia.nih.gov/health/exercise-physical-activity

PRESIDENT'S COUNCIL ON SPORTS, FITNESS, AND NUTRITION
Phone: 240–276–9567
http://www.fitness.gov

제21장

쉽지 않을 때 — 해결책

When It Doesn't Come Easy — Getting Unstuck

이 책은 스트레스와 긴장을 감소시키기 위한 많은 기법들을 망라하고 있다. 그것들은 본질적으로 당신의 오래된 스트레스를 주는 습관에 대한 대안을 제공하고 있다. 당신은 오직 새로운 기술을 실습하고 긍정적인 효과를 관찰하는 것만으로도 오랜 습관을 버릴 수 있게 한다는 것을 알게 될 것이다. 예컨대, 당신은 짧게, 조이면서 숨을 쉬는 것보다 천천히, 깊게 호흡하기를 실습하는 것이 이완된 웰빙감을 가져온다는 것을 알게 될 것이다. 당신의 신체로부터 오는 이러한 긍정적 피드백은 당신이 불안을 유발하는 얕은 숨을 쉬는 습관을 버리는데 충분한 동기부여를 제공해 줄 것이다. 그렇지만, 만약 당신이 대부분의 사람들과 같다면, 아마도 당신은 어떤 점에서 오래되고 익숙한 습관들을 새로운 것들로 바꾸는데, 어려움에 직면하게 될 것이다. 이 장에서는 오랜 습관들이 스트레스에 명백하게 기여하고 있을 때조차도 왜 그것들을 버리는 것이 어려운지 그 이유에 대해서 살펴볼 것이다. 그것은 또한 당신 자신의 변화에 대한 저항을 다루는 방법에 대해 몇 가지 제안을 하고 있다.

만약 당신이 자기 자신과 하기로 계약한 운동회기를 빠뜨린다는 것을 알게 되거나, 당신이 단지 마지못해 운동하는 시늉만 하고 있다는 것을 자각하게 되면, 자신에게 다음과 같이 질문하라.

1. 나는 왜 이러한 운동을 하고 있는가? 내가 원하는 성과는 무엇인가?
2. 이러한 이유가 나에게 정말로 중요한가?
3. 내가 운동 대신에 하고 있거나 하고 싶은 것은 무엇인가?
4. 이 대안적 활동이 운동하는 것보다 나에게 더욱 중요한가?
5. 운동 그리고 이 대안적인 활동을 할 수 있도록 내 생활 일정을 짤 수 있는가?
6. 만약 지금 내가 운동하고 싶지 않다면, 나는 그것들을 다음에 정확히 언제 어디서 할 것인가?
7. 내가 운동을 계속한다면, 나는 무엇을 포기해야만 하는가?
8. 내가 운동을 계속한다면, 나는 무엇에 직면하게 될 것인가?

제16장 「목표 설정과 시간 관리」는 당신이 항로로 되돌아오게 할 수 있는 다음과 같은 많은 주제를 망라하고 있다. (1) 당신에게 가장 중요한 것을 명료화하기, (2) 목표 설정하기, (3) 행동 계획을 세우기, (4) 당신이 어떻게 시간을 보내는지를 평가하기, (5) 미루는 버릇과 싸우기, (6) 시간을 조직화하고 우선순위 정하기, 그리고 (7) 과잉자극을 다루기.

자신의 결정에 대해 책임지기

처음에 당신의 노력에 대한 보상이 최소한도로 주어진다면, 스스로 새로운 습관을 학습하기는 어렵게 된다. 방심하게 될 때는, 우회하고 싶은지 선택한 길을 계속 가고 싶은지를 결정하라. 만약 당신이 우회하기로 결정한다면, 찬성과 반대를 따져본 후에, 충분히 자각하여 그렇게 하도록 하라. 우회하기 전에, 당신 자신에게 다음에 언제, 어디서 운동할 것인지에 대해 약속하라. 이러한 방식으로 당신은 자신의 결정에 대한 책임을 지게 된다. 부가적으로, 그것이 자신의 의식적인 선택이라면, 당신은 자신이 원래 계획한 대로 하지 않은 자신에 대해 그리 나쁘게 생각하지 않게 된다.

당신은 자신의 운동을 빼먹은 것에 대해 스스로에게 어떤 이유를 대었는가? 다음은 전형적인 이유들이다. "나는 오늘 너무 바빠", "나는 너무나 피곤해", "한 번 안 한다고 지장을 주는 건 아니야", "David는 나의 도움이 필요해", "이건 효과가 없어", "이건 지루해", "나는 오늘 이완되어 있고 스트레스를 받지 않아서, 운동할 필요가 없어", 혹은 "나는 오늘 기분이 너무나 좋지 않아서 운동할 수가 없어" 이러한 변명은 그것들이 부분적으로는 진실이기 때문에 유혹적이다. 즉, 당신은 실제 매우 바쁘거나 피곤하고, 누군가 당신의 도움을 필요로 하고, 그리고 아마도 한 번 운동을 빼먹는다고 지장이 있는 건 아닐 것이다. 진실이 아닌 부분은 당신이 바쁘거나 피곤하거나 누군가 당신의 도움을 필요로 하기 때문에, 당신은 운동을 할 수 없다라는 의미가 내포되어 있다는 것이다. 더욱 솔직한 진술은 "나는 피곤해. 나는 운동을 할 수 있지만, 하지 않기로 선택했어", 혹은 "나는 운동을 할 수 있었지만, 그것을 하는 것보다 David를 돕기로 선택했어"일 것이다. 여기서 중요한 요점은 자신의 피로, David의 요구 혹은 우선 급히 처리해야 할 다른 일들과 같이 당신을 환경의 수동적인 희생자로 가장하기보다는 오히려 당신이 또 다른 것 중에 하나의 활동을 선택한 자신의 결정에 책임을 져야 한다는 것이다. 당신은 자신의 생활 균형에 책임이 있다.

자신의 변명에 직면하기

당신이 자신에게 운동하지 않는 것에 대해 변명하는 것은 당신이 몇 년 동안 자신을 스트레스 상황에 가두어 놓기 위해 사용해 온 것과 동일한 것일 가능성이 많다. 이러한 변명은 그릇된 전제에 기초하고 있다. 예를 들면, 바쁜 한 회사 중역은 자신의 모든 일이 끝날 때까지 편안하게 쉴 권리가 없다고 굳게 믿고 있었다. 그녀는 만약 그녀가 자신을 위해 시간을 보낸다면, 자신의 부서가 매년 달성하기로 동의한 목표와 성과를 달성할 수 없을 것이라고 생각했다. 수년에 걸쳐, 그녀는 불안하고 우울하게 되었고 관계를 유지하는 데 어려움을 가졌고 많은 신체적인 호소를 하게 되었다. 그녀는 편안하게 쉴 시간을 가질 수 있기 전에 자신의 부서의 모든 업무를 개인적으로 감독해야만 한다는 완벽주의자 신념이 점차 자신의 에너지를 고갈시키게 한 원인이 되었다. 현 실적으로, 일은 결코 끝나지 않는다. 그러므로 그녀는 결코 이완할 수 없다.

그러나 그녀는 이완하여 생명 유지에 필요한 자신의 에너지 저장고를 채워야 하는 고유의 권리(그리고 그것은 의무로 불리기도 한다)를 간과했다. 이 여성은 '첫 번째로는 중역executive' 그리고 '두 번째가 나'로 자신의 우선순위를 정의했는데, 여기에는 정신 건강과 신체 건강을 유지하기 위해 잠시 동안 이완하고 스트레스를 받는 활동에서 벗어나는 것이 중요하다는 것을 고려하지 않았던 것이다. 만약 당신이 이 여성처럼, "나는 없어서는 안 될 사람이야. 중요한 것은 나 없이는 이루어질 수 없고, 심지어 엉망이 될 거야…"라고 자신에게 말한다면, 자신의 우선순위 목록의 맨 꼭대기에 자신의 정신 건강과 신체 건강을 넣을 것을 고려하라. 생산성과 좋은 건강의 핵심은 당신의 인생에서 균형을 만들어내는 것이다.

만약 당신이 어제 한 일이 계속되기를 원하는 정력적인 사람이라면, 이러한 운동이 효과적일 때 자신의 페이스를 늦추어라. 자신을 증명해야만 하거나 서두를 필요가 있다면 스트레스만 만들어 낼 뿐이다. 열정은 당신이 한 번에 너무 많은 운동을 하게 밀어 붙이거나 너무나 오랫동안 하게 할 수도 있다. 당신이 만약 너무나 많은 운동을 너무 빨리한다면, 당신은 소진되고 흥미를 잃을 높은 위험에 처하게 된다. 더욱이, 일단 초기 열정이 가라앉으면 당신은 당신 스스로 설정한 엄격한 프로그램을 지키지 못한 데 대해 죄책감을 느끼기 쉬울 것이다. 곧 당신은 자신이 운동을 전혀 하지 않는 것에 대한 변명을 찾고 있다는 것을 알게 될 것이다("나는 내 인생의 많은 부분에서 능력 이상의 일을 해왔어. 왜 고생을 더 하려고 하지?"). 또한, 당신은 당신이 이완과 스트레스 완화 운동을 한 결과 더욱 활기가 있다고 경험하기 시작할 때 혼란을 느낄 수도 있다. 이런 여분의 에너지를 자신의 일에 쏟고자 하는 유혹에 저항하라. 오히려 그것을 더 많은 휴식과 즐거움을 위해 사용하라.

만약 당신이 "나는 오늘 그것을 하고 싶지 않아…. 내일 할 수도 있을 거야…"라고 매일 말하는 것을 알게 되었다면, 자신에게 좋은 정신적 일격을 가하라. 당신이 무언가를 하기 전에 동기부여가 되어야 한다는 것은 사실이 아니다. 동기는 종종 행동에 의해 유발된다. 예를 들어, 만약 당신이 10분간 경보를 한다면, 당신은 그 결과 좋은 느낌을 가지게 될 것이고 계속하고 싶을 것이다. 자신에게 단지 5분이나 10분 동안만 한 활동을 해야 한다고 말하라. 흔히, 일단 당신이 한 활동을 시작하게 되면, 당신은 그것을 하고 있는 추진력으로 그 활동을 완전히 끝내게 될 것이다.

최소한, 약간의 동기를 느끼지 않고도 그것이 끝날 때까지 하루에 5분이나 10분 동안 그 계획을 실행할 수 있다. 때때로, 동기 부족은 우울증의 한 증상이다. 그렇지만 우울은 흔히 당신이 더욱 활동적으로 되면 개선된다. 자신에게 "물론 나는 그것을 하고 싶지 않을 거야. 그래서 어쨌다는 거지? 여하튼 그것을 해!"라고 말하라.

스트레스 관리와 이완으로 가는 길에서 장애물에 직면하기

만약 당신이 어떤 운동도 하지 않고 이 책을 읽었다면, 이것은 당신이 잠깐 손대기만 한 것에 불과하다. 지식으로는, 당신은 운동의 가치를 알고 있지만, 당신은 그것에 대해 생각하는 단계를 너무나 오랫동안 해왔거나, 혹은 실제로 몇 가지 운동을 했을 수 있으나 그것을 매일 상황에 적용하지는 않았을 수 있다. 장난삼아 하는 사람의 경우, 이것은 스트레스를 다루기 위해 경험적인 새로운 학습 방법을 촉진하는 워크북이라기보다는 오히려, 약간의 재미있는 아이디어를 가진 또 다른 책일 뿐이다.

어떤 사람들은 새로운 경험에 겁을 먹는데, 이들의 두려움은 성공에 장애물이 된다. 당신은 팔과 다리의 욱신거림과 같은 이완 기법의 일부 부작용에 압도당할 수도 있다. 불행하게도, 당신은 욱신거림이 해가 되지 않고 시간이 지나면 사라질 거라는 사실을 알게 되는 대신, 운동을 중단하게 될 수도 있다. 당신은 운동의 한 요소로 인해 운동에 흥미를 잃을 수 있는데, 즉 운동을 자신에게 맞는 것으로 바꾸는 대신 운동을 완전히 그만둘 수도 있다. 아마도 당신은 지시 사항의 어떤 단계를 이해하지 못해서, 임의로 하기보다는 모든 것을 중단할 수도 있다. 당신 스스로 이러한 어려움들을 해결해나가거나 기꺼이 이해해주고 당신과 함께 운동해줄 수 있는 친구를 찾는 것은 귀중한 성장 경험이 될 수 있다.

증상이 지속될 때

때때로 스트레스 증상은 규칙적인 이완과 스트레스 완화 작업에도 불구하고 지속된다. 만약 당신이 성실한 사람이고, 규칙적으로 실습해왔다면, 이것은 실망스러울 것이다. 다음은 당신에게 이러한 일이 나타나는 가장 흔한 몇 가지 이유이다.

당신은 귀가 얇은가?

어떤 사람들은 암시성이 높은데, 일단 그들이 증상에 대해 알게 되면, 그들은 자신이 들었던 모든 증상에 대해 체험하기 시작한다. 예를 들어, 매우 긴장하는 경찰관은 그가 스트레스를 받을 때 매우 예민해지는 경향을 극복하기 위해 이완 집단에 참가했다. 그는 다른 집단 구성원들이 서술한 신체적 증상들(편두통, 요통, 빠른 심장 박동 등등) 모두를 체험하기 시작했다. 심호흡을 하거나 대처기술 활용하는 것이 그를 이러한 경향성과 싸울 수 있도록 도움을 주었다.

당신은 증상으로부터 어떤 이득을 얻는가?

놀라울 정도로 많은 사람들이 자신의 증상에 집착하는데, 이것은 흔히 매우 명확한 목적이 있을 만하다. 예를 들어, 당신의 두통은 자신이 회피하고 싶은 대인관계 상황에서 다른 사람을 실망시킨 데 대한 책임을 지지 않고, 벗어나게 해줄 수도 있다. 당신의 증상이 처음 나타나고, 그것들을 에워싼 활동들(혹은 활동이 될 수 있는)을 할 때, 일지를 계속 작성함으로써 더욱 불쾌한 경험들로부터 당신을 구할지 여부를 알 수 있을 것이다. 만약 당신의 증상이 당신에게 '이차적 이득'을 이런 방식으로 제공하고 있다고 의심된다면, 제17장 「주장성 훈련」을 참고하라. 스트레스 증상의 불편함에 의존할 필요 없이, 보다 직접적으로 거절하는 법을 배울 수 있는 장려책과 수단을 제공해야 한다는 것이다.

당신의 증상은 무언가를 변화시킬 필요가 있다는 것을 상기시키는가?

당신의 긴장 증상은 당신이 자신의 생활에서 어떤 것을 효과적으로 다루지 못하고 당신이 자신의 감정에 압도되어 버리는 신호가 될 수도 있다. 예를 들어, 당신은 자신의 가족들에게 화가 날 수도 있지만, 이 사실을 그들과 공유하지 못한다. 당신은 구체적인 갈등에 대해 말하기를 미뤄버릴 수도 있는데, 왜냐하면 그 문제를 개선하기 위한 어떠한 방법도 알지 못하기 때문이다. 예를 들면, 한 간호사의 매우 버릇없고 까다로운 의붓딸이 격주로 그녀를 방문했다. 그 간호사는 결혼했을 때 그렇게 하는 데 동의했었으나, 지금은 그것에 의해 덫에 걸린 기분이었다. 3년 내내, 의붓딸의 방문은 항상 편두통을 유발했다. 이러한 증상을 상쇄시키기 위하여, 그녀는 남편이 딸과 함께 하루를 보내고 있는 동안 집에서 멀리 떠나 그녀 혼자서 일요일을 보낼 수 있도록 남편과 새로운 계약을 협상하였다.

당신 주위의 사람들이 당신이 스트레스를 받는 느낌을 억누르고 있고, 또한 어떤 것이 잘못되었다는 것을 잘 자각하고 있을 수도 있다. 그럼에도 불구하고, 그들이 당신의 마음을 읽을 수 없다면, 당신을 구하러 오기는 쉽지 않다. 당신은 자신이 필요한 것을 가장 잘 안다. 다른 사람들에게 당신의 느낌과 당신이 원하는 것을 알게 하는 것은 그들이 당신이 변화하도록 도울 수 있게 해준다.

당신은 스스로를 돌보기 위해 다른 방법을 찾을 수 있는가?

당신의 증상은 당신이 직접적으로 도움이나 배려를 요청할 수 없다고 느낄 때, 스스로를 돌보는 다른 방식일 수 있다. 만약 당신이 피곤하고 악성 요통이 있다면, 또 다른 누군가가 요리와 청소하기 그리고 집안일을 해야 할 것이다. 증상이 처음으로 시작되었을 때 자신에게 물어보라. 당신의 인생에서 무엇이 진행되고 있으며 당신의 증상들을 일으키고 있는 것은 무엇인가? 어렸을 때부터 주기적인 대장염을 앓아온 한 나이 든 여성은 자신의 복부 경련이 어린 쌍둥이 남동생이 태어났을 때 시작되었다는 것을 회상했다. 그녀는 자신이 증상이 나타나면 바쁜 엄마가 자신을 안아주고 달래주는 유일한 시간이었음을 기억했다. 성인으로서 그녀는 남편이 저녁에 자신을 홀로 남겨 둘 때만 대장염이 생기는 경향이 있음을 주목했다.

스트레스를 다루는 당신의 방식이 당신의 생활에서 다른 누군가를 상기시키는가?

당신은 중요한 사람에 대한 동일시의 일부로서 자신의 생활에서 그 사람의 증상과 유사한 증상을 발달시켜왔을 가능성이 있다. 예를 들어, 당신은 아버지에게 열심히 일하고 성공하는 방법을 배웠을 뿐만 아니라, 유사한 방식으로 스트레스에 대처하는 법을 배웠을 수도 있다. 예를 들면, 자신의 긴장을 턱으로 전달해서, 당신은 아버지가 그랬던 것처럼 이를 갈게 될 수도 있다. 스트레스에 대응하는 특징적인 방식은 일반적으로 학습되기 때문에, 가족 중에 당신의 증상과 같은 증상이 있는 사람이 누구인지 스스로에게 물어보라. 흔히 자신의 생활에서 스트레스를 어떻게 그렇게 효과적으로 다루지 못하는지를 알아보는 것보다 친척들이 그들의 생활에서 어떻게 그러는지를 알아보는 것이 더 쉽다. 다음 단계는 동일한 증상이 당신에게도 있는지를 관찰하고 알아보는 것이다.

만약 당신이 자신의 생활에서 스트레스를 줄이기가 여전히 어렵다면, 전문가에게 자문을 구할 것을 고려해 보라. 당신은 일 대 일 심리치료 회기나 이완과 스트레스 완화 집단에 관심이 있을 수도 있다. 당신의 주치의, 직장 의료 보험, 지역사회 건강 기구, 지역사회 대학교, 그리고 성인 교육 프로그램은 전문적인 도움을 구하기 위해 시작해 볼 만한 좋은 곳들이다.

지속하면 보답이 있다

끝으로, 포기하지 말라. 이완하고, 스트레스를 다루는 법을 배우고, 그리고 자신을 치유하는 당신의 능력은 엄청난 자율권을 부여받을 수 있다. 변화는 항상 쉽게 오는 것만은 아니다. 당신은 자신의 오래된 스트레스를 받는 습관에 갇혀 있다고 느낄 수도 있다. 그러나 당신은 그것을 행할 수 있다. 인내심, 지속성, 스스로에 대한 전념… 그리고 시간만 있으면 된다.

찾아보기

(ㅁ)

(ㅂ)

(ㅅ)

(ㅇ)

(ㅈ)

(ㅊ)

저자 소개

Martha Davis, PhD는 캘리포니아주 산타클라라에 있는 Kaiser Permanente Medical Center 정신과의 임상심리학자였으며, 그곳에서 개인, 커플, 그리고 집단 심리치료 실무를 수행하였다. 『Thoughts and Feelings』의 공동저자이다.

Elizabeth Robbins Eshelman, MSW는 임상 사회 복지사로 Kaiser Foundation Health Plan의 마케팅 및 인터넷 서비스 그룹의 직원 운영 컨설턴트로 활동했다. 그녀는 현재 은퇴했고, 샌프란시스코만 지역에 살고 있다.

Matthew McKay, PhD는 캘리포니아주 버클리에 있는 Wright Institute 교수이다. 그는 많은 책의 저자 및 공동저자이며, 대표적인 저서로 『Self-esteem』, 『Thoughts and Feelings』, 『When Anger Hurts』 그리고 『ACT on Life Not on Anger』 등이 있다.

역자 소개

손정락 (ChongNak Son, Ph.D.)
jrson@jbnu.ac.kr

성균관대학교 심리학과를 졸업하고, 동 대학원에서 임상심리학 전공으로 석사학위와 박사학위를 받았다. 미국 Duke대학교 심리학과 Visiting Professor로 다녀왔다. 전북대학교 심리학과에서 36년간 임상심리학, 건강심리학, 성격심리학 분야의 강의와 연구를 하였으며, 정년 후 연구교수로 지내고, 지금은 명예교수로 연구와 저술 활동을 이어가고 있다. 그동안에 과학기술우수논문상, 최우수 논문상 등을 수상하였으며, 한국심리학회 석학(KPA Fellow) 인증도 받았다.

전문분야에서는 임상심리전문가, 정신보건임상심리사 1급 (보건복지부), 건강심리전문가, 중독심리전문가, 명상심리전문가 등으로 활동하고 있다. 또한, 한국심리학회장, 한국건강심리학회장, 전북대학교 심리코칭연구소장, 강원랜드 중독관리센터 자문위원 등을 역임하고, 관련 기관 등에 자문교수로도 활동하고 있다.

주요 저서 및 역서로는 『인간의 마음과 행동』, 『현대 임상심리학』, 『성격심리학』, 『건강심리학』, 『바이오피드백』, 『자기에게로 가는 여행』, 『우울증 치유를 위한 마음챙김과 수용 워크북』, 『성격심리학 이론 워크북』, 『아동과 청소년을 위한 수용과 마음챙김 치료』, 『수용전념치료(ACT)로 코칭 효과성을 극대화하라』, 『직장에서의 마음챙김』, 『수용전념치료: 실무 지침서』, 『스트레스, 건강, 웰빙: 21세기의 번영』, 『이완 및 스트레스 감소 기법 모음 워크북』, 『수용전념치료와 은유 모음집』, 『자비의 과학: 수용전념치료 지침서』, 『메타포와 수용전념치료』, 『감정이입 가르치기』 등 30여 권이 있다.

스트레스 해소와 심신 안정을 위한 자기-도움 심리 기법 워크북

초판인쇄 2022년 2월 7일
초판발행 2022년 2월 14일

지 은 이 Martha Davis · Elizabeth Robbins Eshelman · Matthew McKay
옮 긴 이 손정락
펴 낸 이 소정영
펴 낸 곳 하나醫學社

출판신고 제25100-2013-000061호(1988. 4. 1.)
주 소 서울특별시 서대문구 거북골로 7-7(홍은동) 하나빌딩 1층

전화번호 (02)730-2555, 2556
팩 스 (02)730-2557
홈페이지 www.hanampc.co.kr
이 메 일 hanampc1@naver.com

값 34,000원

ISBN 979-11-91658-08-8 93180